The Basic Principles and Development of
Marxism

马克思主义
基本原理及其发展

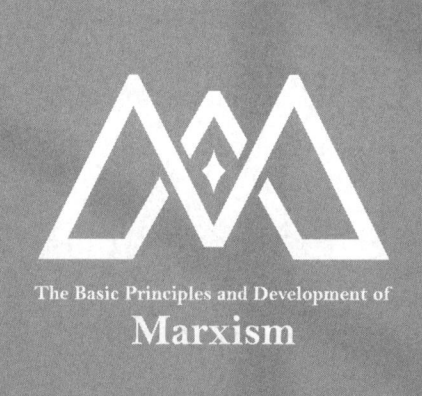

朱国华 ◎ 著

上海财经大学出版社
上海学术·经济学出版中心

本书由上海财经大学浙江学院发展基金资助出版

图书在版编目(CIP)数据

马克思主义基本原理及其发展 / 朱国华著. -- 上海：上海财经大学出版社,2025.1. -- ISBN 978-7-5642-4550-4

Ⅰ.A81

中国国家版本馆 CIP 数据核字第 2024C55K71 号

□ 责任编辑　胡　芸
□ 书籍设计　张克瑶

马克思主义基本原理及其发展

朱国华　著

上海财经大学出版社出版发行
(上海市中山北路 369 号　邮编 200083)
网　　址:http://www.sufep.com
电子邮箱:webmaster@sufep.com
全国新华书店经销
上海景条印刷有限公司印刷装订
2025 年 1 月第 1 版　2025 年 1 月第 1 次印刷

710mm×1000mm　1/16　29.5 印张　481 千字
定价:65.00 元

前　言

马克思主义是哲学发展史上的一个重要里程碑，也是人类思想史上的一座丰碑。之所以对时代产生了重大影响，关键在于方法论创新，将时代的经典理论与科学发展批判性地融合在一起，将以往神秘主义主导的、精神力量主导的、个人主义主导的纯粹理论体系颠覆过来，从人类社会发展的现实中寻找理论体系的产生、发展、消亡的根源，将自然科学、社会科学和思维科学总结出的规律上升为普遍规律。

马克思主义理论体系的关键在于唯物辩证法，它超越了近代形而上学的方法论和古代经验论的方法论，也超越了唯心辩证法，是工业化时代所有思想成果的集大成者。但是，人类社会是不断发展变化的，方法论也会随着自然科学、社会科学和思维科学的不断进步而逐渐升级，这就需要后人在马克思主义的基础上继续发展和传承下去，甚至是在下一个智能时代超越它。

马克思是一个普通人，也是那个时代的英雄人物和历史人物。但是，这丝毫不能影响他以及他的思想体系站在人民群众和无产阶级的立场上。他对资本主义的精辟剖析并非基于个人情感，而是基于经济发展的一般规律、资本运行的一般规律以及人类社会发展的一般规律，进而得出资本主义社会制度最终将走向灭亡的命运。同时，他在人类社会发展基本矛盾中寻找推动资本主义转向共产主义的阶级力量，最终找到了无产阶级。从此，无产阶级就肩负着特殊的历史使命，无产阶级在世界社会主义运动中也逐渐意识到组织问题、领导权问题和指导思想问题，从自发状态转向了自为状态。

不论是发达国家同时革命论，还是一国首先胜利论，或者是跨越"卡夫丁峡谷"的各种尝试，都不得不回到《共产党宣言》中寻找科学解释。社会主义革命实践进一步证明了马克思主义的历史功绩，从巴黎公社、苏联模式、社会主义向全世界传播到中国特色社会主义,马克思主义在众多的社会主义流派思想体系中脱颖而出,科学社会主义成为当今世界影响力最大的社会主义思想之一。我们坚信,马克思主义的未来将会更加广阔,也会赢得更多人的支持,还需要更多人的传承和发展。

虽然马克思和恩格斯说过,在辩证法面前,所有一切终将消逝,包括马克思主义也终将消亡,但是,我们依然充满敬意地说出:马克思主义永垂不朽!

谨以此书,献给马克思!

朱国华
2024 年 11 月于浙江金华

目 录

哲学篇

第一章　马克思和马克思主义 / 5
　　第一节　马克思的生平及其思想发展阶段 / 8
　　第二节　马克思主义的创立与发展 / 14
　　第三节　马克思主义的特征 / 35

第二章　方法论 / 38
　　第一节　方法论发展的历史进程 / 40
　　第二节　唯物辩证法的划时代贡献 / 83

第三章　本体论 / 89
　　第一节　哲学基本问题及其回答 / 90
　　第二节　世界观基本问题及其回答 / 105
　　第三节　人与自然界的关系问题及其回答 / 130

第四章　认识论与实践观 / 140
　　第一节　认识本质问题及其回答 / 141
　　第二节　实践本质问题及其对现实的回归 / 154
　　第三节　真理的本质问题及其回答 / 164
　　第四节　价值本质问题及其回答 / 176

第五章　历史观 / 192
　　第一节　社会历史观基本问题及其回答 / 193
　　第二节　唯物史观及其开创性贡献 / 203

第三节　历史创造者问题及其回答 / 239

政治经济学篇

第六章　资本论 / 285
第一节　经济发展规律问题及劳动价值论的回答 / 288
第二节　资本发展规律问题及《资本论》的回答 / 302
第三节　资本主义制度的前途及其回答 / 326

第七章　资本主义的发展历史 / 333
第一节　自由竞争资本主义 / 333
第二节　垄断资本主义 / 338
第三节　国家垄断资本主义 / 343
第四节　当代资本主义变化与危机 / 359
第五节　资本主义的历史地位 / 369

共产主义篇

第八章　科学社会主义 / 377
第一节　社会主义的发展历程 / 378
第二节　科学社会主义的理论原则及其实践检验 / 400
第三节　社会主义的历史长周期问题 / 420

第九章　共产主义 / 435
第一节　共产主义的理论证明问题 / 436
第二节　共产主义社会的基本特征 / 451
第三节　最高纲领与最低纲领 / 457

后记 / 464

哲 学 篇

哲学是对世界基本和普遍的问题进行研究的学科,是关于世界观的理论体系。世界观是关于世界的本质、发展的根本规律、人的思维与存在的根本关系等普遍基本问题的总体认识,方法论是关于人们认识世界、改造世界的方法的理论。

实际上,随着人类社会探索实践的极速扩张,尤其是近代以来人类的实践遍布地球,甚至到达了月球,发射的宇宙探测器已走出太阳系,未来还将走出银河系,哲学的范畴也逐渐相应扩大了。可以说,哲学既包含了世界观、人生观和价值观,也包含了本体论、认识论和历史观。

哲学产生于人类探索世界、认识世界的过程,形而上的思考是哲学发展的本质。在原始社会中,人们对各种自然现象尚无法科学解释,雷鸣闪电、山洪暴发、风云变幻、日月星辰等自然现象激起了人们对自然和自身的探索与认识,这便是宗教的早期雏形。

随着生产力的进步,人们的认识能力和改造能力有了较大提高,人类社会也逐渐进入古代奴隶制时期。有了生存保障的部分人群开始思索世界的本质等理论问题,将人类探索实践的经验进行系统化和知识化,于是人类早期的哲学思想便出现了。到了奴隶社会中期,数学、天文学和医学等具体科学成为一门门独立的科学,从哲学中分化出去。哲学的研究对象缩小了,并具体化了,在哲学内形成了各种具体的哲学学科:本体论、认识论和逻辑学。

随着生产力的进一步提高,哲学研究范围又进一步拓宽,其他学科的成果也作为哲学研究对象。哲学研究的对象是庞杂的,上至天文,下至地理,也就是将其他学科理论成果哲学化。这一时期的哲学研究对象包含了具体科学的对象,哲学与科学浑然一体。

资本主义萌芽率先在西欧出现,文艺复兴对思想的解放推动了近代实证科学的发展,各门具体科学纷纷从哲学中独立出去,获得了突飞猛进的发展,哲学研究对象又缩小了。恩格斯指出:"在以往的全部哲学中还仍旧存在的,只有关于思维及其规律的学说——形式逻辑和辩证法,其它一切都归到关于自然和历史的实证科学中去了。"[①]

在当代,由于自然科学、社会科学和意识科学的独立和迅速发展,哲学的研究对象又发生了变化。哲学不再只是研究世界某一范围、领域的问题了,而是研究整个世界一切事物、现象的共同本质和普遍的规律,如世界的本源、物质和意识的关系、世界的基本状态等问题,从而形成了唯物、唯心两大派系。随着本体论、认识论的逐渐完善,现代哲学开始重视人类社会的发展,试图寻找人类社会发展的基本规律,以便为人类寻找终极理想。

综上而言:(1)古代哲学侧重本体论,对世界本源较为好奇;(2)近代哲学侧重认识论,对人类的智慧较为关注;(3)现代哲学侧重历史观,对人类自身与人类社会较为关注。

从另外一个角度看,哲学又可以分为几个学科,这些学科都得到了长足发展。古希腊哲学家通过提问(对话)来进行哲学实践,他们所提的问题分别形成了哲学的几门主要学科:形而上学(metaphysics)、逻辑学(logic)、认识论(epistemology)、伦理学(ethics)以及美学(aesthetics)。

第一,形而上学在不同的语境下意义不同,主要包括两种:一种是指哲学中探究宇宙万物根本原理的那一部分,即宇宙观,后者翻译为宇宙观更为合适。形而上学的主要问题包括:世界的本原是什么、宇宙万物的生成和演化、时间和空间的本质、自然界的规律法则、灵魂是否存在、人与宇宙自然的关系、自由意志等。总之,存在、虚无、宇宙、灵魂、自由意志……所有玄之又玄的问题,都属于古老的形而上学话题。另一种是黑格尔开始使用,马克思也沿用的术语,它指的是与辩证法对立的,用孤立、静止、片面的观点观察世界的思维方式。这其实是近代自然科学思维方式在哲学社会科学方面的体现。

---

① 马克思恩格斯文集(第九卷)[M].北京:人民出版社,2009:48.

随着近代自然科学的兴起，尤其是对事物分割理解、细化研究的深入，越来越多的静态模型建立起来，包括静止的宇宙模型、静止的人体模型等。这些研究在很大程度上揭示了事物的部分特性，但是也存在显著的缺陷，即放弃了系统全面的观点。

第二，逻辑学的发明者是古希腊哲学家亚里士多德，狭义的逻辑学是指研究推理的科学，即研究如何从当前已知条件推理出未知必然结果的科学。它更多地借鉴数学等纯理论学科的逻辑关系，解释事物内在的、抽象的关系。广义的逻辑学是指研究思维形式、思维规律和思维的逻辑方法的科学，它其实是依靠证据链的因果关系等寻找事物内在联系。广义逻辑学研究的范围比较大，是一种传统的认识，与哲学研究有很大的关系。

第三，认识论来源于希腊语知识和演讲，它是探讨知识的本质、起源和范围的一种哲学方法，即通过对话的形式将人类对世界的认识转化为知识。知识论和认识论之间的关系存在争议，多数学者认为它们是同一个概念，但也有部分学者认为它们其实是存在一些密切联系的两个不同概念。在哲学史上大部分时间，知识意味着被证实有绝对真实性的相信，即对世界基本规律的总结。任何缺乏绝对真实的都叫作可能的观点，不能上升为普遍的公认的知识。

第四，伦理学是关于道德问题的理论，是研究道德的产生、发展、本质、评价、作用以及道德教育、道德修养规律的学说。而道德则是在社会和自然一切生存与发展的利益关系中，善与恶的行为规范及其相应的心理意识与行为活动的总和，实际上是人类社会的自我约束法则，它往往与法律相互转化，有时候道德会转化为法律，有时候法律又会转化为道德。在执行方面，有时候道德比法律还有用，有时候道德只有教化功能而无执法功能。伦理学所研究的道德，作为社会意识形态之一，它是通过一定社会经济关系为基础的社会物质生活条件来反映的；伦理学则是通过善与恶、权利与义务、理想与使命，即人们的行为准则等一切范畴和体系来反映的。

第五，美学的研究对象是艺术，美学就是艺术的哲学。西方美学的历史是从柏拉图开始的。尽管在柏拉图之前，毕达哥拉斯等人已经开始讨论美学问题，但柏拉图是第一个从哲学思辨的高度讨论美学问题的哲学家。在中国,先秦是中国古典美学发展的一个黄金时代。老子、孔子、《易传》、庄子的美学奠定了中国古典美学的发展方向,但中国美学的真正起点是老子。美是人类认识世界的最高境界,即追求真、善、美的最高层级。

哲学无论怎样划分,都不能完全表达哲学本身的含义。简言之,哲学是对所有自然学科、社会学科等学科知识的反思,寻找的是规律,关注的是人类社会的前途命运,是对人类的终极关怀。

第一章

马克思和马克思主义

马克思主义是人类思想史上的一座丰碑,是人类社会进入资本主义时期又一次巨大的历史性飞跃。这种超大尺度的思想飞跃往往每千年才会出现一次,而在下一个伟大思想出现之前,人类是在不断丰富和发展这一思想。

现代科学研究能够充分证明,人类大概经历了300万年的蛮荒时代,终于进入文明时代[①],而人类文明时代仅有数千年历史(奴隶社会约1 600年,封建社会约2 400年,资本主义社会至今约600年,不同国家会有时间交叉或者并非完全按照一般社会形态演化)。从大的思想演化角度来看,可以分为以下四个阶段:

第一阶段:神话时期至轴心时代。

每个文明的初期都是神话,比如我国的盘古开天地、女娲造人,西方的亚当与夏娃等,这是人类的蒙昧时代。从神话时期直至轴心时代,人类文明完成了最初的蜕变,并羽化成蝶,形成了四个独特的文明区域。

华夏文明:从夏商周走来,至孔孟、老庄、商鞅、韩非等诸子百家,文明框架至此划定。

古印度文明:从印度河的哈拉帕文明到雅利安人的恒河文明,至释迦牟尼、大雄等奠定了古印度文明的根基。

[①] 中国境内经历了猿人、古人、母系新人、父系新人等阶段。约170万年前至20万年前,猿人群居;约20万年前至约4万年前,古人人工取火、弓箭的发明、劳动工具的改进,松散的社会组织便逐渐被以血缘为纽带的氏族公社所代替。约4万年前至5 000年前,古人进化为新人,男子主要从事狩猎和捕鱼,收获不稳定,而妇女主要从事采集,收获较为可靠。因此,妇女在生产中占据主导地位。原始社会进入了母系氏族社会。5 000年前至4 000年前,男子在农业、畜牧业和制陶业的生产中发挥着越来越重要的作用,进入了父系氏族公社时期。

中东诸文明:苏美尔和古埃及是人类文明的伟大先行者,但中东最终被雅利安人的波斯文明所统一,波斯帝国也成为轴心时代唯一的大帝国,琐罗亚斯德的拜火教显赫一时。

古希腊文明:古希腊虽非原生文明,但在两河文明和古埃及文明的熏陶下,从一开始便具有鲜明的西方特点,至轴心时代,希腊的泰勒斯、毕达哥拉斯、苏格拉底、柏拉图、亚里士多德等人奠定了西方文明的基础。

第二阶段:英雄时代,也称为帝国时代。

当四大文明区域形成之后,各个文明内部,文明与周边的游牧民族之间便不断争战与整合,最终诞生了一个个陆上帝国,人类由此进入了英雄辈出的帝国时代。

在中国,是奠定中国版图的秦汉帝国。

在印度,是孔雀帝国和笈多帝国。

在中东,是波斯诸帝国(包括阿契美尼德王朝、帕提亚帝国和萨珊王朝)。

在欧洲,是亚历山大帝国和罗马帝国。

这些帝国将整个亚欧大陆从东向西连接了起来,使人类的农耕文明连成了一个整体。

帝国时代是崇尚英雄的时代,自然也是帝国诞生和扩张的时代。例如,秦始皇、汉武帝、阿育王、大流士大帝、亚历山大大帝、凯撒、奥古斯都、白起、王翦、卫青、霍去病、大西庇阿、汉尼拔等,也正是他们奠定了人类文明区域的基本范围,将游牧民族挡在了国境之外。

第三阶段:宗教时代。

农牧之争伴随着整个人类文明的发展历程,在近代之前,没有任何一个农耕政权能够彻底解决游牧民族问题;相反,游牧民族的南下和西迁,往往影响着整个人类文明的发展。汉朝时期的匈奴西迁,便引发了整个人类文明的多米诺骨牌效应,东方的中国、西方的罗马,最终都倒在了游牧民族的入侵之下。在这样的乱世,罗马及其后继者选择了中东的基督教作为寄托,而中国则在从印度传来的佛教中找到了慰藉。与此同时,中东的阿拉伯人带着伊斯兰教强势崛起,并将从中国边境直至大西洋的广袤地区全部变成了伊斯兰世界。之后,伊斯兰教又进入印度,导致印度佛教的消亡和印度教的崛起。而中国在经历了南北朝、隋唐时期的佛学时代之后,在宋朝开始转而向内,将佛学与道家思想融入儒家,形成了新儒家即理学,至此,儒家真正在我国占据了主导地位。正是从宋朝开始,我国的道统思想建立,民族本位思想也日益强大。

因此,至蒙古人的大征服之前,人类形成了四大宗教和文明体系,即中国的儒家(理学)、印度的印度教、中东的伊斯兰教和欧洲的基督教,影响至今的四大文明体系完全建立。

第四阶段:工业时代。

西方人(特指西欧)率先突破农业文明的瓶颈,将人类带入了工业时代。关于这一历程,可以简单梳理如下:(1)文艺复兴,唤醒了西方的知识分子,使欧洲实现了从神本主义到人本主义的觉醒,始于意大利;(2)地理大发现,使西方开阔了视野、积累了财富,始于葡萄牙和西班牙;(3)宗教改革,打破了神的桎梏,与文艺复兴相比,宗教改革唤醒的是普罗大众,始于德国;(4)科学革命,科学本是自然哲学,现代意义上的科学的出现,实现的是人类对世界和自然规律的认识,从此不再只依靠宗教和玄学,始于波兰(哥白尼)、意大利(伽利略)和英国(牛顿);(5)启蒙运动,是理性和批判地认识这个世界,是西方思想史上的大解放,改变了整个西方的哲学体系,集中产生于法国;(6)工业革命,工业革命产生于英国,这是划时代的巨变,从此世界的一切都将改变;(7)政治革命,也就是资本主义国家的产生,从荷兰开始,在英国奠基,由法国大革命席卷欧洲,并影响全球,缔造了近代的西方文明时代。

从宏观上来说,当今世界依然处于工业文明时代;从狭义上来说,人类已经进入工业文明之后的科技文明时代甚至数字文明时代。马克思主义就是工业时代最经典的思想之一,它科学总结了人类进入工业文明时代以来的规律。这一理论与历史上所有的伟大思想还有一个重大的不同,它完全实现了自然科学与社会科学的统一,即彻底的科学性,它所揭示的都是规律,不带有任何神话性质的、宗教性质的、英雄崇拜性质的任何可能影响规律性的知识。

马克思主义也深深影响了历史发展进程。一方面,马克思主义深刻揭示了资本主义发展规律,客观上推动了工人阶级(无产阶级)运动的世界性拓展,刺激资本主义不断改善制度设计,提高工人福利、增进人民福祉。另一方面,马克思主义的世界传播,推动了世界社会主义运动的发展,一部分社会主义国家建立起来,开启了新的发展模式的探索,这是一种超越资本主义的人类组织形式,生活在其中的人们能够更加充分地享受自然资源和社会资源,而减少人类社会内部的自我剥削、自我压迫。

在马克思主义的指导下,中国共产党带领中国人民建立起新中国、实行改革开放、进入了新时代,开启了中国特色社会主义的新纪元。中国实现了从站起来、富起来到强起来的历史性转变,实现了从开天辟地(救国大业)、惊天动地(兴国大业)、改天换地(富国大业)到翻天覆地(强国大业)的转变。

当前,中国特色社会主义进入了新时代,青年大学生既要学习好专业知识投身于中国特色社会主义的历史进程,也要有宽广的视野、开阔的胸襟和远大的理想投身于中华民族伟大复兴的历史进程。马克思主义不仅是大学生提升世界观、人生观和价值观的重要理论指南,而且是探索宇宙、人类社会和现实生活的重要参考。因此,我们需要学习马克思主义的思维方式,在生活工作学习中正确运用马克思主义的基本观点、基本方法和基本立场。

第一节 马克思的生平及其思想发展阶段

卡尔·马克思,全名卡尔·海因里希·马克思(1818年5月5日—1883年3月14日),马克思主义的创始人之一,第一国际的组织者和领导者,马克思主义政党的缔造者之一,全世界无产阶级和劳动人民的革命导师,无产阶级的精神领袖,国际共产主义运动的开创者。

马克思是德国的思想家、政治学家、哲学家、经济学家、革命理论家、历史学家和社会学家。奠定其在人类思想史上重要历史地位的主要著作有《资本论》《共产党宣言》等。马克思创立的广为人知的哲学思想是辩证唯物主义和历史唯物主义(尤其是历史唯物主义),其最大的愿望是对于个人的全面而自由的发展(尤其是人的政治解放)。马克思创立了经济理论《资本论》,确立他的阐述原则是"政治经济学批判"。马克思认为,资产阶级的灭亡和无产阶级的胜利是同样不可避免的。他和恩格斯共同创立的马克思主义学说,被认为是指引全世界劳动人民为实现社会主义和共产主义理想而进行斗争的理论武器和行动指南。

2018年5月4日,习近平在纪念马克思诞辰200周年大会上,对马克思的一生做出了极高的评价和赞誉。他指出,马克思的一生,是胸怀崇高理想、为人类解放不懈奋斗的一生;马克思的一生,是不畏艰难险阻、为追求真理而勇攀思想高峰的一生;马克思的一生,是为推翻旧世界、建立新世界而不息战斗的一生。

一、马克思主义面临的时代问题

所有的思想和知识都是用来思考问题和解决问题的,所有的学科都试图从自身学科体系中给出一个合乎现实、合乎规律、展望未来的科学解释。从这个意义上来说,马克思主义学科与其他学科(如物理学、化学、生物学、医学、数学、计算机学、工程学等)唯一的区别在于每个学科研究的领域不同,去探索不同领域的规律和本质而已。

每一个时代都面临那个时代的问题,有些问题累积起来就会成为百年之问甚至千年之问。能够科学回答这些问题是自然科学家、社会科学家和思维科学家等专家学者的基本工作,破解难题的级别越高、思想内涵越深刻,这样的专家学者就越容易被各个学科作为关键性人物。

马克思生活在自由资本主义阶段,并逐步向垄断阶段过渡。在这个时期,资本主义经过早期数百年的发展,已经建立起比较完善的制度体系。但是,制度运行之中依然出现了一些经济危机问题、社会危机问题(如工人运动、工作时间、生活条件等),甚至严重到政治问题(如暴力革命),这一系列问题导致资本主义制度运行摇摇晃晃并不稳定。

(1)这些资本主义乱象问题的根源在哪里?
(2)这种乱象问题未来会演化成什么状态?
(3)如何最终破解这些乱象问题?

以上问题是马克思面临的时代问题。要科学解释这些问题,就需要涉及诸多学科,其中最关键的是经济学、历史学、政治学和哲学。这些问题涉及的时间都是数十年、数百年、数千年,因而其内在的规律并不容易被掌握,科学发现其本质更加困难。

任何人的思想都是来源于他所生活的那个时代,并且受到以往思想成果的帮助和启发,正如与人类社会任何一项技术发明都是人类社会以往发明的延续和超越一样,没有以往的基础,也就不具备创新的条件。马克思根据以往的思想成果,结合时代发展的现状,创立了马克思主义,最终科学解释了时代难题。

二、马克思的实践发展阶段

马克思的一生大致可以分为早年求学、革命民主主义、共产主义、晚年生活等几个阶段,他的整个人生较为颠沛流离,而原本他可以选择安逸的生活。但是,自从初中阶段定下"最能为人类服务的工作"这一志向之后,他便终身从事于追求真理和为解放劳苦大众而奋斗的事业之中。

(一)早年求学阶段

卡尔·马克思,1818年5月5日出生于德意志邦联普鲁士王国莱茵省(今属于德国莱茵兰普法尔茨州)特里尔城一个律师家庭。

1830年10月,马克思进入特里尔中学。中学毕业后,进入波恩大学,18岁后转学到柏林大学学习法律,但他大部分的学习重点放在哲学和历史上。

1840年,普鲁士新国王腓特烈·威廉四世即位,由于他迫害自由主义民主人士,要求所有出版物都必须通过严格审查,大学失去学术自由,将会审查马克思的博士论文,但马克思博士论文里哲学高过神学的立场不可能被反黑格尔的教授所接受,所以马克思将博士论文改寄给耶拿大学审查博士资格。1841年,马克思以论文《德谟克利特的自然哲学和伊壁鸠鲁的自然哲学的差别》申请学位,并因得到委员会一致认可而未进一步答辩就顺利获得耶拿大学哲学博士学位。

(二)革命民主主义阶段

马克思在求学期间加入了青年黑格尔学派,黑格尔的思想包括这一学派的思想在当时都是比较革命的。毕业后他担任《莱茵报》主编,遇到在马克思思想发展史上颇为有名的"林木盗窃问题"。

19世纪初,工业革命席卷德国,推动地主经济的发展,同时加剧下层劳动人民生活的赤贫化。饥饿驱使贫民到森林里捡拾枯枝、采摘野果,一些人破坏猎场和牧场。虽然有1826年《普鲁士刑法典》对擅自砍伐和盗窃树木行为的严厉处罚,但上述事件仍有增无减。而许多人这样做竟然是为了被送进拘留所领一份监狱口粮,正是饥饿和无家可归才迫使人们违反林木管理条例。

1836年,在普鲁士因此而受到刑事处罚的有15万人,占全部刑事案件的77%。面对这种相当严峻的社会形势,普鲁士统治者不是从社会制度层面寻找问题的根源和解决问题的方案,反而出台了一份更严厉的法案,将人们在森林里捡拾枯枝、采摘野果和其他一些仅仅违反林木管理条例的行为也升格为盗窃犯罪,给予刑事处罚。马克思根据1841年第六届莱茵省议会会议记录,于次年10月写下《关于林木盗窃法的辩论》一文,谴责立法机关偏袒林木所有者的利益,剥夺贫民捡拾枯枝等习惯权利,系统提出自己的森林立法观。① 此时,马克思看到了革命的正义性和必要性,但是把革命作为核心不能完全解决问题,即无法从政治上找到解决问题的现实路径。

普鲁士政府非常气愤,他们立刻派人查封《莱茵报》,迫使它停止印刷。1843年,《莱茵报》的发行许可被普鲁士国王撤销,马克思因此失业。在此期间,马克思认识了弗里德里希·恩格斯。1844年9月,恩格斯到访巴黎,两人并肩开始了对科学社会主义的研究,并结下了深厚的友谊。

1845年,马克思参与编写《前进周刊》,在其中对德国的专制主义进行了尖锐的批评。普鲁士政府对此非常不满,并要求法国政府驱逐马克思。同年秋,马克思被法国政府派流氓殴打,驱逐出境,被迫来到比利时布鲁塞尔。1845年12月,马克思宣布脱离普鲁士国籍。

1845—1846年,马克思和恩格斯一起完成《德意志意识形态》,批判黑格尔的辩证法,并对费尔巴哈唯物主义的不彻底性进行分析,从而第一次系统阐述他们所创立的历史唯物主义,明确提出无产阶级夺取政权的历史任务,为社会主义由空想到科学奠定了初步的理论基础。1846年初,马克思和恩格斯建立布鲁塞尔共产主义通讯委员会。1847年,马克思和恩格斯应邀参加正义者同盟。

民主主义更加强调革命的运动手段,至于革命的后果及革命之后的措施则较少关注,甚至出现无政府主义的思想;而共产主义则更加强调革命的目的,即无产阶级专政。1871年11月23日,马克思在《致弗里德里希·波尔特》的信中指出:"工人阶级的政治运动自然是以为自身夺得政权作为最终目的,为此当然需要一种发展到一定程度的、在经济斗争中成长起来的工人阶级的预先的组织。但是,另一方面,任何运动,只要工人阶级在其中作为一个阶级与统治阶级相对抗,并试图通过外部压力对统治阶级实行强制,就都是政治运动。"②

1895年9月,列宁在《弗里德里希·恩格斯》一文中强调了民主主义和共产主义的区别。民主主义者更加强调革命的过程,而共产主义者更加强调结合经济社会条件开展斗争并强调无产阶级专政的革命目的。

(三)共产主义革命阶段

1847年6月,改组同盟并更名为共产主义者同盟,马克思和恩格斯起草同盟

---

① 马克思恩格斯选集(第三卷)[M].北京:人民出版社,2012:715.
② 马克思恩格斯选集(第四卷)[M].北京:人民出版社,2012:498.

纲领《共产党宣言》。此后1848年革命席卷欧洲，也波及比利时。1848年3月，马克思遭到比利时当局的驱逐。在法国临时新政府的邀请下，马克思夫妇回到法国巴黎，恩格斯也抵达巴黎。之后，普鲁士、法国先后驱逐马克思，1849年8月，马克思前往英国伦敦。

此后，他一边夜以继日地从事研究工作，一边领导第一国际的工人运动。1864年9月，马克思在伦敦创立了国际工人协会（第一国际），此后一直到1872年9月，马克思和恩格斯一直承担着第一国际的领导工作。

1871年巴黎公社起义期间，马克思高度评价了巴黎无产阶级的革命首创精神，并撰写了《法兰西内战》一书，总结公社经验教训，指出工人阶级不能简单地掌握现成的国家机器，必须用革命暴力摧毁和打碎旧的国家机器，实行无产阶级专政。

（四）晚年生活阶段

1875年，在马克思和恩格斯的调解下，德意志工人联合会和全德工人联合会实现统一，成立了德国社会主义工人党。此后一直到马克思逝世，马克思都是德国社会主义工人党的灵魂，马克思逝世以后，恩格斯继续指导该党的活动。在19世纪70年代末80年代初，马克思继续以主要精力撰写《资本论》第二、第三卷，同时关心国际共产主义运动发展，抱病撰写了《哥达纲领批判》一文，对机会主义观点进行了批判。

1881年12月2日，夫人燕妮逝世；1883年1月11日，大女儿燕妮逝世，这使马克思的精神倍受打击。1883年3月14日，由于各国政府的驱逐、长期极端贫困的生活以及十分繁重的理论和实际工作，加之多种疾病（包括支气管炎、喉头炎、肺脓肿）的折磨，马克思在自己的工作椅上与世长辞，享年64岁。

三、马克思的思想发展阶段

从马克思接触和提出的重要思想来看，可以简单地将马克思的思想发展分为以下几个阶段：

（一）为自己的前途奋斗转向为自由而奋斗

到柏林大学后，马克思接触到了影响他世界观的第一大思想——黑格尔哲学体系。在柏林的知识界中，有一个叫作"博士俱乐部"的青年学者团体，其中的成员都是有学问、有独立见解的青年黑格尔派分子。刻苦攻读、不断求索中的马克思,越来越明确自己毕业后的志向:献身学术,以理论为武器与专制和宗教势力作斗争,为争取人民的自由和进步而奋斗。这是一个重要的思想转变,从为自己的前途奋斗转向为自由而奋斗。

(二)从理论批判到政治运动

1841年3月底,马克思大学毕业,拿到了证书;4月6日,他就把名为《德谟克利特的自然哲学和伊壁鸠鲁的自然哲学的差别》的博士论文寄往耶拿大学审查,申请博士学位;4月15日,答辩通过,马克思顺利获得学位。他原本计划在特利尔高校任职,但是专制政府已经驱逐了拥有类似激进思想的布鲁诺·鲍威尔(青年黑格尔派成员),马克思的计划落空了。马克思于1842年10月中旬来到科隆,担任《莱茵报》编辑,主持整份报纸。

当马克思主持报纸业务后,限于当时极为严厉的出版审查制度,他再一次被推到时代的风口浪尖:直面出版自由。其中,最著名的故事是《林木盗窃案》,大致内容是贵族为了更大限度地占有土地和森林,禁止农民捡拾、砍伐树木,而污蔑农民盗窃,马克思等新闻媒体界奋力为农民辩护,这一系列事件让马克思更加深刻地理解了社会底层的苦楚和上层人士的贪婪与堕落,并认识到丑陋的社会现象的根本原因是政府的腐朽以及政府背后支撑的社会制度。

此时,马克思思想的第二个转变出现了,他意识到理论批判远远不能改变现实,只有政治运动才可以。

(三)从"政治解放"转向"人类解放"

当时,在西欧一些主要国家,各种关于未来社会理想的空想主义著作已经流行开来,引起了人们的注意。马克思这时对共产主义问题了解得还不多,而青年黑格尔派中有些人的共产主义空谈在他看来又是浅薄之至的。马克思当时认为,现有形式的共产主义在理论上是不现实的,在实践上是无法实现的。这一事件促使马克思不久就开始系统地研究有关社会主义、共产主义的著作,他很快就熟悉了这方面的大量文献,并深入掌握了它们的思想。这对于他后来创立科学社会主义理论体系是不可缺少的准备。这是影响马克思世界观的第二大思想——共产主义。

事实上,当时的马克思面临着双重困难,一方面是对激进的青年黑格尔派成员的应付,另一方面是对当时政府严苛的书报检查制度的应付。最后的结果是,马克思同青年黑格尔派决裂,由于敢于揭露社会黑暗,因此《莱茵报》销量倍增,影响力迅速扩散。同时,《莱茵报》很快遭到政府的封杀,马克思无奈地离开了。

接下来,马克思在巴黎度过了 15 个月,这段时间里,他一方面完成了婚事,另一方面系统地回顾了自己学习黑格尔哲学的经历,并进行了系统性的反思,写下了《黑格尔法哲学批判》手稿。同时,一种新的学说像洪钟一样震动了马克思,给他带来了有力的启发,这就是路德维希·费尔巴哈的唯物主义。费尔巴哈唯物主义思想是影响马克思世界观的第三大思想,帮助马克思反思黑格尔哲学,同时为超越两者的理论提供了思想基础。

1843 年 10 月底,马克思和妻子来到巴黎,接过《德法年鉴》的工作,在《论犹太人问题》和《〈黑格尔法哲学批判〉导言》两篇文章中,马克思显然比《莱茵报》时期前进了一大步,由争取政治自由的斗士变成了追求"人类解放"的哲学家。此时,马克思思想的第三个转变出现了,人生的方向从"政治解放"转向"人类解放"。

此后直至去世,马克思一直为共产主义事业而奋斗。

第二节 马克思主义的创立与发展

一、马克思主义的基本内涵

马克思主义是工业文明时代的产物,尤其是系统科学地总结了封建主义制度向资本主义制度过渡以及资本主义早期的经济社会发展规律,是以辩证唯物主义和历史唯物主义为基础,分析当时现实、预测未来社会的新的思维方式的变革,是人类思想史上的重大革命。

马克思主义的内涵可以从属性、内容和研究方法三个方面进行阐述。

1. 属性包含认识成果属性、阶级属性和研究对象属性三个方面

从认识成果上看,马克思主义是由马克思和恩格斯创立并由后继者不断丰富与发展的学说体系。其中,发展是关键,也是重点。任何一个学说、理论体系如果没有继承者,终将会随着创立者的去世而消亡。一旦有了继承者,并不断地得到发展,才有持久的生命力。马克思主义就是一个不断发展、不断与时俱进的理论学说。

从阶级属性上看,马克思主义是无产阶级革命、建设和发展的理论学说,以

及人类解放的理论学说。封建社会及之前甚至资本主义早期,大多数思想理论是维护统治阶级利益的,而较少维护被统治阶级利益;其中最核心的因素是之前的被统治阶级几乎难以掌握先进的生产力和先进的思想文化。而无产阶级则在工业革命中掌握了先进的生产力,一旦拥有先进的指导理论和先进的管理经验,将比资产阶级更有国家治理竞争力。另外,马克思主义认为,资本主义将是最后一个阶级社会,因此无产阶级与以往的被统治阶级不同,肩负着自我解放和人类解放的历史使命。

从研究对象上看,马克思主义主要研究自然、社会和思维发展的一般规律。哲学与其他学科分离之后,就更多地以其他学科为研究对象,而其他学科则负责发现、研究、总结自然界、人类社会等基本规律。哲学派别也纷繁复杂,并不是每个派别都能够科学地解释这些学科研究成果的一般规律,马克思主义由于运用辩证与历史唯物主义的观点,更能够透过现象看到本质,也更能够科学总结自然、社会和思维发展的一般规律。

2. 内容主要包括马克思主义哲学、马克思主义政治经济学和科学社会主义

1875 年前后,小资产阶级代表人物杜林(1833—1921)以社会主义改革家的名义自居,提出了唯心主义先验论、折中主义、超阶级的道德观等一系列理论观点,在当时的德国工人运动中产生了较大的影响,甚至出现了"以杜林主义还是马克思主义为党的指导思想"的争论。为了统一党的思想、维护党的团结,批判杜林主义混杂的思想体系,恩格斯于 1876 年 9 月—1878 年 6 月撰写了《欧根·杜林先生在科学中实行的变革·哲学·政治经济学·社会主义》即《反杜林论》,马克思也参与撰写了部分内容,并合作修订了全文。

《反杜林论》首次全面而系统地阐述了马克思主义的理论体系,该书指出,马克思主义可以大致分为马克思主义哲学、政治经济学和科学社会主义三大部分。马克思主义哲学、政治经济学是科学社会主义的理论基础,科学社会主义是前两者的落脚点和归宿。

3. 研究方法主要包括基本立场、基本观点和基本方法

马克思主义的基本立场是马克思主义站立的位置,即代表哪个阶级的根本利益,是观察问题、分析问题、解决问题的根本立足点和出发点。马克思主义公开宣称代表无产阶级利益,以无产阶级解放和全人类解放为己任,以人的自由而全面的发展为根本目标。体现在现实中,就是无产阶级带领人民不断改善生活、

不断突破自我能力的政治主张。

马克思主义的基本观点,是理论总结的经典总结,是一个动态更新的过程,是对各学科关于自然、社会和思维(主要是人类思维)的科学总结。马克思主义对既有的历史有过经典的论述,对于当今实践也有不断丰富的新理论。

马克思主义的基本方法,是建立在辩证唯物主义和历史唯物主义基础上的世界观与方法论。基本方法决定了理论和实践,提出一个新的基本方法往往代表着范式转换,开创一个新的研究风格,形成一批理论。基本方法在现实生活中,又具体表现为实事求是的方法、辩证分析的方法、历史分析方法和阶级分析方法等。

二、马克思主义创立的背景

任何思想理论都是在时代背景下产生的,是那个时代经济社会发展的产物,是对那个时代生产生活、思想文化和科学技术等的总结概况。

马克思主义产生于19世纪40年代,是对资本主义发展中政治经济文化社会等系统性反思,创始人是马克思和恩格斯。马克思主义的产生具有三大基础或者说三大背景,分别是社会根源背景、阶级基础背景和思想渊源背景。

1. 自由竞争阶段资本主义的社会危机、经济危机是社会根源背景

历史上,社会形态的转换和王朝的更替往往伴随着严重的社会危机、人口危机和经济危机,危机已经成为人类社会自我调节的重要方式,一直未寻找到更好的方式。资本主义生产方式率先在西欧国家建立起来,随着科学技术的进步和工业革命的发展,社会危机和经济危机变得越来越严重。一是周期性经济危机频繁爆发,经济生产、流通、消费的持续性越来越差。1825年,英国爆发了第一次全国性经济危机,此后于1836年和1847年爆发的经济危机甚至波及欧洲主要国家。生产消费的链条开始超越单个国家,经济危机的危害性就变得越来越大。每一次经济危机都伴随着大量贫困人口的激增和大量产品的浪费。二是社会危机日渐加深,贫富分化和社会分化日益严重。自由竞争让财富极大地汇集到极少数人手中,而绝大部分工人农民生活困苦;机器大工业的发展不但没有减轻工人的劳动强度、减少工作时间、改善生活条件,反而出现延长劳动时间、降低工人工资、廉价雇佣女工和童工等一系列问题,无产阶级和资产阶级的矛盾逐渐加剧。

这种自由竞争阶段资本主义逐渐走到了尽头,需要革命或者改革的强力介入,消除不断扩大社会根源的制度性问题,它必然需要对应的指导思想。

2. 第一次工业革命后工人运动蓬勃发展促使无产阶级觉醒是阶级的基础背景

无产阶级是伴随着资产阶级而共生的,是在反抗资产阶级剥削和压迫中逐渐由自发走向自觉的,也是由自在阶级转向自为阶级的。需要特别说明的是,每一个社会制度在发展过程中都要经历各种问题,解决了这些问题,就会进入新的发展阶段;如果这些问题得不到有效解决,就有可能造成更大的风险或者导致社会制度停滞不前。

无产阶级最初跟随着资产阶级革命,没有意识到阶级领导权,也没有意识到政权的重要性,但是随着工人运动和革命斗争的进行,逐渐意识到无产阶级的历史使命。法国、英国、德国等资本主义国家工人运动的兴起,标志着现代无产阶级作为独立的政治力量登上了历史舞台。

表 1—1　　　　　　　　早期无产阶级运动及其影响

时　间	地　点	事　件	影　响
1831 年	法国里昂	里昂工人第一次起义	表明无产阶级已经从资产阶级革命运动中分离出来,开始作为一支独立的政治力量登上历史舞台,意识到了无产阶级领导权问题
1834 年	法国里昂	里昂工人第二次起义	里昂的工人们以为自己追求的只是政治的目的,以为自己只是共和国的战士。事实上,他们是社会主义的战士,意识到了现实政权的重要性
1836 年	英国	宪章运动	运动的目的是,工人们要求取得普选权,以便有机会参与国家的管理。这是世界上第一次群众性的、政治性的无产阶级革命运动,意识到了群众运动的巨大力量
1844 年	德国西西里亚	西西里亚纺织工人起义	在法国和英国的起义中,从来没有一次像西西里亚纺织工人起义带有如此之理论的和自觉的性质,意识到了指导思想的重要性

无产阶级先后意识到了领导权问题、建立政权问题、发动群众问题和指导思想问题,在政治斗争中越来越成熟。此时,无产阶级迫切需要科学的革命理论指

导,系统总结革命斗争经验,分析革命斗争形势,指导未来革命斗争实践。

3.19 世纪自然科学、社会科学的迅猛发展是思想渊源背景

19 世纪的自然科学、社会科学都获得了长足发展,这进一步促进了哲学思想的发展。19 世纪细胞学说、能量守恒定律、生物进化论三大科学发现为马克思主义的产生提供了自然科学前提。19 世纪西欧德国古典哲学、英国古典政治经济学、英法空想社会主义等资本主义初期哲学社会科学思想为马克思主义的创立提供了直接的理论来源,复辟时代法国历史学家的部分研究成果对马克思进一步发展唯物史观也有一定的帮助。

表 1—2　　　　　　　　　马克思主义主要来源

组成部分	代表人物	时间	国家	代表作/标志事件	主要观点/理论贡献
德国古典哲学	康德	18 世纪	德国	纯粹理性批评、实践理性批判、判断力批判	批判性、人的解放
	黑格尔	18 世纪	德国	法哲学原理	辩证法
	费尔巴哈	19 世纪	德国	黑格尔哲学的批判	辩证唯物主义
英国古典政治经济学	威廉·配第	17 世纪	英国	《赋税论》	流通领域到生产领域(刺激马克思从商品看到资本)
	亚当·斯密	18 世纪	英国	《国富论》	商品二因素、劳动创造价值
	大卫·李嘉图	18—19 世纪	英国	《政治经济学及赋税原理》	商品价值由社会必要劳动决定
英法空想社会主义	圣西门	18—19 世纪	法国	参加法国大革命	旧制度为实业制度代替
	傅立叶	18—19 世纪	法国	新的工业世界和社会事业	消灭文明制度、建立和谐制度
	欧文	18—19 世纪	英国	共产主义实验	新和谐公社
复辟时代法国历史学家	梯叶里	18—19 世纪	法国	《第三等级的形成和发展史概论》	提出阶级斗争观点,重视人民群众作用(资产阶级)
	米涅	18—19 世纪	法国	《法国革命史》(1824 年)	阶级斗争观点分析历史
	基佐	18—19 世纪	法国	《欧洲文明史》	从财产关系(经济关系)解释社会制度和思想

1886 年,恩格斯撰写了《路德维希·费尔巴哈和德国古典哲学的终结》,系统阐述了马克思主义的来源,通过分析黑格尔哲学和费尔巴哈哲学,揭示了马克思主义哲学与德国古典哲学之间的批判继承关系,系统地阐述了马克思主义哲学的基本原理、马克思主义哲学产生的理论来源和自然科学基础,阐明了马克思主义哲学的产生是人类思想史上的伟大革命,并深刻分析了马克思主义哲学在哲学领域中革命变革的实质。

任何思想都是在前人研究的基础上发展起来的,任何理论都是在批判继承前人思想的基础上建立起来的,马克思主义也不例外。马克思主义将这些思想与当时的社会现实联系起来,运用辩证与历史唯物主义的研究方法,终于建立起了独特的理论体系。

任何理论都是时代的产物,最终都要随着时代的发展而被迫更新甚至最终被取代,这是辩证法过程论的科学结论。那么,马克思主义之后,会不会有一个新的伟大思想产生呢?

这是必然的。

可以说,蒙昧时代(石器时代)产生了零零散散的自然崇拜和神学,就是那个时代认识世界的方法论,源于族群流动和手工捕猎的需要。农耕和农业时代(青铜时代和铁器时代)产生了古代哲学,也是那个时代认识世界的方法论,源于族群相对固定下来对周边世界的直观观察的反映。工业时代产生了近代哲学,马克思主义就是这个时代的集大成者,源于从土地产出向工业产出的时代需求。

表 1—3　　　　　　　不同历史时代哲学思想及科学基础对比

时代	代表思想	时间	产生科学基础	人际关系
石器时代	自然崇拜和神学	0 世纪之前	捕猎技术、城堡技术	原始族群、原始平等
青铜时代、铁器时代	古代哲学	0—14 世纪	冶炼技术进步、中国哲学	人身占有、人身依附
工业时代	近代哲学(马克思主义)	14—20 世纪	三大自然科学成果、德国古典哲学	人身雇佣
智能时代	现代哲学	20 世纪开始	量子学科循环哲学(动态系统)	自由组合、自由雇佣
超能时代	未来哲学	预计 26 世纪以后	暂时无法预知	机器人类新规则

未来，我们可以预见将进入智能时代，也必然会出现一个千年思想集大成的理论体系，这个理论必然需要包含马克思主义，并且要超越马克思主义。它需要将智能时代的自然科学、社会科学和思维科学的最新成果升级到哲学层面，进而指导其他学科的继续发展。

三、马克思主义产生的标志

马克思主义产生的标志是1848年2月《共产党宣言》的发表，但是在此之前马克思主义也在逐渐产生、逐渐成熟，即使在《共产党宣言》发表之后，马克思主义也在不断地完善。从马克思撰写博士毕业论文开始，至去世之时依然在撰写的《资本论》等著作，马克思和恩格斯的著作基本上反映了马克思主义思想转变的历程，也反映了马克思主义创立发展的思想历程。

1838—1841年，马克思撰写了博士毕业论文《德谟克利特的自然哲学和伊壁鸠鲁的自然哲学的差别》，这篇文章主要有三个方面的亮点：一是论证了个别自我意识的独立性和能动性；二是高度评价伊壁鸠鲁的无神论思想；三是表明有了超越黑格尔哲学的想法。

1843年夏天，马克思撰写了《黑格尔法哲学批判》，这是马克思的一本早期著作，也是马克思批判黑格尔哲学的第一部著作。批判意味着超越，它表明马克思已经开始有超越黑格尔的思想准备和理论准备了，虽然当时的理论批判还具有不彻底性。

（1）揭露了黑格尔思辨哲学的神秘主义，把被他颠倒了的逻辑观念和现实事物的关系颠倒过来，在本体论和认识论上维护并发展了辩证唯物主义。

（2）批判了黑格尔主张君主、官僚决定国家制度的英雄史观，阐明了人民创造国家的思想；在历史观上尤其是当时唯心史观极为盛行的时代建立起唯物史观。

（3）批判了黑格尔在国家发展问题上否认有质变的缓慢进化论，提出必须经过真正的革命来建立新国家的观点。

1843—1844年，马克思和恩格斯在《德法年鉴》上发表《论犹太人问题》《〈黑格尔法哲学批判〉导言》等，表明他们完成了从唯心主义到唯物主义、从革命民主主义到共产主义的转变，为创立马克思主义奠定了思想前提。革命民主主义重点关注革命，而共产主义则更加强调政权，把革命作为一种手段，强调符合历史

规律的革命。在《论犹太人问题》这篇政治论文中,马克思提出了以下几个观点:

(1)批判了鲍威尔在民族问题上的唯心主义观点和宗教问题上的神学观点;指出了政治解放与宗教的关系问题实质上是政治解放与人类解放的关系问题。

(2)论证了政治解放与人类解放的根本区别。所谓政治解放,只是一种剥削制度代替另一种剥削制度的资产阶级革命,是不能彻底解决民族问题和宗教问题的,而人类解放是废除生产资料私有制、消灭剥削阶级、把人类从一切社会压迫的桎梏下解放出来的无产阶级革命,是民族问题和宗教问题彻底解决的前提和保证。

1844年9—11月,马克思和恩格斯合作撰写了《神圣家族》,批判了青年黑格尔派主观唯心主义观点,这是马克思和恩格斯在制定无产阶级世界观的理论基础——辩证唯物主义和历史唯物主义——过程中的一个重要里程碑。

(1)阐述了物质生产在社会发展中起决定作用的思想,批判了鲍威尔等人把"精神"和"群众"绝对对立起来的错误观点。

(2)提出了人民群众在历史中起决定作用这一重要的历史唯物主义原理,指出随着物质生产的发展,群众必然会认识到自己的利益同少数统治者的利益相冲突,必然会日益自觉地参与到社会的历史活动中,群众是社会进步的主要动力。

(3)阐述了无产阶级的历史作用。他们运用对立统一规律分析了资本主义社会固有的矛盾运动——无产阶级和资产阶级的斗争,分析这两个矛盾方面的相互排斥和相互制约的关系。认为无产阶级必须消灭集中体现在自己身上的现代社会一切违反人性的生活条件,才能够自己解放自己。

1844年4—8月,马克思在巴黎撰写了《1844年经济学哲学手稿》,它是马克思从哲学领域逐步深入经济领域研究人的解放问题的重要思想成果。不仅批判了对现实永恒化理解的国民经济学观点和对现实思辨理解的黑格尔观点,而且比较系统地阐释了人学思想、异化劳动理论、共产主义观等,形成了关于国家、法、道德、市民生活等多方面问题的基本观点。

(1)马克思对资产阶级经济学做了深刻的批判。他指出,资产阶级经济学家把资本家的利益当作最后的依据,竭力美化资本主义,宣扬工人阶级和资本家的统一,力图永远保持资本主义制度。

(2)马克思批判地改造了德国古典哲学的异化概念,提出了异化劳动理论,并将其与资本主义的社会关系结合起来,初步论证了共产主义的必然性。

(3)对国民经济学以及黑格尔唯心史观展开了全面的批判,提出了现实的人的学说,以生产为基础的社会结构理论,以及以财产为形式的社会阶段理论,揭示了阶级冲突的本质及其扬弃这种冲突道路。

《关于费尔巴哈的提纲》是马克思于1845年春创作的一篇政治文章,最早发表于1888年。该文批判了费尔巴哈旧唯物主义忽视人的主观能动性和唯心主义片面夸大主观能动性的错误,阐明了马克思以实践为基础的新唯物主义哲学与旧哲学的区别;批判了旧唯物主义的唯心史观,论述于历史唯物主义的几个基本问题;从阶级基础、哲学功能和使命等角度阐述了新旧哲学的区别。

(1)批判旧唯物主义忽视实践的缺点,提出唯物主义实践观。

(2)从实践观点出发,阐述了一系列历史唯物主义的基本思想:人与环境互动的实践的重要意义、人的本质的社会性、具体性与历史性,实践对宗教世界世俗基础的改造作用。

(3)强调自己的新哲学与以往哲学的根本不同并以"新唯物主义"为之命名。马克思认为,包括费尔巴哈在内的以往哲学家都是"直观的唯物主义",都只是强调用不同的方式解释世界,而改变世界才是哲学的根本任务。(辩证唯物主义与历史唯物主义)

1845—1846年,马克思和恩格斯合著《德意志意识形态》,首次系统阐述了历史唯物主义的基本观点,实现了历史观上的伟大变革。

(1)对以费尔巴哈、鲍威尔和施蒂纳为代表的各式各样唯心史观的思想进行了深刻的分析和批判,标志着唯物史观的建立。

(2)阐述了历史唯物主义的基本原理,如社会存在决定社会意识、生产方式在社会生活中起决定作用、生产关系必须适合生产力的发展等,标志着马克思主义哲学的成熟。

(3)研究了社会政治结构同生产的相互联系,阐明了经济基础和上层建筑的原理,说明了国家和法对所有制的依赖关系,揭示了国家的阶级实质。

(4)完成了自《神圣家族》开始的对青年黑格尔派和费尔巴哈人本主义的批判,标志着马克思、恩格斯完成了对自己从前的哲学信仰的清算,也标志着马克思主义的基本形成。

1847年4月,《哲学的贫困》以全新的历史唯物主义为理论武器,从经济学和哲学两个方面批判了蒲鲁东唯心主义经济学,揭露了其对资本主义批判的非科学性和小资产阶级的反革命性。全文共分两章:第一章"科学的发现",批判了蒲鲁东唯心主义经济学特别是价值论,为马克思主义经济理论奠定了初步基础;第二章"政治经济学的形而上学",批判了蒲鲁东的社会改良主义观点,阐述了历史唯物主义原理。

(1)坚持历史唯物主义,批判蒲鲁东颠倒经济范畴与现实运动关系的非历史观点。

(2)批判蒲鲁东的构成价值理论,并初步分析阐述价值和剩余价值。

(3)批判蒲鲁东,同时反对政治经济学和社会主义的小资产阶级属性。

(4)批判蒲鲁东,反对工人提高工资和组织工会以迎合资产阶级的需要的主张。

(5)分析生产力和生产关系的辩证运动,并强调生产力的决定作用。

(6)肯定了工人阶级的历史使命和历史地位。

1848年2月,马克思和恩格斯合著的《共产党宣言》公开发表,标志着马克思主义的公开问世,形成了共产主义(科学社会主义)的基本思想。

(1)阐述阶级斗争学说,用阶级斗争的思维重新解释了人类历史,指出从原始社会解体以来,人类社会的全部历史都是阶级斗争的历史。

(2)说明无产阶级历史使命,公开宣布必须用革命的暴力推翻资产阶级的统治,建立无产阶级的政治统治,表述以无产阶级专政代替资产阶级专政的思想。

(3)批判了反动社会主义、资产阶级社会主义和空想社会主义等思潮,指出科学社会主义是符合历史规律的。

(4)论述了共产党人的革命斗争思想,阐述作为无产阶级先进队伍的共产党的性质、特点和斗争策略,指出为党的目标而奋斗与争取实现共产主义终极目标之间的联系。

(5)第一次全面系统地阐述科学社会主义理论,指出共产主义运动将成为不可抗拒的历史潮流,是马克思主义诞生的重要标志。

《路易·波拿巴的雾月十八日》是马克思创作的政治著作,首次出版于1852年。该书对1848年二月革命到1851年路易·波拿巴的政变做了生动描述,对法国阶级斗争的局势、条件与波拿巴的政变进行分析,对二月革命到波拿巴政变时期法国阶级斗争历史经验做了深刻总结。

(1)剖析了法国1848年的二月革命的性质、特征和失败的根源。社会经济状况的恶化和基于经济利益阶级冲突与斗争的加剧是二月革命爆发的原因。

（2）揭露了资产阶级惧怕群众的阶级局限性和虚伪性。

（3）阐述了马克思主义的国家学说和无产阶级专政理论，提出了无产阶级必须打碎资产阶级国家机器这一"马克思主义国家学说中主要的基本的东西"。

（4）考察了农民阶级的两重性。认为作为被压迫和剥削对象的农民与作为剥削者和压迫者的资产阶级存在着根本的利益冲突和对抗，因此，反抗剥削与压迫是农民天然的革命本性。

（5）论证了无产阶级必须与农民结成联盟以及成为联盟领导者的重要性。

1865年之后，马克思将主要精力集中在撰写《资本论》方面，1867年公开出版第一卷，马克思去世后由恩格斯继续帮助整理，分别于1885年和1894年出版第二卷和第三卷。《资本论》系统阐述了剩余价值学说，揭示了资本主义生产关系的全部秘密，从科学上揭示了资本主义制度的必然灭亡趋势。

《资本论》以剩余价值为中心，对资本主义进行了彻底的批判。第一卷研究了资本的生产过程，分析了剩余价值的生产问题；第二卷在资本生产过程的基础上研究了资本的流通过程，分析了剩余价值的实现问题；第三卷讲述了资本主义生产的总过程，分别研究了资本和剩余价值的具体形式，这一卷讲述的内容达到了资本的生产过程、流通过程和分配过程的高度统一，分析了剩余价值的分配问题。

1871年，马克思撰写了《法兰西内战》，在总结巴黎公社的经验时，既尊重历史发展的客观规律，又尊重群众的革命首创精神，充分体现了马克思鲜明的无产阶级立场和彻底的唯物主义历史观。《法兰西内战》提出了一系列关于无产阶级国家政权建设的思想，避免出现以资本为中心转化为以政治权利为中心的不良后果。其中，制止腐败，建设廉价新政权，打造以为民、民主、责任、清廉为核心的廉价政府是其主线与核心，也是马克思政治伦理思想的重要体现。

（1）精辟地分析了巴黎公社的发展过程和历史意义，认为是无产阶级建立政权的首次尝试。

（2）概括了巴黎公社的历史经验，发展了马克思主义关于无产阶级革命和无产阶级专政的学说，指出建立政权的重要性。

（3）进一步论证和丰富了无产阶级革命必须首先打碎资产阶级国家机器的思想。

1875年，马克思撰写了《哥达纲领批判》，这是科学共产主义的重要纲领性文献之一。它全面系统地批判了拉萨尔主义的错误理论，厘清了科学社会主义与非科学社会主义思想理论的本质区别，进而对未来社会从制度、发展阶段以及分配等方面做了原则构想。

(1)严厉批判了纲领草案中的拉萨尔派机会主义观点，阐明了无产阶级革命和无产阶级专政的原理。

(2)提出了无产阶级专政的国家是资本主义向共产主义转变的政治上的过渡时期的思想。

(3)在批判拉萨尔的小资产阶级分配观点的基础上，马克思第一次提出了共产主义社会分为两个发展阶段——初级阶段和高级阶段——的理论。

(4)阐明了社会主义社会必须实行按劳分配的原则，只有到了共产主义社会的高级阶段，才能实行"各尽所能、按需分配"的原则。

《论权威》是恩格斯运用唯物史观论证权威的必要性，阐述权威在社会生活中的作用的文章，写于1872年10月—1873年3月，发表于1873年12月出版的《1874年共和国年鉴》文集。

(1)全面批判了巴枯宁的无政府主义和分裂主义。

(2)文章针对无政府主义者把权威原则宣布为绝对坏的东西，反对一切权威的观点，阐述了科学的权威观，指出权威与自治是相对的东西，它们的应用范围是随着社会发展阶段的不同而改变的。

(3)无政府主义者绝对地反对权威原则只能是为反动派效劳。

1876年9月—1878年6月，恩格斯撰写了《欧根·杜林先生在科学中实行的变革》，即《反杜林论》，马克思也参与撰写了部分内容。《反杜林论》全面系统地阐述了马克思主义理论体系。

(1)阐述了科学社会主义产生的历史过程，指出唯物辩证法使马克思做出了唯物史观和剩余价值学说这两大发现，而两大发现又使社会主义学说从空想变成了科学。

(2)总结了马克思主义诞生后无产阶级革命的经验和自然科学发展的成就，第一次全面系统地阐述了马克思主义的三个组成部分，即马克思主义哲学、政治经济学、科学社会主义。

(3)解答了"以杜林主义作为党的理论基础，还是以马克思主义作为党的指导思想"的困惑,保卫了马克思主义世界观,维护科学社会主义纲领,推动德国工人运动和整个共产主义运动的发展。

《家庭、私有制和国家的起源》是恩格斯创作的社会学著作,于1884年首次出版。该书分析了人类早期的历史,揭示了原始社会制度解体和以私有制为基础的阶级社会形成的过程,阐明了阶级社会的一般特征;弄清了各个不同社会形态中家庭关系发展的特点;剖析了国家的起源和实质,证明了国家由阶级产生,随着阶级的消失,国家也必将消亡。

(1)恩格斯进一步完整表述两种生产理论,将生活资料的生产和人自身的生产看作制约人类社会发展的核心要素,阐明了人类社会从血缘关系向阶级关系演进的历史条件和社会基础。

(2)科学划分家庭起源和演变。恩格斯采用摩尔根的历史分期方法,将人类历史划分为蒙昧时代、野蛮时代和文明时代。人类社会的家庭形式随着习俗和生产的发展依次经历了四种形式:血缘家庭、普那路亚家庭、对偶制家庭和专偶制家庭。

(3)科学解释了私有制和阶级的起源。恩格斯从三次社会大分工的发生和发展中,解析了私有制和阶级产生的原因及其过程。

(4)国家的起源和实质。国家是在私有制和阶级发生与发展的基础上产生的,是阶级矛盾不可调和的产物。国家不是从外部强加于社会的一种力量,也不是伦理观念的现实,而是社会在一定发展阶段上的产物,是社会分工和私有制演进、阶级和阶级斗争发展的结果。

《路德维希·费尔巴哈和德国古典哲学的终结》是恩格斯写于1886年的著作,该书全面论述了马克思主义哲学与黑格尔、费尔巴哈哲学之间的批判继承关系,系统阐述了辩证唯物主义和历史唯物主义的基本原理,具体说明了马克思主义哲学产生的理论来源和自然科学基础,深刻分析了马克思主义哲学在哲学领域中革命变革的实质。

(1)阐述了哲学基本问题和哲学中两大阵营根本对立的原理,哲学家们依照如何回答这个问题分成了唯物主义和唯心主义两大阵营。

(2)阐明了黑格尔哲学的阶级实质,揭示了黑格尔哲学的合理内核。

(3)肯定了费尔巴哈对哲学基本问题的唯物主义立场。分析了旧唯物主义的局限性:机械性、形而上学性和不彻底性;批判了费尔巴哈宗教哲学和伦理学中的唯心主义观点;揭示了费尔巴哈的以抽象人性论为核心的历史唯心主义及其社会根源。

(4)阐明了马克思主义哲学产生的理论来源和自然科学基础,即以黑格尔和费尔巴哈为代表的德国古典哲学以及19世纪中叶自然科学领域中的三大发现。

(5)论述了社会历史发展的客观规律性、人民群众是历史的创造者、阶级斗争是阶级社会的发展动力、经济基础决定上层建筑等历史唯物主义的基本原理。

(6)说明了马克思主义哲学在哲学发展史上的地位,指出了马克思主义哲学的创立是哲学发展中的革命变革。

关于马克思一生在人类思想史和无产阶级革命运动中的核心贡献,恩格斯在1877年6月撰写的《卡尔·马克思》一文中进行了总结,即唯物史观和剩余价值学说。[①]

四、马克思主义过时论问题

一个理论是否过时,首先看其方法论是否被超越;其次看其总结的规律是否已经被取代或者已经超过适用范围;最后看其结论是否完全过时。

每个理论的结论都将被超越,每个理论体系也都将被超越。超越意味着被作为经典理论放到教材里面,就像人类曾经使用的工具放在陈列馆里面一样。当然,如果有些理论本身就存在着诸多问题,甚至对现象的描述都是错误的、对规律的总结也是错误的,方法论更是落后的,那么应该很快被时代所淘汰,根本没有机会被后人讨论过时论的问题。

(一)马克思时代的过时论

马克思主义是工业时代的思想产物,而今天已经进入数字时代,这些方法论、一般规律和预测方法是不是应该过时了?

在人类社会发展历史上,古代很多伟大人物的经典理论都随着时代的发展而被超越了,马克思主义会不会被超越?

---

① 马克思恩格斯选集(第三卷)[M].北京:人民出版社,2012:723—726.原文:"在马克思使自己的名字永垂科学史册的许多重要发现中,这里我们只能谈两点。第一点就是他在整个世界史观上实现了变革。……现在马克思则证明,至今的全部历史都是阶级斗争的历史,在全部纷繁复杂的政治斗争中,问题的中心仅仅是社会阶级的社会的和政治的统治,即旧的阶级要保持统治,新兴的阶级要争得统治。……马克思的第二个重要发现,就是彻底弄清了资本和劳动的关系,换句话说,就是揭示了在现代社会内,在现存资本主义生产方式下,资本家对工人的剥削是怎样进行的。"

这是两个不同的问题。第一,可以肯定的是,人类社会历史上任何一个理论都会被超越,甚至因无人继承发展而逐渐湮灭。马克思主义并不例外,终有一天也会被新的理论体系所取代。但是,任何一个思想体系在其方法论、基本规律、基本结论等完全被超越之前,都是一直保持着生命力的,甚至被超越以后也会作为经典理论存在。

第二,马克思主义会不会过时主要看它的理论体系还能不能解决时代问题。如果这个理论的研究对象完全脱离了这个时代的主要问题,那么也就离过时不远了。但是,如果这种理论还能够解决时代问题,则基本上不会过时。

第三,能不能正确运用马克思主义也是能够解决时代问题的重要方面,实践的挫折并不完全等于理论的失效。其中,还包含着对科学原理的误解,也影响了人类社会的认知。当然,人类社会发展及其规律总是在实践中不断摸索试错、不断发展完善的。

1891年7月1日,恩格斯在《致康拉德·施米特》的信中指出:"巴尔特对马克思的批评,真是荒唐可笑。他首先制造一种唯物主义的历史理论,说什么这应当是马克思的理论,继而发现,在马克思的著作中根本不是这么一回事。但他并未由此得出结论说,是他,巴尔特,把某些不正确的东西强加给了马克思,相反,却说马克思自相矛盾,不会运用自己的理论!'咳,这些人哪怕能读懂也好啊!'遇到这类批评时,马克思总是这样感叹。"[①]

(二)第二国际时代的过时论

随着时代的发展,尤其是第二国际解体之后,以伯恩斯坦为代表的一群人又开始提出"马克思主义过时论",认为应该根据现实发展对马克思主义的基本原理进行修改或者修订。

伯恩斯坦修正主义的主要观点包括:第一,在哲学方面宣扬"回到康德那里去"的口号,企图以唯心论代替唯物论,用简单的进化论代替革命的辩证法,攻击马克思主义哲学的阶级性和党性原则,反对马克思主义辩证唯物主义和历史唯物主义。

第二,在政治经济学方面竭力用所谓"经济发展中的新材料",证明资本主义能够消除自身的经济危机,否定马克思的关于经济危机和资本主义必然崩溃的

---

① 马克思恩格斯选集(第四卷)[M].北京:人民出版社,2012:619.

理论,反对马克思主义的劳动价值和剩余价值理论。

第三,在科学社会主义方面鼓吹阶级合作,主张"和平长入社会主义",反对阶级斗争,反对无产阶级革命和无产阶级专政,提出"最终的目的是微不足道的,运动就是一切"的公式,否定社会主义运动的最终目标是实现共产主义。

总之,主张点点滴滴的社会改良,迁就眼前的变革,迁就微小的政治变动,忘记无产阶级的根本利益,忘记整个资本主义制度及其演变的基本特点,为谋求一时的实际利益而牺牲无产阶级的根本利益,这就是伯恩斯坦修正主义的实质。

《我们的纲领》是列宁为批驳伯恩斯坦及其追随者对马克思主义的攻击和歪曲而写的一篇重要文章。列宁在文中驳斥了修正主义者所宣扬的马克思主义理论"不完备"和已经"过时"的谬论,阐明了马克思主义的理论精髓和对待马克思主义的科学态度。列宁指出,马克思的理论第一次把社会主义从空想变为科学,为这门科学奠定了巩固的基础,指明了详细研究和继续发展这门科学所应遵循的道路;无产阶级政党完全以马克思的理论为依据,没有革命理论就没有坚强的无产阶级政党。

列宁指出:"目前国际社会民主党正处于思想动摇的时期。马克思和恩格斯的学说一向被认为是革命理论的牢固基础,但是,现在到处都有人说这些学说不完备和过时了。凡自称为社会民主党人并且打算出版社会民主党机关报的人,都应该以明确的态度对待这个不仅只是德国社会民主党人才关心的问题。"[①]

列宁进一步揭示出科学社会主义(共产主义)的根本理论是阶级斗争,并指出:"教导我们透过那些积习、政治手腕、奥妙的法律和诡辩的学说看出阶级斗争,看出形形色色的有产阶级同广大的贫苦人民、同领导一切贫苦人民的无产阶级的斗争。它说明了革命的社会党的真正任务不是臆造种种改造社会的计划,不是劝导资本家及其走狗改善工人的处境,不是策划密谋,而是组织无产阶级的阶级斗争,领导这一斗争,而斗争的最终目的是由无产阶级夺取政权并组织社会主义社会。"[②]

列宁不但批判了修正主义关于马克思主义过时论的错误,还指出了马克思主义政党的时代使命。他指出:"我们决不把马克思的理论看做某种一成不变的

---

① 列宁选集(第一卷)[M].北京:人民出版社,2012:273.
② 列宁选集(第一卷)[M].北京:人民出版社,2012:273—274.

和神圣不可侵犯的东西;恰恰相反,我们深信:它只是给一种科学奠定了基础,社会党人如果不愿落后于实际生活,就应当在各方面把这门科学推向前进。……我们已经说过,这个纲领的实质就是组织无产阶级的阶级斗争,领导这一斗争,而斗争的最终目的是由无产阶级夺取政权和组织社会主义社会。"[①]

列宁对当时的马克思主义过时论以及各种修正主义的批判,核心观点可以总结为以下几个方面:

(1)阶级对立与阶级斗争是历史发展的基本规律,并非任何群体的主观行为,它推动着历史发展。放弃阶级领导权或者无产阶级自我组织的后果,只是助长了资产阶级的政治统治。

(2)革命并不是马克思主义的全部,马克思主义主张根据经济形势发展调整无产阶级战略,甚至包括阶级缓和阶段的议会斗争以及平时以经济斗争为主辅以政治斗争,但是并不能因此而放弃最终的革命斗争。

(3)资本主义是一个历史阶段,并非永恒的经济形态,更不是永恒的社会形态。资本主义固有的矛盾决定了经济危机的周期性,资产阶级政府会努力调整并缓和阶级矛盾,但是历史规律并不是个人或者阶级所能够决定的。

(4)马克思主义理论需要随着时代发展而不断发展进步,在其方法论尚未完全失效之前,马克思主义理论并不会过时。后来的马克思主义者也应该根据自然科学、社会科学和思维科学的发展而主动改造马克思主义方法论,而不是歪曲它。

(三)现代各种质疑的过时论

改革开放初期,很多人不理解社会主义和资本主义的本质区别,仅凭借只言片语就断定社会主义已经过时了,马克思主义也过时了。

1992年1月,邓小平在《在武昌、深圳、珠海、上海等地的谈话要点》中指出:"我坚信,世界上赞成马克思主义的人会多起来的,因为马克思主义是科学。它运用历史唯物主义揭示了人类社会发展的规律。封建社会代替奴隶社会,资本主义代替封建主义,社会主义经历一个长过程发展后必然代替资本主义。这是社会历史发展不可逆转的总趋势,但道路是曲折的。资本主义代替封建主义的几百年间,发生过多少次王朝复辟?所以,从一定意义上说,某种暂时复辟也是

[①] 列宁选集(第一卷)[M].北京:人民出版社,2012:274—275.

难以完全避免的规律性现象。一些国家出现严重曲折,社会主义好像被削弱了,但人民经受锻炼,从中吸取教训,将促使社会主义向着更加健康的方向发展。因此,不要惊慌失措,不要认为马克思主义就消失了,没用了,失败了。哪有这回事!"①

进入新时代以来,国际形势有所变化,于是又有一部分理论功底粗浅的人提出是不是马克思主义又过时了的疑问。

2013年1月5日,习近平总书记在新进中央委员会的委员、候补委员学习贯彻党的十八大精神研讨班上的讲话中指出:"一些人认为共产主义是可望而不可即的,甚至认为是望都望不到、看都看不见的,是虚无缥缈的。这就涉及是唯物史观还是唯心史观的世界观问题。我们一些同志之所以理想渺茫、信仰动摇,根本的就是历史唯物主义观点不牢固。"②

五、马克思主义的发展历程

从马克思主义影响区域来看,马克思主义的发展大致经历了三个阶段,即欧洲阶段、欧洲转向亚洲阶段、亚洲阶段。除此之外,世界上其他地区也有马克思主义的传播,但是尚未成为马克思主义发展阶段的主流。

(一)欧洲阶段开启了世界无产阶级运动

正义者同盟是19世纪30年代成立的德国工人和手工业者的秘密革命组织,1847年初,正义者同盟派约瑟夫·莫尔邀请马克思、恩格斯加入,并决定按他们的主张改组同盟。1847年6月2—9日在伦敦秘密举行第一次代表大会,建立共产主义者同盟,拟定章程,并用"全世界无产者联合起来"的国际主义口号代替"人人皆兄弟"的旧口号。共产主义者同盟是世界上第一个以科学社会主义为指导思想的国际无产阶级的政党。

1848年欧洲各国爆发的一系列武装革命,马克思、恩格斯领导共产主义者同盟参加这场规模巨大的资产阶级革命。同时,不断阐明无产阶级在资产阶级革命中的策略,指导工人斗争。大革命失败后,马克思留在英国伦敦开展理论研究工作,恩格斯则到曼彻斯特进入父亲合股的企业工作,同时从事工人运动和理论

---

① 邓小平文选(第三卷)[M].北京:人民出版社,1993:382—383.
② 在新进中央委员会的委员、候补委员学习贯彻党的十八大精神研讨班上的讲话[N].人民日报,2013—1—6(1).

研究。

19世纪60年代,欧洲工人运动再次高涨。1864年9月,国际工人协会(第一国际)在英国伦敦成立。在马克思的努力下,大会否定了马志尼的秘书沃尔弗和老宪章派韦斯顿提出的充满资产阶级民主主义精神的纲领文件草案,粉碎了资产阶级分子领导国际工人运动的企图。马克思为协会起草《国际工人协会成立宣言》和《协会临时章程》(1866年9月日内瓦代表大会讨论通过,称为《国际工人协会章程》,1871年9月伦敦代表会议修改后称为《国际工人协会共同规章》)获得通过,纲领阐明无产阶级运动的目的:推翻资本主义,建立工人阶级政权;宣布工人运动的基本原则,工人阶级的解放应该由工人阶级自己去争取。

马克思寄希望于工人阶级的精神发展,指望将来通过各派工人的思想交流和讨论,导致一个共同理论纲领的形成。马克思力图使第一国际成为逐步溶解和吸收除无政府主义者以外的各个比较小的宗派的工具,希望各国工人通过在对敌斗争中的一致行动和交换经验,能够逐步接受科学社会主义而抛弃各种宗派学说。

1868年10月13日,马克思在《致约翰·巴蒂斯特·施韦泽》的信中指出:"您本人(施韦泽)根据切身的体验,知道宗派运动和阶级运动是对立的。宗派不是在它和阶级运动的共同之处中,而是在把它和阶级运动区别开来的特殊护符中,寻求自己存在的权利和自己的荣誉。"[①]历史证明,马克思的这种政策是正确的。

1871年3月18日,巴黎工人举行起义,推翻了资产阶级反动统治,建立了无产阶级革命政权。巴黎公社失败后,世界社会主义运动进入低潮,第一国际也于1876年正式宣布解散。1883年3月,马克思去世后,恩格斯承担起指导国际工人运动的重担。

随着科学社会主义在欧美的广泛传播,到19世纪80年代末,欧美已有16个国家先后建立社会主义政党,各国工人和社会主义者要求加强国际联系。恩格斯为了击败可能派夺取新国际组织领导权的企图,做了大量工作,促使德、法等国社会主义政党的代表于巴黎人民攻克巴士底狱100周年纪念日,即1889年7月14日,在巴黎召开"国际社会主义者代表大会",成立第二国际。第二国际是

---

① 马克思恩格斯选集(第四卷)[M].北京:人民出版社,2012:475—476.

在资本主义相对稳定发展时期进行活动的。这时,欧美工人运动在向更广方面扩展,各国处于建立民族国家范围内,独立的无产阶级政党并开展以合法斗争为主的时期。适应这个历史时期的特点,第二国际不是各国工人阶级政党的上级组织,仅提供经验交流平台和国际联合指导,各国工人阶级政党是独立自主的。它没有发表过成立宣言或纲领性文献,而是通过历次代表大会的决议给各国党指出行动方向。

(二)欧洲转向亚洲阶段开启了世界无产阶级革命新时代

19世纪70年代至20世纪20年代,资本主义逐渐由自由竞争阶段进入垄断阶段。垄断的出现加剧了资本主义国家内部和外部的竞争以及不平衡性,导致了第一次世界大战,客观上造成了社会主义革命的有利形势。

马克思和恩格斯按照一般规律尤其是自由竞争资本主义阶段的情况,提出发达国家同时革命论,即社会主义革命将首先在几个主要资本主义国家同时发生。

列宁根据垄断资本主义的情况,提出了一国首先胜利论,即由于帝国主义阶段世界政治经济的绝对不平衡性,帝国主义体系中出现了薄弱链条,这些国家有可能率先发生革命并取得胜利。

在1914年8月至1918年第一次帝国主义世界大战期间,第二国际大多数政党公开撕毁了巴塞尔宣言所规定的革命原则,甚至公开支持本国资产阶级侵略其他国家。第二国际陷于分裂的状况之中。

1917年,列宁领导俄国工人阶级和革命人民发动了十月革命,使社会主义从理想变为现实,开创了世界历史的新纪元。1919年3月,国际共产主义者代表会议在莫斯科召开,即第三国际第一次代表大会,有来自21个国家的35个政党和团体的52名代表参加。会议宣告了第三国际正式成立。第三国际是统一的世界共产党,各国共产党都作为它的支部,直接受它领导。它是高度集中的领导中心,统一领导各国革命运动,各国党必须执行它的决定。它有权决定各国无产阶级政党的路线、策略和各国党的领导人,可以否定或修改各国无产阶级政党的决定,开除和解散任何一个支部,向各国无产阶级政党派出常驻代表。

此后,社会主义运动在亚洲、非洲、南美洲等蓬勃发展,尤其是亚洲多国先后成立马克思主义政党,组织发动革命,建立社会主义政权。

（三）亚洲阶段马克思主义向全世界传播

俄国十月革命推动了民族解放运动和社会主义运动发展到新阶段,尤其是亚洲各国迎来了"亚洲的觉醒"时期,马克思主义相继传播到世界各地。

1911年10月,中国爆发了辛亥革命。1912年1月1日,中华民国南京临时政府举行临时大总统就职典礼,孙中山正式就任中华民国临时大总统。辛亥革命是近代中国比较完全意义上的民族民主革命。1921年7月,中国共产党成立,此后经过三次国内革命战争和抗日战争,于1949年10月建立了新中国。

1919年3月13日,延边朝鲜族人民反对日本侵略者的斗争。在俄国十月革命和朝鲜反日民族独立运动的影响下,延边朝鲜族人民反日运动日益高涨。1925年4月,朝鲜共产党成立,领导人为金在凤和朴宪永。此后,经过民主革命和抗日战争,最终于1948年9月建立朝鲜民主主义人民共和国。

1905—1908年印度民族解放运动,是20世纪世界民族运动史上的重大事件。1920年10月17日,罗易在苏联乌兹别克加盟共和国首都塔什干创立了侨民共产党,开始在侨民中并向国内宣传和介绍马克思主义,阐述印度民族斗争的形势和任务。1921—1922年间,印度的加尔各答、孟买、拉合尔、马德拉斯和康浦尔等地出现了马克思主义小组。罗易委派回国的一些侨民共产党党员也成为这些马克思主义小组的创建人。第二次世界大战结束后,根据印巴分治方案,印度共和国成立。尼赫鲁执政时代,印度倾向于社会主义,并仿照苏联制订了经济发展的五年计划。

除此之外,越南、老挝等亚洲国家先后经历民主革命,由于第三国际的支持,非洲、中东、南美洲等也先后掀起了社会主义运动高潮,一大批国家走上社会主义道路。

1913年3月1日,列宁在《马克思学说的历史命运》中初步介绍了马克思主义的发展阶段,并指出马克思主义的历史命运将会传遍全世界,并在每个国家得到实践检验。他指出:"马克思首次提出这个学说是在1844年。马克思、恩格斯合著的,于1848年问世的《共产党宣言》,已对这个学说作了完整的、系统的、至今仍然是最好的阐述。从这时起,世界历史显然分为三个主要时期:(1)从1848年革命到巴黎公社(1871年);(2)从巴黎公社到俄国革命(1905年);(3)从这次俄国革命至今。"[1]

第三节 马克思主义的特征

马克思主义广为人知的是科学社会主义及革命运动,其哲学理论支撑是辩证唯物主义,经济学理论支撑是《资本论》,历史学理论支撑是唯物史观。通过多个角度对资本主义的经济社会发展寻找规律,而经济社会规律尤其是本质的分析主要得益于哲学的变革,哲学变革的关键在于研究方法的革新。马克思主义运用辩证唯物主义和历史唯物主义的研究方法,最大的特征就是批判性。

批判性体现在科学性、发展性、实践性、革命性和人民性等方面,不仅意味着持续不断的理论超越,而且意味着持之以恒的实践改造;既是对其他非马克思主义思想和行动的批判,也是对马克思主义及其分支的自我批判,逐渐消除旧事物、培育新事物。

批判性是整体性特征,它通过科学性、发展性、实践性、革命性、人民性等体现出来,这些特征实际上又对应了唯物史观的两个规律,从生产力、生产关系、经济基础、上层建筑等方面进行了阐释。

一、批判性最根本的是科学性,没有科学性就没有批判性

科学性是指马克思主义对自然、社会和人类思维发展本质和规律的正确反应,关键点在于规律。马克思主义是不断总结规律、不断发展规律的,并通过规律的系统梳理和本质的揭示来指导人类实践,进一步指明未来社会发展方向和道路。马克思主义理论体系是一个逻辑严密的有机整体,形式是主观的,内容是客观的,以事实为依据,以规律为对象,以实践为检验标准。因而,马克思主义是无法被推翻或驳倒的,只能被超越,或者由于停滞不前而被历史淘汰。

二、批判性最关键的是发展性,没有发展性就没有任何实际意义

与时俱进是马克思主义的重要理论品质,激励着马克思主义不断得到发展,通过规律的揭示转化为推动经济社会发展进步的动力。马克思主义理论体系是

---

[1] 列宁选集(第二卷)[M].北京:人民出版社,2012:305.

开放的体系,不断吸收人类最新文明成果来推动自身的发展和实践的发展,尤其是经济领域的发展,进一步描述人类社会发展阶段和过程,其自身也在随着时代变化而发展。

```
          科学性—规律性—知识革命(指明未来社会发展方向和道路)
                                              生产力
          发展性—进步性—经济革命(描述人类社会发展阶段和过程)
批                                                                      历
判        实践性—社会性—社会革命(建立更加平等和谐的社会关系)——生产关系——经济基础   史
性                                                                      规
          革命性—正义性—思维革命(形成更加人道的文化)——思想上层建筑 ⎫             律
                                                              ⎬ 上层建筑
          人民性—主体性—政治革命(建立更加人性的民主的政权)——政治上层建筑 ⎭

                          (判定历史事件性质,是侵略还是内部融合)外部性
```

图 1-1　马克思主义基本特征与唯物史观对应关系

三、批判性最突出的是实践性,没有实践将会陷入唯心主义的陷阱

马克思主义重视在实践中检验对自然、社会和思维规律的总结,并不断修正完善,是随着实践而不断发展的学说。实践观点是马克思主义首要的和基本的观点,始终强调理论与实践相统一,坚持革命与建设相统一。实践是全方位的实践,但重点是社会领域的变革实践,因为马克思主义不是纯粹的解释世界学说,而是指导无产阶级和人民群众改造世界的理论。

四、批判性最鲜明的是革命性,没有革命性就失去了正义的基础

马克思主义的革命性,集中表现为它的彻底的批判精神和鲜明的无产阶级立场。民主主义将革命视为目的,而共产主义(科学社会主义)则将革命视为手段,因而革命就从政治实践升级为思想实践。只有指导思想的革命性,才能更有效地推动政治革命、经济革命、社会革命等全方位的正义性体现。

五、批判性最核心的是人民性,没有人民性就失去了天然的群众基础

马克思主义最终的目的是实现最广大人民的根本利益,最后实现共产主义。马克思主义的人民性是以阶级性为基础的,是无产阶级先进性的体现。无产阶级与以往社会形态的被压迫阶级不同,与统治阶级也不同,是肩负历史使命的先

进阶级,是可以带领人民进行自我解放的阶级。无产阶级将在反对资本主义的基础上,不断改进社会制度,推动社会发展,建立社会主义社会,最终实现共产主义。

虽然这些特征主要表现在某一维度上,实际上这些特征也存在相互影响、相互交叉、相互包含的成分和内容,但是整体而言,这些特征依然有充分的主要范畴。

第二章
方法论

哲学是世界观,也是方法论。因为哲学从其他自然科学、社会科学、思维科学中对世界的描述(自然世界观)中抽象出哲学世界观;也从这些学科中寻找研究方法并上升为哲学方法,进而推广到其他学科。

从广义上看,哲学的发展甚至人类社会的发展就是方法论不断发展的过程,有什么样的生产方式就有相对应的方法论,产生相对应的理论体系。整体而言,方法论是逐渐由单一的、表象的方法论向丰富的、多元的、复杂的、本质的方法论发展和进化的。

方法论是一种以解决问题为目标的理论体系或系统,通常涉及对问题阶段、任务、工具、方法技巧的论述。方法论会对一系列具体的方法进行分析研究、系统总结并最终提出较为一般性的原则。方法论包含至少四个层面,即现象层、规律层、方法层和方法论层,是层层递进的过程。

表 2—1　　　　　　　　方法论四个层面对比

方法论层(哲学层面)	类似方法进行进一步抽象,形成更加完备的方法论体系
方法层(学科层面)	根据规律,提出一般解决方法
规律层(逻辑层)	从现象中抽象出内在逻辑,总结出一般规律
现象层(表象层)	万事万物的表面现象

第一,现象层是直观看到的客观世界,客观世界在发展变化中会以各种现象表现出来。通过观察、研究等刨除现象假象,进而通过分类、归纳、分析等科学描述事物的现象。

第二，规律层或者逻辑层。从客观世界出发，经过观察和分析，我们能够获得其中的逻辑，这是万事万物内部联系的基本逻辑，但是需要经过观察、研究，从表面现象中抽象出内在的逻辑，进而寻找到规律。

第三，方法层是对规律的进一步总结。当你经过客观世界到达逻辑层面时，你会总结和发现其中的方法，并且方法只是孤立的方法，仅限于此时此地使用，这个方法不具备稳定的应用环境。寻找到规律之后，就可以运用某些具体的方法解决现实问题。

第四，方法论层。方法论是哲学层面的进一步抽象，是从各个学科的各种方法中提炼出来的。这些方法可以形成更加严密、更加完整的方法论体系，因而适用范围也更加广泛，可以为更多学科提供支撑。从方法论中针对某个特定应用环境而推导出的一个方法，同时，你会在多个特定应用环境的方法中发现一些共通的规律和原则，在不断总结和提炼的过程中，形成能够自成体系的集合，我们就到了方法论层。

方法论也是一个理论学说、思想体系区分于其他理论派别、思想体系的核心要素。从远古时代归结于神灵或者神秘力量的研究方法、古代归结于表面现象的经验法、近代孤立片面的形而上学再到强调动态发展的辩证法，人类的哲学方法论逐渐由错误发展到正确、由正确发展到精确。其中，将科学规律引入哲学方法论，开创了一个新的巅峰。自此，经过科学检验和实践检验就成为哲学新思想的主动行为。

表2-2　　　　　　　　哲学、科学与经验对比

	经验和常识	具体科学	哲学
研究对象	某一具体事物或问题	世界某一具体领域、某一类别事物的规律和奥秘	整个世界的本质、发展规律以及人与现实世界的关系
性质	经验思维	实证思维	理论思维
作用	为人们认识世界和改造世界提供某些知识	为人们认识世界和改造世界提供具体方法指导	为人们认识世界和改造世界提供方法论指导
联系	都是人们把握现实世界的基本方式		

马克思主义经常对其他哲学家的理论进行批评，归根结底是由于其他理论的方法论的滞后，进而导致结论的错误或者片面性：第一，研究方法不够科学，导

致研究结论片面性;第二,对现象和问题的总结仅仅达到了表面规律的进度,尚未能够实现揭示本质规律,进而未能做出深刻的理论指导。

第一节 方法论发展的历史进程

古代经验论以对现象的简单归纳为方法来思考世界;近代形而上学以静态方式的方法论分析研究世界;而现代辩证法则以动态方式的方法论研究世界,同时存在二元对立的问题,未来方法论从发展规律上会倾向于系统循环研究方法。

一、古代方法论

中国哲学史上对求知的方法有过许多论述,从不同角度表述了有关认识方法的各种见解,形成了具有中国文化传统的认识方法的理论。但是,古代观察和研究的工具有限,方法论也主要受限于科技水平及其研究仪器,仅限于初步的经验总结和逻辑推理。

(一)孔子的方法论

孔子对求知的方法有所阐发。他强调学思并重,明确提出"学而不思则罔,思而不学则殆"。这是注重知的后天来源。他主张"博学""多闻""多见",反对满足于获得众多杂乱无章的知识,要求用"一以贯之"的原则把所有的知识贯穿起来。他还强调"毋意、毋必、毋固、毋我",即反对臆测、武断、固执、主观的思想方法。[①]

孔子的方法论是什么呢?在《论语》中,他有过清楚的表述:"子曰:'吾有知乎哉?无知也。有鄙夫问于我,空空如也,我叩其两端而竭焉。'"[②]

孔子的方法论可归结如下:

(1)"空空如也":将事物置于关系中去理解;

(2)"叩其两端":从关系的"两端"去分析;

(3)"竭焉":从"两端"推演到极端去发现。

首先,"空空如也"不仅表示认知者承认自己"无知"的虚心状态,而且表示事

[①] 梁燕城.孔子的方法学——从本体诠释学模式研究孔子哲学[J].文史哲,2005(02):17—25.
[②] 钱宁.从"道理"到"定理"——孔子学说通向现代文明的路径初探[J].山东省社会主义学院学报,2017,313(06):28—33.

物的本质隐而未现。事物的本质,只有在它与其他事物的关系中,才能显现。譬如"人性",无论善恶,只在人与他人关系中才会具体显现出来。

其次,"叩其两端",既然事物本质只能在与其他事物的相互关系中显现,对事物的认知也应从关系的"两端"展开。以"恕"为例,理解"恕",需要从"己"与"人"两端思考,而不可"执一"。更进一步地,事物本质受关系的"两端"限定,一端变化必将引起另一端变化,从而会有不同的呈现。君子之间,自然可以"以德报德",君子与小人之间,还是要"以直报怨"。人性的复杂正在于与他人关系的复杂。

最后,"竭焉"即推而极之,将"两端"推演到极端,以认识事物的本原和极限。很多事物不回归到本原难以判断、不推演到极限无法看清。比如,将善恶推向极端,追溯根源,追近边缘,就会对"人性"有更深的洞悉。

(二)墨家的方法论

在孔子以后,墨子注重实际验证或实际应用的经验方法。

墨子在认识论方面提出的判断是非真假的一种标准即三表法。《墨子·非命上》:"何谓三表?子墨子言曰:有本之者,有原之者,有用之者。于何本之?上本之于古者圣王之事。于何原之?下原察百姓耳目之实。于何用之?废(发)以为刑政,观其中国家百姓人民之利。此所谓言有三表也。"

第一表,"本之于古者圣王之事"(看规律);

第二表,"原察百姓耳目之实"(看民意);

第三表,"废(发)以为刑政,观其中国家百姓人民之利"(看制度是否对民有利)。

所谓"本之",主要是根据前人的经验教训,其依据是求之于古代的典籍。所谓"原之",是"诉诸百姓耳目之实",也就是从普通百姓的感觉经验中寻求立论的根据。"本之"是间接经验,"原之"是直接经验,都是属于归纳法的范围。所谓"用之",是将言论应用于实际政治,看其是否符合国家百姓的利益,来判断真假和决定取舍。

(三)道家的直觉方法论

道家的老子、庄子不重经验而主张直觉的方法,要求冥思以直接领会宇宙的根本。[①] 道家学派的直觉方法是一种高层次的科学思想的哲理思维艺术,闪耀着

[①] 储昭华,幸玉芳."不言"究竟何言——从政治哲学视角解析庄子的方法论问题[J].湖北社会科学,2018,383(11):69-77+98.

智慧的光芒,但不是系统的、完备的、严格的科学方法论体系。[①]

老子把直觉比作"涤除玄览"。览,借为鉴,意即镜。老子把内心比作明镜,主张通过心性修养,排除一切欲望干扰,使之一尘不染。只有在这种情况下,借助内心静观,才能体认"常道"。这就是老子所言及的"涤除玄览,能无疵乎"[②]的基本含义。

《管子》不仅以它提出的精气学说,直接继承了老子的"道""气"理论,而且在认知方法上,还沿袭了老子的"玄览""静观"思想。提出了"气道(通)乃生,生乃思,思乃知,知乃止矣",阐明了"生命—思想—知识"这样一个客观过程。对于思的过程,《管子》又指出:"思之又思,又重思之。思之而不通,神鬼将通之。非鬼神之力也,精气之极也。"[③]需要反复思考;思考而不通,鬼神会帮助你贯通;其实这并非鬼神之力,而是由于长期的沉思之后"精气"专一到了极点,才使你茅塞顿开、豁然开朗。相较而言,《管子》对于直觉思维的论述,比老子更少一些神秘色彩。

庄子也同样发展了老子的"涤除玄览",提出了"以明"和"见独"两种直觉方法。所谓"以明",即"反复相明"的意思。他在《齐物论篇》中说道:"以是其所非,而非其所是。欲是其所非,而非其所是,则莫若以明";"彼亦一是非,此亦一是非。……是亦一无穷,非亦一无穷也,故曰:莫若以明"。这里虽含有辩证法,但又归为诡辩论。

从"以明"向前发展,便到达"见独"方法。所谓见独,就是"无情",主张"喜怒哀乐不入于胸次"(《庄子·田子方》)[④],即丢弃好恶爱憎之情感,忘却生死得失之区别。庄子曰:"吾犹守而告之三日,而后能外天下;已外天下矣,吾又守之七日,而后能外物;已外物矣,吾又守之九日,而后能外生;已外生矣,而后能朝彻;朝彻,而后能见独。"(《庄子·大宗师篇》)这就是从"外天下"进而"外物""外生",一层比一层深入的直觉,最后便"大彻大悟,如朝阳初启,一切皆明,而后能见绝对之道"[⑤]。这便是常有幻想色调的最高直觉境界。

---

① 程民治.道家学派与现代物理学家直觉方法论的区别[J].南通大学学报(社会科学版),2009,25(01):28—33.
② 冯达甫.老子译注[M].上海:上海古籍出版社,1991:21.
③ 中国历代哲学文选:先秦篇上册[M].北京:中华书局 1962:144.
④ 刘建国.庄子注译[M].顾宝田,译.长春:吉林文史出版社,1993:1.
⑤ 张岱年.中国哲学大纲[M].北京:中国社会科学出版社,1994:535.

综合而言,道家的直觉方法论源自当时生产力水平的低下,人类对自然的探索手段有限,只能归结于神秘的力量。

(四)程朱学派的方法论

孟子讲尽心,主张反省内求,也是一种直觉的方法。荀子将观物与体道结合起来,要求在对事物的观察中认识规律即"道",并根据道进行类推,以求得宇宙万物的普遍知识。荀子还主张"虚壹而静""解蔽",这是他提出的端正思想以求得真知的方法。①

在中国古代的名辩思潮中,惠施、公孙龙等人的论辩反映了一般与个别、相对与绝对的矛盾,他们都从不同的侧面割裂了个别与一般、相对与绝对的关系,在很大程度上推动哲学向规范化哲学范畴发展。后期墨家和荀子则注意把它们结合起来,这一讨论对推动中国古代思想方法论的发展具有重要意义。

从宋到明清,哲学家们也比较重视方法论的讨论,程朱学派主张"道问学",注重"格物致知"的综合方法,认为知为人所固有,但必须格物以致之,"即物而穷其理也"②。陆王学派则主张"尊德性",即重内心,认为一切真知都来源于内心,只要在内心上下功夫就行了。③ 清代的王夫之、颜元、戴震都比较重视认识的方法。其中,王夫之把前人所讲的格物致知分解为二:格物是从事物、经验中求得道理,即归纳法;致知是思辨推理的方法,即演绎法。而且,他认为二者是相互补充、不可割裂的,"非致知则物无所裁,而玩物以丧志;非格物则知非所用,而荡智以入邪。二者相济,则不容不各致焉"④。

程朱理学是宋明理学的主要派别之一,也是理学各派中对后世影响最大的学派之一。理学的天理是道德神学,由北宋时期二程(程颢、程颐)兄弟创立,到南宋时期朱熹集为大成。

理学的根本特点就是将儒家的社会、民族及伦理道德和个人生命信仰理念,构成更加完整的概念化及系统化的哲学及信仰体系,并使其逻辑化、心性化、抽象化和真理化。使得逻辑化、抽象化、系统化的伦理道德化的主宰"天理""天

---

① 王君柏.荀子的"解蔽"思想及其社会学方法论意义[J].宁夏社会科学,2007,142(03):59-61.
② 冯国栋.道统、功夫与学派之间——"心学"义再研[J].哲学研究,2013(07):53-63+129.
③ 连凡."宋明新儒家(学)"概念的流变及其反思[J].清华大学学报(哲学社会科学版),2022,37(05):130-146+211.
④ 周广友.从"本一"到"合一":重思王夫之的天人关系论[J].中国哲学史,2022,128(06):90-96.

道",取代了粗糙的"天命观"和人格神,是中国及世界哲学思想的一次巨大飞跃。

程朱理学强化了中华民族注重气节和德操、注重社会责任与历史使命的文化性格。张载庄严宣告:"为天地立心,为生民立命,为往圣继绝学,为万世开太平";顾炎武在明清易代之际发出"天下兴亡,匹夫有责"的慷慨呼号;文天祥、东林党人在异族强权或腐朽政治势力面前,正气浩然、风骨铮铮,无不浸润了理学的精神价值与道德理想。程颢"主静",强调"正心诚意";程颐"主敬",强调"格物致知"。在人性论上,朱熹主张"存天理,灭人欲",并深入阐释这一观点使之更加系统化。

中国哲学传统还特别注重为人们校正行为、提高道德而提供准则和方法。在中国哲学中,伦理学与道德修养、道德实践的方法论有着特别丰富的内容,认识的方法论包含在伦理实践的方法论之中。

二、近代方法论与形而上学

在古代中国哲学和古希腊罗马哲学中,还没有专门的自觉的方法论学科分支。方法论的发展与近代大工业和自然科学的发展是密不可分的。资本主义的萌芽和工商业的发展促使近代自然科学的兴起与发展,产生了探索正确认识自然的科学方法论的迫切需要。这时,哲学作为方法论的意义才被凸显。

第一种,培根的归纳方法论。

近代方法论的奠基人是英国哲学家培根。他推崇科学,反对遏制科学的宗教神学和经院哲学。培根在《新工具论》中,总结了科学实验的经验,提出了新的认识方法,即经验归纳法。培根用他的方法体系武装了科学、推动了科学的发展。

培根方法是指17世纪英国哲学家培根提出的归纳方法。他认为,科学工作应该像蜜蜂采蜜一样,通过搜集资料、有计划观察、实验和比较来揭示自然界的奥秘。培根批评经验主义者像蚂蚁一样只知搜集、不做加工;而经院哲学家则像蜘蛛一样,只能靠自身物质来织网。培根归纳法包括肯定、否定和比较三个阶段:在肯定阶段,搜集关于现有某种现象的一切已知实例;在否定阶段,研究否定事例;到比较阶段,比较不同事物现象的联系和差异,逐步排除偶然性的相互关系,获得关于必然的、本质的相互关系的认识。

第二种,笛卡尔的理性演绎方法论。

法国哲学家笛卡尔提出了理性演绎方法论。他同培根一样,反对经院哲学,主张发展科学。笛卡尔不满意经院哲学从圣经教义出发的演绎法,认为从中不能得到任何可靠的知识。他重视理性,在《论方法》中提出四种方法:(1)普遍怀疑,把一切可疑的知识都剔出去,剩下决不能怀疑的东西;(2)把复杂的东西化为最简单的东西,例如把精神实体简化为思维、把物质实体简化为广延;(3)用综合法从简单的东西得出复杂的东西,他甚至指出:"给我广延和运动,就能造出一个世界来";(4)累计越全面、复查越周到越好,以便确信什么都没有遗漏。

笛卡尔特别强调数学,主张一切知识都应该像几何学那样,从几条"不证自明的""天赋的"公理中推演出来,认为只有这种知识才是最可靠的知识。

第三种,斯宾诺莎的唯理论。

欧洲大陆的斯宾诺莎和莱布尼茨进一步发展了唯理论的方法论。特别是斯宾诺莎用理性演绎法,效仿几何学的方式即公理方法,建立了自己的哲学体系。这时,方法论已经作为认识过程的哲学根据。由于19世纪以前,整个自然科学还处于搜集材料的阶段,只有数学和力学得到了较充分的发展,故机械论和形而上学思维方法占据统治的地位。

斯宾诺莎哲学具有浓厚的伦理学色彩,其哲学的目的在于道德上的至善,即达到人生最高的完满境界。他的哲学体系由本体论、认识论和伦理学三个部分组成,其中,本体论是基础,认识论是手段,伦理学则是最高的目的。

斯宾诺莎的实体学说是其哲学的出发点、基础和核心,包括实体、属性和样式三个方面。

斯宾诺莎给实体下的定义是:"实体,我理解为在自身内并通过自身而被认识的东西。换言之,形成实体的概念,可以无须借助于他物的概念。"实体是独立自存的,它自己是自己的原因,是自己说明自己的。从这个定义出发,斯宾诺莎推演出了关于实体的一系列基本规定。

(1)实体是"自因"。所谓"自因",即自己是自己的原因;换言之,"它的本质必然包含存在,或者存在即属于它的本性"。实体独立自存,自己是自己的原因,因而它在本质上就是存在,既不可能由别的东西所产生,也不可能受他物所限制,否则便与实体的定义相矛盾。

(2)实体是无限的。由于实体即自因,所以它不可能在某些方面不存在,因而是无限的。如果实体是有限的,那就意味着它不是自因,不是在自身内而是在他物内,因而受别的实体所限制了。另外,说实体是有限的,也就是说,它在某些方面是不存在的。但是,实体是自因,它本质上就包含着存在,所以否定它的存在是不可能的,给它设定界限也是不可能的。

(3)实体是永恒的。所谓永恒,即存在自身。由于实体即自因,存在属于它的本性,因此实体就不可能不存在,因而一定是永恒的。另外,实体既然是自因,其存的原因就在自身之内而不可能由别的事物所产生,因为非永恒意味着被产生,那就不是在自身内而是在他物内,所以它的存在既没有开端也没有终结,必然是永恒的存在。

(4)实体是不可分的。如果实体是可分的,那么从实体中分出来的各个部分或者仍然保持着实体的性质,或者失去了实体的性质。然而,就前者来说,具有相同性质的实体只能是同一个实体,而后者是根本不可能的,因为存在属于实体的本性。另外,如果说实体是可分的,那等于说实体的部分是有限的,而这也与实体的本性相矛盾,因而也是不可能的。

(5)实体是唯一的。如果有多个实体,那么众多实体的属性或者相同,或者不同。如果它们的属性相同,实际上就是同一个实体。如果它们的属性不同,彼此之间就会相互限制,因而与实体的定义不符。因此,实体是唯一的。

第四种,康德的先验方法论。

康德第一个打破了形而上学思维方法的缺口。他从物质微粒之间的吸引和排斥的矛盾统一运动来说明太阳系的形成和发展,促使机械唯物主义方法的破产。与此同时,他建立了庞大的先验唯心主义体系,力图把整个哲学变成方法论。[1] 康德批判地考察理性思维的方法以及它认识世界的可能性,形成了先验唯心主义的批判的方法论。康德批判莱布尼茨的唯理论,说他盲目地相信理性的可靠性,全盘否认感觉经验的必要性;也批判了休谟的经验论,说他排斥理性在认识中的作用,否定普遍性和必然性,否定了科学知识。康德把莱布尼茨的唯理论和休谟的经验论结合起来,认为没有感性直观材料,理性思维是空洞的;没有逻辑范畴、概念,感性直观就是盲目的。但是,在康德看来,逻辑概念范畴不是来自感性经验,而是人类认识能力自身固有的,从而实际上否认了逻辑的客观性。[2]

康德方法论思想的发展,可以大致分为四个阶段:(1)理性主义方法阶段,以

---

[1] 张宇飞.论康德对以太存在的证明[J].自然辩证法研究,2023,39(04):42—47.
[2] 贺磊.至善或意义?——论康德的终极目的概念[J].社会科学,2023,509(01):44—53.

1755年的"形而上学知识的第一原理的新解释"为代表;(2)区分神学方法与哲学方法,认定后者应是牛顿力学的分析方法的阶段,以1763年的《关于自然神学和道德的原则的明确性的研究》为代表;(3)开始形成先验哲学方法的阶段,以1770年的求职论文《论感觉世界和理智世界的形式与原则》和1772年2月给赫兹的信为代表;(4)先验哲学方法论正式诞生阶段,以1781年《纯粹理性批判》的出版为标志。①

康德在纯粹实践理性方法论里面介绍了一种引导客观原则成为主观准则的道德教养与训练的方法。在他看来,唯有这种方法所指示的道路才是唯一可能的道路。这种方法的核心仍然是理性,以"反思"作为其核心的理性,在判断力的帮助下,回溯到纯粹实践理性的立法原则(德性法则),以及理性存在者对自我的肯定(自尊)。②

(1)方法的第一步:判断力的练习。在确定一个具体行为的道德价值的过程中,首先进行的工作是判断力的练习,因为在一个具体行为的众多可能的感性与非感性的动机中,确定或否定纯粹德性法则作为该行动的唯一动机,是一个把具体的东西归摄于普遍原则之下的过程,这乃是判断力的工作。

(2)方法的第二步:自由的意识。第二步就是从德性法则的意识前进一步,意识到法则之所以可能的那个根据:意志自由。首先注意到意志的消极的完善性,就一件作为义务的行动中,任何爱好的动机都不应作为规定根据对意志发生影响而言,这是指的消极理解的自由。当在相关实例被摆出来的那些纯粹道德决定上,已经向人揭示出一种内部的、平时甚至都不完全为他自己所知的能力,即内心的自由,也就是如此挣脱爱好的强烈纠缠,以至于没有任何爱好,哪怕是最强烈的爱好对我们现在应该用我们的理性所做出的决定产生影响,这是积极理解的为自己立法的意志自由,它凭借自身法则直接就是实践的。

(3)从法则到自由:方法论与分析论的统一。在分析论中从法则开始,以自由概念结束,前者是后者的发现理由,后者是前者的存在理由。在方法论中,道德教养与训练的步骤仍然如此:判断力的练习立足于德性法则,通过体会行为美的形式与普遍可传达的愉悦而习于并乐于做判断力的练习,最终达到处处以德

---

① 陈嘉明.建构与范导——康德哲学的方法论[M].北京:社会科学文献出版社,1992:2.
② 郁乐.康德关于纯粹实践理性方法论的思想[J].现代哲学,2008,101(06):68-73.

性法则为准绳,使按照道德律进行评判成为一件自然的、伴随自我和他人的一切行动的习惯;在形成以德性法则作为判断的准绳之后,进而确立意志自由的意识。从独立于感性因素的消极理解的自由进展到自我立法的积极理解的自由,并在自由意识中发现自己的价值,体会到对自己的敬重,以之为防止心灵腐败与堕落的最可靠的守卫。

第五种,黑格尔的方法论。

黑格尔批判了康德的批判的方法论。他坚持逻辑的客观性,但把整个世界的历史发展看作绝对理念的辩证的逻辑的发展。黑格尔在《逻辑学》中,强调了理念辩证法作为普遍的认识方法和一般精神活动方法的作用,因而他的逻辑学也就是其辩证唯心主义的方法论。①

黑格尔认为:"一切问题的关键在于,不仅把真实性的东西或真理理解和表述为实体,而且同样理解和表述为主体。"黑格尔认为,实体是辩证运动的主体,它的存在在于能动的活动,在辩证发展过程中实现自身、完善自身;意识和世界的一切都是这个唯一、无限实体的自我展开。在逻辑学范围内,这个思想就是本体论、认识论、逻辑学三者同一。这是黑格尔辩证法的系统性的秘密所在,是最重要的东西。

黑格尔在许多著作中谈到他的方法论,而最经典的段落则在《小逻辑》中。他在该书中明确地告诉我们:"逻辑思想就形式而论有三个方面:(1)抽象的或知性[理智]的方面;(2)辩证的或否定的理性的方面;(3)思辨的或肯定理性的方面。"尽管黑格尔在这里谈论的是逻辑思想的形式,但就其实质而言,是对自己方法论的全面阐述。按照这段重要的论述,黑格尔的整个方法论包含三个环节:第一个环节:抽象的知性(正题);第二个环节:辩证的或否定的理性(反题);第三个环节:思辨的或肯定的理性(合题)。②

以孤立、片面、静止为主要特征的形而上学思维方式是特定历史条件下的产物,在自然科学发展历史上和哲学发展史上都有过重要贡献。形而上学一词源自拉丁文 metaphysica,原意是物理学之后,指研究超经验的、超越于有形对象之上的学说。德国哲学家黑格尔用形而上学来指与辩证法相对立的思维方式。以

---

① 胡传顺."要康德,还是要黑格尔"问题系统考察——缘起、实质与跨越[J].西南大学学报(社会科学版),2023,49(03):78-87.

② 俞吾金.马克思对黑格尔方法论的改造及其启示[J].复旦学报(社会科学版),2011(01):2-10.

孤立、静止、片面为主要特征的形而上学思维方式是与以联系、发展、全面为主要特征的辩证法相对立的一种思维方式，有人据此认为形而上学思维方式是完全错误的思维方式，应该完全摒弃。但是，对任何一种事物全盘否定或全盘肯定也是形而上学思维方式的一种做法，我们不能用形而上学去批判形而上学。恩格斯较为系统地批判了形而上学思维方式，并对其进行了科学的评价。[①]

(一)形而上学思维方式的产生

1. 形而上学思维方式产生于自然科学的研究方法

作为一种思维方式来说，形而上学产生于近代，来自近代自然科学中搜集材料和分析问题的研究方法。恩格斯认为，在近代自然科学发展之初，首先要大量地搜集材料，在经验的基础上开展研究。在搜集材料时，要对事物分门别类，将自然界分成各个部分加以研究。因此，在搜集材料阶段，人们对事物的研究是孤立的，是在撇开总的联系的条件下去孤立考察和研究。这种方法在搜集材料的过程中是非常有效的，能够让人们获取大量的感性材料，因而近代以来人们对于自然界的认识获得了巨大的进展和成就。

随着自然科学的发展和进步，自然科学中的研究方法被哲学家搬到了哲学领域中，恩格斯指出："这种考察方式被培根和洛克从自然科学中移植到哲学中以后，就造成了最近几个世纪所特有的局限性，即形而上学的思维方式。"[②]

一定时代的哲学必然会打上时代的烙印，以当时的物质生产和科学研究作为基础。当近代的哲学家们运用形而上学的研究方法来研究哲学时，哲学就不可避免地贴上了形而上学的标签。

2. 形而上学思维方式的主要缺陷是孤立、静止、片面地思考问题

在恩格斯看来，形而上学思维方式有其固有的缺陷。正如自然科学家在研究自然界中的某一事物或现象时，他必须在这个事物静止时来观察和研究，并将其不断细化，深入挖掘事物的内部联系一样，形而上学者看到某一事物时，忘记了这一事物与其他事物之间的联系，忘记了这一事物的生成和消逝，忘记了这一事物的运动。因此，恩格斯用"只见树木、不见森林"来讽刺和形容形而上学的思维方式。

孤立、静止、片面地去看待某一事物，容易将这一事物无限放大，看不到总体

---

① 龙伟伟.恩格斯对形而上学思维方式的批判及其现实启示[J].学理论,2021(12):28-30.
② 马克思恩格斯选集(第三卷)[M].北京:人民出版社,2012:396.

的联系,即便是对这一事物的认识也是不全面的,更不用说会发现不同事物之间的联系。"在形而上学者看来,事物及其在思想上的反映即概念,是孤立的应当逐个地和分别地加以考察的、固定的、僵硬的、一成不变的研究对象。"①

受形而上学思维方式的影响和支配,在自然观上,形而上学者具有机械性,不能将世界看作一个动态统一的整体,而在历史观上,形而上学者陷入了唯心主义,看不到人类社会在发展过程中的联系。形而上学的思维方式还会将认识的过程割裂开来,近代经验论和唯理论两个哲学流派割裂了感性认识和理性认识的联系,各自抓住其中一个过程无限放大,从其根源来看,离不开形而上学思维方式的缺陷。

3. 形而上学思维方式的根源有其重大的历史根据

恩格斯在分析形而上学思维方式的根源时,并没有责怪到哲学家个人身上,而是从形而上学思维方式存在的历史条件入手,指出形而上学思维方式的根源有其重大的历史根据。

恩格斯指出:"必须先研究事物,尔后才能研究过程。必须先知道一个事物是什么,尔后才能察觉这个事物中所发生的变化。"②

因此,形而上学思维方式的存在,是以自然科学处于搜集材料这个阶段为基础的。形而上学思维方式首先来自形而上学研究方法,而形而上学的研究方法是在自然科学搜集材料的过程中不可避免地形成的。当自然科学处于搜集材料的阶段时,人们在认识某一事物时必须将其分门别类进行研究,必须在事物处于静止状态时考察事物,必须逐个研究事物的构成要素,在这样的条件下,就形成了孤立、静止和片面地看待事物的研究惯性。恩格斯对形而上学思维方式根源的分析,是从自然科学的发展阶段入手,分析当时的历史条件,从而找准了形而上学思维方式的根源,明确了形而上学思维方式之所以存在的重大历史根据。

(二)形而上学思维方式的历史地位

1. 形而上学思维方式是人类思维方式发展的必经阶段

在评价形而上学思维方式时,恩格斯不是将这一思维方式看作个人的思维方式,而是将其看作人类思维方式发展的一个阶段,也就是人作为类的集体的思

---

① 马克思恩格斯选集(第三卷)[M].北京:人民出版社,2012:396.
② 马克思恩格斯选集(第四卷)[M].北京:人民出版社,2012:251.

维方式。恩格斯认为,从人类思维方式的发展阶段来看,有一个从低级到高级的发展过程,这一发展过程是伴随着生产力的发展和人类认识世界的能力的发展而不断发展的。在人类最开始认识世界的时候,由于生产力的不发达,人们认识世界和改造世界的能力还很低,只能通过观察和猜测去直观地认识世界,但从总体上把握住了世界的一般性质,发现世界是处于运动、变化、生成和消逝的过程之中。

恩格斯指出:"这种原始的、朴素的,但实质上正确的世界观是古希腊哲学的世界观。"①古希腊的哲学家在认识世界时,已经从总体上对世界有了基本正确的认识,这些认识在当时是非常了不起的,即使在今天看来,一些观点也十分深刻。

但是,古希腊的哲学家们朴素的思维方式也具有历史局限性,受到当时历史条件的制约。正如恩格斯所指出的:"这种观点虽然正确地把握了现象的总画面的一般性质,却不足以说明构成这幅总画面的各个细节;而我们要是不知道这些细节,就看不清总画面。"②当人们只知道总画面而不知道细节的时候,对于一些问题就不能做出科学的解释,因此唯物主义就让位于唯心主义,科学就让位于神学。而对事物细节的研究,首先是自然科学和历史科学的任务。因此,近代以来,自然科学面临的一个重要任务就是研究事物的细节,自然科学的迅猛发展是在对自然界分门别类的认识中进行的,即本质上是在搜集材料的过程中发展的。

鉴于此,伴随着自然科学的发展,形而上学式的研究方法与思维方式就不可避免地产生了。将形而上学思维方式放在人类思维方式的发展过程中进行考察,可以发现形而上学思维方式相较于朴素的辩证法来说,不仅是人类思维方式发展的必经阶段,而且是历史的一种进步。

2. 形而上学思维方式在一定范围内具有其合理性

同一些人在发现形而上学思维方式的缺陷后就将其说得一无是处相比,恩格斯给了形而上学思维方式一个公正的评价,他认为形而上学思维方式有自己的适用范围,并在自己的适用范围内是正确的,但一旦超过自己的适用范围就会暴露出缺陷。

恩格斯指出:"初看起来,这种思维方式对我们来说似乎是极容易理解的,因

---

① 马克思恩格斯选集(第三卷)[M].北京:人民出版社,2012:395.
② 马克思恩格斯选集(第三卷)[M].北京:人民出版社,2012:395.

为它是合乎所谓常识的。"①

在恩格斯看来,形而上学思维方式是合乎人们常识的,在以经验为基础的生活世界是极其正确的。在日常生活中,我们需要形而上学思维方式,我们需要分门别类地考察接触到的事物,并且在事物静止时认识事物,在考虑某一事物时我们必须暂时忽略它和其他事物的联系。但是,形而上学思维方式的合理性是暂时的、有条件的,是在一定范围之内的。如果超过常识的领域,超过自己的适用范围和界限就会暴露出其不可避免的缺陷。"一旦超过这个界限,它就会变成片面的、狭隘的、抽象的,并且陷入无法解决的矛盾。"②

3. 形而上学思维方式必然被辩证法所取代

形而上学思维方式作为人类思维方式发展的必经阶段,意味着它的存在是历史的产物,具有暂时性,因此必将随着时代的发展而被更高级的思维方式所取代。

在恩格斯看来,取代形而上学思维方式的就是辩证法。恩格斯将辩证法的发展形态划分为三个阶段:第一阶段是古代的朴素辩证法,第二阶段是德国古典哲学的辩证法,第三阶段是唯物辩证法。从形而上学思维方式所处的历史阶段来看,正好处于辩证法的第一阶段和第二阶段之间。形而上学思维方式被德国古典哲学的唯心辩证法所取代,是人类思维方式发展的必然,但从根本上来说,不是因为德国古典哲学家们具有超人的智慧,而是因为自然科学的发展以及实践和工业的发展。从自然科学的发展阶段来看待这一过程,当自然科学处于搜集材料的时候开出了形而上学思维方式的花,那么当自然科学进入整理材料阶段的时候就会结出辩证法的果。所以,恩格斯认为形而上学思维方式必然被辩证法所取代,这不仅是人类思维方式发展自身的规律的体现,而且主要是历史的进步和实践发展的产物。

正如恩格斯所指出的:"推动哲学家前进的,绝不像他们所想的那样,只是纯粹思想的力量。恰恰相反,真正推动他们前进的,主要是自然科学和工业的强大而日益迅猛的进步。"③

---

① 马克思恩格斯选集(第三卷)[M].北京:人民出版社,2012:396.
② 马克思恩格斯选集(第三卷)[M].北京:人民出版社,2012:396.
③ 马克思恩格斯选集(第四卷)[M].北京:人民出版社,2012:233.

(三)形而上学思维方式的三次翻转

迄今为止的西方形而上学发展史是由以下三次翻转构成的：一是以笛卡尔、康德、黑格尔为代表的"主体性形而上学"对柏拉图主义的"在场形而上学"的翻转；二是在主体性形而上学的内部，以叔本华、尼采为代表的"意志形而上学"对以笛卡尔、康德、黑格尔为代表的"理性形而上学"的翻转；三是后期海德格尔的"世界之四重整体的形而上学"对其前期的"此在形而上学"的翻转。①

1. 形而上学发展史上的第一次翻转

形而上学发展史上的第一次翻转表现为以柏拉图主义为代表的"在场形而上学"向以笛卡尔、康德和黑格尔为代表的"主体性形而上学"的翻转。

柏拉图主义本质上是在场形而上学，这种形而上学的目光是向外的，它关注的是世界万物在人的意识中的显现或在场。在这种形而上学中，作为存在者的"人"的特异性还没有被主体化，人被视为与其他存在者，如房子、马、石头、艺术品同样的东西。

这种以柏拉图主义为标志的在场形而上学似乎意识到了"存在"与"存在者"之间的差异，并把在场的始源性形式理解为存在即理念，但由于它没有意识到在所有的存在者中，唯有"人"这一特异的"存在者"才能担当起询问存在的意义的使命，所以，存在的意义无法通过这种在场的形而上学而彰显出来。② 在海德格尔看来，这种在场形而上学必定会被新的形而上学理论所取代。

主体性形而上学的本质是把"人"这一特异的存在者视为一切形而上学真理的规定者。以笛卡尔、康德、黑格尔为代表的现代形而上学，即主体性形而上学与以柏拉图主义为代表的在场形而上学的翻转关系主要表现在以下三个方面：

(1)在场形而上学主张外向型的思维方式，即思维向外探索作为存在或存在者整体的在场形式；而主体性形而上学则主张内向型的思维方式，即思维向内把"自我"和"我思"凸显并提取出来，作为反思的对象。

(2)在场形而上学用一视同仁的目光考察并思索一切存在者，而主体性形而上学则把"人"这种特异的存在者(作为主体性)与其他存在者(作为客体性)区分

---

① 俞吾金.形而上学发展史上的三次翻转——海德格尔形而上学之思的启迪[J].中国社会科学，2009(06)：4-19+204.

② 李主斌.事实：一种基于柏拉图主义立场的解释[J].上海交通大学学报(哲学社会科学版)，2016，24(05)：42-50.

开来,并把这种主体性理解和解释为一切形而上学真理的出发点和规定者。

(3)在场形而上学探索的焦点是作为最普遍之物的理念,而理念之最终的根据则是创造者,在中世纪的语境中,这一创造者转化为上帝这一最根本的在场形式;而主体性形而上学探索的焦点则是作为主体的人在现代形而上学中的基础的、核心的地位和作用。诚如海德格尔所说:"在现代历史范围内并且作为现代人的历史,人往往总是尝试从自身而来把自身当作中心和尺度带入一种统治地位之中;也就是说,推动对这样一种统治地位的确保。"[1]也正是在这个意义上,海德格尔把主体性形而上学理解为人类学。

总之,从以柏拉图主义为代表的外向型的形而上学翻转为以笛卡尔、康德和黑格尔为代表的内向型的主体性形而上学,乃是形而上学发展史上的第一次翻转。这次翻转的一个决定性的结果是:在存在者范围内人成为主体,而世界则成了人的图像。

2.形而上学发展史上的第二次翻转

现代形而上学也就是主体性形而上学,而形而上学发展史上的第二次翻转是在主体性形而上学的大框架内发生的,即从"理性形而上学"向"意志形而上学"翻转。

在主体性形而上学中,主体性作为人的特性乃是一个十分复杂的概念。一方面,16、17世纪的哲学家通常把人理解为灵魂(或心灵)身体的共存体;另一方面,更多的现代哲学家和当代哲学家则倾向于把人理解为理性/非理性(本能、情感、意志和欲望)的共存体。

按照笛卡尔的上述见解,主体性主要体现在理性上,因而主体性形而上学主要体现为理性形而上学。然而,理性本身的问题和界限还没有进入他的眼帘。在笛卡尔之后,康德对形而上学的探索实现了一个漂亮的转身,即不是从理性出发去思考一切,而是转过身来把理性作为自己考察的对象。康德批判地总结了唯理论和经验论的哲学思想,对笛卡尔开创的理性形而上学做出以下三方面的实质性的推进:

(1)形而上学本身就是理性的产物。在《纯粹理性批判》第一版序言中,康德提到形而上学这一研究领域时写道:"人类理性在其知识的某一门类中有如下特

---

[1] 海德格尔.尼采(下卷)[M].北京:商务印书馆,2010:777.

殊的命运：它为种种问题所烦扰，却无法摆脱这些问题，因为它们是由理性自身的本性向它提出的，但它也无法回答它们，因为它们超越了人类理性的一切能力。"①在康德看来，人类理性在其本性的驱使下，创造出了一个接一个形而上学体系，但这些体系之间又充满了矛盾和争吵。要改变形而上学研究的这种现状，就不得不对其来源"理性"做一个批判性的考察。

（2）理性形而上学具有两种不同的类型：一是作为自然禀赋的形而上学，二是作为科学的形而上学。在康德看来，传统形而上学理论几乎无一例外地从属于作为自然禀赋的形而上学。这种形而上学的本质特征是：理性在其本性的驱迫下，把仅仅适用于经验范围的知性范畴运用到超经验的对象——自在之物上，从而陷入了误谬推理、二律背反或理想的困境中。

（3）在作为科学的形而上学中进一步区分出两种不同的表现形式：一是自然形而上学，二是道德形而上学。康德认为，前者是为自然科学奠定基础的，而后者即道德形而上学，被康德置于更高的位置上。在康德的道德形而上学中，意志是绝对地臣服于理性的。康德甚至把意志称为"实践理性"，并反复强调它高于"思辨理性"。实际上，道德形而上学是他为理性形而上学打造的一种更重要的存在形式。

在康德之后，黑格尔进一步发展了理性形而上学。在耶拿时期，其思想取得的一个突破性的进展，即超越了传统的哲学见解，把（理性）形而上学和逻辑理解为同一个东西。在《法哲学原理》一书中，黑格尔这样写道："理性学，即逻辑。"②

在黑格尔之后，叔本华进行了发展。叔本华认为，康德所说的自在之物就是意志，意志是世界的本质，而人的身体乃是客体化了的，已成为表象的意志："我首先把意志设定为自在之物，是完全原初之物；其次，我把躯体设定为它的纯粹的可见性，客体化；第三，我把认识设定为纯粹是这个躯体之一部分的功能。"③由此出发，叔本华颠覆了柏拉图主义所主张的关于认识（理性）第一性、意志（欲望）第二性的主导性观念，对"人"这一主体做出了颠覆性的阐释："对我来讲，人身上永恒的和不可摧毁的，因而也构成了人身上生命原则的，并不是灵魂，如果允许我使用一个化学术语的话，而是灵魂的基本因素，就是意志。所谓的灵魂，是已

---

① 康德.纯粹理性批判[M].北京：人民出版社，2008：142.
② G. W. F. Hegel. Werke 7[M]. Frankfurt an Main: Suhrkamp Verlag, 1986: 23.
③ 叔本华.自然界中的意志[M].任立，等译.北京：商务印书馆，1997：35.

经组成了的:它是意志和理智的结合。这个理智是第二位的,是有机体的后来部分,作为大脑的一种纯粹的功能,是由意志决定的。意志则相反,是第一位的,是有机体的先前部分,有机体是由意志决定的。"①

在叔本华之后,尼采进行了发展。如果说,叔本华"耽于道德基督教的理想中",从而否定生命意志,那么,尼采则"要为生命辩护"②。正是从权力意志这一基本理论出发,尼采超越了叔本华,彻底地翻转了以笛卡尔、康德和黑格尔为代表的理性形而上学。在谈到笛卡尔的时候,尼采以嘲讽的口吻写道:"这位理性主义之父,他承认单单理性才有权威:但理性只是一个工具,笛卡尔是肤浅的。"③他深知,无论是笛卡尔、康德、黑格尔还是叔本华,都深受传统道德尤其是基督教道德的影响。尼采对基督教道德的批判是振聋发聩的,他关于"上帝已死"的口号最终颠覆了视基督教道德为最后避难所的理性形而上学。尼采在主体性形而上学的大框架内颠覆了以笛卡尔、康德和黑格尔为代表的理性形而上学,用权力意志的形而上学取而代之,从而完成了形而上学发展史上的第二次翻转。通过权力意志这个重要的概念,尼采把主体性形而上学的全部内涵发挥到了极致。

3. 形而上学发展史上的第三次翻转

形而上学发展史上的第三次翻转是在海德格尔哲学发展的进程中出现的。从"此在形而上学"向"世界之四重整体的形而上学"的翻转。

海德格尔前期的形而上学之思是围绕着"此在形而上学"展开的。在《康德和形而上学问题》中,海德格尔这样写道:"此在形而上学作为形而上学奠基有它自己的真理,这个真理迄今在其本质中还是完全遮蔽着的。"④在海德格尔看来,作为人之存在的此在的存在方式只能是生存,而生存先天地就是"在世界之中存在"。换言之,生存本质上是与他者、与世界的共在。因而作为"在世界之中存在"的此在才是探究一切形而上学问题的真正的始源性的出发点。

后期海德格尔翻转了前期形而上学之思的进路,提出了"世界之四重整体的形而上学"理论。海德格尔认为,"世界之四重整体"指的是"天""地""诸神"和"终有一死者"。

---

① 叔本华. 自然界中的意志[M]. 任立,等译. 北京:商务印书馆,1997:34.
② 尼采. 权力意志(上卷)[M]. 孙周兴,译. 北京:商务印书馆,2007:405,434.
③ 尼采. 善恶之彼岸[M]. 程志民,译. 北京:华夏出版社,2000:97.
④ 海德格尔. 尼采(下卷)[M]. 孙周兴,译. 北京:商务印书馆,2010:832.

(1)在前期的此在形而上学中,此在乃是世界的基础和核心,而在后期的世界之四重整体的形而上学中,终有一死者下降为世界之四重整体中的一个要素。海德格尔说:"天、地、神、人之纯一性的居有着的映射游戏,我们称之为世界。"①这就启示我们,在世界整体结构中,人类的主体性受到了严格的限制。人类永远不能破坏这个四重整体,只有这样,才能把这一"居有者的映射游戏"无限地维持下去。

(2)在前期的此在形而上学中,此在负有重大的历史使命,它要唤起自己的"良知",要下决断,要以自己的方式去改变和创造历史,而在后期的世界之四重整体的形而上学中,终有一死者的使命只是以质朴的方式栖居。在海德格尔看来,栖居乃是终有一死者的存在方式,而"保护四重整体——拯救大地,接受天空,期待诸神,伴送终有一死者——这四重保护乃是栖居的朴素本质。"②

(3)在前期的此在形而上学中,海德格尔注重从此在的言谈出发去理解语言现象。他认为,"言谈即语言。语言作为被说出的状态包含有此在之领悟的被解释状态于自身"。而在后期的世界之四重整体的形而上学中,海德格尔主张,探讨语言,不是把语言拉扯到此在这里来,恰恰相反,应该把终有一死者带入语言的本质中去。"语言之本质属于那使四重世界地带相互面对的开辟道路的运动的最本己的东西。"③这就是说,语言的本质是守护天、地、诸神和终有一死者这一四重整体,使它们永远处于相互面对的亲近状态中,而终有一死者的任何言说都必须应合语言的本质,正如海德格尔所说的:"人只是由于他应合于语言才说。"

三、唯物辩证法

什么是辩证法?列宁在1915年的《谈谈辩证法问题》一文中做过精简的介绍,他使用科学史中的一些符号来代替。他指出:"辩证法内容的这一方面的正确性必须由科学史来检验。对于辩证法的这一方面,通常(如在普列汉诺夫那里)没有予以足够的注意:对立面的同一被当做实例的总和'例如种子''例如原始共产主义'。恩格斯也这样做过。但这是为了通俗化……而不是当作认识的规律(以及客观世界的规律)。

---

① 海德格尔选集(上)[M].孙周兴,译.上海:上海三联书店,1996:430.
② 海德格尔选集(下)[M].孙周兴,译.上海:上海三联书店,1996:1178—1179.
③ 海德格尔选集(下)[M].孙周兴,译.上海:上海三联书店,1996:1201.

在数学中，+和-，微分和积分。

在力学中，作用和反作用。

在物理学中，正电和负电。

在化学中，原子的化合和分解。

在社会科学中，阶级斗争。"①

任何思想都是建立在前人成果的基础上，唯物辩证法就是马克思、恩格斯在吸收辩证法思想（尤其是黑格尔的辩证法思想）和唯物主义思想（尤其是费尔巴哈的唯物主义思想）基础上发展起来的。在唯物辩证法中，主要阐述了两大特征、三大规律、五大范畴和四大辩证思维方法。

1886年，《路德维希·费尔巴哈和德国古典哲学的终结》阐述了马克思主义哲学和德国古典哲学之间的关系，划清马克思主义哲学与德国古典哲学的界限，全面论述辩证唯物主义和历史唯物主义的基本观点。

唯物辩证法，本质上是批判性的、革命性的。恩格斯指出，在辩证法面前，"不存在任何最终的东西、绝对的东西、神圣的东西；它指出所有一切事物的暂时性；在它面前，除了生成和灭亡的不断过程、无止境地由低级上升到高级的过程，什么都不存在。"②

(一)马克思、恩格斯提出唯物辩证法

在马克思主义的世界观和方法论中，唯物辩证法是核心内容。唯物辩证法是自然社会思维发展的一般规律的科学，是认识世界和改造世界的根本方法。

恩格斯指出："马克思主义的整个世界观不是教义，而是方法。它提供的不是现成的教条，而是进一步研究的出发点和供这种研究使用的方法。"③

这就彻底揭示了唯物辩证法的最核心内容，它是当时认识世界的最科学的方法论。事实上，至今也没有出现一个新的系统性的方法论超越它。

唯物辩证法是将黑格尔颠倒的辩证法重新颠倒过来，以现实世界运行为基础的辩证法，而不再是单纯地以抽象为核心的辩证法。

1892年6月18日，恩格斯在《致尼古拉·弗兰策维奇·丹尼尔逊》的信中指出："黑格尔的辩证法之所以是颠倒的，是因为辩证法在黑格尔看来应当是'思想

---

① 列宁选集(第二卷)[M].北京：人民出版社，2012：556—557.
② 马克思恩格斯文集(第四卷)[M].北京：人民出版社，2009：270.
③ 马克思恩格斯文集(第十卷)[M].北京：人民出版社，2009：691.

的自我发展',因而事物的辩证法只是它的反光。而实际上,我们头脑中的辩证法只是自然界和人类历史中进行的并服从于辩证形式的现实发展的反映。"[1]

唯物辩证法又表现为客观辩证法、主观辩证法和实践辩证法等,其中,客观辩证法主要是描述客观事物的,主观辩证法主要是描述认识思维的,实践辩证法主要是描述社会行为的。在本质上,三个辩证法是合一的,都是唯物辩证法。

(1)客观辩证法是指客观事物或客观存在的辩证法,即客观事物以相互作用、相互联系的形式呈现的各种物质形态的辩证运动和发展规律。

(2)主观辩证法是指人类认识和思维运动的辩证法,即以概念作为思维细胞的辩证思维运动和发展规律。

(3)实践辩证法是指人类社会行为的辩证法,即以人类认识世界和改造世界、认识和思维、自我组织的一般规律。

除此之外,恩格斯还将辩证法运用于自然科学领域,形成了自然辩证法,主要是科学描述自然界一般规律以及用科学思维方式解释自然界一般规律。

唯物辩证法体现了唯物主义、辩证法和认识论的统一,客观辩证法采取外部必然性的形式,主观辩证法采取逻辑观念的形式,实践辩证法采取人类社会行为的方式,它们在本质上是一致的和统一的。

(二)唯物辩证法的两大特征

1876年9月—1878年6月,恩格斯撰写了《欧根·杜林先生在科学中实行的变革》(即《反杜林论》),马克思也参与撰写了部分内容。《反杜林论》全面而系统地阐述了马克思主义理论体系,其中也系统地介绍了唯物辩证法。

1845—1846年,马克思和恩格斯合作撰写了《德意志意识形态》两卷本的巨著。在这本书里,马克思和恩格斯第一次较为系统地研究、制定与阐述了历史唯物主义的基本原理。但是,由于反动当局的阻挠,这本书在马克思、恩格斯生前始终未能出版。此后40多年,马克思、恩格斯虽然在一些著作中论及过黑格尔哲学,但都不够全面系统。至于费尔巴哈,则再也没有回顾过。

1886年,恩格斯撰写了《路德维希·费尔巴哈和德国古典哲学的终结》,系统阐述了马克思主义的来源,也比较系统地阐述了唯物辩证法。

唯物辩证法的总特征是联系和发展,是对黑格尔关于辩证法两大特征的进

---

[1] 马克思恩格斯选集(第四卷)[M].北京:人民出版社,2012:625.

一步升级和发展。唯物辩证法认为,万事万物都是普遍联系的,不存在完全隔绝的事物,也不存在完全静止而永不发展的事物。

1. 联系

联系是事物内部各要素之间与事物之间相互影响、相互制约和相互作用的关系。主要分为以下两类:

(1)物与物的联系。物与物的联系是广泛而普遍的,任何事物都处于与其他事物的不断联系过程之中。例如,树苗从发芽到长成参天大树的过程中,就不断地与土地、空气、水分、阳光等自然物质发生一定的联系。

(2)为我而存在的关系(主客体关系),内在的包含了物与物的联系。由于人类的出现,物与物的联系发生了根本性的改变,出现了第二类的联系,即为我而存在,形成了主客体关系。人类对自然界进行了广泛的改造,将自然界改造成人类希望的模样和状态,导致自然存在成为社会存在的重要来源。

联系是人类在认识世界过程中发现并抽象出来的,用于解释世界万事万物之间的关系。社会中非常经典的"六度联系理论"通过社会实验的方法再现了人类社会之间的联系也是异常紧密的,往往超出我们一般的想象程度。联系具有一系列特点,具体如下:

(1)客观性。事物的普遍联系是事物本身所固有的,不是主观臆想的。这启示我们应该从客观事物本身固有的联系出发去认识事物,即坚持联系观点的唯物论。从微观到宏观,客观联系是现实存在的,也是普遍存在的。

(2)普遍性。任何事物都是统一的联系之网上的一个网结,并通过这个联系之网体现出联系的普遍性。联系的普遍性是物质世界形成的基础,也是生命体联系的关键,更是生命发展到一定阶段尤其是群居性动物的现实要求。

(3)多样性。世界上的事物是多样的,事物之间的联系也是多样的。不同的联系构成事物内部与事物之间的存在状态和发展趋势。

(4)条件性。一是条件对事物发展和人的活动具有支持或制约作用;二是条件是可以改变的;三是改变和创造条件不是任意的,必须尊重客观规律。

关于联系的基本原理是事物普遍联系原理,它从三个层面揭示了事物联系的普遍性,同时包含了联系的其他特性:第一,事物内部和要素相互联系。任何事物都是由多个部分或者要素组成的,具有内在结构性,它们之间存在一定的联系。第二,同其他事物相互联系。任何事物都不可能孤立存在,都同其他事物处于一定的相互联系之中。第三,整个世界相互联系。从无机界到有机界、从地球到银河系,任何事物都处于一个联系圈之中,最终构成了一个相互联系的世界,这个世界同样是相互联系的。

马克思主义关于事物普遍联系原理,要求人们善于分析事物的具体联系;确立整体性、开放性观念;从动态中考察事物的普遍联系。

2.发展

发展是前进的、上升的运动,发展的实质是新事物的产生和旧事物的灭亡。新事物是指合乎历史前进方向、具有远大前途的事物;旧事物是指丧失历史必然性、日趋灭亡的事物。新旧事物不是以出现的时间先后顺序来判定的,而以是否符合发展趋势来判定的。

新生事物是不可战胜的,主要是因为:

(1)新形式。新事物与环境的关系而言,新事物有新的要素、结构和功能,适应已经变化了的环境和条件。有了新形式,并不一定能够立即实现发展;但是,没有新形式,则连发展的机会都没有。旧事物就是因为各种要素、功能、结构已经不再适应环境和客观条件的变化,而被时代所淘汰。

(2)新内容。新事物与旧事物的关系而言,新事物是在旧事物的母体中孕育成熟的,否定了旧事物消极腐败的东西,又保留了旧事物中合理的、适应新条件的因素,并添加了旧事物所不能容纳的新内容。

(3)新利益。在社会历史领域,新事物是社会上先进的、富有创造力的人们创造性活动的产物,从根本上符合人民群众的利益和要求,能够得到人民群众的拥护,因而必然战胜旧事物。

事物是永恒发展的,其一般过程主要是:

(1)普遍联系。事物之间存在着普遍的联系,是一切事物发展变化的根本原因,任何事物和任何现象都可以从事物联系中寻找到合理的解释,从而排除任何导向神秘主义的结论。

(2)相互作用。事物的普遍联系会导致事物之间产生相互作用,会以各种物理力、化学力、生命力甚至影响力等表现出来。

(3)运动出现。各种力以及时间空间的变化会导致事物的运动出现,有时会以相对静止的运动形式出现,但是大多数是以绝对运动的形式出现。

(4)状态变化。事物的运动会导致状态发生变化,状态变化是描述事物发展变化的重要方面。

(5)形成发展趋势。事物的发展变化往往受到它所在领域的物理定律、化学定律等自然规律或者社会规律的制约,形成一定的发展趋势。

恩格斯在《路德维希·费尔巴哈和德国古典哲学的终结》中,集中地揭示了黑格尔辩证法的"合理内核",概括了辩证法发展观的基本思想。黑格尔哲学的真实意义和革命性质,就是它彻底否定了以为人的思维和行动的一切结果具有最终性质的看法,即关于永恒发展的思想。

恩格斯吸取并向前推进了黑格尔辩证法的合理思想,论述了认识和历史发展的辩证法,他指出,这种辩证哲学推翻了一切关于最终的绝对真理和与之相应的人类绝对状态的想法。它不承认任何最终的、绝对的、神圣的东西,认为一切事物都处在发生和消灭、无止境地由低级上升到高级的不断发展过程之中。辩证哲学本身就是客观的发展过程在思维着的头脑中的反映,这便阐明了主观辩证法和客观辩证法的关系,划清了唯物辩证法和唯心辩证法的界限。

恩格斯又指出,辩证哲学当然也有保守的方面,它承认认识和社会的每个阶段对自己的时间和条件来说都有存在的理由,承认在事物发展过程中每个阶段的必然性和稳定性。事物的运动发展,辩证法的革命性质是绝对的;事物的静止、稳定,辩证法承认的保守方面则是相对的。这就既反对了形而上学,又与相对主义、诡辩论划清原则界限了。

恩格斯指出:"世界不是既成事物的集合体,而是过程集合体。"[①]这表明了人类描述事物的三个发展阶段,即从事物集合体(静态)、过程集合体(动态)到关系集合体(以人为本)的思维发展过程。任何事物的发展都是一个过程,人类社会也不例外。马克思主义经典作家提出了辩证法过程论,主要包含以下几个方面:(1)每一事物在一个特定运动过程中;(2)每一事物凡产生必会灭亡;(3)每一事物过程均从属于一个更大的过程。

事物集合体可以描述事物,但是不够精确,当事物发生变化的时候,就会失去解释力。那就需要用一种动态的描述方法,在不同发展阶段进行更加完整的描述,即过程集合体。过程集合体已经比较丰富和精确地描述事物了,具有很强的解释力。但是,依然不是以人为核心的描述方法,马克思及其之前的哲学家一

---

① 马克思恩格斯文集(第四卷)[M].北京:人民出版社,2009:298.

直在破除封建社会残余的旧思想,即破除自然崇拜、神秘力量崇拜、神的崇拜对人类社会的影响,因而以人为核心来解释这个世界,就是那个时代的核心追求。这种解释思维一直影响至今,这种描述方法也更加接近现实需要。

唯物辩证法是时代的产物,未来一定会随着各个学科的发展而出现新的方法论,但是也一定是在继承唯物辩证法既有的理论体系基础之上,因为唯物辩证法是对已有知识体系的科学总结。它可以被超越,但是基本上很难被推翻。

联系和发展是唯物辩证法的两大基本特征,联系是横向切面,发展是纵向切面;联系是静止的,发展是动态的,基本上构成了描述世界的两个维度。如果未来还有新的特征被新的方法论吸纳进来,那很可能就是统一。

联系和发展都涉及统一,但是并不等于统一。

(1)统一的维度可能性。联系和发展都是从事物内部和事物本身的视角进行分析的,虽然它们在描述世界的时候也将整个世界纳入进来,但是立足点依然是事物本身。因而统一站在事物的外部分析世界,可以作为第三个特征。

(2)统一的科学性。各个门类的学科是分别研究不同领域的,所有学科的研究结果就构成了世界的整体性认识。从目前各个学科的知识体系来看,各个学科研究对象内部演化是统一的,同时与其他学科的研究对象存在紧密的联系。

(3)统一的基础性。单一地、孤立地研究事物及其内部结构已经取得了重大进展(近代科学),将研究对象与其他事物联系在一起进行研究也取得了重要进步(现代科学),这些知识和规律是客观的。但是,从更高维度、更大整体上理解研究对象是未来科学的重要任务,这项任务的哲学根基就是统一性。

(三)唯物辩证法的三大规律

恩格斯在《反杜林论》中指出:"因为自然界的一切归根到底是辩证地而不是形而上学地发生的",而所谓"辩证法是关于普遍联系的科学。主要规律:量和质的转化——两极对立的相互渗透和它们达到极端时的相互转化——由矛盾引起的发展,或否定的否定——发展的螺旋形式"[①]。黑格尔的辩证法中总结了三大规律,唯物辩证法在此基础上进行了进一步发展,从而明确了自然界的对立统一规律、质量互变规律、否定之否定规律三大规律,这些规律经由社会实践的证明同样适用于人类的社会历史领域的:质量互变规律:事物发展变化的形式和状

[①] 马克思恩格斯选集(第三卷)[M].北京:人民出版社,2012:496.

态;对立统一规律:事物发展变化的内容和动力,是唯物辩证法体系的核心;否定之否定规律:事物发展变化的过程和方向。

1. 质量互变规律

量变和质变是事物变化的两种基本状态和形式,两者相互作用就构成了量变质变规律,也成为质量互变规律。

事物包括质、量、度三个方面的规定性:质是一事物区别于其他事物的内在规定性;量是事物的规模、程度、速度等可以用数量关系表示的规定性;度是保持事物质的稳定性的数量界限或临界点,超出一定范围,事物就会变成另一种事物。量变是事物数量的增减和次序的变动,体现事物渐进过程的连续性;质变是事物由一种质态向另一种质态的飞跃,体现了事物渐进过程的中断。

1858年7月14日,恩格斯在《致马克思》的信中指出:"人们在接触到比较生理学的时候,对人类高于其他动物的唯心主义的矜夸是会极端轻视的。人们到处都会看到,人体的结构同其他哺乳动物完全一致,而在基本特征方面,这种一致性也表现在一切脊椎动物身上,甚至表现在昆虫、甲壳动物和绦虫等身上(比较模糊一些)。黑格尔关于量变系列中的质的飞跃这一套东西在这里也是非常适合的。"[①]

量变与质变辩证关系包含以下几个方面:

(1)量变的基础性即量变是质变的必要准备。任何事物的变化都是一个过程,这个过程往往是量变的积累,积累到一定程度就会发生质变。

(2)质变的必然性即质变是量变的必然结果。量变随着外界条件的变化而变化,一旦量变超过临界值,就会发生质变。事物有可能长周期地处于某种单纯量变或者循环状态之中,但是任何事物都不可能永远处于单纯的量变过程中,质变是量变达到一定程度的必然结果。

(3)二者的统一性即量变与质变相互渗透。一般情况下,在量变的过程中会有部分质变的情况。质变又会影响量变,二者处于一种交替循环过程中。

2. 对立统一规律

对立统一规律是唯物辩证法的实质和核心,其关键在于矛盾,根本方法就是矛盾分析法。矛盾是反映事物内部和事物之间对立统一关系的哲学范畴,具有

---

① 马克思恩格斯选集(第四卷)[M].北京:人民出版社,2012:433.

四个特性,即同一性、斗争性、普遍性和特殊性。

矛盾的同一性是矛盾双方相互依存、相互转化的性质和趋势。矛盾的同一性主要表现在以下几个方面:

(1)客观性,即事物存在和发展的前提;

(2)吸引性,即促使相互吸取有利于自身的因素;

(3)主导性,即规定着事物转化的可能和发展的趋势。

矛盾的斗争性是矛盾着的对立面相互排斥、相互分离的性质和趋势。矛盾的斗争性主要表现在以下几个方面:

(1)内部性,即事物的内部力量或要素,都尝试主导事物的发展变化;

(2)发展性,即促进双方力量的变化;

(3)过渡性,即向另一矛盾统一体过渡的决定力量。

矛盾的普遍性是矛盾在自然界、思维和人类社会发展过程中普遍性地存在,伴随着一切事物的发展变化而存在。矛盾的普遍性主要表现在以下几个方面:

(1)存在于一切事物中;

(2)存在于一切事物的发展过程中。

矛盾的特殊性是指各个具体事物的矛盾、每一个矛盾的各个方面在发展的不同阶段各有其特点。矛盾的特殊性主要表现在以下几个方面:

(1)外部差异性,即不同事物的矛盾不同;

(2)自身阶段性,即同一事物不同发展阶段的矛盾不同;

(3)内部多样性,即构成事物的诸多矛盾各不相同。

对立统一规律的核心是矛盾,马克思通过矛盾基本特性的分析,深刻揭示了事物发展变化的根本动力和基本表现。毛泽东在矛盾特性的基础上,又进一步发展出运用矛盾分析方法的新理论,并在实践中予以发展,其主要包括重点论和两点论。

《矛盾论》是毛泽东的哲学代表著作。它是作者继《实践论》之后,为了克服存在于中国共产党内严重的教条主义思想而写的。运用唯物辩证法总结了中国共产党领导中国革命斗争的实践经验,从两种宇宙观、矛盾的普遍性、矛盾的特殊性、主要矛盾和次要矛盾方面、矛盾诸方面的同一性和斗争性、对抗在矛盾中的地位等方面,深刻地阐述了对立统一规律。而对立统一规律则是辩证法的实质和核心的思想。具体包括以下几个方面:

(1)从宇宙观的高度,发挥了列宁关于两种发展观的思想,不仅指出用孤立的、静止的和片面的观点去看世界是形而上学的基本特征,而且指出形而上学是简单地从事物外部去找发展的原因,否认唯物辩证法所主张的事物内部矛盾引起发展的学说。阐明了内因和外因的辩证关系,指出外因是变化的条件、内因是变化的根据,外因通过内因起作用。

(2)全面论述了矛盾普遍性和矛盾特殊性的原理,并提出了"共性个性、绝对相对的道理,是关于事物矛盾的问题的精髓,不懂得它,就等于抛弃了辩证法"的论断。

(3)论证了主要矛盾和次要矛盾方面的原理,认为矛盾发展的不平衡性是主次矛盾和矛盾主次方面的客观依据,规定了主要矛盾和次要矛盾方面的定义,说明了找出主要矛盾和次要矛盾方面的方法论意义,并论述了矛盾对立双方相互转化的根据和条件。

(4)具体阐明了矛盾诸方面的同一性和斗争性及其相互关系。认为对立的统一是有条件的、暂时的、相对的,对立的互相排斥的斗争则是绝对的;有条件的相对的同一性与无条件的绝对的斗争性相结合,构成了一切事物的矛盾运动。

(5)分析了矛盾斗争的两种基本形式,即对抗性的矛盾和非对抗性的矛盾,并指出二者在一定条件下相互转化。

3. 否定之否定规律

任何事物内部都存在肯定因素和否定因素。肯定因素是维持现有事物存在的因素,强调的是内部因素;否定因素是促使现成事物灭亡的因素。

事物的辩证发展是经过两次否定、三个阶段,形成一个周期。当否定因素上升至支配地位时,事物就会走向自身的否定,再由否定走向更高级的肯定。事物的发展呈现周期性,不同周期的交替使事物发展呈现波浪式前进或螺旋式上升的总趋势。事物的发展不是直线式前进的,而是螺旋式上升的。

辩证否定观是描述事物否定过程的重要原理,主要表现在以下几个方面:

(1)否定是事物自我否定、是事物内部矛盾运动的结果;

(2)否定是事物发展的环节;

(3)否定是新旧事物联系的环节;

(4)辩证否定的实质是扬弃。

由于唯物辩证法是工业时代的经典集大成者,因此它具有那个时代的典型特征。如果未来出现新的方法论可以超越唯物辩证法,那就需要对近现代以来的重大科学进展进行系统总结,尤其是将相对论和量子力学的科学规律转化上升到哲学层面。

唯物辩证法的三大规律是对当时自然科学的总结,新的方法论也必然对当今及未来的自然科学进行总结。以三大规律为代表的自然科学规律,是对宏观世界的描述;以相对论为代表的自然科学规律是对宇宙世界的描述;以量子力学为代表的自然科学规律是对微观尺度世界的描述。新的方法论不但要包含三大规律,而且尝试将相对论、量子力学规律等整合进来。

(四)唯物辩证法的五大范畴

事物是联系和发展的,它们的联系和发展过程可以通过五大范畴进行描述。

1. 内容与形式

内容与形式是描述事物构成要素与表现方式的一组哲学范畴,是对事物基本属性与外在属性的分析和概括。任何事物都是内容与形式的统一。内容是指构成事物的全部要素的总和,也可以抽象为一个整体或一个主体;形式是指把各个要素统一起来的结构或者表现形式。

内容是事物发展变化的核心,形式是承载内容的外在表现,因此内容是相对易变的、形式是相对稳定的。一般情况下,随着内容自身的发展,需要不断地变换存在形式;有时候通过形式变化也可以促进内容变化。例如,随着四季轮转,树木也在调整枝叶生长与衰落。又如,随着军事技术的进步,军队组织形式也在发生变化。

(1)统一性。任何事物都是内容与形式的统一,比如化合物分子所包含的原子与分子结构,社会生产方式中的生产力和生产关系。内容是事物存在的基础,同一内容在不同条件下可以采取不同的形式,同一形式在不同条件下可以体现不同的内容。内容与形式在一定条件下可以相互转化,在一种关系中是内容的,在另一种关系中则为形式;反过来也一样,比如生产关系对生产力是形式,对上层建筑则是内容,意识对物质是形式,对语言则是内容。

(2)内容的决定性。内容决定形式,形式反作用于内容。内容决定形式的性质、变化,形式能动地反作用于内容。当形式适合内容时,会促进内容的发展;当形式不适合内容时,则会阻碍内容的发展。

(3)互动性。推动着形式与内容基本适合到基本不适合、再到基本适合的矛盾运动。这是因为它们在相互作用中,内容是活跃的、易变的,而形式对内容而言是相对稳定的。

2. 现象与本质

现象与本质是描述事物内在联系与外在表现的哲学范畴,通过对现象的分析可以找到事物的本质。本质是事物的根本性质,是构成事物的诸要素之间的内在联系。现象是事物的外部联系和表面特征,是事物本质的外在表现。

一般情况下,本质是一般的、普遍的、相对稳定的、隐藏在事物内部的;而现象是个别的、具体的、多变易逝的、表面和外显的,可以直接被人的感官所感知的。

现象分为真象和假象,真象是表现本质的一般现象,而假象则不凸显事物的本质属性而显示非本质属性,需要通过科学鉴别、透过现象寻找到本质。事实表明,不表现为现象的本质和不表现本质的现象都是不存在的。

(1)现象的外部性。现象是事物的外部联系和表面特征,可以被人直接感知;现象是个别的、具体的、多种多样的。

(2)本质的内部性。本质是事物的内在联系,只能靠思维把握;本质是同类现象中一般的、共同的东西。

(3)相互反映性。现象是多变的、易逝的,本质是相对稳定的;任何本质都通过现象表现,没有不通过现象表现的本质;任何现象都表现本质,真象从正面表现本质,假象从反面表现本质。

3. 原因与结果

原因与结果是描述引起与被引起关系的哲学范畴,是用来解释一个事物与其他事物或者一个事物内部之间作用或者相互引起作用的关系。原因是在事物的普遍联系中,引起某种现象的现象;而结果是被某种现象所引起的现象。

在一个具体的因果联系中,原因就是原因,结果就是结果。在一个复杂动态联系中,一个原因可能是另一个因果关系的结果,一个结果也有可能成为另一个因果关系的原因;甚至一个原因可能引起复杂的连锁反应,吸引不同的要素在不同阶段参与进来,共同造成一个结果。

(1)原因的起始性。原因和结果是揭示客观世界中普遍联系着的事物,引起与被引起、彼此制约的一对范畴。原因是引起一定现象的现象,任何客观现象都是由原因引起的。

(2)因果的复杂性。原因和结果的关系是复杂多样的,如一因多果、一果多因。原因和结果的区分既是确定的,又是不确定的,是确定性和不确定性的统一。

(3)因果的渗透性。原因与结果相互作用,原因产生结果,结果反过来影响原因,互为因果。原因与结果相互渗透,结果存在于原因之中,原因表现在结果之中。

4.必然性与偶然性

必然性与偶然性是描述事物发展变化不同趋势的哲学范畴。必然是事物联系与发展中确定不移的趋势,在一定条件下具有不可避免性。偶然是事物联系与发展中不确定的趋势。

需要说明的是,必然性与偶然性并非通过数据统计而简单区分,出现概率较小的现象也有可能是必然性,出现概率较大的现象也有可能是偶然性。因此,应从哲学上看待,而非从计量学上看待。

(1)必然性的决定性。必然性源于事物内部的根本矛盾,而偶然性的产生则主要是由事物的非根本矛盾或外部条件引起的。与此相应,必然性在事物发展过程中居于支配地位,是一定要贯彻下去的趋势,这决定着事物发展变化的方向、前途和命运。

(2)偶然性的补充性。偶然性在事物发展过程中居于从属地位,它只能对事物的发展起影响作用,加速或延缓事物发展变化的进程,使事物发展过程的本体特点呈现不同的面貌。

(3)相互的转化性。必然性和偶然性在一定条件下可以相互转化。由于事物的范围极其广大以及发展的无限性,必然性和偶然性的区别是相对的,因此二者在一定条件下可以相互转化。这主要是指以下两种情形:一种情形是,在前一个过程具有必然性的东西,对于后一个过程来说可以转化为偶然性,反过来也是一样;另一种情形是,在小范围是必然的东西,对于大范围来说可以变为偶然的,反过来也是一样。必然性和偶然性是辩证的统一,把二者割裂开来就会导致形而上学的机械决定论和唯心主义的非决定论两种错误观点。

5.可能性与现实性

可能性与现实性是描述过去与未来关系的哲学范畴,现实是相互联系着的实际存在的事物的综合,可能是包含在事物中预示事物发展前途的种种趋势,是潜在的尚未实现的东西。

现实性是描述当前状态的、确定不移的客观事实,是由历史发展而来的,包含着历史的可能性。而可能性则是历史某一时刻向前发展的各种趋势,是事物发展的方向。

(1)可能性的条件性。在实现由可能向现实转化的过程中,既要注意转化的条件性,又要发挥人的主观能动性,积极创造条件,实现可能向现实的转化。

(2)现实性的可变性。现实性是已经展开、已经实现的可能,同时又孕育着新的可能,人类可以创造出一定的条件进而改变现实。

(3)无限的发展性。可能与现实联系的复杂性,又要争取最好的可能。这里不仅存在着多样性,而且存在着好与坏两种对立的可能。我们应努力创造有利的条件、克服不利的条件,力争实现好的可能;同时,需要未雨绸缪,防止坏的可能向现实的转化,并做好应付这种局面的充分准备。

(五)唯物辩证法的四大思维方法

在现实生活中如何运用唯物辩证法,就需要借助一定的研究方法,一般情况下主要有四大思维方法。

1. 归纳与演绎

归纳与演绎主要是考察个别与一般,即个体性与普遍性之间的关系,主要方式是寻找个体的某个特征并作为整体的特征。其中,归纳是从个别事实中概括出一般性结论;演绎是将一般性原则推导出个别性结论。二者需要在实践中不断检验,尤其是需要进行反例检验,一旦出现少数案例不符合归纳的结论,就需要进行修正。

归纳与演绎需要相互补充,归纳虽然可以总结同类事物的共性特征,但是不能区分本质属性和非本质属性,也未能消除片面性与表面性,因而归纳结论尚不一定完全正确可靠。演绎以事物的共性为基础,无法揭示出个别事物的多维度属性,因而对具体事物还需要具体分析。

(1)归纳是演绎的基础。演绎是从归纳结束的地方开始的,演绎的一般知识来源于经验归纳的结果。没有大量的机械运动的经验事实,不可能建立能量守恒定律;没有大量的生物杂交的试验事实,不可能创立遗传基因学说。

(2)演绎是归纳的前导。归纳虽然是演绎的基础,但归纳本身也离不开演绎的指导,对实际材料进行归纳的指导思想往往是演绎的成果。例如,达尔文的进化论是经过调查和实验,在积累了大量经验材料的基础上,归纳总结出来的结论。但他在做出进化论的结论之前,早就接受了拉马克、赖尔等人的进化论观点,特别是遵循了赖尔的地质演化学说。根据这个理论,当然可以推出地球上生物的物种也是历史地、逐渐地改变的,并非结论从来如此的。因此,达尔文以赖尔的理论作为自己在归纳研究时的指导,从大量的生物资料中概括出生物进化的科学理论。

(3)归纳和演绎是互为条件、互相渗透,并在一定条件下互相转化。归纳出来的结论成为演绎的前提,归纳转化为演绎;以一般原理为指导,通过对大量材料的归纳得出一般结论,演绎又转化为归纳。归纳和演绎是相互补充、交替进行的。归纳后随之进行演绎,为归纳出的认识成果得到扩大和加深;演绎后随之进行归纳,用对实际材料的归纳来验证和丰富演绎出的结论。在这种交互作用的过程中,人们的认识是从个别到一般,又从一般到个别,循环往复,步步深化。

2.分析与综合

分析与综合主要是研究整体与其内部组成部分之间的全部关系,主要方式是寻找出整体与各组成部分(要素、方面等)的基本逻辑关系。其中,分析是将整体(认识对象或研究对象)按照一定的方式或者规则分解为不同部分,进而厘清整体与不同部分之间的逻辑关系。综合是在分析的基础上,将各个组成部分重新按照一定的方式组合成整体。

分析与综合的实质就是建立在调查研究基础上的矛盾分析方法,是客观事物联系和发展过程的思维再现。

3.抽象与具体

抽象与具体主要是研究整体与内部中最本质的关系,主要方式是通过认识刨除整体与内部要素非本质的关系,最终达到真理性的认识。抽象是通过分析的过程,寻找到必然的、本质的方面。具体包括感性的具体和思维的具体,感性的具体是指人的感觉器官得到的生动而具体的知觉表象,思维的具体是指通过知识逻辑概括将事物最本质的关系反映出来。

1884年9月20日,恩格斯在《致卡尔·考茨基》的信中,以资本为例分析了抽象的重要性和区别,他指出:"马克思把存在于事物和关系中的共同内容概括为它们的最一般的思维表现,所以他的抽象只是用思维形式反映出已存在于事物中的内容。与此相反,洛贝尔图斯给自己制造出一种或多或少是不完备的思维表现,并用这种概念来衡量事物,让事物必须符合这种概念。他寻求事物和社会关系的真正的、永恒的内容,但是它们的内容实质上是暂时性的。"①

4.逻辑与历史相统一

逻辑与历史相统一主要是抽象与具体的升级版,要求知识逻辑发展不仅能够解释新出现的事物,而且能够解释历史出现的事物。逻辑不能只在抽象中自我演化,而是需要在现实中得到检验和修正。辩证思维中的历史主要包括两个方面:一是客观实在的历史自身;二是反映客观实在的认识历史。

四、现代方法论

自19世纪末20世纪初物理学革命以后,各门科学都有了突飞猛进的发展。方法论在科学知识中的比重日益提高,方法论对科学发展的作用也日益显著。这是与科学发展的时代特点密不可分的。具体表现在:

第一,科学对自然和社会的研究越来越广泛、深入,使科学研究中的直观性的现象归纳总结减少,抽象化的程度提高,产生了逻辑思维方法高度发展的必要性。

第二,科学的进一步分化和综合产生了一些新兴学科和边缘学科,促使科学研究的整体性和综合性增强,产生了系统理论等具有方法论意义的新学科。

第三,现代科学发现了一系列原有科学理论体系不能解释和说明的新的事实,出现了一些悖谬,破坏了科学体系原有的原则和思维前后一贯的逻辑严密性,产生了现代科学范畴体系的许多根本性的变化,同时促使逻辑方法向前发展。

第四,科学研究课题的复杂性、综合性在日益加强,随之而来的科学研究手段日益复杂、精密,科学研究日益成为集体的、综合的事业。由此产生了科学研究课题的各个不同方面、不同层次的相互配合、相互协调的必要性,从而也产生了协调科学研究不同方面和不同层次的方法论。

自20世纪20年代以来,大多数科学哲学家把自己的纲领建立在"任何自然科学的知识内容都具有确定的逻辑结构,可以用一个形式命题系统来表示"这样一个设想的基础之上,这种形式化的方法和公理化的方法,在科学的发展中具有

---

① 马克思恩格斯选集(第四卷)[M].北京:人民出版社,2012:570-571.

一定的积极作用。但是,如果忽略有关事物的客观本质和真实内容,把对事物的研究仅仅归结为关系的方法和追溯到某种设定的公理的方法则是错误的。

20世纪50年代以来,西方科学哲学出现了一个新的发展趋势,主要表现为冲破了对科学理论的静态的逻辑分析,而把对方法论的研究同科学发展的历史联系起来。波普尔把科学的发展看成一系列的证伪过程。他强调演绎、否定归纳、推崇证伪、贬低证实。他甚至说:"我们并不能认识,我们只能猜测。"库恩提出科学发展是通过常规科学和科学革命的交替发展来实现的。科学革命则是"范式"的取代。他认为,"新理论如果没有关于自然界的信念的破坏性的变化是很难兴起的"。他所说的"破坏性的变化"是一种非理性活动的产物,否认科学革命变革中的继承性。拉卡托斯在吸收波普尔和库恩的思想长处、克服波普尔朴素证伪主义的基础上,提出只有在科学研究纲领的一定秩序的提出和实现的基础上才能发展科学。费耶尔阿本德则认为,一切方法论都有自己的限度。他通过对科学历史实例的分析,力图说明在某种理论统治下的科学是停滞不前的,并提出了推翻一个既定理论的方法,这就是"什么都行",即科学家可以自由地尝试他所喜欢的任何一种程序。他们都批判逻辑经验主义把科学发展看作单纯知识积累过程的观点。但是,他们共同的特点都是片面夸大知识的相对性,而否认知识中的绝对的客观内容,从而走向怀疑论。

(一)老三论

从最早的笛卡尔开启了近代哲学之路,开始思考认知论和方法论,这是人类思想史上的重大进步;而到伽利略,他打下的近代科学实验,让科学的理论验证更加系;牛顿催生了工业时代的理论基础;富兰克林是电器时代的引路人;到后来的香农、图灵开启了信息时代。每一次人类的科技进步,总离不开其科学基础和方法论。工业时代的方法论是以牛顿为代表的经典力学,而信息时代的方法论是诞生于第二次世界大战前后的三论体系,即信息论、控制论、系统论。

1. 信息论

工业时代是建立在牛顿经典力学的基础上,其核心是三大定律。这是人类第一次能大规模地预测很多事物的发展,并且用理论指导实践。瓦特运用物理知识改良蒸汽机,从而让机械代替人力;斯蒂芬森发明火车,从而使大规模运输成为可能;富尔顿发明蒸汽船,从而可以逆流而上,不用完全依赖于风向、水流等自然条件和人力了。而他们能发明创造这些,其本质是他们学习了足够多的物理数学知识,能够使用知识精准的变为机械。而这种机械思维的本质就是确定性和预知性。而信息时代的核心在于信息。信息的定义,是消除不确定性,其本质就是承认这个世界本身就充满了不确定性,但核心在于,认知不确定性(概率论),缩小/利用不确定性,从而改造世界。可以说,信息论既在科学上又在哲学上实现了从静态到动态的转变。

信息在我们的生活中随处可见,我们每天都需要收集大量的信息。对于什么是信息,似乎每个人都能给出一定的看法,但是很难完全阐释清楚。直到1948年天才数学家香农给出了一个定义,"信息是用来消除随机不确定性的东西"。这绝对是个天才的想法,因为把信息和概率论结合起来了,使得信息可以量化,就消除了工业时代以来经典科学中机械思维的本质就是确定性和预知性。

综上而言,人类社会的发展不断创新方法论。方法论是最高级别的创新,有什么样的方法论就会产生对应的理论体系、现象解释。从整体而言,方法论是不断进步、不断发展的,也是不断科学、不断精准的。

按照信息论,信息是用来消除随机不确定的东西,所以信息量的大小取决于:有消除多少的不确定性,以及信息的接受者是否知道这个信息。

而这个东西也就是熵,熵是对某件事对主体不确定性的度量。从信息论公式中,我们可以看出来它就是信息量的期望。越不可能的事情,信息含量越大,越确定的事情,信息含量越小。举个例子,你抛出一枚硬币,硬币显然只有两面,假设其概率都为1/2,你知道你抛出了正面,那么信息量就是1比特;但如果再告诉你你刚才抛出了正面,对你来说信息也不会增加1比特,因为你已经知道了。

2.控制论

控制论的建立是20世纪的伟大科学成就之一,现代社会的许多新概念和新技术与控制论有着密切关系。控制论的应用范围覆盖了工程、生物、经济、社会、人口等领域,成为研究各类系统中共同的控制规律的一门科学。

1948年罗伯特·维纳的奠基性著作《控制论》出版,成为控制论诞生的一个标志。维纳把这本书的副标题取名为"关于在动物和机器中控制与通信的科学",为控制论在当时研究现状下提供了一个科学的定义。维纳抓住了一切通信和控制系统都包含信息传输和信息处理的过程的共同特点;确认了信息和反馈在控制论中的基础性,指出一个通信系统总能根据人们的需要传输各种不同的思想内容的信息,一个自动控制系统必须根据周围环境的变化自行调整自己的运动；指明了控制论研究上的统计属性，指出通信和控制系统接收的信息带有某种随机性质并满足一定的统计分布，通信和控制系统本身的结构也必须适应这种统计性质，能对一类统计上预期的输入产生统计上令人满意的动作。

控制论是从信息和控制两个方面研究系统。控制论的方法涉及以下几个方面：

(1)确定输入输出变量。控制系统为达到一定的目的，需要以某种方式从外界提取必要的信息(称为输入)，再按一定法则进行处理，产生新的信息(称为输出)反作用于外界。输入输出变量不仅可以表示行为，而且可以表示信息。

(2)黑箱方法。根据系统的输入输出变量找出它们之间存在的函数关系(即输入输出模型)的方法。黑箱方法可用来研究复杂的大系统和巨系统。

(3)模型化方法。通过引入仅与系统有关的状态变量而用两组方程来描述系统，即建立系统模型。一组称为转移方程，又称状态方程，用以描述系统的演变规律；一组称为作用方程，又称输出方程，用以描述系统与外界的作用。抽象后的系统模型可用于一般性研究并确定系统的类别和特性。控制系统数学模型的形式不是唯一的，自动机理论中还经常采用状态转移表或状态转移图的方式。系统的特性是通过系统的结构产生的，同类系统通常具有同类结构。控制论的模型化方法和推理式属性，使控制论适用于一切领域的控制系统，有助于对控制系统一般特性的研究。在研究大系统和巨系统时，还需要使用同态和同构以及分解和协调等概念。

(4)统计方法。控制论方法属于统计方法的范畴，需要引入无偏性、最小方差、输入输出函数的自相关函数和相关分析等概念。采用广义调和分析和遍历定理，可从每个个别样本函数来获取所需的信息。维纳采用这种方法建立了时间序列的预测和滤波理论，称为维纳滤波。非线性随机理论不但是控制论的数学基础，而且是处理一切大规模复杂系统的重要工具。

控制论的核心问题涉及以下几个基本方面：

(1)通信与控制之间的关系。一切系统为了达到预定的目的必须经过有效的控制。有效的控制一定要有信息反馈，人控制机器或计算机控制机器都是一种双向信息流的过程，包括信息提取、信息传输和信息处理。

(2)适应性与信息和反馈的关系。适应性是系统得以在环境变化下能保持原有性能或功能的一个特性，人的适应性就是通过获取信息和利用信息并对外界环境中的偶然性进行调节而有效地生活的过程。

(3)学习与信息和反馈的关系。反馈具有用过去的行为来调节未来的行为的功能。反馈可以是简单反馈或复杂反馈。在复杂反馈中,过去的经验不仅用来调节特定的动作,而且用来对系统行为进行全盘策略,使之具有学习功能。

(4)进化与信息和反馈的关系。生命体在进化过程中一方面表现为有多向发展的自发趋势,另一方面又有保持祖先模式的趋势。这两种效应基于信息与反馈相结合,通过自然选择会淘汰掉那些不适应周围环境的有机体,留下能适应周围环境的生命形式的剩余模式。

(5)自组织与信息和反馈的关系。人根据神经细胞的新陈代谢现象和神经细胞之间形成突触的随机性质来认识信息与系统结构的关系。可以认为,记忆的生理条件以至于学习的生理条件就是组织性的某种连续,即通过控制可把来自外界的信息变成结构或机能方面比较经久的变化。

3.系统论

系统论的主要任务就是以系统为对象,从整体出发来研究系统整体和组成系统整体各要素的相互关系,从本质上说明其结构、功能、行为和动态,以把握系统整体,达到最优的目标。

系统论应当称为"一般系统论",其创始人贝塔朗菲在描述这一理论时说:"一般系统论是一个逻辑——数学领域,它的任务是表述和推导适用于'系统'的一般原理,不论其组成要素以及其相互关系或'力'的种类如何。""在所有领域中所涉及的是关于系统的科学时,就出现不同领域的规律性形式上的一致和逻辑上的'同一'。""……在严格的形式中,一般系统论具有公理性质。"

系统具有如下形式特征:

(1)终极性。"系统的实际变化将依赖于只有将来才能建立起来的终态,事件不仅依赖于现实条件,而且依赖于终态(平衡态)。"这一表述说明:第一,系统是变化的;第二,系统能够达到最终的平衡状态;第三,系统总是向着平衡状态的方向变化。由此可见,系统是有目的性的,系统经过一系列变化将达到最终的平衡状态。

(2)整体性。"系统表现为一个整体,其中每一要素的变化依赖于所有其他要素。"即各要素具有相关性,系统是各个组成要素相互影响、相互作用的有机整体。

（3）渐进性。渐进性表现出系统的演化过程，也可称为动态性。具体表现为两种形式：渐进机械化和渐进集中化。渐进机械化是指"系统从整体性状态（各要素相关的状态）连续过渡到总和状态（各要素独立行动的状态）"，这意味着系统各要素在相互作用过程中不断进行协调、定位，逐步丧失调节能力，最终失去相关性，各要素独立发挥作用。渐进集中化是指系统的主导部分随时间流逝而逐渐形成。

（4）环境适应性。系统（开放系统）的外部环境发生变化时，系统内各要素会自动调节，使系统达到新的平衡。

开放系统是指系统中存在要素的流入和流出，其组成要素发生更换。开放系统具有一个重要性质：等终极性。等终极性是有生命物表现出的特征，其含义是，在广泛的范围内，系统可以由不同的初始状态和不同方式达到相同的终态。开放系统只要达到流动平衡，就是等终极的。

封闭系统是指无要素流入、流出的系统。封闭系统的行为不可能是等终极的，即系统只能由不同的初始状态达到不同的终态。封闭系统最终达到真平衡（具有最大熵和最小自由能）。

（5）等级秩序。"有这样的系统，它们的单个项本身又是上一级的系统……这就被称为等级秩序的事态。"各种有机体按照严格的等级组织起来，通过各层系统逐级的组合，形成越来越高级、越来越庞大的系统，这种现象称为等级秩序。贝塔朗菲认为："等级秩序的一般理论显然将是一般系统论的主要支柱。"他"把宇宙看作一个巨大的等级系统"。如果以直观的树型结构来表达这一概念，我们会发现，这是一棵囊括了从宏观到微观各个层次、诸多领域的参天大树。

系统论的规律主要是系统的规律：

（1）系统各组成要素之间的相互作用使系统最终达到平衡状态（终态），对封闭系统而言是定态，对开放系统而言是稳态。

（2）系统逐步由无序向有序演变，当系统的外部环境发生变化时，系统会随之发生量变，如果这种改变突破某一界限，系统发生质变。（普里高津的耗散结构论）

（3）开放系统达到稳态时，各要素间的结合方式是有规律的，各要素自身的"新陈代谢"并不改变这种结合方式，这种现象称为自组织现象，这种结合方式称为协同。（哈肯的协同学理论）

(4)系统的演化是一个从低层次循环到高层次循环的过程。(艾根的超循环论)

随着现代科学的不断进步,诸多学科都提出了新的研究范畴,也在寻找各种新的研究方法,尤其是量子力学、现代医学和现代生物学等学科不断涌现新的科学观点,为哲学层面总结这些自然科学成果提供了基础。与此同时,社会科学也有所发展,全球霸权方法正在面临人类命运共同体思想的挑战,诸多国家越来越认可相关政治思想,也为哲学层面总结提供了基础。所有学科的发展最终都需要在哲学层面进行总结,为现代科学的发展提供新的方法论支持。

方法论属于所有学科知识体系最高层级的范畴。每个学科的发展进步都依赖于本学科的方法论创新,也依赖于哲学方法论的发展。哲学方法论与各学科方法论是一致的,甚至很多哲学方法论均是从不同学科上升发展而来的。

表 2—3　　　　　　　　方法论的演化及其趋势对比

时　代	方　法	方法论分类
原始时代及之前	结绳记事法	古代方法论
农耕时代及之前	神秘联想法	
农业时代	直接观察法	
工业时代(机器)	静止研究法	近代方法论
工业时代(大工业)	形而上学	
工业时代(后工业)	唯物辩证法	现代方法论
智能时代	唯物统一法	

(二)新三论

系统科学领域中把耗散结构论、协同论、突变论合称为新三论,而把系统论、控制论和信息论合称为老三论。耗散结构论、协同论、突变论是20世纪70年代以来陆续确立并获得极快进展的三门系统理论的分支学科。它们虽然时间不长,却已是系统科学领域中年少有为的成员,也称为DSC论。

1.耗散结构论

耗散结构论的创始人是伊利亚·普里戈金教授,由于对非平衡热力学尤其是建立耗散结构理论方面的贡献,他获得了1977年的诺贝尔化学奖。

耗散结构论可概括为:一个远离平衡态的非线性的开放系统(不管是物理

的、化学的、生物的乃至社会的、经济的系统)通过不断地与外界交换物质和能量,在系统内部某个参量的变化达到一定的阈值时,通过涨落,系统可能发生突变,即非平衡相变,由原来的混沌无序状态转变为一种在时间上、空间上或功能上的有序状态。这种在远离平衡的非线性区形成的新的稳定的宏观有序结构,由于需要不断与外界交换物质或能量才能维持,因此称为"耗散结构"。

耗散结构论把宏观系统区分为三种:(1)与外界既无能量交换又无物质交换的孤立系;(2)与外界有能量交换但无物质交换的封闭系;(3)与外界既有能量交换又有物质交换的开放系。该理论认为,孤立系统永远不可能自发地形成有序状态,其发展的趋势是"平衡无序态";封闭系统在温度充分低时,可以形成"稳定有序的平衡结构";开放系统在远离平衡态并存在负熵流时,可能形成"稳定有序的耗散结构"。

耗散结构是在远离平衡区的、非线性的、开放系统中所产生的一种稳定的自组织结构,由于存在非线性的正反馈相互作用,因此能够使系统的各要素之间产生协调动作和相干效应,使系统从杂乱无章变为井然有序。生物机体是一种远离平衡态的有序结构,它只有不断地进行新陈代谢才能生存和发展下去,因而是一种典型的耗散结构。人类是一种高度发达的耗散结构,具有最为复杂而精密的有序化结构和严谨协调的有序化功能。耗散结构论认为,耗散结构的有序化过程往往需要以环境更大的无序化为代价,因此从整体上讲,由耗散结构本身与周围环境所组成的更大范围的物质系统,仍然是不断朝无序化的方向发展,仍然服从热力学第二定律。

由此可见,达尔文的进化论所反映的系统从无序走向有序,以及克劳修斯的热力学第二定律所反映的系统从有序走向无序,都只是宇宙演化序列中的一个环节。

2. 协同论

协同学的创立者,是联邦德国斯图加特大学教授、著名物理学家哈肯。他于1971年提出协同的概念,1976年系统地论述了协同理论,发表了《协同学导论》,还著有《高等协同学》等。

协同论认为,千差万别的系统尽管其属性不同,但在整个环境中,各个系统间存在着相互影响而又相互合作的关系。其中包括通常的社会现象,如不同单位间的相互配合与协作、部门间关系的协调、企业间相互竞争的作用,以及系统中的相互干扰和制约等。

协同论指出,大量子系统组成的系统,在一定条件下,由于子系统相互作用和协作,这种系统会研究内容,可以概括地认为是研究从自然界到人类社会各种系统的发展演变,探讨其转变所遵守的共同规律。应用协同论方法,可以把已经取得的研究成果,类比拓宽于其他学科,为探索未知领域提供有效的手段,还可以用于找出影响系统变化的控制因素,进而发挥系统内子系统间的协同作用。

哈肯在协同论中,描述了临界点附近的行为,阐述了慢变量支配快变量原则[①]和序参量概念,认为事物的演化受序参量的控制,演化的最终结构和有序程度决定于序参量(慢变量支配着快变量,也支配着系统)。

协同论揭示了物态变化的普遍程式:"旧结构—不稳定性—新结构",即随机"力"和决定论性"力"之间的相互作用把系统从它们的旧状态驱动到新组态,并且确定应实现的那个新组态。由于协同论把它的研究领域扩展到许多学科,并且试图在似乎完全不同的学科之间增进"相互了解"和"相互促进",无疑,协同论就成为软科学研究的重要工具和方法。

3. 突变论

突变论与耗散结构论、协同论一起,在有序与无序的转化机制上,把系统的形成、结构和发展联系起来,成为推动系统科学发展的重要学科之一。突变论是研究不连续现象的一个新兴数学分支,也是一般形态学的一种理论,能为自然界中形态的发生和演化提供数学模型。

因为英文 catastrophe 一词的原意为突然来临的灾祸,所以也有把它译作灾变论。突变论一般并不给出产生突变机制的假设,而是提供一个合理的数学模型来描述现实世界中产生的突变现象,对它进行分类,使之系统化。突变论特别适用于研究内部作用尚属未知、但已观察到有不连续现象的系统。

突变论认为,系统所处的状态,可用一组参数描述。当系统处于稳定态时,标志该系统状态的某个函数就取唯一的值。当参数在某个范围内变化,该函数值有不止一个极值时,系统必然处于不稳定状态。雷内托姆指出:系统从一种稳

---

① 序参量是慢变量,它们的阻尼很小,随时间变化很慢。当系统达到临界点时,它们反而按指数增加,使系统处于不稳定状态,它们支配着系统,把系统引到一个新的状态。而另一些随时间的变化很快、阻尼很大,能迅速地按指数衰减达到某种稳定状态,对系统的作用或影响很快消失的变量叫快变量,它们只能使系统趋于原来的稳定状态,对系统的变化无重要意义。

定状态进入不稳定状态,随着参数的再变化,又使不稳定状态进入另一种稳定状态,那么,系统状态就在这一刹那发生了突变。突变论给出了系统状态的参数变化区域。

突变论是研究自然界和人类社会中连续渐变如何引起突变或飞跃,并力求以统一的数学模型来描述,预测并控制这些突变或飞跃的一门学科。它把人们关于质变的经验总结成数学模型,表明质变既可通过飞跃的方式,也可通过渐变的方式来实现,并给出了两种质变方式的判别方法。它还表明,在一定的情况下,只要改变控制条件,一个飞跃过程可以转化为渐变,而一个渐变过程又可以转化为飞跃。突变论认为事物结构的稳定性是突变论的基础,事物的不同质态从根本上说就是一些具有稳定性的状态,这就是为什么有的事物不变、有的渐变、有的突变的内在原因。在严格控制条件的情况下,如果质变经历的中间过渡状态是不稳定的,它就是一个飞跃过程;如果中间状态是稳定的,它就是一个渐变过程。

对方法论的设想是极为困难的,这需要对前沿科学的方法论有所掌握,而且要尝试将这些具体学科方法论上升到哲学方法论层面进行探索。但是,依然可以进行一定限度的猜想。

正如物理学的四个基本力,数百年来物理学家一直尝试将其进行统一,但是尚未完全成功。他们已经成功地将电磁力、弱相互作用力、强相互作用力三种力统一在一个理论框架内,尚未将引力统一进这个理论框架。与此类似的是,牛顿定律适用于宏观层面、相对论适用于宇宙层面、量子力学适用于微观层面,这也需要在一个理论框架内实现统一。

唯物辩证法是从事物内部寻找世界发展变化的动力,超越了以往的理论框架,但是事物外部的规律总结、事物内部的规律总结,就慢慢地发展到需要哲学方法论统一的阶段,这也正是未来方法论发展的方向。

(三)唯物系统论

从当前人类的认识水平、生产水平来看,智能时代的方法论将会有一个极大的突破,甚至可能颠覆目前哲学界的经典方法论,进而形成一整套适应新的生产方式、生活方式、思维方式的方法论体系。但是,在此方法论形成之前,唯物辩证法需要根据自然科学、社会科学和思维科学的进步有所发展。唯物系统论可能是一个选择,它坚持了唯物主义的基本立场,保留了辩证法对事物本质的矛盾分析(本质分析),同时更加注重现实发展中的一般情形(实质分析)。

唯物系统论产生的理论前提是唯物辩证法、系统论、协同论等思想。

(1)唯物辩证法抓住了事物发展变化的内在本质。唯物辩证法坚持唯物主义立场,在思维发展的不同阶段都承认物质的基础性作用,承认思维和意识源于物质世界并作为反映物质世界存在的独立本体(第二个本体)。辩证法则深入物质世界内部,寻找事物发展变化的根本动力,彻底打破了所有神秘主义的倾向,从事物(包括人类社会)的内部分析各种力量要素及其相互作用,进而科学描述整体的一般性发展规律。

(2)系统论把握住了整体的属性。从自然界、生物界到未知宇宙,事物总是从孤立存在向群体存在过渡,至少在同一事物、同一物种、同一种族等内部存在着共同的属性,这种属性既维持了系统的存在,也表现出系统内部各要素之间的关系。系统论并没有推翻辩证法,也没有取代辩证法,而是更加突出和强调了整体性的重要作用,这与事物发展现实尤其是人类社会发展具有较大的一致性。例如,一个国家内部的阶级矛盾分析可以充分展现这个国家的发展动力;但是,当遭遇到外部的干预或者重大事件时,国家内部的各阶级极有可能表现出系统性力量。

(3)协同论强调了各个要素的相互作用尤其是相互配合作用。协同论没有推翻辩证法的矛盾论,而是更加强调各个独立个体、各个群体在一般发展过程中的相互协作关系。这种协同是客观存在的,同时伴随着辩证法中描述的矛盾论;但是,矛盾的爆发往往相对短暂,更长周期的是协同配合,这一点在人类社会发展中表现得尤为明显。例如,自有阶级以来,各个族群、国家都存在着严重的内部阶级分化,但一般情况下是保留某种剥削性质的关系下的协同配合,而只有在矛盾极为尖锐的历史时刻才会爆发大规模革命运动,并且革命运动时间相对于非革命运动时间显得更加短暂。

综合而言,唯物系统论适应了人类社会阶级矛盾日益缓和、整体发展水平日益提升的国际背景,既肯定了辩证法矛盾论对人类社会发展的本质分析,也肯定了系统论对人类社会交往的实质分析,更加强调了微观层面的个体、中观层面的群体以及宏观层面的国家的协同合作。

唯物系统论的核心观点可以归纳如下:

(1)世界本原的唯物性。物质世界与思维世界紧密相关,是相互印证、协同发展的两个本原;有什么样的物质世界就会产生对应的思维世界,有什么样的思维世界,也才能描述和解释对应的物质世界。物质世界与思维世界无法割裂开来进行所谓的"认识"或者"描述",但是,不论是基于何种水平的思维世界描述,思维总是物质世界产生的结果,物质世界具有更加本原的属性。

(2)系统内部的动力源自各个要素的矛盾运动。这种矛盾运动就是唯物辩证法揭示的物质力量或者人类社会内部的力量,这种力量决定了事物发展变化的方向,体现出一定的规律性,这种规律是可以被总结、被认知的。

(3)系统整体会呈现特殊的整体性。这种整体性是事物基本属性的体现,也是内部利益整合的结果。对非生命体而言,这种整体性有可能与基本要素的属性一致,也有可能与基本要素的属性很不一致。对于人类社会而言,这种整体性在多数情况下超越了内部矛盾性,表现出文化属性(包括宗教、民族、意识形态等),进而呈现与内部矛盾不一致的表现。

(4)系统微观层面,同时包括中观层面和宏观层面,经常表现出内部关系的稳定性。这种稳定性有可能建立在弱肉强食的生物本能基础上,如生物群体中狼群、猴群、蚁群的各种角色分工;也有可能建立在人类社会的剥削关系基础上,如不同时代的阶级区分、等级区分甚至不同国家战争后的区别对待等情形。

第二节 唯物辩证法的划时代贡献

相对于古代经验论、近代形而上学,唯物辩证法是方法论的创新,进一步确立了哲学的科学导向,将哲学的来源从自然科学、社会科学、思维科学中上升而来,奠定了更加坚实的哲学基础。与此同时,唯物辩证法也将以往哲学中存在的强调认识逻辑自我演化而脱离人类社会的倾向进行了颠倒,从社会现实中寻找哲学发展的历程,在历史观领域也实现了历史和辩证法。除此之外,恩格斯还将唯物辩证法引入自然界领域,形成了自然辩证法。

唯物辩证法是马克思和恩格斯在唯物主义基础上,改造黑格尔唯心主义辩证法所创立的唯一科学的方法论。它是在概括总结各门具体科学积极成果的基础上,根据自然、社会、思维的最一般的规律引出的最具普遍意义的方法论。唯物辩证法是对客观规律的正确反映,它要求人们在认识和实践活动中,一切从实际出发,实事求是,自觉地运用客观世界发展的辩证规律,严格地按客观规律办事。

唯物辩证法认为,世界上的一切现象都处于普遍联系和永恒运动之中,事物普遍联系的最本质的形式和运动发展的最深刻的原因是矛盾着的对立方面的统一。因此,孤立地、静止地看问题的形而上学思维方法是错误的,而矛盾分析法是最重要的认识方法。

唯物辩证法认为,实践是主观和客观对立统一的基础,脱离实践必然会导致主客观的背离,产生主观主义,所以必须坚持实践以保持主观和客观的一致性。在认识过程中,要用实践检验人们的认识,善于正确运用多种多样的科学实验和典型试验的方法。

唯物辩证法认为,整个客观物质世界以及其中的每一个事物、现象都是多样性的统一。各自都有自身的结构,包含不同的层次、要素,组成一个个系统;各个事物、现象、系统都有自身的个性;同时,它们之间又有着某种共性,共性存在于个性之中。多样性与统一性、共性与个性都是对立的统一。由此产生了认识中的归纳法和演绎法、分析法和综合法、由感性具体到思维抽象和由思维抽象到思维具体的方法等。这些不同的方法也都是对立的统一,因此不能片面地抬高其中一种方法而贬低另一种方法,而是要把它们各自放在适当的地位。既要反对片面强调归纳法的经验论,又要反对片面强调演绎法的唯理论、独断论和教条主义,而是应当把归纳和演绎辩证地结合起来。世界中每个事物、现象都有其自身产生、发展、灭亡的历史规律,在认识中还必须贯彻历史方法和逻辑方法的统一。

列宁曾对认识事物的基本逻辑方法做了概括:第一,力求全面性,必须把握、研究事物的一切方面、联系和中介;第二,从事物的发展、运动、变化中观察事物;第三,必须把人的全部实践包括到事物的完满的定义中去;第四,必须注意真理的具体性。

随着人们对客观规律的认识不断丰富和发展,马克思主义方法论也将不断地丰富和发展。

马克思主义哲学方法论最重要的特点在于,它不仅是理论认识的工具,而且是共产主义运动中的伟大革命实践的工具。它是理论认识方法和革命实践方法统一的、完整的、科学的方法论,它在社会实践中和精神生活中起着越来越大的作用。

毛泽东以马克思主义哲学的方法论为指导,提出了具体革命实践的领导方法和工作方法的理论。他说:"我们共产党人无论进行何项工作,有两个方法是必须采用的,一是一般和个别相结合,二是领导和群众相结合。"①"从群众中集中起来又到群众中坚持下去,以形成正确的领导意见,这是基本的领导方法。在集中和坚持过程中,必须采取一般号召和个别指导相结合的方法,这是前一个方法的组成部分。"②

一、唯物辩证法

唯物辩证法是一种研究自然、社会、历史和思维的哲学方法;是辩证法的三种基本历史形式之一;是由马克思首先提出,经其他马克思主义者发展而形成的一套世界观、认识论和方法论的思想体系;是马克思主义哲学的核心组成部分。

黑格尔指出:世界历史的进程由心灵"正、反、合"的"对反、重复、超越"原则支配,这是辩证法。费尔巴哈则提出"唯物质才是真实"的世界观,这是唯物主义。马克思结合黑格尔、费尔巴哈的学说,创造出唯物辩证法,它是哲学中关于自然、社会和思维的最一般规律的理论。

唯物辩证法是马克思和恩格斯首先发现的哲学原理。它科学地反映了关于宇宙自然、人类社会和人类思维的最一般、最普遍、最深刻、最基础的规律与本质。唯物辩证法指出:世界万事万物是永远运动和普遍联系的,而运动的法则主要是依据一切事物内部的客观存在的"一分为二"的矛盾性构成的辩证运动法则,联系的纽带与方法主要是客观存在的既对立又统一为核心的一系列辩证原理组成的纽带。这个哲学的基础是唯物论,主导则是辩证法。

唯物辩证法是唯物主义与辩证法的结合,但并不是简单地组合,而是在唯物主义中引入辩证法,用辩证法改造旧的唯物主义;同时,用唯物主义修补辩证法的不足。

二、自然辩证法

自然辩证法是马克思主义的自然观和自然科学观的反映,体现了马克思主义哲学的世界观、认识论和方法论的统一,是马克思主义哲学的一个组成部分。

---

① 毛泽东选集(第三卷)[M].北京:人民出版社,1991:852.
② 毛泽东选集(第三卷)[M].北京:人民出版社,1991:855.

恩格斯所著的《自然辩证法》所开创的研究领域,自然界本身的辩证法是通过自然科学和技术的发展日益被揭示出来的,两个方面的研究密切相连、不可分割。

作为马克思主义哲学重要领域的自然辩证法,有其历史的渊源。从康德于1755年和拉普拉斯于1796年提出星云说,试图揭示天体演化的历史开始,形而上学的自然观被打开了第一个缺口。19世纪以来,自然科学有了一系列重大发现,其中,能量转化、细胞学说和进化论被恩格斯称为自然科学中彻底动摇了形而上学自然观的三大发现。这一切都从不同方面揭示了自然界的历史发展和普遍联系,充分展示了整个自然科学从经验到理论、从分析到综合的发展过程。

马克思主义的自然辩证法是在19世纪自然科学发展的基础上建立起来的。从哲学思想的渊源上说,它依据自然科学发展的成果,对德国古典哲学中的唯心主义辩证法进行了唯物主义的改造。马克思和恩格斯形成他们的新哲学世界观,始于19世纪40年代。他们关于自然辩证法思想的萌芽,也产生于这一时期。

系统地研究、建立和阐明马克思主义自然辩证法,主要是由恩格斯从19世纪50年代后期开始进行的。在《反杜林论》哲学篇和《自然辩证法》手稿中,恩格斯依据当时的自然科学成果,描绘了整个自然界发展的辩证图景,运用丰富的自然科学材料阐发了辩证法的基本规律,研究了各门自然科学的辩证内容。

自然辩证法研究的内容主要有两大方面:一是自然观,即对自然界辩证法的研究;二是自然科学观,即对自然科学辩证法的研究。

自然观方面的研究要求不断地概括和运用自然科学的最新成果,发展和更新人们关于自然界辩证发展的总图景和对自然界的总观点,其中包括物质观、运动观、时空观、信息观、系统观、规律观以及自然发展史和自然界各种运动形态的划分、联系、交错、转化等;要求探讨辩证法的基本规律和范畴在自然界各种过程中的丰富多样的表现及运用,使人们对辩证法规律和范畴的理解不断地充实和深化,在许多方面进一步清晰化、准确化和精细化,并增添新的内容,从而把辩证唯物主义自然观提高到同自然科学的新发展、新思想相适应的现代水平。

自然辩证法主要从马克思主义认识论、方法论方面研究自然科学认识过程、认识方法和自然科学认识发展的规律。从马克思主义社会历史观方面研究作为社会现象之一的自然科学在社会中发展和发挥作用的规律。

自然辩证法不但把科学看作一种独立的社会现象,探讨其在一定社会中发展和发挥作用的规律,而且把与科学紧密相关的技术作为一种独立的社会现象来研究。自然辩证法关于技术论的研究,就是从总体上探讨技术的性质和特点、技术发展的条件和规律以及技术和其他各种社会现象的关系等。这一研究和自然科学论的研究共同为科学技术政策的制定、科学技术发展的规划、科学技术工作的领导和管理提供理论基础,其重要性日益凸显。

三、历史辩证法

唯物主义的历史辩证法是辩证唯物主义对社会历史辩证发展过程的正确揭示,是科学的历史辩证法。

古代一些哲学家的历史观曾经有不同程度的朴素的辩证法思想和因素。随着资本主义生产和各国人民交往的发展,为综合考察世界历史、揭示历史过程的内部联系和规律性提供了可能。意大利历史学家、哲学家维科在唯心主义基础上最先提出人类历史是按自然的必然性有规律地发展过程的观点。法国哲学家孟德斯鸠进一步提出社会发展规律是社会本身所固有的并非由外部强加于社会的看法。法国哲学家卢梭在《论人类不平等的起源和基础》一书中,把不平等的产生看作历史的进步同时又是一种退步,贯注了历史在矛盾中前进运动的思想。法国空想社会主义者傅立叶把社会历史区分为蒙昧、宗法、野蛮和文明四个发展阶段,提出了每个阶段以及整个人类都有其上升时期和下降时期的辩证思想。

德国哲学家黑格尔是近代唯心辩证法哲学最著名的代表。他把辩证法运用于社会历史领域,建立了客观唯心主义的辩证的历史哲学理论。黑格尔力求把社会历史描绘成一个相互联系的统一整体,从总的联系上证明人类社会是从低级到高级不断有新东西产生、不断完善的前进上升的合乎规律的运动过程,试图找出隐藏在历史人物动机背后起支配作用的最后动因。黑格尔的历史辩证法学说在人类思想史上具有重大意义,它把历史观从形而上学中解放了出来,为科学历史观的产生提供了理论前提。

马克思和恩格斯在人类思想史上第一次把唯物主义和辩证法结合起来考察社会历史现象,揭示了历史发展的一般规律,创立了唯物主义的历史辩证法,即历史唯物主义理论。历史唯物主义把人类历史安置到它的真正基础上,使历史发展的根源和动力得到了科学的说明。历史唯物主义指出:人类社会处于不断地运动、变化和发展中,历史上依次更替的一切社会制度都只是人类社会由低级到高级无穷发展过程中的暂时阶段;物质资料生产是人类社会赖以存在和发展的物质基础,由此所决定的社会形态的发展是一个合乎规律的自然历史过程;生产力和生产关系、经济基础与上层建筑的矛盾,推动社会由一种制度进入另一种制度;作为社会基本矛盾在一定历史阶段上集中表现的阶级斗争是推动阶级社会发展的直接动力。历史唯物主义的创立,是社会科学思想中最伟大的成果。

第三章
本体论

哲学思想伴随着人类对自然界、人类社会(人界)、思维界(知识)的探索和思考而产生发展与演化。本体论是第一个比较完整的领域,这与人类智商演化(自然属性)、人类自身发展阶段(社会属性)有着直接而密切的关系。

本体论最核心的问题包括世界的本原问题(被纳入哲学基本问题之中)、世界的可知性问题(也被纳入哲学基本问题之中)、世界观基本问题(即世界的本质与发展规律)、人与自然的关系问题等,这些问题基本上可以统称为世界观问题。

世界观问题是不断发展进步的,古代哲学家通过有限的实践和观测,或多或少地解释了人类世界观的疑惑,但整体而言,依然是神秘世界观、宗教世界观和唯心主义世界观占据统治地位。马克思主义第一次系统阐述了科学世界观,这是哲学发展史上的一个重要里程碑。他通过马克思主义物质观、世界物质统一性原理、事物普遍联系原理、唯物辩证法(两大特征、三大规律、五大范畴、四大思维方法、辩证法过程论)等理论的阐述,建立起一整套科学的方法论,为后人不断科学解释世界观问题奠定了哲学基础。同时,为后人按照规律认识世界和改造世界、树立科学的人生观和价值观铺平了道路。

本体论是指研究世界本身的存在和本质问题的学说。

"本体论"一词是由17世纪德国经院学者戈科列尼乌斯首先使用的。从广义上说,它指一切实在(事物)的最终本性,这种本性需要通过认识论得到认识,因此研究一切实在(事物)最终本性为本体论,研究如何认识则为认识论,这是以本体论与认识论相对称。

从狭义上说,则在广义的本体论中又有宇宙的起源与结构的研究和宇宙本性的研究之分,前者为宇宙论,后者为本体论,这是以本体论与宇宙论相对称。

本体论的发展长期处于神秘猜想阶段以及肉眼观察阶段,这与当时的生产力水平低下、研究方法落后有直接关系。近代自然科学的发展尤其是牛顿三大定律对宏观尺度的科学解释,极大地推动了本体论的发展;爱因斯坦的相对论对宇宙尺度的科学解释,进一步推动了本体论的发展;而波尔的量子力学在微观尺度撕开了一道屏障,应该是未来本体论取得突破的关键。

本体论的发展总是自然科学尤其是物理学取得重大突破,然后这种自然科学又转化为哲学思想进而推动本体论的整体进步。从这个意义上来说,未来本体论的重大发展一定需要这样一个人,既熟悉量子力学,又熟悉哲学。

第一节　哲学基本问题及其回答

哲学是对各学科系统总结的自然、社会和思维知识再研究的学科,是更进一步的系统化、理论化的世界观和方法论。哲学一般通过建立一整套的理论体系、方法体系和逻辑体系对现实世界进行解释,对未知世界进行畅想。整体而言,哲学解释是越来越符合人类观测结果,也越来越符合思维逻辑,其中最关键的是人类的思维方式和科学技术在不断地发展进步。

哲学是世界观,主要是由于它会将不同学科描述的最新世界观整合为一个(一组)解释当前世界的整体图景。例如,天体物理学最新进展提出一种新的宇宙模型,并得到越来越多的自然科学家认可,哲学家就会将这种公认的世界观模型引入哲学领域进行再次研究。工程领域或者社会学家通过智能互联技术解释当今和未来智能时代的世界特征,哲学家就会将这种新的世界观引入哲学领域进行深度研究。

哲学是方法论,主要是由于它会将不同学科的新研究方法从哲学上进行概括,提供一整套新的哲学方法。哲学方法又可以反过来在更多领域进行使用,促进自然科学、社会科学和思维科学的继续向前。

世界万事万物都可以不断抽象直至无法再抽象,最终划分为两类现象:物质现象和精神现象;人类一切活动总结起来划分为两类活动:认识世界和改造世界。这两类现象和两类活动涉及两个独立的主体,即物质和意识。因此,物质和意识的关系问题(也称为思维与存在的关系问题)就成为全部哲学的基本问题。

从当今角度来看,既然哲学主要涵盖本体论、认识论和历史观,那么,哲学基本问题也应该包括三个部分。但是,恩格斯当年总结和提出这个问题时,现代哲学及其核心领域尚未确立主导地位。因此,哲学基本问题只包括本体论和认识论。在历史观领域,哲学基本问题就变成了社会历史观基本问题。

一、哲学基本问题及其回答

1886年,恩格斯撰写了《路德维希·费尔巴哈和德国古典哲学的终结》,在批判费尔巴哈旧唯物主义的局限性时,提出了哲学基本问题。

恩格斯结合宗教观念的产生和发展,考察了哲学基本问题的提出过程,着重论述了哲学基本问题的两个方面及其意义。他指出:"思维对存在、精神对自然界的关系问题,全部哲学的最高问题,像一切宗教一样,其根源在于蒙昧时代的愚昧无知的观念。但是,这个问题,只是在欧洲人从基督教中世纪的长期冬眠中觉醒以后,才被十分清楚地提了出来,才获得了它的完全的意义。思维对存在的地位问题,这个在中世纪的经院哲学中也起过巨大作用的问题:什么是本原的,是精神,还是自然界?——这个问题以尖锐的形式针对着教会提了出来:世界是神创造的呢,还是从来就有的?哲学家依照他们如何回答这个问题而分成了两大阵营:凡是断定精神对自然界说来是本原的,从而归根结底承认某种创世说的人,组成唯心主义阵营;凡是认为自然界是本原的,则属于唯物主义的各种学派。除此之外,唯心主义和唯物主义这两个用语本来没有任何别的意思,它们在这里也不是在别的意义上使用的。"[①]

哲学基本问题包括两个子问题:第一个问题是世界的本原性问题,即世界向前追溯,构成世界的最基本单位是什么?物质和意识,谁是第一性的?第二个问题是世界的可知性问题,即物质和意识是否具有同一性?各种生命体(主要是人)以及未来的物种(新型人类或者超人类型)能否最终彻底认识世界?

世界的本原性问题可以把所有哲学派别分为唯物主义和唯心主义,这个问题是研究者学习其他领域的基础和前提。需要说明的是,唯物主义和唯心主义的划分只有在回答世界的本原性问题时才有意义,超出这个问题就没有意义了。在哲学发展史上,唯心主义哲学家也可能做出过很大的贡献,唯物主义哲学家也

---

① 马克思恩格斯选集(第四卷)[M].北京:人民出版社,2012:230—231.

有可能成为落后的代名词。

世界的可知性问题,可以把哲学理论划分为可知论和不可知论,这种划分同样只有在面对世界的可知性问题时才有意义。坚持可知论的哲学家也不一定就是推动社会发展进步的,坚持不可知论的哲学家也不一定都是反对变革、阻碍发展的。

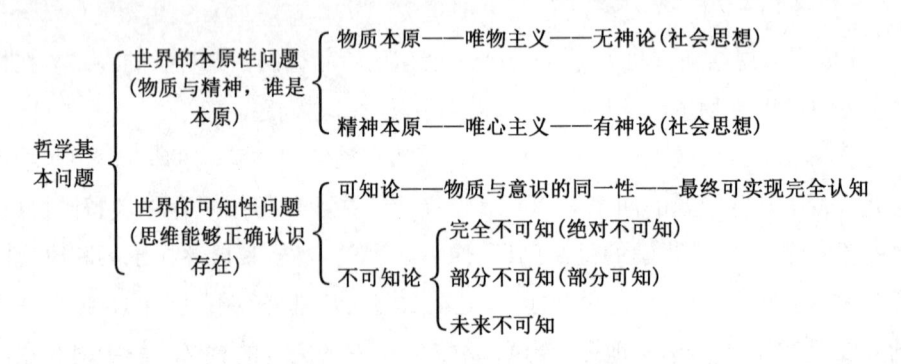

哲学基本问题
- 世界的本原性问题（物质与精神,谁是本原）
  - 物质本原——唯物主义——无神论（社会思想）
  - 精神本原——唯心主义——有神论（社会思想）
- 世界的可知性问题（思维能够正确认识存在）
  - 可知论——物质与意识的同一性——最终可实现完全认知
  - 不可知论
    - 完全不可知（绝对不可知）
    - 部分不可知（部分可知）
    - 未来不可知

图 3—1　哲学基本问题示意图

(一)世界的本原性问题

由于实践水平和认知水平的限制,古代哲学往往通过直观的观察现象和简单的抽象思维来解释世界的本原。这也导致古代哲学的理论解释难以符合世界发展的基本规律,或者仅能极为有限地解释部分世界现象。

马克思主义物质观科学解释了世界的本原性问题,这得益于马克思运用辩证唯物主义观点超越了当时最为流行的形而上学哲学观点。当然,马克思对物质概念的发展也得益于古代朴素唯物主义和近代形而上学唯物主义的不断发展,是新阶段的哲学超越。马克思批判了旧唯物主义直观、消极的理解弊端,强调从两大角度理解世界:一是人类能动地实践,二是辩证发展。

从当今的科学发展水平来看,世界的本原性问题在一般意义上归结为物质,这是没有问题的。但是,这个物质必须在一定的认识论语境之下才有意义;或者说,世界的本原性问题与世界的可知性问题是一致的,无法单独抽离出来进行描述。

例如,我们今天的认知水平认为人类演化规律、地球演化规律、太阳系演化规律、宇宙的演化规律都是在科学上已经证明的。这些已知的确定信息是建立在我们人类的认知体系基础上,对于比人类认知程度低的生物而言,这些规律可能并非如此,也有可能正是如此。我们认为,在人类尚未出现之前的世界应该是什么样的,也只是建立在我们认识水平基础上的所谓客观和应该。但是,当比人类认知水平更高的生物出现时,这些确定信息就将会出现两种可能:一种可能是完全推翻掉,按照他们的认知体系重新发现规律(这个规律有可能与我们发现的规律不同);另一种可能是他们的知识体系包含我们的认知,我们的认知只是他们认知体系的一个较小的组成部分,部分认知规律依然是适用的,但是有更多的认知是我们无法理解的。

因而,世界的本原是什么取决于认知的主体。认知主体在这一层级的认知体系中是不断积累各种规律,进而寻找世界的本原。超越认知主体的所谓的"客观",是没有意义的。

1. 本原与认知的对等性

有什么样的认知水平,就会有什么样的本原呈现和物质呈现状态。人类出现以前,不可能出现飞机、航空母舰;认知水平发展到人类高智能阶段,也就会以相应的物质形态呈现。人类由此回溯物质世界的认知,也会改变既有的描述方式和存在方式。脱离认知水平讨论本原,就已经失去了立足的前提。

2. 本原与认知的发展性

世界的存在依赖于认识和解释,没有意识和认识的所谓世界是毫无意义的。当认识发展到一定阶段,就一定会证明:认识或意识是物质世界发展到一定阶段的产物,因而在意识或认识产生之前必然存在所谓的"无意识的世界"。但是,这种论调本身就是认识发展的产物;随着物质世界和认识世界的继续升级发展,尤其是跨越式的意识升级,会出现更多更大的颠覆性的认识。本原和认识,本身就是一个相互依赖、相互发展的过程。

3. 本原对认知的基础性

在满足上述两个要点的情况下,世界的存在依然具有基础性作用,意识和认识是在物质基础上衍生和发展而来的,是为了解释物质世界演化基本规律或者实现对世界的存在的另一种表现。在当今的科学技术水平和思维水平状况下,唯物主义的解释体系显然更加具有优势,它排除了神秘因素、外在想象因素,从现实的世界出发理解、解释和改造世界。未来,也许会出现更加完善的解释体系,但是也不会脱离世界存在的基础性作用。

(二)世界的可知性问题

世界的可知性问题,本质是物质与意识是否具有统一性问题。如果二者具有统一性,则意识可以认识物质;如果二者没有统一性,则意识不能认识物质。由于物质是不断发展丰富的、意识是不断升级的,因此,世界的可知性问题也有两层含义:一是当前的意识能否认识当前的物质,二是意识能否最终认识整个物质世界。

世界的可知性问题将哲学划分为两大派别或者两大阵营,即不可知论和可知论。不可知论否认认识世界或彻底认识世界的可能性;而可知论认为,意识是物质的产物,能够反映物质的属性,也能够最终完全认识整个世界。

马克思在1854年中写的一篇《宗教权力的衰落》的文章中指出,自从宗教改革运动以来,知识分子"分别地开始解除各种宗教信仰对自己的束缚";在法国和各新教国家中,哲学在18世纪取得支配地位。在马克思的眼里,自然神论与不可知论十分相似,它们都是一种抛弃旧教条的便宜方式。

按照恩格斯的说法,在19世纪中叶移居英国的有教养的外国人,对于他们所看到的中等阶级对宗教着迷的现象感到惊讶;当时世界各国的影响已经来到,从而产生了一种被他称为开化的效果。恩格斯在1892年写道:"不可知论几乎受到同英国国教会一样的尊敬,比救世主的地位高得多;用朗卡郡的一个富于表现的字眼来说,不可知论是羞羞答答的唯物主义。"[1]恩格斯接着论述了不可知论对事物或因果关系真实性不确知的哲学意义。

以后的马克思主义者正是沿着这种思路运用这个术语的,特别是列宁在1908年与经验批判主义进行论战时,极力论证马赫及其实证论学派的新奇观念只不过是从被恩格斯批判为有害的不可知论的休谟的老观念中派生出来的。在列宁看来,既承认我们的感觉有一个物质的来源,又把它们能否给予我们关于物质世界的正确信息看作一个悬而未决的问题,这只是玩弄字眼而已。

对世界的可知性问题做出系统论述的是恩格斯的《路德维希·费尔巴哈和德国古典哲学的终结》。恩格斯对世界可知性问题的回答,根源是消除神秘性,他认为任何物质和意识都是可以被实践的,也是可以被检验的。

---

[1] 马克思恩格斯选集(第三卷)[M].北京:人民出版社,2012:386.

1. 一体性

物质与认识是一体的,他们之间不存在或者不需要第三者进行传递才能认识。他们之间也没有任何神秘性,神秘性是人在认识不足的情况下赋予物质的。所有不可知论都强调物质的某种神秘性,或者认识的暂时性。而物质是世界演化的产物,根本不具有任何神秘之处,认识也是逐渐升级的,不会停滞不前。

2. 实践性

人类的认识是不断增长的,并通过实践进行验证和调整,整体上处于不断升级的过程中。人类是自然演化的结果,在此之前有多种广泛意义上的认识主体,这些微生物、植物、动物对世界的认知是相对低下的。人类超越以往生物,实现了相对高水平的认识。同样道理,未来的新物种也会实现更新的认知水平。

3. 发展性

随着人类认识能力的提升,人类将物质世界最终实现彻底认知,这个世界完全是物质世界,并不存在一个不可认识的区域。所谓的神秘区域,也只是历史发展早期人类对未知恐惧的一种假象,这个假象区域供神灵居住,仅仅是现实世界的空想反映而已。人类彻底认知包含两种可能性:一种是人类自身演化到更高水平,可以实现彻底认知;另一种是受限于人类物种认识的最高水平,衍生出新的物种取代人类实现彻底认知。

1886年,恩格斯在《路德维希·费尔巴哈和德国古典哲学的终结》中指出:"在远古时代,人们还完全不知道自己身体的构造,并且受梦中景象的影响,于是就产生了一种观念:他们的思维和感觉不是他们身体的活动,而是一种独特的、寓于这个身体之中而在人死亡时就离开身体的灵魂的活动。从这个时候起,人们不得不思考这种灵魂对外部世界的关系。如果灵魂在人死时离开肉体而继续活着,那就没有理由去设想它本身还会死亡;这样就产生了灵魂不死的观念,这种观念在那个发展阶段出现决不是一种安慰,而是一种不可抗拒的命运,并且往往是一种真正的不幸,比如在希腊人那里就是这样。关于个人不死的无聊臆想之所以普遍产生,不是因为宗教上的安慰的需要,而是因为人们在普遍愚昧的情况下不知道对已经被认为存在的灵魂在肉体死后该怎么办。由于十分相似的原因,通过自然力的人格化,产生了最初的神。随着各种宗教的进一步发展,这些神越来越具有了超世界的形象,直到最后,通过智力发展中自然发生的抽象化过程——几乎可以说是蒸馏过程,在人们的头脑中,从或多或少有限的和互相限制的许多神中产生了一神教的唯一的神的观念。因此,思维对存在、精神对自然界的关系问题,全部哲学的最高问题,像一切宗教一样,其根源在于蒙昧时代的愚昧无知的观念。"①

二、唯物主义与唯心主义

既然世界上万事万物最终只能抽象出物质和精神(思维和存在)两个主体,并且两个主体又不能再次被统一,那么,哲学上必然存在唯物主义和唯心主义的划分;并且随着自然科学、社会科学和思维科学的发展进步,两大学派也会不断向前发展,提出一些新的理论和观点对己方的结论进行证明而对另一方的理论进行批评,进而推动本学派的发展进入新的阶段。

(一)唯物主义及其发展阶段

根据思维方式的不同,一般将唯物主义发展划分为三个阶段,即古代朴素唯物主义、近代形而上学唯物主义、辩证唯物主义和历史唯物主义(见图3-2)。

1. 古代朴素唯物主义

古代朴素唯物主义往往将世界的本原归结为一种或几种具体的物质,或者简单抽象的物质,这主要是由于当时的自然科学水平、社会科学水平和思维认知水平所导致的。这种哲学解释虽然不够精确,甚至从后来科学发展的角度看是错误的,但是任何理论都应该放到当时的环境中来理解,因而,古代朴素唯物主义虽然有较大的历史局限性,但是进步的、合理的,因而也是相对正确的。

唯物主义三阶段		
古代朴素唯物主义	归结于具体物质	以自然为本体
近代形而上学唯物主义	机械理解世界	以自然为本体
辩证唯物主义和历史唯物主义	辩证与历史	以物质为本体

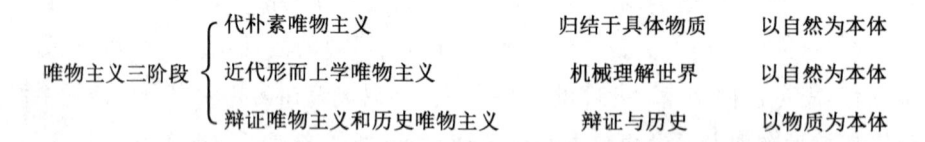

图3-2 唯物主义三阶段

2. 近代形而上学唯物主义

随着近代自然科学的进步,尤其是诸多学科都在试图构建一个静止的模型解释世界及其现象,因而哲学领域综合了自然科学知识和思维,形成了形而上学唯物主义,它试图以一种机械组合的方式将世界拼接起来,也希望以当时自然科

---

① 马克思恩格斯选集(第四卷)[M].北京:人民出版社,2012:223-224.

学发现的最小单位即原子为世界的本体,构建起一个静止的哲学模型。

恩格斯在《社会主义从空想到科学的发展》中指出:"从17世纪以来,全部现代唯物主义(指近代唯物主义)的发祥地正是英国……英国唯物主义的真正始祖是培根。在他看来,自然哲学才是真正的哲学,而以感性经验为基础的物理学则是自然哲学的最重要的部分。科学都是以经验为基础的,科学就在于把理性的研究方法运用于感官所提供的材料。归纳、分析、比较、观察和实验是理性方法的主要形式。"①

此时,近代形而上学唯物主义尚未依靠近代自然科学建立起完整的逻辑体系和研究方法,还与古代的经验论方法有着非常密切的关系,但是已经能够从自然科学的发展中汲取营养。

唯物主义在它的第一个创始人培根那里,包含着全面发展的萌芽。一方面,物质带着诗意的感性光辉对整个人发出微笑;另一方面,那种格言警句式的学说还充满了神学的不彻底性。唯物主义在以后的发展中变得片面了。

霍布斯把培根的唯物主义系统化了。以感觉为基础的知识失去了诗情画意,变成数学家的抽象经验;几何学被宣布为科学的女王。唯物主义变得漠视人了。为了能够在对手,即漠视人的、毫无血肉的唯灵论的领域制服这种唯灵论,唯物主义就不得不扼杀自己的肉欲,成为禁欲主义者。这样,它就从感性之物变成理智之物。可是,它因此也就发展了理智所特有的无所顾忌的全部彻底性。作为培根的继承者,霍布斯声称,既然感性给人提供一切知识,那么我们的概念和观念就无非是摆脱了感性形式的现实世界的幻影。

霍布斯把培根的学说系统化了,但他没有论证培根关于人类的全部知识起源于感性世界的基本原理。洛克在他的《人类理智论》中对此做了论证。霍布斯消除了培根唯物主义中的有神论的偏见;柯林斯、多德威尔、考尔德、哈特莱、普利斯特列也同样消除了洛克感觉论的最后的神学藩篱。无论如何,自然神论对实际的唯物主义者来说不过是一种摆脱宗教的简便易行的方法罢了。

1886年,恩格斯在《路德维希·费尔巴哈和德国古典哲学的终结》中指出,18世纪唯物主义由于当时历史条件的限制,有以下三个缺陷:

(1)机械性。它把一切运动都归结为机械运动,企图用力学来解释一切自然

---

① 马克思恩格斯选集(第三卷)[M].北京:人民出版社,2012:753—754.

现象。恩格斯指出:"上一世纪的唯物主义主要是机械唯物主义,因为那时在所有自然科学中只有力学,而且只有固体(天上的和地上的)力学,简言之,即重力的力学,达到了某种完善的地步。化学刚刚处于幼稚的燃素说的形态中。生物学尚在襁褓中;对植物和动物的机体只作过粗浅的研究,并用纯粹机械的原因来解释;正如在笛卡儿看来动物是机器一样,在18世纪的唯物主义者看来,人是机器。仅仅运用力学的尺度来衡量化学性质的和有机性质的过程,这是法国古典唯物主义的一个特有的,但在当时不可避免的局限性。"[1]

(2)形而上学性。它不能把世界理解为一种过程,理解为一种处在不断地历史发展中的物质。在它看来,物质运动只是简单循环、重复。恩格斯指出:"这种唯物主义的第二个特有的局限性在于:它不能把世界理解为一种过程,理解为一种处在不断地历史发展中的物质。这是同当时的自然科学状况以及与此相联系的形而上学的即反辩证法的哲学思维方法相适应的。人们已经知道,自然界处在永恒的运动中。但是根据当时的想法,这种运动是永远绕着一个圆圈旋转,因而始终不会前进;它总是产生同一结果。这种想法在当时是不可避免的。康德的太阳系起源理论刚刚提出,而且还只是被看做纯粹的奇谈。"[2]

(3)历史领域中的非历史观点,即唯心史观。它把历史看作毫无联系的偶然事件的堆积,否认历史发展的客观规律性。恩格斯指出:"这种非历史观点也表现在历史领域中。在这里,反对中世纪残余的斗争限制了人们的视野。中世纪被看做千年普遍野蛮状态造成的历史的简单中断;中世纪的巨大进步——欧洲文化领域的扩大,在那里一个挨着一个形成的富有生命力的大民族,以及14世纪和15世纪的巨大的技术进步,这一切都没有被人看到。这样一来,对伟大历史联系的合理看法就不可能产生,而历史至多不过是一部供哲学家使用的例证和图解的汇集罢了。"[3]

3.辩证唯物主义和历史唯物主义

1843年,马克思撰写了《黑格尔法哲学批判》,对辩证法进行了保留和发展,对唯心主义进行了批判。同年,马克思在《论犹太人问题》中进一步将唯物主义思想用来批判抽象的唯心主义口号,标志着正在实现从唯心主义向唯物主义

---

[1] 马克思恩格斯选集(第四卷)[M].北京:人民出版社,2012:234.
[2] 马克思恩格斯选集(第四卷)[M].北京:人民出版社,2012:234-235.
[3] 马克思恩格斯选集(第四卷)[M].北京:人民出版社,2012:236.

转变。

1844—1846年，马克思和恩格斯共同撰写《德意志意识形态》，阐述了历史唯物主义的基本原理。1845年，马克思在《关于费尔巴哈的提纲》中提出了科学实践观，批判了旧唯物主义对物质世界的直观的、消极的认识，强调了实践的重要意义。这基本上标志着辩证唯物主义和历史唯物主义的确立。

辩证唯物主义最核心的是提出唯物辩证法，最基础的是确立马克思主义物质观、世界物质统一性原理和事物普遍联系原理。

唯物主义的"物"，并不是固定不变的，而是随着时代的发展尤其是反映那个时代的自然世界、人类社会和人类认知的"物"，它的内涵随着时代的发展而发展，但是其核心是方法论的不断进步。

从马克思、恩格斯的著作中，我们可以基本概括出辩证唯物主义和历史唯物主义的"物"至少包括以下几个层面的含义：

(1)物质，或者质料，或者材料。这是宏观尺度的，可以用世界上形形色色的物质来描述和感受到的，也是可以用日常生活中的具体实物来表示的，比较容易理解。因为人类经过漫长的历史演化，最先认识这个世界，就是依靠各种具体的物质和材料。

(2)东西，或者物自体。例如，有一个东西存在，但是这种东西是什么则依赖于特定的认识框架的呈现，即康德哲学中的物自体。这是从哲学意义上阐释的，尤其是认识论意义上的，稍微有点理解难度。就像用身份证来证明你一样。这一层次的理解对应了人类认识水平的提升，开始使用抽象来理解具体的实物。

(3)事物，或者物象。主要是从物的关系维度进行阐释，物与物之间的联系来界定物，有点类似于"物权"，就像人与人的关系是通过财产关系中的"人格"进行表现一样。这一层次的理解已经突破抽象的单一的物，而意识到世界的联系性，并用这种联系性来界定物。

(4)对象，或者对象化。主要是在实践中尤其是在主客体关系中进行阐释的，一般是在特定的语境下获得含义，尤其是相互转化。例如，你吃饭，饭变成你的一部分。这一层次的理解主要是意识到人作为主体的特殊性，以及在人类改造世界过程中出现的一些新现象，人在与自然界的相互转化、相互作用中极大地丰富了"物"，包括创造出世界上原本不存在的"物"。

(二)唯心主义及其分类

唯心主义也有一定的发展阶段,整体而言是一个由外而内、再由内而外的过程,比如以神灵为主体的阶段、以心灵为主体的阶段、以公理为主体的阶段。这对应了人类认知水平的发展过程,也对应了生产力发展的阶段水平。

第一,以神灵为主体的阶段。人们将世界理解为原始的外在的精神抽象物,这主要是由于人类在大自然面前实在太过于微弱,对自然界产生强烈的恐惧心理,进而将人类那个阶段无法理解的现象进行神秘化。

第二,以心灵为主体的阶段。人们将世界理解为原始的人自身的抽象物,这与人类认识世界逐渐增强有关,尤其是进入文明时代以来,人类逐渐意识到人与其他动物的不同或者说人的特殊性。这种意识就将人的地位无限提升,也基本上适应了英雄时代的人类实践和认识水平。

第三,以公理为主体的阶段。人们将世界理解为外在的规律的抽象物,人类改变世界的极端在工业时代达到了巅峰,但是,人类也慢慢地意识到人类对自然界的破坏或者肆无忌惮的改造,带来的只有大自然对人类的回击。于是,探寻自然规律并按照规律办事逐渐成为共识。尤其是自然科学的发展,用越来越多的公式定理分析研究世界,取得了一定的进展。于是,以外在的规律或者客观的精神作为解释世界的方式开始流行,这实际上是对人与自然的分离。虽然并不是回到神秘力量阶段,也不是回到人的主体阶段,但是客观上降低了人的地位。

不过,学术界往往从类型上进行划分,将其分为主观唯心主义和客观唯心主义。

1.主观唯心主义

在本体论上,主观唯心主义认为世界的本原是人的精神认知,外在世界是不可信的、不可知的,而我们所有感知的世界也仅仅是人内心的虚幻而已。或者人类感知的世界随着人的内心变化而变化,是人的精神认知的外部反应。在认识论上,主观唯心主义认为认识是人主观自生的,不依赖外部世界而自我衍生,或者通过人对自我内心的反省而生成的,也是人生下来就具有的。

主观唯心主义发展到极端就是唯我论。列宁在《唯物主义和经验批判主义》中指出:"像贝克莱所说的是'感觉的组合',那么由此必然会得出一个结论:整个世界只不过是我的表象而已。从这个前提出发,除了自己以外,就不能承认别人的存在,这是最纯粹的唯我论。"①

整体而言,主观唯心主义是人类逐渐摆脱原始崇拜、摆脱神灵崇拜、摆脱宗教崇拜的发展产物,实现了从神到人的转化,在哲学上具有重大的进步意义。但是,它没有实现从人到自然的转化,人很重要,但是人也是自然演化的产物。

2.客观唯心主义

在本体论上,客观唯心主义认为世界的本原是脱离于人之外的一种神秘力量或者是不受人类控制和认识的客观规律(知识或者公理),包括人在内的万事万物都是在其支配下进行发展演化。在认识论上,客观唯心主义认为人类的认识并不来源于人类自身,而是受到神秘力量(包括神灵)的启示,或者受到某种客观精神的启发的产物。

(1)客观唯心主义中的神秘力量代表了人类最原始的认知水平,尤其是在漫长的原始社会中,人类相对于自然界包括自然界中的其他动物群体都是相当弱小的,自然需要一种强大的力量保护自己,这种现实需要和精神需要就演变成一种哲学认知。

(2)当经济社会发展到一定程度的时候,尤其是宗教盛行的时代,客观唯心主义与时俱进地将神秘力量转移到宗教神灵代表身上。

(3)当近代自然科学不断发展的时候,越来越多的客观规律被认识、被发现,于是客观唯心主义就将神秘力量转变为客观精神尤其是公理、定理等最新内涵。可以说,客观唯心主义是比较善于自我发展的,它往往将人类社会每一段历史中最新的发展成就与自己的哲学观点进行杂糅,以实现自我发展。

三、可知论与不可知论

思维和存在的同一性问题,对立的两种答案是可知论和不可知论。整体而言,绝大多数哲学家倾向于可知论,极少数哲学家倾向于不可知论,他们都曾经通过不同的方式进行证明或者验证,为推动哲学思想的发展做出了一定的贡献。

(一)不可知论的论证

不可知论也是随着哲学发展而发展的,在不同的阶段都会提出那个时代自然科学、社会科学和思维科学对应的解释,以便进行论证。这些思想一方面对当

---

① 列宁选集(第二卷)[M].北京:人民出版社,2012:37.

时的逻辑思维提出挑战,另一方面促进了哲学思想的发展。

1. 高尔吉亚的怀疑论

高尔吉亚(公元前5世纪的古希腊哲学家)反对巴门尼德"存在论",提出了三个著名的怀疑论命题:

(1)无物存在。高尔吉亚是这样论证的:如果有某物,它就或者是存在者,或者是不存在者,或者同时既是存在者又是不存在者。

(2)如果有物存在,也无法认识它。高尔吉亚说,如果我们所想的东西并不因此就存在,我们就思想不到存在。

(3)即使可以认识它,也无法把它说出来告诉别人。我们告诉别人时用的信号是语言,而语言并不是给予的东西和存在的东西,所以,我们告诉别人的并不是存在的东西,而是语言,语言是异于给予的东西的。

高尔吉亚的这三个怀疑论命题的论证,虽然比较粗糙甚至有些诡辩的成分,但是它在哲学上具有启发作用,它深刻地揭露了思维与存在的矛盾性,第一次系统地提出了主观与客观、思维与存在、语言与思想的矛盾。

2. 爱那西德谟的怀疑主义

爱那西德谟对于怀疑主义观点的论证是比较全面的,他提出10条论证:

(1)生物感受差异性。不同生物由于构造不同,会对同一对象产生不同的表象和感觉,因此感觉决定了有关性质的表象。性质的表象因感觉的差异而不同,并不具有固定性。

(2)个体感受差异性。人们的感觉和身体状况互有差异,同一个事物对一个人这样,对另一个人可能那样,因而对象不是客观的。

(3)感官差异性。各种感官之间构造互有差异,因此他们是互相矛盾的,不同感官以不同方式感知不同事物。

(4)个体不完整性。主体因自身内部的不同状况变化会产生各种差异。例如,色盲者看到的颜色与正常人是不同的。

(5)表象可变性。由于位置、距离和地点的不同,因此事物也会呈现不同的面貌。

(6)多样变化性。没有一个事物能脱离其他事物单独进入感官,而事物与别的东西一经混杂就会发生变化。

(7)事物隐藏性。许多事物由于互相结合,会呈现不同的形状。

(8)认知局限性。事物都是相对的,因而我们的知识也是相对的,最好保留意见,不做判断。

(9)认知选择性。事物的常见或罕见也同样能改变对事物的判断。罕见的东西总是比常见的东西受到更多的重视。

(10)认知差异性。伦理、风俗、习惯与法律也是多种多样的。这个地方认为是公正的,那个地方会认为是不公正的。

上述这些描述基本上是客观的、切实存在的,这种论证比高尔吉亚的怀疑论有所进步,也注重从客观事实中寻找论据。但是,他强调了事物的某些方面,也故意忽略了事务的另一些方面。从另外一个角度来看,这些事实都对应了可知的另一面。并且,这10条论证的逻辑并不严密,没有构成完整严密的论证链。

3. 休谟的不可知论

18世纪,自然科学还不够发达,关于自然事物的知识比较零碎,对许多事物和现象的本质和原因还不能做出科学的回答,从而促使一些哲学家提出猜想,认为在事物的背后存在一个不可认识的物自体。

休谟指出,认识完全局限在经验的范围内,人不仅不能感知和证明物质实体的存在,而且不能感知和证明精神实体(包括宗教)的存在。休谟的不可知论揭示了人类知识的限度,同时显现了经验论方法的限度。

休谟的不可知论或者说怀疑论的核心思想可以归结为以下三个命题:

(1)不存在关于外部世界的先验综合真理;

(2)我们关于外部世界的任何真实知识归根结底来自知觉经验;

(3)只有经过实验推导的知识才是正确的。

休谟的不可知论已经逐渐向完整的逻辑链方向发展,但是他局限于落后的方法论(经验论)的思维之中,把认知与实践割裂开来,把认知与发展割裂开来。在那个时代,休谟也难以认识到物质与意识具有统一性这样的思路。

4. 康德的二律背反

康德在《纯粹理性批判》第一版的序言中指出,人类理性无法摆脱某些由自己提出来的问题,并且受到这些问题的困扰,理性提出了它们,却不能够进行解答,因为这些问题超越了人类理性的一切能力。因此,存在某些我们无法认识的东西,人的认识能力穷尽于此。

康德把世界分成可知的和不可知的两部分。此岸是指可认识的部分,即事物的现象;彼岸是指不可认识的部分,即超越人们的认识界限而独立存在的自在之物。自在之物是在人的感官以外客观存在着的,它作用于人们的感官产生感觉,但这种感觉是有限的。其根源于,自在之物与现象即此岸与彼岸之间有着一条原则上的界限,是人类认识无法逾越的鸿沟。人们只能认识自在之物的现象,而不能透过现象去认识自在之物本身。

(二)可知论的论证

在历史上,绝大多数哲学家对这个问题做了肯定的回答,所有的唯物主义者都认为思维是对存在的反映,彻底的唯心主义哲学家也认为世界是可知的。

对世界的可知性问题做出系统论述的是恩格斯的《路德维希·费尔巴哈和德国古典哲学的终结》,其中包含了通过批判黑格尔和费尔巴哈进而批判不可知论,也包括吸收辩证法和唯物主义进而论证可知论。

恩格斯对可知论的论证,核心思想是物质与意识的统一性。一方面,物质的特性可以通过具体的形式展现出来,也可以通过意识体现出来,二者没有任何障碍,不存在不可认知的物质(事物)即认识的彻底性;另一方面,意识的演化有自身发展规律,与物质演化相对应的,意识在满足足够条件的时候可以逐步实现对事物的充分认识,即认识的可能性。

恩格斯运用辩证唯物主义的实践观点,对不可知论做了彻底的批判,在《路德维希·费尔巴哈和德国古典哲学的终结》中指出:"对这些以及其他一切哲学上的怪论的最令人信服的驳斥是实践,即实验和工业。"[1]

既然我们能够制造出某一自然过程,使它按照它的条件产生出来,为我们的目的服务,那就证明我们对这一过程的理解是正确的。这样,不可知论也就破产了。这是恩格斯在批判不可知论时,对马克思主义革命的能动的反映论观点的深刻阐发。马克思主义第一次把实践的观点引入认识论,作为它的基础,这就在认识论上实现了革命的变革。

今天,我们对可知论的论述或者证明依然延续了辩证唯物主义的核心思路,同时吸收借鉴当前各个学科的最新思维,尤其是更加重视物质与意识的相互依赖关系。

(1)物质与意识的分离性。在当今对认识论的研究中,已经明确认为意识是

---

[1] 马克思恩格斯选集(第三卷)[M].北京:人民出版社,2012:137.

物质发展到一定阶段的产物,或者说在当今认知阶段和认知水平下,我们认为物质世界经过漫长的演化,最终逐渐演化出生命体,这些生命体的认识水平是逐渐升级的,今天人类作为生命体认知水平的代表。意识晚于物质,这是造成意识能否彻底认识物质世界的根本原因。

(2)物质的反应性与意识的发展性无缝对接。在当今的知识体系下,物质世界自我演化,"客观的"脱离于人类的认知之外。但是,物质本身具有各自不同的特性,这是物质与生俱来的,可以反映物质的本性。这种物质的反应性,正是后来意识起源的基础部分,与意识的发展性紧密相关,也为意识认识物质奠定了前提。

(3)物质与意识的一体性。这个世界除了物质就没有别的东西,意识是物质的衍生物,也是反映物质世界的产物。这个世界并不存在神秘的不可知物,随着意识水平的提升,物质世界可以被完全认知。其根源在于物质与意识的一体性,物质与意识之间不需要任何神秘力量、神秘因素进行传递或者过渡。

(4)认识的过程性。物质世界演化与意识演化是相对应的,在意识水平的局限内探索规律,形成规律性认识。随着认识的不断升级,不断积累认识的过程,深化对物质世界的理解。物质世界的演化和意识的升级都是同步的,目前来看也是没有极限的。在物质世界的同步阶段,认识是可以彻底实现的。

第二节　世界观基本问题及其回答

世界怎样存在的问题既是一个科学问题,也是一个哲学问题。哲学本身就是研究各个学科的学科,因而科学问题是基础的、哲学问题是升华的。伴随着科学技术的进步,世界怎样存在问题也会有不同的回答,是一个永恒的哲学问题。

从宏观上来看,人类早期主要依靠自身观测、观察等方法,后来发展出一些验算学科,但是成就有限。近代自然科学分离出来以后,借助物理器械和各个门类自然科学对基本规律的发现,极大地拓展了思维,对世界怎样存在问题的回答也越来越丰富,并且越来越符合科学论证。这就为从哲学上科学解释这个问题奠定了基础。当然,随着未来科学技术的发展尤其是科学思维的变革,对世界怎样存在问题还会有更新的、更完备的、更科学的解释。

一、宇宙观问题及其回答

世界怎样存在问题实际上主要包含两个子问题或者两个方面：一是宇宙（自然界）是如何演化的、宇宙之前是什么、宇宙未来是什么，即宇宙观问题，包括宇宙演化问题、世界与物质的关系问题、世界与运动的关系问题、世界与时空的关系问题等；二是人类（包括未来智慧生命）出现以后的世界是怎么发展的、未来的人类世界是什么样的，即世界观问题，包括世界的未来问题、未来世界的人的问题等。

世界怎样存在问题既是一个科学问题（物理学及其分支天体物理学等贡献最大），也是一个哲学问题，归根结底还是需要从哲学上予以解决。

（一）宇宙论的发展及其回答

宇宙这个词语源自中国，古书《文子·自然》说："四方上下谓之宇，往古来今谓之宙。"《尸子》说："上下四方曰宇，古往今来曰宙。"宇是指空间，宙是指时间，宇宙是天地万物的总称，是时间和空间的总和。哲学宇宙观在人类生存和发展中形成，随着人类实践和认识水平的提高而演进。已有的宇宙观理论面临着种种困惑，滞后科学、时代与单维阐发是其主要原因。从整体上而言，可以分为三个阶段，即古代主客不分、天人合一的宇宙观，近代主客对立、天人二分的宇宙观，以及现代主客辩证统一的宇宙观。[①]

1. 古代主客不分、天人合一的宇宙观

那个时代，由于人类实践和认知水平的低下，自觉的主体意识薄弱，人类与整个宇宙还处于浑然一体之中，把人自身与天地万物同等看待，把宇宙视为天地万物，包括人类的存在和变化的时空总体。

《墨子·经上》说："宇弥异所也。""宙弥异时也。"《文子·自然》说："四方上下谓之宇，往古今来谓之宙。"

古代宇宙观思考的重点是：宇宙万物包括人类自己的本原是什么，换言之，宇宙万物发生并统一于什么。早期中国宇宙观有三个特征：一是时空的"循环变易观"，后来儒道分别在此基础上发展出"中庸"和"反者道之动"的特色思维；二

[①] 齐长立.宇宙观的历史演进与当代宇宙观的多维视角[J].保定师范专科学校学报，2002(01)：15—19.

是天人相通的政治宗教色彩,使得非宗教的儒学担当起中国人精神家园的实际功用,知识分子也以积极入仕为己任;三是"天事必象"的特征,奠定了中国古代非形而上学的文化偏好。①

中国古代老子哲学宇宙观比较典型:他把人与万物统归于道,主张"道始虚廓,虚廓生宇宙,宇宙生气,气有涯垠"以及"道生一,一生二,二生三,三生万物"。这种宇宙观后来进一步衍化为"天人合一"、天人感应说。

中国传统宇宙观在先秦时期就已基本成形,其形成和发展的主要过程与阴阳、五行观念的形成与发展紧相伴随。阴阳与五行最初各言一事,随着具有运动属性与普遍性的气的理论的产生,二者分别在春秋战国时期与气论会通,并在战国中后期于《管子》及邹衍等人的著述中以气论为共同基础而结合并用,由此形成了先秦宇宙观的基本理论结构。②

"五行说"也是中国古代的一种宇宙观:以金、木、水、火、土相生相克解释天、地、生、人、宇宙万物的存在和变化。五行说是中国自古以来道学的一种哲学思想,以日常生活的五种物质,即金、木、水、火、土元素,作为构成宇宙万物及各种自然现象变化的基础,源于古代人民对星辰的自然崇拜。古代人认为这五类物质在天地之间形成串联,如果天上的木星有了变化,那么地上的木类和人的仁心都将随之产生变异。

西方古代哲学宇宙观,不论是把水(泰勒斯)、火(赫拉克利特)视为宇宙的本原,还是把种子(阿那克萨哥拉)、原子(德谟克利特)视为宇宙的本原,各种观点大体上有一个共同点,即人与自然浑然一体,都有灵魂,历史上称为物活论或有机论,即人与万物相通,宇宙整体统一变化。③

当然,不论是中国还是西方,古代哲学宇宙观中都有人类主体意识的萌发。比如中国古代,就有荀子"人定胜天"的思想;在古希腊,也有普罗泰戈拉"人是万物的尺度"的名言;甚至在苏格拉底、柏拉图和亚里士多德师徒三人的哲学中,已初步形成了人类中心论的思想萌芽。人类中心主义思想的萌发,意味着人类主体意识和自我意识开始提升。当然,上述思想不是古代宇宙观的主流,主流思想

---

① 陈雅琴.早期中国宇宙观特征[J].陕西师范大学学报(哲学社会科学版),2000(03):103-107.
② 冯兵.论先秦宇宙观的形成与结构——以阴阳五行说为中心[J].贵州社会科学,2018,338(02):54-58.
③ 张法.从三个关键词看西方哲学的世界(宇宙)观念[J].贵州社会科学,2014,295(07):4-10.

是自然崇拜。自然崇拜走向神秘主义,达到极端,便形成了神学宇宙观。

西方的神学宇宙观的典型代表首推基督教思想家圣·奥古斯丁,他主张宇宙万物都是上帝创造的。这种宇宙观发端于旧约全书,集大成于托马斯·阿奎那。这种宇宙观把上帝凌驾于天地万物之上,视上帝为宇宙之本,主张"人类最高的完善决不在于和低于自身的事物相结合,而在和高于自身的某种事物相结合"。神学宇宙观漠视人和自然,盲目崇拜上帝,严重影响了人类和宇宙奥秘的探究,影响了科学和社会的发展。但是,神学宇宙观把上帝置于人与自然之上的同时,也把人置于宇宙中心,为自然的独立存在和人类与自然并存对立乃至萌生人类中心主义埋下了伏线,从而为近代宇宙观的产生奠定了基础。

2. 近代主客对立、天人二分的宇宙观

西方的文艺复兴运动在腥风血雨中争取人类的理性解放,开启了近代宇宙观的大门。笛卡儿和牛顿为确立近代宇宙观立下了汗马功劳。近代宇宙观以近代自然科学的兴起为支撑,确立起人类满怀豪情的自信心。人类主体意识的凸显,把天地万物置于人类认识主体对立的客体位置。主客对立、天人二分,宇宙整体被科学肢解、分门把握。培根"知识就是力量"的宣言,意味着近代哲学宇宙观开始涂上人类中心主义的浓重色彩。笛卡儿把宇宙分为对立的两种实体:"广延实体"(不能思维)和"思维实体"(没有广延),是最典型的主客对立、天人二分的二元论的宇宙观。

李珊大致梳理了自古希腊到牛顿有限空间理论与无限空间理论的论辩历史,指出牛顿的无限空间学说取代亚里士多德的有限空间学说并不是自然科学的观察实验方法战胜抽象理论的结果。[①] 牛顿与他有所不同,把由不变的原子构成的天地万物在机械的力学规律下统一起来,人及其思想只是机械实体的派生物。他在开普勒天体运动三大定律的基础上把天地统一起来,提出著名的经典力学三大定律和万有引力定律。他认为,万有引力维系着天地万物的机械运动存在,上帝给了宇宙"第一推动力"后,宇宙万物就在绝对不变的时空中按照普遍力学规律绝对必然地运动下去。牛顿的机械论宇宙观从根本上动摇了神学宇宙观,但又具有不彻底性。牛顿把宇宙的一切现象都归结为机械运动,影响极为深

---

① 李珊. 上帝与空间——基督教世俗化语境中的牛顿空间学说的形成[J]. 复旦学报(社会科学版),2007(06):87—92.

远,笛卡儿认为动物是机器,拉·美特利认为人是机器。

康德的"星云假说"提出宇宙太阳系是一个生成过程,将牛顿绝对不变的宇宙观打开了一个缺口。拉普拉斯在多年后也独立地提出了"星云假说",进一步动摇了牛顿的绝对不变的宇宙观。牛顿的绝对时空观和莱布尼兹的关系时空观构成了康德先验时空观的理论背景,针对牛顿和莱布尼兹关于时空性质的论战,康德最初以莱布尼兹的时空观作为理论起点,同时又在牛顿的影响下,经过长期的反思与探索,在1770年认为时间、空间既非绝对实在的又非关系观念的,而是先验观念的,这意味着康德批判哲学中的时空观的初步形成,先验时空观的建立成为康德前批判时期和批判时期的转折点,从而构成批判哲学形成的关键。[①] 但是,他并没有真正冲破机械形而上学的藩篱,仍以牛顿的机械力学规律描述宇宙的变化,认为一切变化都是确定必然的。

继康德之后,黑格尔把德国古典哲学推向顶峰,反对主客对立、天人二分的机械宇宙观,"认为自然界是一个有机体,为精神活动所渗透,自然界的一切过程都应该用精神的内在活动来解释,而不应该用物质的外在活动来解释";"把自然界视为宇宙精神通过矛盾斗争的产生的外化,认为宇宙精神在自然界的发展中经过机械阶段、物理阶段和生命阶段,在人的心灵中达到了自己的充分体现,因而人是整个宇宙发展过程的缩影"。黑格尔正是在直接反对牛顿不变的、僵死的机械整体观的同时,提出了辩证的科学系统的方法。

(1)黑格尔批判地分析了古代自发辩证法的成果,汲取其中有价值的东西,指出其共同的缺陷。他认为,古代自发的自然观从总体上看,未挣脱抽象的"爱智"的认识,还不能成为真正"科学的认识"方法,但他并未全盘否定古代辩证法,而是从古代原子论的"原子"与"虚空"的否定性发展原则中,形成了系统的"自身否定"的思想。在他看来,科学系统也是一个动态的"自己运动"的发展系统。

(2)黑格尔指出,中世纪的神学独断论,即经院哲学的神学形而上学方法,也是违背辩证思维的科学系统方法。他认为,"上帝的知识和上帝的生活乃是违背科学认识的本性所虚构的梦"。神学的方法不配称为"科学系统"的"现实的知识"。

[①] 胡朝都.康德时空观的理论背景与发展形成[J].延边大学学报(社会科学版),2019,52(02):132-138+144.

(3)他认为,当时占统治地位的牛顿的机械系统也不能构成"科学的系统"的方法。因为牛顿的宇宙观否定矛盾、否定发展,不承认在系统中的各个发展环节的必然联系,更看不到由矛盾引起的由低到高、否定之否定的整体发展。黑格尔正是在直接反对牛顿不变的、僵死的机械整体观的同时,提出了辩证的科学系统的方法。① 黑格尔所持的是头脚倒立的宇宙观。

费尔巴哈把黑格尔当作"一条死狗"撇在一边,以人本学唯物论恢复了主客对立、天人二分的观点,这种观点突出表现在社会与自然的对立上。近代主客对立、天人二分的哲学宇宙观,促进了人类作为认识主体对客体的把握,发展了科学,推动了近代社会的进步,但在总体宇宙观上是退步:它割断了人类主体与客体的内在联系,虽有把握宇宙的雄心,却往往陷入不可知论的尴尬,从而影响科学的发展。黑格尔的宇宙观力图克服主客对立,但以神秘的宇宙精神作为主客统一和发展的原动力,遭到自然科学家和旧唯物主义者的鄙视,虽然显得态度有些偏激,但也在情理之中。

还是马克思主义哲学的创始人马克思和恩格斯独具慧眼,从德国古典哲学头脚倒立的宇宙观的荒谬形式中发现了其中的传世珍宝,并以此作为崭新宇宙观的理论来源。

3. 现代主客辩证统一的宇宙观

19世纪中叶,自然科学的研究领域远远超出了机械力学,分门别类的"是什么"的研究开始向各领域相互渗透的"为什么"的研究转变。宏观自然科学的"三大发现"揭示了天地万物包括人类之间的相互联系,为主客辩证统一的新宇宙观奠定了科学基础。

马克思和恩格斯抓住了主客辩证统一的纽带——人类的实践活动,把客体看作人类认识和改造的对象,把主体看作人类的实践活动,而人类的实践活动既是主体又是客体,主客体在实践基础上达到辩证的统一。

这种新的宇宙观认为,人是自然界的产物,同时是实践的产物,人受自然力的制约,也受实践力的制约;人在实践中能动地认识和改造客体,同时改造主体自身;没有脱离自然界的人,而"抽象的、孤立的、与人分离的自然界,对人说来也是无";把统一的宇宙分为纯粹的客体——自然和纯粹的主体——人类,在二者

---

① 何玉德.恩格斯对黑格尔系统整体思想的发展[J].复旦学报(社会科学版),1982(03):64—70.

绝对对立中进行抽象思维是旧唯物主义和唯心主义宇宙观的两极,两种宇宙观既不能正确地引导人们把自然科学研究推向前进,更不能正确引导人们认识和改造人类社会。马克思和恩格斯确立起崭新的哲学宇宙观,并以此种宇宙观关注现实。马克思一生集中精力关注社会革命,揭示社会客体的辩证发展规律及主体对社会客体的革命改造,以实现人与社会的全面解放。

马克思主义经典作家的宇宙论主要体现在《自然辩证法》和《反杜林论》之中。

德国在1871年实现统一后,欧洲工人运动的中心也从法国转移到德国。德国资产阶级为了维护同地主阶级的联合专政,在积极支持俾斯麦政府用暴力镇压无产阶级革命运动的同时,宣扬各种庸俗的经济学理论和折中主义,抵制马克思主义的巨大影响。在这种严酷的斗争形势下,一些小资产阶级知识分子虽然接近社会主义,但反对阶级斗争、主张调和阶级矛盾。由于杜林主义的广泛影响,因此恩格斯决定对杜林主义进行系统性批判。1876年9月至1878年6月,恩格斯撰写的《反杜林论》对杜林的宇宙论进行驳斥的同时,也对宇宙论进行了解读。

(1)人是自然界的产物,但更重要的是实践的产物。在当时已知的自然科学知识范围内,已经基本明确了下列事实:世界演化出有机体,再演变出微生物、植物、动物,最后由动物的一个分支进化成人类;生物学家勾画的生物进化图,以生物化石考古和生物研究作为基础支撑,从科学上阐释了人是自然界的产物;恩格斯经过归纳总结,从哲学上阐释了人类从自然界中分离出来,最关键的是劳动。

(2)上帝是不存在的。思维和意识,它们是从哪里来的?它们都是人脑的产物,而人本身是自然界的产物,是在他们的环境中并且与这个环境一起发展起来的;不言而喻,人脑的产物归根结底亦即自然界的产物,并不同自然界的其他联系相矛盾,而是相适应的。"上帝是不存在的"这个命题经过自然科学家的猛烈批判,已经成为当时的共识。恩格斯再次提出这个命题,就是强调和突出从神本主义转向人本主义的成果,并反对神秘的唯心主义在任何领域的复活。

(3)世界的真正的统一性在于它的物质性。物质世界的演化是有其内在规律的,那就是自然规律,这需要自然科学家逐渐去发现。

(4)世界的统一性绝不仅仅是肯定"精神统一于物质",而是进一步强调世界上无限多样的事物通过具体的相互联系而构成统一的整体。世界的物质性决定了世界的统一性,世界的统一性反映了世界的物质性。

《自然辩证法》是恩格斯理解宇宙、阐释宇宙的基本著作,是恩格斯对于宇宙的总的看法和根本观点,是马克思主义宇宙观的主要组成部分,共同构成了马克思和恩格斯对于人类社会、对于自然界、对于宇宙的总的认识。恩格斯写完《反杜林论》以后,就回过头来继续他已中断了两年的自然辩证法的研究和写作。经过1873—1883年、1885—1886年的努力,《自然辩证法》终于完成,但是当时并未能印刷,直到苏联时期才从德国社会民主党内复印出来,得以整理后印刷。马克思主义宇宙观可以大致归纳为以下几个方面:

(1)宇宙统一于物质,是宇宙的本质。宇宙是一切物质及其存在形式的总和。宇宙是物质的宇宙、是运动的宇宙,宇宙中除了运动的物质以外,什么也没有。宇宙间复杂多样的物质现象,区别仅仅在于存在的形式和运动的形式不同。

(2)人类是地球演化的产物,宇宙中的生命体演化丰富多样。在《人类的起源》中,用大量篇幅多角度、多层面证明了有神论者信仰的神就是在遥远年代以前从宇宙深处来到太阳系、来到地球的宇宙人,证明了所谓的"仙"和"天使"就是地球历史上早于我们人类诞生出来的史前人类。这就进一步揭示了宇宙的活的本源,跨越了横亘于天地之间的认识藩篱。《人类的起源》提出的一系列思想理论,是对"在我们的意识之外"的"物"的正确反映,是将认识对象向认识客体的进一步转化,把宇宙中的物质现象和精神现象比较全面地统一于物质,同时把马克思主义认识论的应用范围拓展到更宽广的宇宙层面。

(3)宇宙间的一切物质运动都是一个永恒的循环,这是宇宙间物质演化的基本形式。宇宙是物质的,物质在不断地运动、变化和发展着。恩格斯指出,包括人类、地球自然界和宇宙在内的一切物质的运动、变化和发展,其基本形式便是循环,而且是"一个永恒的循环"。这种循环决定了物质运动的永恒性和不灭性。

(4)宇宙的动态平衡与最终命运。运动和平衡是宇宙存在的方式。宇宙是运动和平衡的统一,天体也是运动和平衡的。恩格斯指出:"不仅我们的行星群围绕着太阳运动,我们的太阳在我们的宇宙岛内部运动,而且我们的整个宇宙岛也在宇宙空间中不断运动,和其余的宇宙岛处于暂时的相对平衡中。"但是,天体的最终命运是相互碰撞在一起,这是宇宙循环演化的基本模式。恩格斯明确指出:包括天体和宇宙在内的物质运动都具有不灭性……天体的最终命运不可避免地会碰撞在一起。然而,至于天体的最终命运为什么会碰撞在一起、天体碰撞在一起后宇宙会怎样演化、天体碰撞在一起是不是宇宙的毁灭等,对此,恩格斯并没有回答。

(5)宇宙是可以认识的。宇宙中的一切事物,既作为个体而存在,同时作为整体而存在。宇宙是普遍联系的宇宙,是永恒的运动变化和发展着的宇宙,普遍联系和永恒发展是宇宙的基本特征。

虽然近年来量子力学的发展提出了新的思想、新的观点,但是依然并未对党建宇宙观形成彻底的颠覆。马克思主义宇宙观依然可以作为解释当前宇宙的理论;与此同时,也需要吸收最新的自然科学成果、社会科学成果进行发展完善。

(二)世界与物质的关系问题及马克思主义物质观的回答

关于物质的认识,马克思、恩格斯、列宁都做过一定的论述,综合起来就能够完整勾勒出马克思主义物质观的核心思想。

1845年春,马克思在《关于费尔巴哈的提纲》中,提出了新唯物主义正确地理解物质概念的方法论原则。他指出:"从前的一切唯物主义(包括费尔巴哈的唯物主义)的主要缺点是:对对象、现实、感性,只是从客体的或者直观的形式去理解,而不是把它们当做感性的人的活动,当做实践去理解,不是从主体方面去理解……没有把人的活动本身理解为对象性的活动"[①]。

1. 物质的哲学内涵

恩格斯认为,物质概念作为哲学基本范畴,应该从内涵和外延的两个维度去理解和阐发。一方面,具体物质形态都是物质概念的外延,这就与具体的物质形态以及自然科学的物质概念本质地区分开来,这在哲学史也是一个重大的进步;另一方面,哲学上的"物质"是具体物质的最高抽象,恩格斯在《自然辩证法》中谈到了物质是对"各种物"的共性进行系统概括的物质一个概念。恩格斯在《反杜林论》中提出:"物质无非是各种物的总和,而这个概念就是从这一总和中抽象出来的。"同时,他指出物质的两种存在方式分别是运动与静止、时间和空间。物质的根本属性是运动,具体物质形态的时空是有限的,而整个物质世界的时空是无限的。

随着时代的发展,尤其是19世纪末到20世纪初,各个领域的这些重大发现,形而上学物质观发生重大的变化。首先,我们来看天文学领域的巨大变化,

---

① 马克思恩格斯选集(第一卷)[M].北京:人民出版社,2012:133.

康德的"星云假说"沉重打击了形而上学的物质观相关论述。"星云假说"为天文学指明了正确的发展方向,批判了"宇宙神创论",从而把发展的观点引入天文学领域,这就为唯物主义注入了新的血液。其次,在化学领域中,18世纪末到19世纪初,有机物的制作成功,打破了无机界和有机界之间的鸿沟,也彻底打破了这种传统的观念,用无机物制作有机物的发现又一次沉重打击了形而上学的物质观,同时证明了二者之间是紧密联系着的。赖尔的地质渐变理论证明了各种自然力(如河流、火山、地震等)的作用是非常巨大的,地质渐变理论无情地披露了所谓的上帝创世说。生物学中,细胞学说和进化论的创立给"神创论"与物种不变论以狠狠地一击,细胞学说的发现,证明了生物有机体内部的统一性;达尔文进化论创立得出生物从简单到复杂的发展,是要遵循优胜劣汰的发展过程。转化定律的发现证明了各运动之间是相互转化的,这就论证了物质与运动之间的关系问题。总之,随着自然科学的向前发展,列宁的物质观开始萌芽。

随着自然科学的发展,X射线、射线、电子、放射性及镭的发现,得出原子不再是不变的、最小的终极实体。而这些新发现使人类的认识从宏观转到微观世界,这无疑是对近代科学技术的一次重大突破。在这一背景下,大部分所谓的科学家打着物质消失的幌子,一次又一次发起对唯物主义的攻击。列宁分析和总结了一些学者对"物质"的误解,认为必须站在辩证的唯物主义立场,总结19世纪末20世纪初自然科学的新成果,对当时物理学的新发现归纳和总结,从而得出科学的物质定义。1908年10月,列宁在《唯物主义和经验批判主义》中论述道:"那些从前看起来是绝对的、不变的、原本的物质特性(不可入性、惯性、质量等等)正在消失,现在它们是现出相对的,仅为物质的某些状态所特有的。"[1]

1908年10月,列宁在《唯物主义和经验批判主义》中指出:"物质是标志客观实在的哲学范畴,这种客观实在是人通过感觉感知的,它不依赖于我们的感觉而存在,为我们的感觉所复写、摄影、反映。"[2]

综合以上文献,马克思主义物质观可以大致归纳为:

(1)物质的客观性和可知性。物质是标志客观实在的哲学范畴,这种客观实在是人通过感觉感知的,它不依赖于我们的感觉而存在,为我们的感觉所复写、

---

[1] 列宁选集(第二卷)[M].北京:人民出版社,2012:191-192.
[2] 列宁选集(第二卷)[M].北京:人民出版社,2012:89.

摄影、反映。

（2）物质的运动性。物质的根本属性是运动，物质世界的运动是绝对的，而物质在运动过程中又有某种相对的静止。

（3）物质的时空性。时间和空间是物质运动的存在形式。物质运动与时间和空间不可分割，时间和空间具有客观性。具体物质形态的时空是有限的，而整个物质世界的时空是无限的。

（4）物质的实践性。实践是自然存在与社会存在区分和统一的基础，社会是随着人类产生而出现的新的物质存在形态。

马克思主义物质观伴随着自然科学的最新发展成果而不断完善，其核心理论也需要适应科学技术的发展而不断调整。但是，马克思主义物质观的核心思维方式具有丰富而又深刻的意义。

2.世界物质统一性原理

关于世界的统一性问题，是回答世界上万事万物有无统一性即有无共同的本质或本原的问题。恩格斯在《反杜林论》中提出，世界的统一性在于它的物质性，世界统一于物质，这初步回答了世界的统一性问题。恩格斯指出："世界的统一性并不在于它的存在，尽管世界的存在是它的统一性的前提，因为世界必须先存在，然后才能是统一的。世界的真正的统一性在于它的物质性，而这种物质性不是由魔术师的三两句话所证明的，而是由哲学和自然科学的长期的和持续的发展所证明的。"[1]

世界物质统一性原理主要从三个方面进行了阐述，即自然界、人类社会和意识均统一于物质。

（1）自在自然统一于物质。从单纯的世界演化角度讲，自然界（包括地球）是先于人类而存在的，人类是物质演化尤其是生物演化的结果。生命演化和自然演化都有其内在的客观实在性和规律性，生物的意识尤其是人类的意识能够感受自然界的物质本性。

（2）人化自然（人类社会）统一于物质。人类社会是物质世界发展到一定程度和阶段的产物，是物质世界特殊的存在形态，但其本质上还是物质演化。人类可以更加广泛地改造世界、更加丰富地改造人类社会、更加久远地探索宇宙深

---

[1] 马克思恩格斯选集(第三卷)[M].北京:人民出版社,2012:419.

处,但基本立足点依然是物质世界。

(3)人的意识(未来意识)统一于物质。从意识的起源来看,意识是物质世界长期发展的产物,整体上不断升级。从意识的本质来看,意识是人脑(生物)的特殊机能,是客观存在的主观映像,即使未来出现更加智能的物种,也依然是物质器官的机能和属性。从意识的作用来看,意识能动性的发挥依然是以物质世界为前提的,即使未来虚拟世界占据较大的作用,也依然是以物质世界为基础的。

(三)世界与运动的关系问题及马克思主义运动观的回答

1.运动的内涵

运动是标志一切事物变化及其过程的哲学范畴,是物质的存在方式和固有属性。恩格斯在《自然辩证法》的《各门科学的辩证内容》章节中指出:"运动,就它被理解为物质的存在方式、物质的固有属性这一最一般的意义来说,涵盖宇宙中发生的一切变化和过程,从单纯的位置变动直到思维。"[①]

2.运动的形式

恩格斯在《自然辩证法》中,提出了五种物质运动形态的学说,他确信有机体从少数简单形态发展到今天复杂多样的形态,一直到人类为止的发展序列,已经被自然科学研究所证实。

(1)机械运动指的是物体的位置变动,是最简单、最基本的运动形式,它的物质基础是物体。

(2)物理运动是指分子、电子和其他基本粒子的运动,它的物质基础是分子、电子、基本粒子和场等。

(3)化学运动是指元素的化合与分解运动,它的物质基础是原子。

(4)生物运动是指生命的新陈代谢,它的物质基础是蛋白质和核酸。

(5)社会运动是指人类社会的发展过程,它的物质基础是社会生产方式,即生产力和生产关系的统一。

3.物质与运动的关系

物质世界的运动是绝对的,而物质在运动过程中又有某种相对的静止。物质和运动是不可分割的,运动是物质的运动,物质是运动的物质,离开物质的运动和离开运动的物质都是不可想象的。

---

① 马克思恩格斯选集(第三卷)[M].北京:人民出版社,2012:951.

相对静止是物质运动在一定条件下的稳定状态,具体包括两种:一是空间的相对位置暂时不变;二是事物的根本性质暂时不变。无条件的绝对运动和有条件的相对静止构成了对立统一的关系。恩格斯在《反杜林论》中指出:"杜林先生把运动归结为机械力这样一种所谓的运动的基本形式,这就使他不可能理解物质和运动之间的真实联系,顺便说一下,这种联系对先前的一切唯物主义者来说也是不清楚的。可是事情是十分简单的。运动是物质的存在方式。无论何时何地,都没有也不可能有没有运动的物质。任何静止、任何平衡都只是相对的,只有对这种或那种特定的运动形式来说才是有意义的。"①

1873年5月30日,恩格斯在《致马克思》的信中指出:"自然科学的对象是运动着的物质、物体。物体是离不开运动的,各种物体的形式和种类只有在运动中才能认识,处于运动之外,处于同其他物体的一切关系之外的物体,是谈不上的。物体只有在运动之中才显示出它是什么。因此,自然科学只有在物体的相互关系之中,在物体的运动之中观察物体,才能认识物体。对运动的各种形式的认识,就是对物体的认识。"②

综上所述,马克思主义运动观可以简单地总结为:

(1)运动的规定性。运动是指宇宙间一切事物、现象的变化和过程。整个宇宙处于一种运动过程之中,运动的动力来源于物质内部的相互作用。物质运动在不同层面都存在着一定的规律,在具体实际运动中也存在着随机性和偶然性,包括人类大规模的有意识改造活动。

(2)运动的物质性。物质是运动的物质,运动是物质的固有属性和存在方式,世界上没有脱离运动的物质。运动是物质的运动,物质是运动的主体,脱离物质的运动是根本不存在的。

(3)运动的永恒性和绝对性。世界上一切事物都处于运动和变化之中,因而运动是无条件的、绝对的、永恒的、普遍的;但就物质的具体存在方式来说,又有静止的一面,静止是运动的特殊状态,因而静止是有条件的、相对的、暂时的、特殊的。物质世界是绝对运动和相对静止的统一。

(四)世界与时空的关系问题及马克思主义时空观的回答

在牛顿的经典力学体系中,时间和空间被假设为类似于物质实体一样的另

---

① 马克思恩格斯选集(第三卷)[M].北京:人民出版社,2012:435.
② 马克思恩格斯选集(第四卷)[M].北京:人民出版社,2012:508-509.

一种实在,并且似乎是一种更为根本的客观实在。因为物质运动是离不开时间和空间的,但可以设想有一种不被任何物质占据的纯粹的时间和空间。单纯的时间和空间本身的存在,不与任何物质及其运动有关,并且它们二者也各不相关。整个世界中的一切物体完全可以看作被事后装进这个时间和空间之中。牛顿在《自然哲学的数学原理》一书中提出:"绝对空间,就其本性而言,与任何外界事物无关,永远保持不变,而且不可移动";"绝对的、纯粹的数学时间,就其本身和本性而言,均匀地流逝而与任何外界情况无关"。

关于牛顿时间和空间的绝对性,人们经常从两个方面来理解。首先,牛顿的绝对时间和绝对空间被看作一个绝对静止、平直均匀地向四面八方无限伸展着的特殊空间,以及一个自身在那里等速度流动着的绝对时间,从而存在着一个由三维空间和一维时间构成的绝对坐标系,用来确定一切物体的绝对位置和绝对运动。其次,绝对空间和绝对时间是指空间距离和时间间隔在牛顿力学中的不变性,是两个绝对量,它们不受物体及其运动的影响。因此,牛顿的绝对时空观就是坚持空间与任何外界物体无关,永远同一而固定不动的绝对的、真空的、数学的时间本身,无论有无其他任何客体,它总是永远均匀不断地流逝着。

马克思和恩格斯从哲学上总结了时空观,认为时间和空间是运动着的物质的基本存在形式。

(1)时空的客观性。马克思主义在自然科学的基础上初步界定了时空的内涵。时间是物质运动的持续性、顺序性,这就超越了牛顿将物质与时间空间脱离的形而上学倾向。时间的特点是一维性,即时间的流逝一去不复返。空间是物质运动的广延性、伸张性,其特点是三维性,即空间具有长、宽、高三个方面的规定性。需要说明的是,时空的内涵并不是固定不变的,而是随着自然科学的进步而不断发展的。时间是人类创造出来用以描述物质世界的工具,是客观存在的;它标记了物质世界的发展变化。如果从更高层面的哲学抽象来看,也可以认为时间是不存在的,前提是与时间类似的所有标记物都不存在,只有所谓的运动的物质存在。但是,从这个意义上说,失去了解释工具,人类的解释也就失去了意义。

(2)时空的物质性。马克思主义认为,物质运动总是在一定的时间和空间中进行的,没有离开物质运动的纯粹的时间和空间,也没有离开时间和空间的物质运动。物质运动与时间空间不可分割,证明了时间空间的客观性。

恩格斯在《反杜林论》中指出："康德关于所有现在的天体都从旋转的星云团产生的学说，是从哥白尼以来天文学取得的最大进步。认为自然界在时间上没有任何历史的那种观念，第一次被动摇了。在这之前，人们都认为，各个天体从最初起就始终在同一轨道上并且保持同一状态；即使在单个天体上单个有机体会消亡，人们总认为类和种是不变的。"[1]康德的"星云假说"，实际上标志着神学、神秘学说的时空观的彻底破产，也为马克思、恩格斯从哲学上进一步科学解释物质与时空的关系奠定了坚实的科学基础。

（3）时空的有限性与无限性。具体物质形态的时空是有限的，整个物质世界的时空是无限的。恩格斯在《反杜林论》中指出："时间上的永恒性、空间上的无限性，本来就是，而且按照简单的词义也是：没有一个方向是有终点的，不论是向前或向后、向上或向下、向左或向右。这种无限性和无限序列的无限性完全不同，因为后一种无限性起初总是从序列的第一项开始的。这种序列观念不能应用于我们的对象，这在我们把它应用于空间的时候就立刻显示出来了。无限序列一移到空间，就是从某一点起按一定方向延伸到无限的线。这样，空间的无限性是不是就被表达出来了，即使表达得很不贴切。恰恰相反，为了得出空间的维的概念，只需要从一点上按三个相反的方向延伸出六条线，这样一来，我们就会得到空间的六维。"[2]

爱因斯坦的狭义相对论彻底打破了牛顿的绝对时空观，从根本上改造了经典物理学，把空间、时间和物质的运动联系起来，揭示了时间与空间的不可分割性，使物理学的空间由原来的三维空间扩展为时空一体化的四维空间。狭义相对论建立在两个基本假设之上，相对性原理物理学定律在所有惯性系中是相同的，不存在一种特殊的惯性系。光速不变原理在所有的惯性系中，真空中光的速度具有相同的值。爱因斯坦在不知道洛仑兹已提出这个变换的情况下，从狭义相对论的两个基本假设出发，很自然地得到这个变换关系，并据此得出如下推论：

（1）运动着的尺子要缩短，即尺缩效应。一个物体相对于观察者静止时，它的长度测量值最大。如果它相对于观察者以速度运动时，沿相对运动方向上，它

---

[1] 马克思恩格斯选集（第三卷）[M].北京：人民出版社，2012：433.
[2] 马克思恩格斯选集（第三卷）[M].北京：人民出版社，2012：425.

的长度要缩短。

(2)运动着的时钟要变慢,即钟慢效应。一只时钟相对于观察者静止时,它走得最快。如果它相对于观察者以速度运动时,那么它就走得慢了。

(3)光速是物质运动的极限速度。在任何惯性系中,物体的运动速度都不能超过光速。这是爱因斯坦总结出来的,在目前的观测中得到了证实。至于为什么光速是极限速度,依然需要随着自然科学的发展在实验和理论中予以更加科学完整的解释与论证。

(4)同时性的相对性。同时性并不是绝对的,如果两个事件在惯性系中是同一时刻但不在同一地点发生的,那么在相对于以匀速度运动的惯性系中测量,则它们就不是同时发生的。

(5)牛顿力学是相对论力学的极限形式。如果物体速度比光速小得,多洛仑兹变换就还原为伽利略变换,相对论力学就变为牛顿力学。尺缩效应、钟慢效应是相对论时空的基本属性,与物体的内部结构无关。

总之,狭义相对论时空观把时间与空间联系起来,指出它们并非各不相关的两种东西。但狭义相对论时空观并没有彻底抛弃牛顿时空观的绝对性立场。设想把物质都移去,狭义相对论的时间和空间仍然存在,由空间和时间结合而成的四维时空仍然保持着绝对性。把时空和物质运动紧密地结合在一起,这正是广义相对论时空观的基本内容。

广义相对论实质上是狭义相对论的一种推广,它建立在如下两个基本原理之上:一是广义协变原理,在任何参照系包括惯性系和非惯性系中,物理学规律的数学形式是相同;二是等效原理,一个加速度为 a 的非惯性系,等效于含有均匀引力场的惯性系。

根据广义相对论,爱因斯坦提出三个效应,即水星轨道近日点的进动、光线在引力场中的偏转以及光谱线的红向移动。后来这三个效应都得到了实验验证。广义相对论实质上是一种引力理论,在有引力场的区域,空间的性质不再服从欧几里得几何,而是遵循非欧几何——黎曼几何。现实的物质空间不是平直的欧几里得空间,而是弯曲的黎曼空间,它的弯曲程度取决于物质在空间的几何分布,物质密度大的地方引力场的强度也大,时空就弯曲得厉害。因此,在广义相对论中,根本不能设想与物质分布和运动无关的、绝对的时空,只应设想一种"变形"的时空连续区。时空度规既描述物质引力场的势,也描写时空几何性质,这表明时空的几何性质与物质运动有着不可分割的联系,时空不再脱离物质而具有任何固有的性质。

1908年10月,列宁在《唯物主义和经验批判主义》中指出:"费尔巴哈承认我们通过感觉认识到的感性世界是客观实在,自然也就否认现象论或不可知论的时空观。正如物或物体不是简单的现象、不是感觉的复合,而是作用于我们感官的客观实在一样,空间和时间也不是现象的简单形式,而是存在的客观实在形式。世界上除了运动着的物质,什么也没有,而运动着的物质只能在空间和时间中运动。人类的时空观念是相对的,但绝对真理是由这些相对的观念构成的;这些相对的观念在发展中走向绝对真理,接近绝对真理。正如关于物质的构造和运动形式的科学知识的可变性并没有推翻外部世界的客观实在性一样,人类的时空观念的可变性也没有推翻空间和时间的客观实在性。"①

列宁进一步指出:"恩格斯在揭露不彻底的糊涂的唯物主义者杜林时,抓住他的地方正是:他只谈时间概念的变化,躲躲闪闪地不明确回答下面的问题:空间或时间是实在的还是观念的?我们的相对的时空观念是不是接近存在的客观实在形式?或者它们只是发展着的、组织起来的、协调起来的和如此等等的人类思想的产物?这就是而且唯有这才是真正划分根本哲学派别的认识论基本问题。"②

二、世界观问题及其回答

人类诞生之前的宇宙是客观存在的,人类通过各种实践手段和认识手段逐渐还原了宇宙的发展演化过程,至少在目前的科学技术水平和认知思维水平下给出了相对合理的解释。

宇宙不以人的存在而改变其演化,但是有了人类才有了实际意义。生命的出现以及由低等生物向高等生物的演化尤其是人类的出现,使更加完整、更加清晰地认识宇宙成为可能,因而才有了世界观问题。

(一)世界的未来问题及共产主义社会的回答

理想社会是人类共同的追求,不同哲学家和社会学家曾经给出不同的设想

---

① 列宁选集(第二卷)[M].北京:人民出版社,2012:137.
② 列宁选集(第二卷)[M].北京:人民出版社,2012:137-138.

和答案,但是绝大部分是包含较多的空想成分,只有马克思主义的共产主义理论是对世界未来最正确、最科学的解释。在最宏大的历史视野和时间跨度下,尤其是资产阶级革命、金融危机再现等重大历史事件面前,共产主义理论愈发凸显理论科学性。

儒家主张通过修身达到"仁"的境界,道家的效法自然、寻求逍遥的境界,柏拉图的正义以实现自身道德的超越,马克思追求人的完美的境界;所说的理想社会,即是老子的"小国寡民"的社会、孔子所提出的大同社会、柏拉图的理想国以及马克思的共产主义的社会理想。先哲们对理想社会的理解虽然各有不同,但他们的主张有其共通之处,即承担社会责任以达到实现个人价值的目的,实现个人价值以完成自我的超越。[①]

1. 儒家理想社会

儒家主张用礼规范人的行为,通过修身,在"齐家、治国、平天下"的过程中兼顾修身与实现自我价值。儒家思想认为,通过修身,不仅能够实现个人道德境界的超越,远期而言,更能够实现经世济民的目的。

(1)相对稳定的社会关系。孔子提出"君君,臣臣,父父,子子"的正名思想,"在其位,谋其政",认为要长幼有序,做好自己的职责范围内的事,无论是百姓还是上君下臣;主张通过德化强化人的"规矩"意识,人人都能做自己该做的事情。

(2)个人修养的思想境界。"自天子以至于庶人,壹是皆以修身为本。"修身以实现自我的超越,以至"仁"的境界。"己所不欲,勿施于人",不能因个人私利而损害他人的利益。"己欲立而立人,己欲达而达人",在奉献自己中成就别人,在成就别人的同时得到一个更加完善的自己。

(3)知识分子的天下使命。人还应当在承担责任中实现自我超越与完善。"修身、齐家、治国、平天下",儒家满怀对社会的强烈责任感,主张在协调各种关系中实现自我超越,主张积极入世、济世安民。

儒家思想的核心是建立一个静态的稳定的社会系统,最大限度地调动每个人的力量,为社会的整体利益服务,为了实现这种秩序就需要出现一些英雄以及领导阶级和被领导阶级,而约束个人行为的则是道德力量或者说文化。

---

① 尹航.试论人的超越性和理想社会的实现[J].武汉工程职业技术学院学报,2018,30(01):68—70.

2.道家理想社会

道家思想的核心是个人主义,但是其终极追求仍然是集体主义。道家对儒家的静态秩序产生了怀疑,认为那不符合现实而仅限于理想模型,只有寄希望一些超凡的强人在优秀的帝王时期发挥作用,而在孱弱的帝王时则寻求系统崩溃后的重建。

(1)遵循自然规律和社会规律而非强行改变。"人法地,地法天,天法道,道法自然"。同儒家主张不同,道家主张效法自然,在清静无为中实现自身的超越,最终达到自在超脱的逍遥的境界。道家主张出世,并非绝对的不问世事,而是有原则的入世,"若天子有道则入世有为,若无道则出世无为"。

(2)遵循自然的欲望和个性的需求而压制贪欲。道家主张"清心寡欲",并不是主张要压制人的欲望,而是主张人要克制对名利的贪欲。

(3)适应时势发挥个人作用而非脱离时代。道家主张消极的"出世之论"与儒家主张的积极"入世之论"不仅不冲突,而且是对儒家入世思想的进一步补充,使得儒道两家思想相得益彰。儒道思想可以概括为,人只有首先摆脱名利的诱惑,达到对物欲的超脱,方能回归人的本真,在承担社会责任中实现人的价值。

可以看出,儒家与道家都寄希望于英雄人物尤其是思想家、政治家的完美结合体,具有浓厚的英雄史观痕迹。但是,儒家是在任何社会状态下都积极努力改变它,这强调了实践的重要作用;道家更强调适应历史发展变化而不要强力改变,也更强调规律性和顺应性。

3.柏拉图的理想国

儒家的"仁"和柏拉图的正义,概念虽然不同,但都可以理解为为人处世的原则,儒家的"仁人"正如柏拉图所说的,是拥有正义的人。

(1)抽象的绝对正义。柏拉图的理想国依赖于正义。"正义就是每个人必须在国家里执行一种最适合他天性的职务,或是每个人都作为一个人,做他自己分内的事而不干涉别人分内的事。"每个人都要恪守本分、各司其职。柏拉图的正义正如孔子的"仁",是一种思想的境界。正义的获取依赖于个人的自律,在协调各种关系中不断地实现修正与超越。

(2)抽象的正义政体。从国家的层面来说,柏拉图主张国家政体分为正义的政体与非正义的政体,并强调国家政体要由"哲学王"来进行统治。柏拉图的正义只是贵族统治阶级的所谓正义,所谓"哲学王",指的是拥有正义的人,只有"哲学王"才能够领导正义的政体。

(3)抽象的公有制。柏拉图主张理想国实行"公有制",反对私有制,认为只有取消私有制,才能将社会的共同利益和个人的私利合二为一。正义就是各等级理应严格遵循的道德规范,理想国的实现依赖于正义成为人们的普遍价值观。

柏拉图的理想社会是建立在两个基础之上的:一个是抽象的正义道德,另一个是强大的英雄人物,这与现实的发展具有较大的差距。在今天的方法论看来,没有实现历史与逻辑相一致,但是在那个历史时期描绘出一个理想社会,并提出一个解决方案是极为重要的。虽然柏拉图的这个解决方案具有极大的空想性,但其方法方向也存在一定的问题。

(4)马克思主义的共产主义。马克思主义是从人类社会发展规律的角度来揭示未来社会的。

1846年,马克思和恩格斯合著的《德意志意识形态》指出:"全部人类历史的第一个前提是有生命的个人的存在,因此第一个历史活动就是生产满足这些个人生活需要的生产活动。"根据生产力与生产关系、经济基础与上层建筑的辩证关系,描述了人类社会形态演化。

1847年,恩格斯在《共产主义原理》中说到共产主义革命不能单独在某个国家内发生,"共产主义革命将不仅是一个国家的革命,而将在一切文明国家里,即至少在英国、美国、法国、德国同时发生"。马克思和恩格斯对未来社会有一些设想。

关于社会演化,恩格斯于1884年3—5月在《家庭、私有制和国家的起源》进行了系统论述,他通过对摩尔根关于古代社会的科学研究,从哲学上进行了系统整理,科学地提出了人类社会起源和社会演化问题。

一是重建个人所有制。资本主义社会并没有消灭包含劳动者消费资料的个人所有制,因而不存在重新建立消费资料个人所有制的问题,主张"联合起来的个人"或"联合起来的社会的个人"所有制是生产资料个人所有制。[①]赵学清阐明了劳动者作为自由人联合体中平等占有土地,以及靠劳动本身生产的生产资料的"社会成员"与作为劳动力所有者实现对生活资料个人所有的"私人地位的生

[①] 卫兴华.究竟怎样理解马克思提出的"重建个人所有制"的理论观点——再评王成稼先生的有关见解和辩驳[J].当代经济研究,2010(06):1—7.

产者"的双重身份,未来社会基本经济制度是劳动者共同占有生产资料、个人占有生活资料,是劳动者重新占有自己劳动力、成为生活资料所有者的过程,主张生产资料社会所有,生活资料个人所有的未来社会。①

二是自由人联合体。马克思"自由人联合体"思想的视域内含了对个人、群体、社会三者统一的理想社会形态的追求。"'社会所有制'和重建'个人所有制'的体制设想、超越'政治国家'之未来社会的制度构想及其实现一个'每个人'的自由个性全面发展的人类联合体。"②人的解放、人的自由发展是马克思主义科学世界观的真谛和精髓,"是共产党人世代奋斗的终极目标和胜境"③。马克思和恩格斯在反思了过去与当下之后,运用以经验观察与事实分析为典型特征的唯物史观方法,突破了以往哲学家"反思—实践"的思维范式,运用经济—社会的历史分析法,得出了未来社会是要经过共产主义革命实现消灭分工、建立生产资料公有制条件下自由人联合体的社会构想。④

三是过渡时期。马克思已经从资本追求价值增值的必然结果、资本赋予生产以科学性质的趋势、分工协作以及缩减资本流通时间对生产力的促进方面,指明了资本在创造丰富的物质条件上的巨大作用,也认识到资本主义大工业对工人素质的全面流动性要求,为社会与个人创造的自由支配时间等方面对人的自由全面发展的积极促进作用,马克思、恩格斯一贯认为从资本主义社会内部可以自发孕育、形成社会主义生产关系的因素。⑤

落后国家如何实现向社会主义过渡的问题,强调具体情况具体分析,科学辨析不同国家的特殊国情,从而选择最合适的过渡策略。俄国公社的发展道路是否可以借助资本主义生产的一切积极成果实现向社会主义过渡或者发展成为资本主义类型的国家,取决于它所处的历史环境。⑥

---

① 赵学清.劳动者的双重身份与生活资料的个人所有制——关于马克思个人所有制思想的新思考[J].马克思主义与现实,2013(03):158-164.
② 薛俊强.走向自由之路——马克思"自由人的联合体"思想的当代阐释[M].北京:知识产权出版社,2016:8-9.
③ 高放.编选马克思恩格斯科学真言的若干思考[J].求索,2016(11):4-9.
④ 张曦.做伦理学:变革时代与未来伦理学[J].江海学刊,2019(05):21-29.
⑤ 赵家祥.全面认识资本的作用——《资本论》及其手稿中一个被忽视的重要观点[J].中国高校社会科学,2015(01):4-21+156.
⑥ 叶险明.马克思对"西方中心主义"拒斥的全面性——兼论马克思晚年关于资本主义与社会主义关系研究范式的发展[J].马克思主义与现实,2014(05):62-68.

马克思关于向未来社会过渡的哲学性革命图式、暴力革命图式以及和平过渡图式三种流变策略,强调马克思考察由资本主义社会向未来社会的过渡图式流变是根据不同的国情与世情进行调整与完善的。特别阐明了"修正主义"鼓吹和平过渡方式的片面性,主张暴力革命与和平过渡具有普适性,表示"在不顾及特定社会历史情势的前提下,暴力革命与和平过渡两种图式的任何一种都不具有相对于另一种的道德和理论优越性"[①]。

在共产主义尚未实现的今天,可以说共产主义依然具有空想性的可能或者被证伪的可能性。但是,共产主义并不是基于空想而提出的,是在哲学、经济学、历史学等学科的科学考察基础上提出的,具有严密的和完整的逻辑。

更重要的是,共产主义是在历史实践中逐渐努力去实现的,社会主义五百年发展史表明人类追求共产主义的脚步已经开始,这才是超越以往理想社会的关键。任何理论和思想都只能在实践中得到检验、得到实现。

(二)未来世界的人的问题及其回答

未来世界的人,既是要从人类起源谈起,也要结合人类演化的自然科学解读,更要从哲学层面进行。其中,比较重要的是《家庭、私有制和国家的起源》。从1884年3月开始,恩格斯用了近一年的时间,以摩尔根的《古代社会》和马克思的读书笔记为基础,撰写了《家庭、私有制和国家的起源》一书,系统探讨了家庭和国家的起源,用历史唯物主义研究古代社会,进一步阐明人类社会各个发展阶段的共同规律。

1. 人类起源

《家庭、私有制和国家的起源》一书是恩格斯晚年的一部著作,他运用历史唯物主义系统分析了原始社会的形成,通过对原始社会的婚姻、家庭、氏族、私有制的探讨,进而引出国家的起源问题,让人们认清国家的本质,并揭示了国家有其自身的产生、发展和灭亡的过程。

该书第一章叙述了史前文化阶段和原始社会分期问题,把史前文化分为蒙昧时代、野蛮时代和文明时代,前两个时代又可分为低级、中级和高级三个阶段。

该书第二章专门探讨家庭的起源问题,通过对亲属关系和家庭关系的对比,

---

① 宫敬才.马克思向未来社会过渡的三种图式论纲[J].河北大学学报(哲学社会科学版),2011(03):1—11.

认为家庭不是静止不动的,而是从低级向高级不断发展的,亲属关系是对家庭进步的记录。恩格斯总结了原始社会的四种家庭形式,从血缘家庭到普那路亚家庭,再到对偶制家庭,最后是一夫一妻制家庭,每个时代都与一种家庭形式相对应,直到比较固定的专偶制,也就到了文明时代。

该书第三章和第八章讲述了从氏族到国家的发展历程。氏族制度是一切野蛮人所共有的制度,是国家产生之前的原始社会的主要社会特征。通过对易洛魁人和希腊人氏族特点进行描述,得出了氏族到国家的发展过程。从氏族到胞族,再到部落、部落联盟,进而产生了国家和民族。

该书第五章到第八章讲述了雅典、罗马国家的产生。一方面,在氏族时代,财富的集中迫切需要一个机关来保障私人财产不受氏族制度共有制的侵犯,这样就产生了国家;另一方面,雅典民族法的出现,也对氏族制度起到了一定的冲击作用。社会分工的进行,农业、手工业和商业的发展,也瓦解了氏族制度。

该书第九章讲述了私有制的起源和阶级的产生。恩格斯从野蛮时代的低级阶段说起,那时候生产力不发达,人们靠集体劳动取得劳动成果也是集体共同所有。"家庭经济是共产制的,其中包括几个、往往是许多个家庭。凡是共同制作和使用的东西,都是共同财产。"

讲清楚了人类的起源,也就解决了未来世界的人中最大的问题。奴隶社会以来的历史,有很多文字记载,尤其是封建社会和资本主义以来,更加丰富地呈现了人类社会的基本面貌。人类的基本组织形式、基本组织结构、人类社会交往与对外部世界(宇宙)的探索等也都日渐清晰。于是,第二个核心问题就出现了,按照人类演化的规律,未来的人是什么样子的?

2. 人类演化的未来趋势

从自然的角度研究人类未来的面目,并不是马克思主义经典著作的兴趣点,却是人类学家、生物学家等自然科学家专业领域的研究。但是,人类依然很好奇。有很多种预测和分类,这里简单介绍两种:一种是人类自然演化后,未来的大致特征;另一种是人类未来可能出现的新形态。

(1)未来人类的特征。近现代科学尤其是考古学已经证明,人类作为一个物种并不是一成不变的,而是随着时代变迁而变化。因而,从一般规律角度来看,人类未来必然发生一些特征变化。不同学科也从不同角度进行了一定的预测。

第一,大脑可能变小。人类演化史上,人类的脑含量一直在增长;但是,当脑含量增长到一定程度就开始变成了负担,因而需要在量级上升级,类似于芯片,体积越来越小,但承载的信息越来越多。

第二,体型的变化。体型的变化一直受制于自然竞争和人类社会竞争的淘汰,因而体型越大越有优势。但是,未来人类的主要任务并不是应对自然或内部斗争,而是探索宇宙。人类掌握了基因编辑技术以后,有可能按照宇宙的需要设定体型。

第三,肤色中和。随着世界越来越开放,不同种族的通婚率越来越高,人类的肤色也逐渐向中和后的颜色转变。尤其是经过全世界范围的人口流动,棕黄色、浅黄色的肤色可能成为当时人类的主要肤色。

(2)人类未来的形态。在漫长的自然演变中,人类的形态其实一直在发生改变,这些知识已经得到科学考古的证实。通过科学家出土的古人类化石来看,现代人类与古代人类在体型样貌上还是有着不小的差距,古代的人类体型较小、骨盆较大、脑袋比较细长;而现代的人类体型高大,脑袋也变得越来越小。这其实是在进化的过程中,人类为了适应环境变化而做出的牺牲改变。因此,未来的人类与现在的我们在外貌上也是存在差异的。接下来的这五种形态猜测,或许就能让我们对未来人类有一个大致的了解。

第一种,半机器人。在《阿丽塔》这部电影中,我们看到的是与众不同的事件,电影中的主人公都是半机器人。因此,有人猜测未来的人类或许也会进化成这样的姿态,人工智能是未来世界发展的必经趋势。为了对抗各种病症,人类会把身体的部位替换成智能机器,这样就可以降低患病的概率,人体的能量也会越来越强。

第二种,幸存人。地球在偌大的宇宙中,并不是绝对安全的,在地球存在的几十亿年的时间中,就曾发生多次生命灭绝事件。小行星的撞击、气候的剧烈变化以及人类发动的战争等,都有可能成为打压人类的最后一棵稻草。如果到了未来,地球真的爆发了毁灭性战争,或者经历了巨大的自然灾害,也许只有小部分人能幸存下来,这些幸存下来的人将会分散到世界各个角落,最终在自然选择的压力下成为最后的胜者。这些幸存下来的人类生命力是非常顽强的,他们的皮肤会抵抗各种各样的辐射。如果地球遭遇了严重的生化危机,这些抵抗力强的人便会幸存下来,进行繁衍,最终形成与众不同的新种族。他们在面对各种灾害和危机的时候,都显得游刃有余,从而成为地球上的新主人。

第三种,单一人。科学家曾经预测,未来地球上的人类虽然还在继续进化,但是不会出现太大的差别,目前人类拥有的语言多达6 000多种,到了那个时候,人类的语言将会缩减到600种。由于全球化趋势的加速,不同肤色的人融合在一起,慢慢地,种族特征就会消失,最终成为单一的人群,实现真正的肤色统一。当然,那个时候也意味着人类因为缺乏基因的保护性而更容易得传染性疾病。

第四种,基因人。科学家认为,未来的人类是可以自行选择基因的,抛弃有害的,选择优异的,这样可以使人类的优点更加突出、体格更加强壮、智商更加超群。如果这种技术真的能够实现,人类将会大大减少患病的概率,生命也能得到延长。

第五种,太空人。地球总有一天会消亡,如今全球的环境正在不断恶化,如果人类想要继续生存下去,就必须寻找第二家园,也许未来的人类已经不在地球上生存了,他们可以在太空中随心所欲地旅行,乘坐宇宙飞船便可以到达第二个星球定居。

3. 哲学层面未来的人

人都是一定生产方式下具体的人,用现在的思维分析古人和描述未来的人,都是有一定问题的。不能用现在的思维来分析未来人的具体状态,但是可以进行合理的预测和假想。

马克思和恩格斯在《共产主义原理》《共产党宣言》《哥达纲领批判》等著作中都有或多或少的论述,这里仅仅综合概述以下几点:

(1) 没有阶级压迫的生活状态,每个人有了自由而全面发展的条件。通过工业化或后工业化的技术,基本生活物资的极大充裕,人口基本维持在一定水平。消除生存危机之后,每个人都可能为了实现个人价值尤其是未知技术而自由奋斗。

(2) 废除私有制,对物质的追求和占有将失去吸引力。"由社会全体成员组成的共同联合体来共同而有计划地尽量利用生产力;把生产发展到能够满足全体成员需要的规模;消灭牺牲一些人的利益来满足另一些人的需要的情况;彻底消灭阶级和阶级对立;通过消除旧的分工,进行生产教育、变换工种、共同享受大家创造出来的福利,以及城乡的融合,使社会全体成员的才能能得到全面的发展;这一切都将是废除私有制的最主要的结果。"

(3) 每个人的精神境界受到当时生产方式的影响,已经有了极大提高。共产主义彻底消除了人与人之间的利益差别和利益矛盾,从而消除了阶级产生的基础,人类社会从此走向无阶级社会,国家随之自动消亡,人类实现真正的和谐。

第三节 人与自然界的关系问题及其回答

在人类社会发展过程中,人与自然界的关系是一个人由弱变强、由强变和的过程。在原始社会,人类能够切身感受到来自自然界的演化,但是不愿意相信来自自然界的演化而更愿意相信是一种神秘力量创造了人,并可以保护人类。在奴隶社会和封建社会,人类改造自然界能力的增强,天人关系发生较大变化。即使统治阶级依然使用神灵力量,基本上也是出于统治目的。中国哲学,早在春秋战国时期就提出了"天人合一"的朴素自然观。在资本主义社会,尤其是工业革命以来,技术变革在哲学领域就演变为征服自然的逻辑,人的核心地位得以树立,但是对自然界的掠夺也让人类遭受了自然界的惩罚。在现代社会,人类的视野更加开阔,一方面联合保护自然界,另一方面大力探索外太空。

一、人的核心地位

人是自然界和社会领域的核心,这是生物演化的结果。但是,真正科学确立这样的理念也经历了数千年时间。人的核心地位,并非人类可以任意对待自然界,而是人类经过演化和自然选择必须承担起认识世界和改造世界的重任。

(一)人类的演化问题及其科学回答

1859年,英国生物学家达尔文出版《物种起源》,阐明了生物从低级到高级、从简单到复杂的发展规律。1871年,他又出版了《人类的起源与性的选择》,列举许多证据说明人类是由已经灭绝的古猿演化而来的。但他没有认识到人和动物的本质区别,也未能正确解释古猿如何演变成人。

恩格斯充分肯定了达尔文的伟大贡献,他在《反杜林论》中指出:"达尔文从他的科学旅行中带回来这样一个见解:植物和动物的种类不是固定的,而是变化的……这样,一方面,物种在一定程度上的变异性得到了证实;另一方面,具有异种特征的有机体可能有共同的祖先这一点也得到了证实。物种就这样通过自然选择、通过适者生存而发生变异。"①

恩格斯提出了劳动创造人类的科学理论,1876年他写了《劳动在从猿到人转变过程中的作用》一文,指出人类从动物状态中脱离出来的根本原因是劳动,人和动物的本质区别也是劳动。文章论述了从猿到人的转变过程:古代的类人猿最初成群地生活在热带和亚热带森林中,后来一部分古猿为寻找食物下到地面活动,逐渐学会用两脚直立行走,前肢则解放出来,并能使用石块或木棒等工具,最后终于发展到用手制造工具。与此同时,在体质上,包括大脑都得到相应的发展,出现了人类的各种特征。恩格斯把生活在树上的古猿称为"攀树的猿群",把从猿到人过渡期间的生物称作"正在形成中的人",而把能够制造工具的人称作"完全形成的人"。随着化石材料的不断发现、测定年代方法的不断改进,人们对人类起源的认识也不断深化。尽管存在的问题还有很多,但已经可以大致勾勒出人类起源和发展的线索。

《家庭、私有制和国家的起源》一书写于1884年3—5月,是恩格斯晚年的一部著作,他运用历史唯物主义系统分析了原始社会的形成,通过对原始社会的婚姻、家庭、氏族、私有制的探讨,进而引出国家的起源问题,让人们认清国家的本质,并揭示了国家有其自身的产生、发展和灭亡的过程。

该书第一章叙述了史前文化阶段和原始社会分期问题,把史前文化分为蒙昧时代、野蛮时代和文明时代,前两个时代又可分为低级、中级和高级三个阶段。恩格斯进一步完整表述两种生产理论,将生活资料的生产和人自身的生产看作制约人类社会发展的核心要素,阐明了人类社会从血缘关系向阶级关系演进的历史条件和社会基础。他指出,根据唯物主义观点,历史中的决定性因素,归根结底是直接生活的生产和再生产。生产本身又有两种:一种是生活资料,即食物、衣服、住房,以及为此所必需的工具的生产;另一种是人自身的生产,即繁衍。在生产力水平低下的原始社会早期,决定人类社会制度的主要因素是血缘关系,但随着生产力的发展和社会分工的复杂化,社会制度越来越多地受到劳动发展阶段和所有制的支配。

该书运用了摩尔根所写的《古代社会》中的很多资料,但是其关键在于用历史唯物主义观点重新解释了这些资料。可以说,摩尔根从生物层面解释了人类

---

① 马克思恩格斯选集(第三卷)[M].北京:人民出版社,2012:444—445.

的起源,恩格斯从哲学层面解决了人类的起源问题。从此,人类再也不是任何神秘力量的产物了,而是真正成为主体,并居于核心地位。

(二)人类认识世界和改造世界的规律

生命的意义在于传承,主要方式就是认识世界和改造世界,进而寻求最适宜的传承方式。人类自从诞生到成为地球的统治者,就开始了认识世界和改造世界。自从有了人类,地球的面貌便发生了极大的改变。

认识世界和改造世界要实现主观能动性与客观规律性的辩证统一,两者的辩证关系主要表现在以下几个方面:

(1)尊重客观规律是发挥主观能动性的前提。规律是事物发展变化过程中本身所固有的内在的、本质的、必然的联系,所有的自然学科、社会学科和思维学科的任务就是不断地发现和总结规律。人们只有在认识和掌握规律的基础上,才能够更好地认识世界、更加有效地改造世界。人们创造历史,不是随心所欲地创造,只有在遵循历史规律的基础上,把握时代脉搏和契机,才能够成为历史的引领者。

(2)在尊重客观规律性基础上充分发挥主观能动性。在规律面前,人的行动会较大的受到限制,但是也会极大地开拓思路和空间。人们能够按照规律去改造世界,以满足自身的需要。

人是主体,也是核心,因此要在客观基础上充分发挥主观能动性。发挥主观能动性需要三个方面的前提条件:

(1)从实际出发是正确发挥人的主观能动性的前提。人类社会的发展是不断摸索前进的,虽然可以总结历史经验,但是既有经验往往也会存在不足,导致人类无法按照实际出发。在自然科学和社会科学领域,既有的知识体系也有可能具有局限性,尤其是在解决新生问题之时,往往需要新的研究方法,这也阻碍了人们从实际出发。与此同时,还有很多领导者往往由于充满了理想主义或者过于自信而忽视了现实条件,进而影响了从实际出发。

(2)实践是正确发挥人的主观能动性的基本途径。正确的认识要转变为现实的物质力量,只有通过物质的活动即实践才能得到解决。没有实践,一切都只是空想,都只能停留在思维层面而无法转化为具体的物质力量。

(3)正确发挥人的主观能动性,还需要依赖于一定的物质条件和物质手段。自然科学实验需要一定的基础装备和仪器,这只能在一定的历史时期才能出现。

任何一个人,所处的时代同样决定了他使用的生产工具,这些物质条件都是由时代决定的。

(三)终极人类的可能性问题及其预测

任何物种都是在不断演化的,也都是会灭亡的,或者产生新的物种,或者彻底灭亡。根据当今科学研究表明,今天的人类是智人的后代,智人是由古猿进化而来的。其中,古猿进化出众多分支人类,只有智人最终生存下来,其他人种都灭亡了。

目前看来,当今人类已经是肉体生物演化的一个极致了,当然还有一定的发展空间。尤其是智能的提升、身体构成的提升等,但是肉体生命终究暴露出越来越多的弱点。终极人类是什么样子,未来世界的人前文已述,此处重点介绍人工智能出现以后对人类的影响。

人工智能是把人的部分智能活动机器化,让机器具有完成某种复杂目标的能力,实质上是对人脑组织结构与思维运行机制的模仿、是人类智能的物化。

(1)将机器转移到人类身上。随着人工智能技术的发展和现代医学的进步,人与机器进行结合逐渐成为现实。在当今的医疗水平下,人体植入的机器尚无法完全代替人体机能,但是部分器械(如心脏起搏器等)也发挥了重要作用。

(2)将人类智能转移到机器上。目前开发的机器人都处于弱人工智能时代,未来将出现强人工智能时代和超人工智能时代,那时候的智能机器人将会超出现代思维的范围。

人工智能本质上是人的意识能动性的一种特殊表现,是人的本质力量的对象化和现实化。它的运用首先在于生产生活的提效,最终将用于人类自身。

人工智能不能取代或超越人类智能,这是一个哲学问题。就目前而言,有三个难题,即人工智能无法取代或者超越人类智能的三个制约因素:

(1)人类意识是知情意的统一体,而人工智能只是对人类的理性智能的模拟和扩展,不具备情感、信念、意志等人类意识形态。未来,人工智能会模拟人的情感、信念、意志等人类意识形态,或者是主动开发属于人工智能的意识形态,创造出属于人工智能自身的意识演化形式,但是这个演化形式目前尚不具备超越的现实可能性。

(2)社会性是人的意识所固有的本质属性,而人工智能不可能真正具备人类的社会属性。人的社会性是从群居动物的群居性逐渐演化而来的,同时又超越了动物的群居性,具有了人的类属性。目前,人工智能只是智能个体的简单交互,甚至无法形成有效的关系链接,因而目前尚难以形成人工智能社会性。未来人工智能有可能演化出自身的社会性,并建立起一定的社会关系和社会伦理,但是这个过程是相当漫长的。

(3)人类的自然语言是思维的物质外壳和意识的现实形式,而人工智能难以完全具备理解自然语言真实意义的能力。人类语言是在实践过程中逐渐发展起来的,是为了解决实际交往过程中的现实困难,并且经历了漫长的演化。目前的人工智能尚处于模拟人类语言阶段,不具备自我语言功能。未来,人工智能可能生成自己的机器语言,但是也需要经过漫长的实践检验。

人工智能要想超越或者取代人类智能就必须超越这三个障碍,从人类与人工智能对立的角度来看,这种可能性不大,因为人类会控制人工智能。从人类与人工智能融合的角度来看,未来终极人类应该是人类与人工智能的结合体,他们超越的是现代人类智能,而他们已经演化成新的人类了。这也是人类探索更遥远的宇宙的最大的可能性,毕竟依赖肉体生命进行星际移民和探索至少在当前阶段是不现实的。

人的核心地位的确立,是宇宙演化尤其是自然界演化的重要阶段,是人取代神支配世界演化的重要觉醒。

同样道理,机器人的核心地位确立也是历史发展的整体趋势,正如动物界中出现了人类,也正如动物从生命演化中出现一样。机器人也将建立他们自己的秩序,适应他们认识世界的方式和生存方式。

通过辩证法过程论,可以很容易理解,任何事物都不是永恒的,都会灭亡。人类同样不会永恒存在,也只是生命演化中一个过程;同样道理,机器人也不可能永远存在,也会被更新的"生命体"所取代。

二、人与自然界的关系

人源于自然,人与自然原本并不存在相互分离的关系,因为人与自然原本就是一体的。但是,自从人类超越其他生物之后,人类的自我意识就开始发挥作用,产生了人与自然界的关系问题。1845年春天,马克思撰写了《关于费尔巴哈的提纲》,通过对旧哲学的批判分析,引导我们从实践观出发去理解人与自然的关系;通过运用实践观来剖析世界观和历史观的重大问题,引导我们从人的本质关系中去把握人与自然的关系;通过论述哲学的阶级立场和历史使命,引导我们看到人与自然的关系背后所具有的强大的社会力量。

(一)人与自然的互动

在漫长的人类发展进化过程中,对自然界的恐惧、对自然的神化、对自然的随意支配以及与自然的和谐共生,是宏观的基本的脉络。

从实践观的角度来看,旧唯物主义感性直观的思维方式出发去认识人与自然的关系。[①] 在旧唯物主义那里,只会简单地把人对自然的认识关系看作被动的适应而不是主动的创造关系,人只能消极被动地了解和认识自然,而不会如荀子所说的"知天命而用之"。旧唯物主义更不能准确认识到,人类只有以感性的自然为对象,运用人们自身的力量、发挥自己的作用,借助外界物质工具和手段,才能正确地认识自然、认识自然规律、认识人与自然的关系问题,从而利用和改造自然,以更好地造福人类。

唯心主义承认人的意识具有主观能动性,但把意识当成世界的本原,把自然界看作客观的绝对精神的外化、理念的影子,或者从自身的原则和先天的认识出发,主张人为自然立法。同时,它只停留在观念上去改造自然界,而不是现实地改造自然界。可以肯定的是,这种观点认为自然界不再是与人无关的存在物,而是人的意识劳动的产物。同时,这种观点的危险性在于,他把人的思维和理性放大,宣扬人作为中心有支配自然的权力,最终走向人类中心主义。

从人的本质的角度来看,旧唯物主义人的"类"本质中认识人与自然的关系;虽然人和动物都是自然存在物,但人和动物不一样,动物是被动性的存在物,人则是主动性的存在物,人比动物更强在于,人是劳动的对象性存在物。动物直接以自然属性去表现自己生命本质的现象,在自然环境面前是无能为力的,当自然环境改变时,动物只能通过改变自身来适应环境;而人能够有目的地按照美的规律生产和构建一个属人自然界,在改造自然界的实践活动中表现自己的本质。并且在这种改造自然界的过程中,自然界满足了人类的生产物质资料的需要;同时,人类也生产着自己,即给自己带来了成就感和乐趣感,从而在一定意义上满足了人的精神需要。

---

① 朱海艳.从《关于费尔巴哈的提纲》中认识人与自然的关系[J].贵州工程应用技术学院学报,2019,37(05):68—72.

在"人的依赖关系"的历史形态中,人的生产能力是在狭窄的范围和孤立的地点进行的。由此,人对自然有着极强的依赖性,完全依赖于自然界所提供的现成的自然物生活,人是被动于自然存在的,并不自由。这个阶段,人对自然的认识仅仅停留在表面,人也只是盲目地、动物式地适应自然、屈服自然。自然界与人类相比,自然更具有主体性,人更具有客体性。人虽不自由,但人与自然的关系处于协调的秩序之内,体现为一种崇拜顺应性的自然观。

在"以物的依赖性为基础的人的独立性"历史形态中,个人不再是单纯地受制于自然,而是可以主动地认识和利用自然规律、突破约束求得自由,表现出人有目的地改造自然界。只要不打破自然规律,人与自然的关系就是和谐稳定的,表现出一种朴素的有机论自然观。然而,随着生产力水平的不断提高,人类改造自然界的能力大大增强,而这种改造能力的强化使得人类力求突破自然规律,由此,人与自然之间的关系发生着改变。

从阶级立场的角度来看,认识人与自然的关系不仅要从自然层面去了解现象,更要从其社会因素去看本质。费尔巴哈不了解"实践""现实的活动",最终把人与自然矛盾的解决途径引向了神秘的宗教。马克思肯定了他把宗教世界归结于世俗基础,即上帝的本质是人的本质的虚幻反映,没有神或上帝的存在。费尔巴哈虽然是唯物主义者,但他只停留在人的自然和心理层面去探讨宗教的根源,未能找到产生宗教的社会根源和消除宗教的真正途径,这是因为费尔巴哈是资产阶级利益的忠实代表。

(二)科学规律破除人类对自然界的恐惧

马克思在《关于费尔巴哈的提纲》中,从实践观、人的本质、阶级立场等多维角度对人与自然界的关系进行了简要概括,是从哲学层面科学认识人与自然界关系的重要著作,用科学规律破除人类对自然界的恐惧,指明了人类与自然界和谐相处的道路。

(1)从被动实践到主动改造。在人与自然的关系上,马克思认为实践是理解人与自然关系的关键,实践关系是人与自然的首要基本关系。人作为自然的对象性存在物,是受动的、受制约的和受限制的。自然是人类进行"物料交换"不可缺少的对象,是人类存在的必要条件,因此,自然界制约着人的活动和人的本质表现形式,但是,人又作为劳动的对象性存在物,可以在认识自然中改造自然,使自然界为自己服务。马克思所讲的实践,首先指出:"人应该在实践活动中证明自己思维的真理性,及自己思维的现实性和力量,自己思维的此岸性。"①

(2)从生物属性到社会属性。马克思从科学的视角出发,提出人的本质不是单个人所固有的抽象物,"在其现实性上,它是一切社会关系的总和"②。因此,人的本质表现在人们的人与社会关系中,社会关系是人的本质的直接规定和体现。但我们要看到人与社会关系背后的人与自然之间的关系,不同的社会实践水平决定了不同的社会关系,从而也决定了不同的人的本质以及不同的人与自然的关系。

(3)从抽象检验到科学检验。马克思主义中人与自然的关系思想不仅是一个理论问题,更重要的是一个实践问题。在《关于费尔巴哈的提纲》最后一条,马克思从新哲学的历史使命的角度表达了它的重要作用,"哲学家们只是在用不同的方式解释世界,而问题在于改变世界"③。这里的哲学家们是指一切的唯物主义者和唯心主义者,由于他们不懂实践、不懂理论与实践的关系,所以只能把哲学理论以唯心或者唯物的方式说明和解释世界,提不出改造世界的任务,更不能成为改造世界的物质力量。而马克思主义哲学不同于一切旧哲学,在人与自然的关系上,它不仅关注对自然界的说明解释,更关注对自然界合理的改造,以及把在改造自然界的实践活动中产生的理论再次作用于对自然界的解释,即在人与自然的和谐关系上把认识自然界和改造自然界统一起来,作为自己的重要义务和历史使命。

(三)人与自然和谐共生的哲学关注

在人与自然的关系中,旧唯物主义无法超越资产阶级社会,不仅不能合理地认识人与自然的关系,反而把阶级压迫和阶级剥削推向极点,而新唯物主义以实现共产主义、解放全人类为目标,这里的人与自然的关系是和谐统一的。通过对新世界观的阶级立场的分析,我们能看到形成人与自然和谐统一关系背后的强大社会群众力量的参与。同时,新世界观即马克思主义哲学不仅仅是解释说明人与自然的关系,更关注对自然的改造,以及把在改造自然的实践活动中的所得的理论进行升华,用于指导下次改造自然的活动,从而对人与自然的关系获得更深的认识。通过对新世界观的历史使命的分析,我们能看到处理人与自然关系

---

① 马克思恩格斯文集(第一卷)[M].北京:人民出版社,2009:500.
② 马克思恩格斯文集(第一卷)[M].北京:人民出版社,2009:501.
③ 马克思恩格斯文集(第一卷)[M].北京:人民出版社,2009:502.

背后理论力量的强大实践指导作用。

新中国成立以来,在对待人与自然关系上,依次主张人定胜天(社会主义建设阶段)、资源换速度(改革开放阶段)、科学发展重质量(新世纪)和生态文明一体化(新时代),这一过程浓缩了从农业社会、工业社会到知识信息社会的进程,也浓缩了自然观演化理念。尤其是经过"两山理论"的探索实践,将经济发展与自然生态由零和博弈的状态转向同一向度的融合,将生态治乱提高到文明兴衰的历史哲学高度,将古代天人合一的存在方式提升到现时代"生态文明一体化";这既为经济新常态的存在方式提出了更高质量效益要求,也为民族复兴的长久延续拓展了横向空间和历史时间。①

2005年,习近平同志在浙江安吉余村考察时,提出了"绿水青山就是金山银山"的科学论断。"两山"是指绿水青山和金山银山,前者代表自然生态,后者代表经济发展。二者往往难以协调,根源在于生产方式的约束、思维方式的限制以及需求层次的禁锢。随着人类社会发展进步,经济社会发展与生态保护之间的平衡问题逐渐成为发展的时代之问,自然主义中心论还是人类主义中心论、加速资源换发展还是发展方式转型、生态文明有益还是伤害人类文明等自然而然地成为横亘时代面前的自然观之问。源于习近平同志主政浙江期间的"八八战略"实践探索,终于给出了"两山理论"的完美阐释,明确了自然中心与人类中心的融合性、发展方式转换与美丽中国的统一性、生态文明与人类文明的一致性。

2022年10月,党的二十大报告指出,我们坚持绿水青山就是金山银山的理念,坚持山水林田湖草沙一体化保护和系统治理,生态文明制度体系更加健全,生态环境保护发生历史性、转折性、全局性变化,天更蓝、山更绿、水更清。

中国式现代化是中国共产党领导的社会主义现代化,既有各国现代化的共同特征,更有基于自己国情的中国特色。中国式现代化是人口规模巨大的现代化,是全体人民共同富裕的现代化,是物质文明和精神文明相协调的现代化,是人与自然和谐共生的现代化,是走和平发展道路的现代化。

中国式现代化的本质要求是:坚持中国共产党领导,坚持中国特色社会主义,实现高质量发展,发展全过程人民民主,丰富人民精神世界,实现全体人民共

---

① 朱国华,吴兆雪.习近平新时代中国特色社会主义思想的理论创新[J].广西社会科学,2019(09):7—14.

同富裕,促进人与自然和谐共生,推动构建人类命运共同体,创造人类文明新形态。

大自然是人类赖以生存发展的基本条件。尊重自然、顺应自然、保护自然,是全面建设社会主义现代化国家的内在要求。必须牢固树立和践行绿水青山就是金山银山的理念,站在人与自然和谐共生的高度谋划发展。

我们要推进美丽中国建设,坚持山水林田湖草沙一体化保护和系统治理,统筹产业结构调整、污染治理、生态保护、应对气候变化,协同推进降碳、减污、扩绿、增长,推进生态优先、节约集约、绿色低碳发展。

我们要加快发展方式绿色转型,实施全面节约战略,发展绿色低碳产业,倡导绿色消费,推动形成绿色低碳的生产方式和生活方式。深入推进环境污染防治,持续深入打好蓝天、碧水、净土保卫战,基本消除重污染天气,基本消除城市黑臭水体,加强土壤污染源头防控,提升环境基础设施建设水平,推进城乡人居环境整治。提升生态系统多样性、稳定性、持续性,加快实施重要生态系统保护和修复重大工程,实施生物多样性保护重大工程,推行草原森林河流湖泊湿地休养生息,实施好长江十年禁渔,健全耕地休耕轮作制度,防治外来物种侵害。积极稳妥推进碳达峰碳中和,立足我国能源资源禀赋,坚持先立后破,有计划分步骤实施碳达峰行动,深入推进能源革命,加强煤炭清洁高效利用,加快规划建设新型能源体系,积极参与应对气候变化全球治理。

第四章
认识论与实践观

认识论是哲学继本体论之后的又一个重大研究方向,主要是探索人类思维的本质结构与客观实在的关系、发生发展经过及其规律的哲学学说,也被称为知识论。前文我们提到过,刚开始古代哲学家由于不清楚人类居住的环境,因此对人类的起源、世界是什么特别好奇,随着人类经验的增加,各种世界观纷纷涌现,我们称这些研究世界本原的理论为本体论。当哲学家基本上认为大致清楚世界本源是怎么一回事了,就开始对人类本身感兴趣了,这个人类本身主要是人类的智慧明显区分于其他动物,他们对智慧演化无法解释,所以好奇。

马克思于1845年撰写的《关于费尔巴哈的提纲》中将实践引入认识论,批判了旧唯物主义认识论。马克思概括性地指出了包括费尔巴哈在内的一切旧唯物主义的主要缺点,就在于不了解社会实践活动的意义,阐述了实践是辩证唯物主义认识论的基础,表明了新旧唯物主义的根本区别。

1876年9月—1878年6月,恩格斯在《反杜林论》中,首次全面而系统地阐述了马克思主义的理论体系,其中包括对意识尤其是物质与意识的关系进行了系统论述,并引入实践观等内容,将认识论进行了系统性改造。

1886年,恩格斯撰写了《路德维希·费尔巴哈和德国古典哲学的终结》,不仅系统阐述了马克思主义的来源,而且阐述了唯物辩证法,其中从认识论的角度进行了论述。

认识的过程,同时是实践的过程,这就导致认识论与实践观紧密联系在一起;同样道理,历史观与实践观也是紧密联系在一起的。

认识论的核心问题可以归结为:意识的本质问题,即意识到底是什么?认识的本质问题,即如何实现认识？认识到的意识结果能否表达认识的事物？实践能不能实现认识？认识过程中的真理是什么？认识过程中的价值是什么？

这些问题构成了认识论的核心范畴,破解认识论就必须科学回答这些问题。

第一节 认识本质问题及其回答

认识是基于人作为主体的,人类到底如何认识到事物的,这是认识的本质问题。它又包含两个问题:一是人类如何实现认识事物？二是作为认识的前提的意识,本质上是什么？除了人类之外,众多生命体均有意识,这也曾经让历史上的哲学家感到困惑。

一、意识的本质问题及其演化过程

正如许多物体具有的属性一样,生命体会演化出意识,意识发展到一定阶段就会出现高级智能。但是,这一过程十分漫长。现代科学正在模拟生命诞生和发展过程,至少已经明确证实,人类智能是由低等级生命逐渐演化而来的,并且自然界中也是可以自己演化成生命体的。

（一）人类对意识的猜测与困惑

在人类社会早期,本体论与认识论是混杂在一起的,人类对世界的认识和对认识本身的认识往往借助于神秘力量进行解释,这种神秘力量可能是外在塑造的神灵,可能是人自身的神秘力量,也可能是世俗化的实体神秘力量。

在生物学和医学得到充分发展之前,从哲学上进行科学解释是非常困难的。因为任何哲学思想都是受限于自然科学的发展阶段,直到近代科学技术的全方位进步,人类对意识的猜测与困惑才略微减轻一些。

在自然科学对意识的认识问题上,达尔文的进化论是近代自然科学发展史上极为重要的一个思想成果,对哲学思想的发展起到了很大的推动作用,也开始引导自然科学角度解释科学意识的新方向。达尔文在1859年出版的《物种起源》一书中,系统地阐述了进化学说,它论证了两个基本问题：

一是物种是可变的,生物是进化的。当时绝大多数生物学家在阅读了《物种起源》之后,很快地接受了这个事实,进化论从此取代神创论,成为生物学研究的基石。即便是在当时,有关生物是否进化的辩论,也主要是在生物学家与基督教传道士之间,而不是在生物学界内部进行的。关于现存生物之间的外在比较以及生物考古的历史对比等丰富的资料,都证明了生物并非静止不变的,而是动态发展的,这与哲学上有关理论尤其是辩证法过程论有了完美的对接。

二是自然选择是生物进化的动力。生物都有繁殖过盛的倾向,而生存空间和食物是有限的,生物必须"为生存而斗争"。在同一种群中的个体存在着变异,那些具有能适应环境的有利变异的个体将存活下来,并繁殖后代,而不具有有利变异的个体就被淘汰。如果自然条件的变化是有方向的,则在历史过程中,经过长期的自然选择,微小的变异就得到积累而成为显著的变异,由此可能导致亚种和新种的形成。

在哲学对意识的认识问题上,黑格尔哲学达到了一个巅峰。黑格尔的唯心主义哲学,把某种神秘的宇宙精神即所谓"绝对观念"看作现实事物的本原,把发展看作宇宙精神、"绝对观念"自我发展、自我认识的过程。这种发展分为逻辑阶段、自然阶段和精神阶段,同这三个基本阶段相适应,黑格尔的哲学体系分为逻辑学、自然哲学和精神哲学三个部分。

(1)逻辑阶段或规律阶段。在第一阶段中,这种精神通过一系列纯逻辑概念的推演,到达"绝对观念",这是最高概念,是这个阶段的终点。黑格尔认为,这个物质世界存在着一种不以人的意志为转移的客观规律,当然,这种规律也不以任何思维水平升级发展而改变,是一种不变的规律,当思维发展到一定阶段就可以认识到这种规律,这种规律就是"绝对观念"或"绝对理念"。

(2)物质世界阶段。"绝对观念"又作为第二个阶段的起点,外化为自然界。物质世界是如何诞生的,黑格尔认为是"绝对理念"或者超脱人类认知的规律所导致的,这种规律支配着自然界的运转,包括从诞生到灭亡。

(3)人类社会阶段。人类社会是自然界发展的产物,这在当时的科学界已经得到证实和公认。黑格尔认为,当自然界出现了人,就进入第三个阶段,"绝对观念"在人的精神的发展中,即在思维和历史中,最后完全认识了自己,结束了全部发展过程。认识包括对自然界规律的认识、对人类社会规律的认识以及对人自身的认识,这些认识最终的结果就是静态的、永恒的绝对真理。

基于上述论述和判断,黑格尔宣称,他的哲学就是对"绝对观念"认识的完成,就是绝对真理,从此,哲学再也不可能发展了。与此相适应,他认为在历史中,"绝对观念"应当在等级君主制的普鲁士王国中得到实现,普鲁士王国就是历史发展的顶峰。这种观点在事实上已经成为保守的、封闭的、落后的哲学观点，并成为革命背景下维护封建王朝的帮凶。

恩格斯深刻阐述了从黑格尔哲学体系和方法的矛盾中应该得出的重要结论。在黑格尔哲学体系中包含着极其丰富的思想内容，概括了以往哲学的全部发展。因此，对它应该采取科学的态度，要批判其唯心主义体系，发现和吸取其辩证法思想的珍宝。黑格尔哲学体系和方法的矛盾表明，必须放弃那种追求一举完成"绝对真理"的哲学体系，而是要通过具体科学、通过用辩证法去概括这些科学成果，去追求可以达到的相对真理，去不断发展人们的认识。黑格尔的体系作为体系来说，是一次巨大的流产，而黑格尔哲学的丰富成果和它的辩证方法的启示，使得超越旧哲学的历史局限成为可能，因此在黑格尔那里，以往那种作为"绝对真理"体系的旧哲学从此也就完结了。

恩格斯在《反杜林论》中指出："如果完全自然主义地把意识、思维当作某种现成的东西，当作一开始就和存在、自然界相对立的东西，那么结果总是如此。如果这样，那么意识和自然、思维和存在、思维规律和自然规律如此密切地相适应，就非常奇怪了。可是，如果进一步问：究竟什么是思维和意识？它们是从哪里来的？那么就会发现，它们都是人脑的产物，而人本身是自然界的产物，是在自己所处的环境中并且和这个环境一起发展起来的；这里不言而喻，归根到底也是自然界产物的人脑的产物，并不同自然界的其他联系相矛盾，而是相适应的。"[1]

（二）意识的发展阶段

马克思主义经典作家在后续的研究中，进一步通过意识的发展阶段揭示了意识的本质。马克思主义把意识的产生与从猿到人联系起来，与人的大脑的形成联系起来，与人类劳动联系起来，开辟了认识意识现象的科学道路。

恩格斯在《劳动在从猿到人转变过程中的作用》这篇著作中，运用了唯物辩证法的基本原理，援引了生物学家达尔文的"生长相关律"，论述了由于手从事劳动而引起的整个机体结构的变化，他指出："首先是劳动，然后是语言和劳动一起，成了两个最主要的推动力，在它们的影响下，猿的脑髓就逐渐地变成人的脑髓；后者和前者虽然十分相似，但是就大小和完善的程度来说，远远超过前者。"[2]

---

[1] 马克思恩格斯选集(第三卷)[M].北京：人民出版社，2012：410—411.
[2] 马克思恩格斯选集(第三卷)[M].北京：人民出版社，2012：992.

1.意识的本质

意识是物质世界长期发展的产物,是人脑的机能和属性,是物质世界的主观反映。

(1)从起源来看,意识是自然界长期发展的产物,也是社会历史发展的产物,尤其是人类意识更是在社会历史实践过程中缓慢形成的,这个过程中不存在任何神秘因素和不可认知的因素。意识并不具有神秘之处,只是物质的反映而已,是物质世界发展到一定程度的产物。

(2)从本质上来看,意识是人脑这样一种特殊物质的机能和属性,是客观世界的主观映像,因此意识在内容上是客观的、在形式上是主观的;意识是物质的产物,但又不是物质本身。

马克思指出:"观念的东西不外是移入人的头脑并在头脑中改造过的物质的东西而已。"[①]这表明,物质决定意识,意识依赖于物质并反作用于物质。

2.意识的发展阶段

从意识的起源来看,意识发展经历了以下三个阶段:

(1)物质特性到低等生物刺激感应性。任何物质、任何生物都具有自身的特性,是天然自然的,是原本就有的自然属性。例如,水的特性就包含了在不同温度下呈现气态、液体和固态。无机界没有感觉或意识,只具有物理的和化学的反应。水滴石穿、岩石风化、空谷回音,以及"风吹水面层层浪,雨打沙滩点点坑",都是无生命物质的反应。

当物质世界演化出生命体之后,生命体的组合便推动了生物进化,进而形成低等生物,这些低等生物就具备了一定的刺激感应性。低等动物和整个植物界没有神经系统,只能对直接作用于它们的环境具有刺激感应的能力。刺激感应性已经不是单纯的物理反应和化学反应,而是这样一种反应能力:它使机体能够适应变化了的外界条件,使生物机体能保持新陈代谢的正常进行以维持其生存。例如,向日葵随着太阳的运行而转动、含羞草碰到外物时收拢自己的叶子、变形虫能逃避不利于它的化学药品等。这种刺激感应性虽然不是感觉,但已经包含了感觉的萌芽。

(2)低等生物刺激感应性到高等动物感觉和心理。灵长类是生物演化从低

---

① 马克思恩格斯选集(第二卷)[M].北京:人民出版社,2012:93.

等生物、植物、动物这一轨迹中发展而来的,具备了感觉和心理。

低等动物发展为高等动物,适应越来越复杂的生存条件,有机体的各种组织也越来越专门化,产生了专门的反映机构,即神经系统。神经系统逐步发展,出现了中枢神经(包括脑和脊髓)和周围的神经系统。中枢神经系统的调节中心就是大脑。有机体通过神经系统与环境发生联系,这种联系的基本形式有两种:无条件反射和条件反射。无条件反射是某种刺激物直接引起的反射,比如食物直接刺激口腔引起唾液分泌、眼睛在强光照射下瞳孔缩小。条件反射则是由某种刺激物的信号引起的反射,比如喂养的鸡、狗、猫、猪等家禽家畜经过多次重复后,一旦听到主人的信号,就会立即跑来觅食等。按照巴甫洛夫的学说,无条件反射和条件反射具有初步反映外界或自己内部发生着的那些物质过程的能力,这种能力就是动物的心理或低级的意识。

由于高等动物具有条件反射的机能,因而能够从事比较复杂的活动,并可能产生一定的感觉和心理活动。高等动物的心理不仅包括感觉、情感,甚至可能有简单的分析和判断能力。例如,猴子可以借助木棒获得放在高处的食物,鹦鹉可以简单地模仿人的语言,狗在高兴时会摇头摆尾,不高兴时则狂吠不已。有些动物经过人类的特别训练,甚至可以完成某些有一定难度的动作。例如,在实验中,黑猩猩经过人们的反复训练,能够像人一样打开水龙头、用水桶拎水去灭火等。

(3)高等动物感觉和心理到人类意识。随着动物界向人类的发展,产生了最复杂、最完善的大脑,这是较之神经系统的出现具有更大意义的质的飞跃。人类的思维活动不仅借助于人和动物所共有的第一信号系统,即由外界物质刺激直接引起种种条件反射,而且必须借助于第二信号系统,即由言语引起另一种条件反射。言语作为引起条件反射的信号,正是许多同类物质刺激的概括和标志。它使人的条件反射的广度和深度达到了一般动物不可企及的高级阶段。人脑在第一信号系统和第二信号系统的基础上进行的思维活动,就是意识。

意识是人们进行物质交往的产物,社会意识同语言一样,是在生产中由于交往活动的需要而产生的。人类最初的意识是"纯粹动物式的意识",是"被意识到了的本能"。伴随着体力脑洞和脑力劳动的分工以及漫长的生产与交往,产生了人类最初的思想家。马克思和恩格斯在《德意志意识形态》中指出:"从这时候起,意识才能摆脱世界而去构造纯粹的理论、神学、哲学、道德等等。"①

人类有了意识之后,意识会如何发展呢?下一个阶段是什么意识呢?这是一个科学问题,需要在未来发展中根据事实去实践探索和总结。正如当年马克思、恩格斯对共产主义的论述一样,他们在发展规律的基础上进行了极为有限的设想。我们也可以根据当前经济社会发展尤其是科技发展的状况进行有限的设想,并等待未来社会的检验。

意识发展的第四个阶段极有可能是从人类意识到机器意识。人类已经是肉体生命(碳基生命)演化的顶点,除了未来人类内部有限的演化;如果有跨越式的意识进步,就必然需要转移到超越肉体生命的机器生命之上。目前,人工智能的发展仍然处于弱人工智能时代,预计21世纪中叶至22世纪可能迎来人工智能的发展高潮,为后续向强人工智能时代、超人工智能时代发展奠定基础。一旦进入超人工智能时代,机器意识将会获得独立,形成一个类似于人类的机器类。机器类对世界的探索和改变能力将远远超过人类,这源于机器意识超越人类意识的先进性。需要特别说明的是,机器智能也并未超越唯物主义的界限,机器(物)与机器意识的一致性,同人类(物)与人类意识的一致性具有类似的原理,不但可以认识世界,而且可以在发展中不断完善认识,最终实现完全认识这个世界。

3.意识具有能动作用

意识具有能动作用,物质决定意识,意识对物质具有反作用。这种反作用就是意识的能动作用,主要体现在以下四个方面:

(1)意识具有选择性,即人类在认识事物过程中,具有目的性和计划性。马克思指出:"人在劳动过程结束时得到的结果。在这个过程开始之前就已经在劳动者的表象中存在着,即已经观念地存在着。"②

(2)意识具有创造性,即人类不仅能够反映外部世界,而且能够加工制作和选择建构。意识发展到一定程度,就会开始创造自然界中尚未存在的物质,尤其是在人类诞生之后,这种现象就愈发明显。人类社会中越来越多的创造产物,有些从自然界中培育而来,有些则是完全自主创造出来。

(3)意识具有指导性,即人类可以指导实践改造客观世界。意识发展到一定

---

① 马克思恩格斯选集(第一卷)[M].北京:人民出版社,2012:162.
② 马克思恩格斯选集(第二卷)[M].北京:人民出版社,2012:170.

程度就开始进行规律性总结,这种认识会对人类实践产生一定的帮助作用。列宁指出:"世界不会满足人,人决心以自己的行动来改变世界。"①

(4)意识具有控制性,即人类可以控制行为和生理活动。随着医学和生物学的进步,人类对意识的研究也逐渐丰富。现代科学尤其是现代医学、现代生物学表明,意识、心理因素能够对人的行为选择和健康状况产生重要影响。

二、认识的本质问题及认识运动基本规律

由于人类的出现,认识问题升级了,由意识问题上升到人类如何认识的问题,以及认识运动到底有没有规律可言。马克思和恩格斯在《关于费尔巴哈的提纲》《德意志意识形态》《路德维希·费尔巴哈和德国古典哲学的终结》等文章中,论述了马克思主义认识论,阐明了认识运动的基本规律,指出人类认识的局限性和无限性。

(一)经验和超验的关系问题及马克思主义认识论的回答

马克思于1845年春撰写的《关于费尔巴哈的提纲》中将实践引入认识论,批判了旧唯物主义认识论。1886年,恩格斯撰写了《路德维希·费尔巴哈和德国古典哲学的终结》,更加全面地阐述了马克思主义认识论。

1.经验和超验的关系问题

所谓的经验,就是我们感官所能感觉到的东西。所谓的超验,就是我们的感官所不能感觉而只能靠思维去把握的东西。哲学上的本体问题,其实就是一个超验的问题。意思是说,这个问题已经超越我们的经验了,是我们的经验所不能回答的问题。例如,泰勒斯生活的环境四周都是水,他就得出了"世界的本原是水"的结论,这其实是用经验来回答超验的问题。因为,一个人不可能把整个世界都经验到,唯有靠头脑中的理性。

经验主义者认为感性经验是知识的唯一来源,一切知识都通过经验而获得,并在经验中得到验证。在这方面,又分为唯物主义经验论和唯心主义经验论。比如英国哲学家、教育家洛克,他否定天赋观念说,认为"我们的一切知识都是建立在经验之上的,而且归根结底是来源于经验",认为心灵就像白板,心灵中的一切知识来自对事物进行观察而获得的感性经验,而心灵也具有一种对感觉印象

---

① 列宁全集(第五十五卷)[M].北京:人民出版社,2017:183.

进行区分、比较和概括的功能。

而超验主义者的核心观点是主张人能超越感觉和理性而直接认识真理,强调直觉的重要性,他们认为人类世界的一切都是宇宙的一个缩影,其随着实践哲学诞生而淡化。超验主义者强调万物本质上的统一,万物皆受超灵制约,而人类灵魂与超灵一致。这种对人之神圣的肯定使超验主义者蔑视外部的权威与传统,依赖自己的直接经验。"相信你自己"这句爱默生的名言,成为超验主义者的座右铭。这种超验主义观点强调人的主观能动性,有助于打破加尔文教的"命定论"等教条的束缚,为热情奔放、抒发个性的浪漫主义文学奠定了思想基础。

2.三条认识路线

在认识论上,有三条认识路线:第一条是唯心主义认识路线,第二条是旧唯物主义认识路线,第三条是辩证唯物主义认识路线。马克思对其他认识路线的批判,并非其他认识路线完全错误,而是其他认识路线的解释力非常有限,具有很大的漏洞。同样道理,马克思对其他哲学家或者经济学家的批判,一方面是由于其他人对问题或者现象的规律性总结并未深入本质层面,而是停留在表面规律的水平;另一方面是由于其他人研究方法的落后导致研究结论的片面性。

唯心主义认识路线否认认识是人脑对客观世界的反映,认为认识先于物质、先于人的实践经验。其中,主观唯心主义认为,人的认识是主观自生的、是生而知之的(见图 4-1);客观唯心主义认为,人的认识是上帝的启示或者某种客观精神的产物(见图 4-2)。马克思主义经典作家认为,唯心主义在主客体关系中夸大了主体的作用,使主体片面化代替了全部。

图 4-1 主观唯心主义认识论示意图　　图 4-2 客观唯心主义认识论示意图

如图 4-3 所示,旧唯物主义认识论基本特点是以感性直观为基础,把人的认识看作消极地、被动地反映和接受外界对象,类似于照镜子那样的反射活动。主要缺陷有两个:一是离开实践考察认识问题;二是不了解认识的辩证本性,把认识活动简单化和片面化。

```
客体 → 大脑 → 认识
```

图 4—3 旧唯物主义认识论示意图

马克思在《关于费尔巴哈的提纲》中指出:"从前的一切唯物主义(包括费尔巴哈的唯物主义)的主要缺点是:对对象、现实、感性,只是从客体的或者直观的形式去理解,而不是把它们当做感性的人的活动,当做实践去理解,不是从主体方面去理解……费尔巴哈想要研究跟思想客体确实不同的感性客体,但是他没有把人的活动本身理解为对象性的活动。因此,他在《基督教的本质》中仅仅把理论的活动看做真正人的活动,而对于实践则只是从它的卑污的犹太人的表现形式去理解和确定。因此,他不了解革命的、实践批判的活动的意义。"①

如图 4—4 所示,辩证唯物主义认识论认为,认识是主体对客体的能动反映,能动反映具有两个特点:摹写性和创造性。辩证唯物主义认识论是在批判和吸收黑格尔哲学和费尔巴哈唯物主义的基础上发展起来的,是唯物主义与辩证法的结合,有两个重要的发展:一是把实践观点引入认识论;二是把辩证法应用于反映论考察认识发展过程。

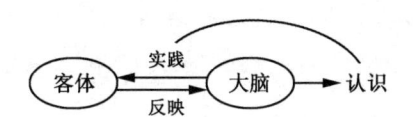

```
客体 ⇌ 大脑 → 认识
  实践/反映
```

图 4—4 辩证唯物主义认识论示意图

3.认识的本质

认识的本质是主体在实践过程中对客体的能动反映过程。这种能动反映不但具有反映客体内容的反映性特征,而且具有实践所要求的主体能动性、创造性的特征。反映论是一切唯物主义认识论的共同的基本原则。

(1)认识的反映特性是人类认识的基本规定性。认识的反映特性是指人的认识必然以客观事物为原型和基础,在思维中再现客观事物的状态、属性和本质。

(2)认识作为能动反映具有创造性。认识是一种在思维中的能动性、创造性

---

① 马克思恩格斯选集(第一卷)[M].北京:人民出版社,2012:133.

活动,而并非主观对客观对象简单的、直接的反映或者类似照镜子似的原物映像。人们在实践中不但要反映事物的现象,更要把握事物的本质。

4. 马克思主义认识论及对经验和超验关系的回答

马克思主义认识论分为实践、认识、真理三部分,由此可以发现马克思主义认识论特别强调实践,甚至把实践放到了认识之前。

(1)其出发点在于物质客观性,前提是世界是物质的和可知的,即物质观点。物质世界是世界最终的存在,意识是物质演化到一定阶段的产物,它可以反映物质世界,并随着生物演化的升级而不断增强认识水平。

(2)其依存点在于社会实践性,人类实践是客观的,使认识有了意义,即实践观点。人的出现是世界演化中极为重要的分水岭,极大地超越了以往微生物、植物和动物对世界的认知。人类依靠社会实践认识这个世界,并逐渐建立起相对完善的认识体系。

(3)其根本点在于主体主观能动性,人类可以按照自然规律发挥主观意愿改造世界,即能动观点。人类不是生命演化的最终产物,人类也将消亡,但是,人类是生命演化过程中一个特殊而重要的阶段,人类可以根据主观能动性去改造适应自我群体生存的环境。

(二)认识的过程问题与认识运动基本规律

马克思主义经典著作认为,认识运动基本规律是实践与认识的辩证运动,是一个由感性认识到理性认识,又由理性认识到实践的飞跃,是实践、认识、再实践、再认识,循环往复的辩证发展过程。

列宁指出,从生动的直观到抽象的思维,并从抽象的思维到实践就是认识真理、认识客观实在的辩证途径。认识运动是一个辩证过程:从实践到认识,从认识到实践;实践、认识,再实践、再认识,无限循环。

认识运动基本规律可以概括为一个过程、两次飞跃。

(1)一个过程是指实践与认识的辩证运动过程。由感性认识到理性认识,又从理性认识到实践的飞跃,是实践、认识、再实践、再认识,循环往复以至无穷的辩证发展过程。从实践到认识,再从认识到实践,实现了人们认识具体事物的辩证运动过程。

(2)第一次飞跃是指在实践基础上认识活动由感性认识能动地飞跃到理性认识,也就是"从生动地直观到抽象地思维"。认识首先是从实践到认识。列宁指出:"从生动的直观到抽象的思维,并从抽象的思维到实践,这就是认识真理、认识客观实在的辩证途径。"[1]

(3)第二次飞跃是指由认识再回到实践中去,实现认识的升级并指导实践继续能动地改造世界。毛泽东指出:"马克思主义的哲学认为十分重要的问题,不在于懂得了客观世界的规律性,因而能够解释世界,而在于拿了这种对于客观规律性的认识去能动地改造世界。"[2]

感性认识及其三种形式。感性认识是人们在实践的基础上,由感觉器官直接感受到的关于事物的现象、事物的外部联系、事物的各个方面的认识,包括感觉、知觉和表象三种形式(见表4—5)。

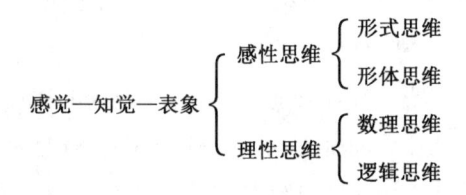

感觉—知觉—表象 { 感性思维 { 形式思维 / 形体思维 } ; 理性思维 { 数理思维 / 逻辑思维 } }

图4—5 感性思维和理性思维关系示意图

理性认识及其三种形式。理性认识是人们借助抽象思维,在概括整理大量感性材料的基础上,达到关于事物的本质、全体、内部联系和事物自身规律性的认识,包括概念、判断和推理三种基本形式(见图4—6)。

理性认识 { 概念:对事物本质属性的概括 / 判断:对事物逻辑关系进行区分 / 推理:由已知判断合理化另一判断 }

图4—6 理性认识的三种形式

一般来说,认识有三种,分别是感性认识、理性认识和智性认识。它们是逐渐深化的,也是相互区别的:感性认识反映事物现象和外部联系;理性认识反映事物本质和内部联系;智性认识反映现象和本质的总结,构成精神支柱。

感性认识与理性认识的辩证关系,包括以下三个方面:

---

[1] 列宁全集(第五十五卷)[M].北京:人民出版社,2017:142.
[2] 毛泽东选集(第一卷)[M].北京:人民出版社,1991:292.

(1)感性认识是基础,其实质是表象深化到本质。感性认识是认识过程的起点,是实现理性认识的基础。毛泽东指出:"从认识过程的秩序来说,感觉经验是第一的东西,我们强调社会实践在认识过程中的意义,就在于只有社会实践才能使人的认识开始发生,开始从客观外界得到的感觉经验,一个闭目塞听、同客观外界根本绝缘的人,是无所谓认识的。认识开始于经验——这就是认识论的唯物论。"①

(2)理性认识是深化,其实质是认识依赖于实践。毛泽东指出:"认识有待于深化,认识的感性阶段有待于发展到理性阶段——这就是认识论的辩证法。"②

(3)两者相互渗透、相互包含,其实质是部分与整体的辩证统一。毛泽东指出:"我们的实践证明:感觉到了的东西,我们不能立刻理解它,只有理解了的东西,才更深刻地感觉它。"③

单纯感性认识在实践中往往导向经验论,在理论上往往演变为经验主义;单纯理性认识在实践中往往导向唯理论,在理论上往往演变为教条主义。

感性认识与理性认识统一的基础是实践。感性认识上升到理性认识有两个基本条件:一是找到现象背后的规律,即投身实践,深入调查,获取丰富和合乎实际的感性材料;二是用理论总结规律,即经过思考,运用理论思维和科学抽象将丰富的感性材料,形成概念和理论系统。

(三)认识的局限性与无限性

截至目前,我们能够发现人类意识是最高级的认识,而比人类低级的生物则难以有效充分地认识世界,这就是它们的局限性。例如,植物对世界的感知和认识,它的极限完全比不上动物。低等动物对世界的感知和认识显然永远达不到人类的水平。

1.认识的局限性

作为肉体生命的终极形态(至少目前如此),人类意识显然受到人类自然属性的约束,就像树木受到组成它的具体成分和组合方式的限制一样,树不能飞、不能跑;就像低等动物受到基因组合的限制一样,难以进化出语言和劳动功能。

那么,人类还能不能彻底认识世界呢?这个问题在可知论的时候,已经给出

---

① 毛泽东选集(第一卷)[M].北京:人民出版社,1991:290.
② 毛泽东选集(第一卷)[M].北京:人民出版社,1991:291.
③ 毛泽东选集(第一卷)[M].北京:人民出版社,1991:286.

了答案。那么,人类怎样彻底认识这个世界呢?前者依赖认识的无限性,后者依赖认识的连续性。认识显然受到经济社会发展水平的限制,但是人类可以通过代代传承,不断积累经验和规律,不断发现新的认识,进而扩大人类的认知范围。

马克思于1845年春撰写的《关于费尔巴哈的提纲》中已经明确,实践是认识的基础,人类实践到哪里,就会认识到哪里,而人类是永远不会停止实践步伐的。

与此同时,也应该从另一个维度理解认识的局限性问题。人类是无法完全认识这个世界的,这个论断并不是对马克思主义的颠覆,而是对马克思主义的补充和完善。

(1)人类的类属性具有有限性。从无机物到有机物、从低等生命到人类,其间经历了多个发展阶段,每一个生命种类都能感知这个世界,但是每一个种类的认知都是有限的,具有一个无法超越的上限,这个上限是由智力水平决定的。人类既不是从来就存在的,也不会永远存在下去,总有一个灭亡的时间(或者是发展成为一个新的物种),因而在人类这个物种存续期间是难以完全认识世界的。

(2)生命体的认识具有有限性。生命体与世界物质具有同一性,这便于认知世界,但是生命体的演化是不断升级的,生命演化的尽头是有极限的。这个极限决定了认识的极限,生命体在现实世界中存在着诸多不可克服的认知障碍,这个极限是难以突破的。

(3)非生命的"生命体"呈现更多的优势。机器智能在诸多方面都展现出超越人类的认知先进性,而当前的人工智能依然处于弱人工智能时代,后续还会经历强人工智能时代和超人工智能时代。非生命的"生命体"对世界的规律性认识将会以几何式甚至是爆炸式知识储备为基础,开始更高速地认识世界。

2.认识的无限性

认识就是实践,我们不能简单地将认识单独地理解甚至是脱离实践来理解,正如理解物质不能脱离意识,理解意识也不能脱离物质,物质和意识是一对共生的概念。理解了这个辩证关系,才更容易理解马克思主义所表述的"世界是可知的"这种论断的科学性。

(1)认识的过程性。从低等生命到高等生命等一系列演化过程就是认识过程,每一个物种都承担着一定的认识作用,不断演化的客观过程构成了认识的过程。并且这个演化过程会一直持续下去,即使生命体的演化进入最终极限,出现"人工智能""机器人"等新型生命,也都只是一个过程。

(2)认识的实践性。认识来源于实践,也在人的实践中发展。同样道理,即使未来"人工智能"继续认识世界,也是在实践中不断丰富和发展的;实践在进行,认识就在发展,这个过程并没有严格意义上的终点。

第二节 实践本质问题及其对现实的回归

实践是哲学领域中的一个重要范畴,但是没有科学地对待实践是一个非常重要的问题。就像辩证法和唯物主义一样,在哲学发展史上都非常重要,但是没有人把它们综合起来,开创一个颠覆性的思想体系。马克思和恩格斯把实践引入认识论,就是一个颠覆性的科学认识,开创了认识论对现实的回归。

一、科学实践观的确立

从科学规律的角度进行哲学阐释,是马克思主义的重大贡献,在认识论领域就是建立起科学实践观,对旧的认识论进行了改造,对以往哲学家的实践观进行发展。

(一)不同哲学家的实践观及其导向

实践在哲学上具有丰富的内容,是不断发展完善的概念。古今中外哲学家使用实践这个概念也有不同的含义,指向不同的范围。

(1)中国哲学:实践基本代表践行、实行或行与知,主要是指道德伦理行为。

(2)康德:实践是理论自主的道德活动。

(3)黑格尔:实践是主观改造客观对象的创造性的精神活动。虽然已经开始认识到劳动的意义,但是把实践限定在抽象的精神活动范围之内。

(4)费尔巴哈:实践与物质性活动联系起来,但他理解的实践仅限于日常生活活动,并认为实践等同于生物适应环境的活动。

(5)马克思:实践是感性的、对象性的物质活动,全部社会生活在本质上是实践的;哲学家们只是用不同的方式解释世界,而问题在于改变世界。马克思科学阐明了人类实践的本质及其在认识世界和改造世界中的作用,创立了科学的实践观。

(二)科学实践观的核心关注

实践是专属于人类的,但是这种类似的情形在自然界普遍存在;而把实践抽象到哲学层面并进行科学解释却是经历了一段非常漫长的时期。

很多动物的生存都在不断活动中进行,这种活动基于种族以往的经验总结以及对自然界变化的适应。在这个发展过程中,动物也必然通过一定的意识活动进行某种改变,我们尚不能称之为实践,但是这个被动性的适应与人类实践有诸多相似之处,也为人类理解实践提供了参照。人类在实践中,既有诸多被动性适应自然的情形,更重要的是,还存在比动物更多的主动改变,尤其是思想创造过程。

1. 科学实践观

马克思主义认识论的基本观点是实践观点,这既是对以往哲学家关于实践的发展,也是一种新的哲学转向,即将实践代替认识作为认识论的首要观点。马克思在《关于费尔巴哈的提纲》中科学阐述了科学实践观的内容,阐明了实践是感性的、对象性的物质活动,提出全部社会生活在本质上都是实践的。马克思还指出,哲学家们只是用不同的方式解释世界,而问题在于改变世界。科学实践观的内容主要包括以下几个方面:

(1)全部社会生活在本质上是实践的。社会生活是如何一步一步形成当前这个状态的,它是人类实践的结果。

(2)检验真理的实践标准。人类总是在一定历史时期将当时的认知作为真理,而真理随着时代的发展也会有所完善、修正甚至是颠覆。因而,真理是一个动态发展过程,主要依靠人类的实践去检验。

(3)哲学家们只是用不同的方式解释世界,而问题在于改变世界。认识世界,就是寻找世界运行的基本规律,因而各个学科都在完善自我学科体系,进而更好地解释这个世界。与此同时,在认识的过程中,更需要发挥人类的主观能动性去改造这个世界,让它更适合于人类的发展。

毛泽东在《实践论》中阐释了实践的内涵、本质及其在认识中的决定作用,对科学实践观进行了一定程度的发展。社会实践在人类认识过程中的重要地位和决定性作用,包括以下几个方面:实践是人类生存的基本形式、实践是人与世界关系的基础以及实践在认识过程中起决定作用。

科学实践观的树立,在哲学上和现实生活中都有着重要的意义,主要体现在:

(1)克服了旧唯物主义的根本缺陷,为辩证唯物主义奠定了科学的理论基础。旧唯物主义尚没有理解人类实践的本质,也无法解释实践在社会生活和认识活动中的决定性意义。唯心主义抽象地发展了主体的能动作用,但是也不理解现实的感性活动对认识的意义。以上二者均存在一定的片面性和理论缺陷。

(2)建立了科学的、能动的、革命的反映论,实现了人类认识史上的变革。马克思主义坚持实践观点和辩证观点,深刻揭示了实践观点是辩证唯物主义认识论首要的和基本的观点。科学实践观不仅驳倒了唯心主义先验论和不可知论,而且克服了旧唯物主义直观反映论的缺陷。

(3)在人类思想史上第一次揭示了社会生活的实践本质,为创建科学的历史观奠定了理论基础。马克思将实践观点引入历史观,从实践的角度解释历史,认为人类社会的一切问题都是在实践中发生的,实现了唯物辩证法的自然观和历史观的统一。

(4)为人们能动地认识世界和改造世界提供了基本的思想方法和工作方法。科学实践观强调实践在认识世界和改造世界中的方法论意义,突出在认识世界和改造世界中的能动作用,强调要理论结合实践。

2.实践的基本特征

实践是人类能动地改造世界的社会性物质活动,具有直接现实性、自觉能动性和社会历史性三个基本特征。

(1)直接现实性,区分人与人。即实践的客观实在性,首先构成实践活动的诸要素,主体、客体和手段都是可感知的客观实在;其次,实践的发展过程都受到客观条件的制约和客观规律的支配;最后,实践能够引起客观世界的某种变化,可以把人脑中的观念的存在变成现实的存在,给人们提供现实的成果。

(2)自觉能动性,区分人与物。一是动物是被动适应,实践是主动改造。二是实践同精神活动区别开来,"客观物质活动"形成两个范式。三是实践是人的活动,体现了主体性;也是物的活动,体现了客观性。

马克思特别强调人类的实践性,实践又主要体现在自觉能动性上。马克思指出:"蜜蜂建筑蜂房的本领使人间的许多建筑师感到惭愧。但是,最蹩脚的建筑师从一开始就比最灵巧的蜜蜂高明的地方,是他在用蜂蜡建筑蜂房以前,已经在自己的头脑中把它建成了。"①

---

① 马克思恩格斯选集(第二卷)[M].北京:人民出版社,2012:169—170.

(3)社会历史性,区分古与今。一是实践是以社会性为主;二是人类历史开始就是实践的;三是实践创造了历史,也创造了精神世界。

3. 实践的基本结构

实践具有三要素,这也是实践的基本结构。实践主体是具有思维能力的从事社会实践和认识活动的人。实践主体一般包括以下三种基本形态:个体主体:个体属性;群体主体:集体属性;人类主体:类属性。

实践客体是实践和认识活动所指向的对象。一般情况下,实践客体小于客观实在的范畴,只有当客观事物进入主体实践时,才成为实践客体。实践客体有以下几种划分方法:

(1)是否为实践创造:天然客体、人工客体。

(2)自然界和人类社会:自然客体、社会客体。

(3)物质精神:物质性客体、精神性客体。

实践中介是各种形式的工具、手段以及相关方法。实践中介系统一般具有两种子系统:一种是人的体能放大系统,也称为物质性工具系统。例如,人的身高是有限的,要想摘到3米甚至5米高的树上的果实就比较困难,于是可以借助梯子或者竹竿等工具实现摘果实的目的,这些工具就是物质性工具系统。另一种是人的智能放大系统,也称为语言符号工具系统。例如,人的肉眼观察宇宙星空是极为有限的,于是可以开发望远镜进行辅助;但是要观测更遥远的星球就需要发射卫星甚至宇宙飞船等,这些工具可以实现人的智能延伸到遥远的星空,即语言符号工具系统。

4. 实践的主客体关系

实践的主体和客体的相互关系,包括实践关系、认识关系和价值关系。其中,实践关系是最根本的关系。

(1)实践关系:改造。实践的主体和客体最根本的是实践关系,主要体现在人类可以改造客体,进而不断开创更大的实践空间。

(2)认识关系:发现。实践的主体和客体的认识关系,主要体现在人类不断地发现客观规律(包括自然界规律和社会规律),进而指导人类去更完整地认识世界。

(3)价值关系:满足需要。实践的主体和客体的价值关系,主要体现在人类通过实践创造价值进而满足人类的需要。人类的所有实践都是围绕着创造价值、满足人类需要而实现的。

在实践过程中,出现了主体客体化和客体主体化,两者双向运动是人类实践活动不可分割的,也是互为前提的。主体客体化是人通过实践使自己的本质力量作用于客体,使其按照主体的需要发生结构和功能上的变化,形成了世界上本来不存在的对象物。客体主体化是客体从客观对象的存在形式转化为主体生命结构的因素或主体本质力量的因素,客体失去客体性的形式,变成主体的一部分。

5.实践的基本形式

到目前为止,实践的基本形式主要有三种;与此同时,出现了虚拟实践。参见表4-1。

表4-1　　　　　　　　实践的基本形式对比

物质生产实践	生产实践	生产力维度	人与自然的矛盾
社会政治实践	社会实践	生产关系维度	人与人的矛盾
	政治实践	上层建筑维度	
科学文化实践	科学实践	生产力维度	人的未来问题
	文化实践	上层建筑维度	
虚拟实践	技术手段	生产力维度 生产关系维度 经济基础维度 上层建筑维度	人的自我实现问题

(1)物质生产实践。物质生产实践对应了生产力维度,主要解决人与自然的矛盾。

(2)社会政治实践。社会政治实践包括政治实践和社会实践,分别对应了上层建筑和生产关系两个维度,主要解决人的组织形式问题(人与人的矛盾)。

(3)科学文化实践。科学文化实践包括科学实践和文化实践,分别对应生产力和上层建筑两个维度,主要解决人的未来问题。

毛泽东指出,人类社会的生活丰富多彩,实践的形式也是多种多样。他认为:"人的社会实践,不限于生产活动一种形式,还有多种其他的形式,阶级斗争,政治生活,科学和艺术的活动。"①

随着现代信息技术的发展,开始产生一种新的实践形式,即虚拟实践,虚拟实践是伴随着信息化和网络化的发展而产生的,其实质是主体与客体之间通过数字化中介系统在虚拟空间进行的双向对象化的活动,主要活跃于网络世界,具有交互性、开放性和间接性等特点。

6.实践在认识中起着决定性的作用

辩证唯物主义认为,在实践和认识之间,实践是认识的基础,实践在认识中起着决定性的作用。实践的观点是辩证唯物论的认识论之第一的和基本的观点。

(1)实践是认识的来源。一切知识都是从直接经验发源的,最终会有直接经验和间接经验两部分。人们只有通过实践,才能准确地把握对象的属性、本质和规律,进而指导实践。毛泽东指出:"在我为间接经验者,在人则仍为直接经验。"②从根本上讲,实践是认识的源头。

(2)实践是认识发展的动力。恩格斯指出:"社会一旦有技术的需要,就会比十所大学更能把科学推向前进。"③实践是认识发展的动力主要体现在三个方面:一是实践的需要推动认识的产生和发展、推动技术进步和科学进步、推动思想进步和理论创新;二是实践为认识的发展提供了手段和条件;三是实践改造了人的主观世界,锻炼和提高了人的认识能力。

(3)实践是认识的目的。人类在社会中不断获取知识,是为了更好地实践、更好地创造社会财富。自然科学的发展,目的是创造更多的物质财富、增进人类福祉;人文社会科学不断创新,目的是认识社会规律、创造精神财富、共同促进人的自由而全面的发展。

(4)实践是检验认识的真理性的唯一标准。毛泽东指出:"判定认识或理论是否为真理,不是以主观而定,而是依客观上的社会实践结果而定。真理的标准只能是社会实践。"④

---

① 毛泽东选集(第一卷)[M].北京:人民出版社,1991:283.
② 毛泽东选集(第一卷)[M].北京:人民出版社,1991:288.
③ 马克思恩格斯选集(第四卷)[M].北京:人民出版社,2012:648.
④ 毛泽东选集(第一卷)[M].北京:人民出版社,1991:284.

二、世界二重化问题及其回答

由于人类的出现,世界被二重化了。当然,人类的出现不只是让世界变得不一样了,也让人类本身和世界上的其他物种变得不一样了,更让这个宇宙变得不一样了。这种不一样,并非改变了自然规律,而是对于人类有了新的意义。人类一方面在不断丰富认识自然规律和社会规律,另一方面在努力按照自己的意愿改造世界和宇宙,在实践中创造了主观世界和客观世界、人类世界和自在世界,实现了世界二重化。

(一)实践中的世界二重化

世界是不是那个世界?这是一个思维问题。

从一般的意义上来说,客观世界是不以人的意志为转移的存在,人类没有出现之前的世界演化也是客观的,人类出现之后虽然有所改变,但整体上并不能改变物理规律,因而客观世界只是变得更加丰富一些而已。

但是,物质与意识是一体的。人类尚未出现之前的世界,也只是人类现阶段的认识,是现阶段人类整体实践和整体认识的结论。绝对的脱离了客观的主观和绝对的脱离了主观的客观,同样是毫无意义的。现在的结论也只是人类作为世界认识主体的前提下,对既有世界的科学认识的哲学反映。随着自然科学尤其是物理学等宇宙学科的不断发展进步,世界二重化也将会在哲学层面得到进一步的发展。

1. 世界二重化

认识世界和改造世界是人类实践活动的两种基本活动。认识活动的主要任务在于解释世界,更重要的是,为改造世界提供理论指导。世界二重化就表现为人类在认识世界和改造世界过程中将世界分为主观世界和客观世界、自在世界和人类世界。

(1)主观世界是人的意识观念世界,是人的头脑反映和把握物质世界的精神活动的总和,是知、情、意的统一体。

(2)客观世界是物质的可以感知的世界,是人的意识活动之外的一切物质运动的总和,它包括自然存在和社会存在,即自然界和人类社会。

(3)自在世界是人类世界未出现的自然界,也指人类活动尚未深入的自然界,又称天然自然。

(4)人类世界是在人类实践基础上形成的人化自然和人类社会的统一体,又称人化自然。

马克思在1844—1847年撰写的《关于费尔巴哈的提纲》中提出,实践实现了世界二重化,并指出:

(1)有一种唯物主义学说,认为人是环境和教育的产物,因而认为改变了的人是另一种环境和改变了的教育的产物。而事实上,环境的改变与人的活动一致,只能被看作并合理地理解为变革的实践。①

(2)费尔巴哈是从宗教上的自我异化,从世界被二重化为宗教的、想象的世界和现实的世界这一事实出发。对于这个世俗基础本身首先应当从它的矛盾中去理解,然后用排除矛盾的方法在实践中使之革命化。②

(3)哲学家们只是用不同的方式解释世界,而问题在于改变世界。③

2. 世界二重化的意义

马克思主义关于世界二重化的理论核心点在于实现认识世界与改造世界的统一,即在改造客观世界的同时改造主观世界,在认识自在世界的同时认识人类世界,它具有以下几个重要意义:

(1)尊重规律,有助于我们提高认识世界的能力,努力做到主观符合客观,更好地处理主观世界与客观世界的关系。认识世界最大的阻碍来自我们自己,要突破我们已有的主观认识是非常困难的,这一点随着人的年龄的增长而愈发明显,人越来越不愿意改变自己的主观世界。

(2)提高修养,有助于我们提高自身思想修养和精神境界。世界二重化有助于我们仅仅局限于自我肉体生命的狭隘思维空间,更多地认识到人的社会空间,进而努力地认知社会发展一般规律,提升自我的知识、技能、思想和修养。

(3)自我改造,有助于我们在改造外部世界的同时,努力实现人自身的改造。人,总是希望成为自己希望的模样。但是,若没有自我改造是永远无法实现的。这种实践,一方面依靠国家社会提供的教育机制,另一方面依靠我们个人的努力,尤其是个人的发展规划。只有个人有了坚定的认知,才有可能实现自我改造。

---

① 马克思恩格斯选集(第一卷)[M]. 北京:人民出版社,2012:134.
② 马克思恩格斯选集(第一卷)[M]. 北京:人民出版社,2012:134.
③ 马克思恩格斯选集(第一卷)[M]. 北京:人民出版社,2012:136.

(二)认识自由问题及辩证唯物主义的回答

认识世界,是主体能动地反映客体,获得关于事物本质和发展规律的科学知识,探索和掌握真理。改造世界,是人类按照有利于自己生产和发展的需要,改变事物的现存形式,创造自己的理想世界和生活方式。

1.认识自由观

认识世界和改造世界统一的基础是实践,目的在于获得自由。

关于自由的认识,大致可以分为以下几类:

(1)宿命论,倡导消极地顺应自然,抹杀人类自由可能性。宿命论倡导人的命运由个人现实生活环境所决定,更由于某些无法证明的神秘力量在支配,甚至已经完全决定了个人的生命轨迹和结局。

(2)唯意志论,强调人的意志或某种精神力量绝对自由。唯意志论认为,人尤其是脱离了父母抚养阶段之后的个体具备了自我改造的能力,可以不受任何约束地实现自我。尤其是个体的意志和精神是绝对自由的,这种自由超越了现实世界的束缚,也超越了客观必然性的束缚。

(3)马克思主义,认为自由是标示人的活动状态的范畴,是人在活动中通过认识和利用必然所表现出的一种自觉自主的状态。人无法摆脱必然性的客观束缚,只有在认识必然性的基础上才有自由的活动,这就是人的自由限度,也是自由和必然的辩证规律。就像人类完全掌握了天气变化规律,才能够科学精准预测天气预报,也才能够实现完全不被风吹日晒。毛泽东指出:"自由是对必然的认识和对客观世界的改造。"①

2.自由的条件

自由是一种状态,包括人与自然的状态、人与人的状态以及个人发展的状态。但是,自由是有历史性的,在不同的历史阶段有不同的内涵,自由并非完全没有任何约束。人类社会发展的宏大历史进程基本上是创造人与自然的自由状态(解决温饱)、创造人与社会的自由状态(逐渐减少压迫和剥削)、创造人自身的自由状态(为个人自由发展创造条件)。自由是有条件的,主要包含以下两个方面:一方面,认识条件即把握规律,要有对客观事物的规律性、必然性的认识,这是人类采取任何实践计划的基础;另一方面,实践条件即改造世界,能够将获得

---

① 毛泽东文集(第八卷)[M].北京:人民出版社,1999:306.

的规律性认识运用于指导实践,实现改造世界的目的,才是真正的自由。

3. 自由的内涵

认识必然和争取自由,是人类认识世界和改造世界的根本目标,是一个历史性的过程。必然与自由的关系贯穿于人类存在和发展的始终,并成为人类存在和发展的永恒矛盾,也是人类存在和发展的永恒动力。因而,人类要实现自由,就具有以下三重含义:

(1)在人与自然关系中实现自由,人类能够从自然界中获取生存发展的物质资料,并且不以破坏大自然的整体自我修复为代价。

(2)在人与社会关系中实现自由,以最广大人民群众的需要和利益为根本,最大限度地实现社会资源的共享,并且不以严重的贫富分化为代价。

(3)在人与自身关系中实现自由,自觉摆脱人的身体条件带来的自我束缚,最大限度地实现自我能力和价值的最大体现,并且不以严重损害个人身心健康为代价。

4. 自由与必然的论证

1908年10月,列宁在《唯物主义和经验批判主义》中解释了恩格斯关于自由与必然关系的论述。他指出:"第一,恩格斯在他的论述中一开始就承认自然规律、外部自然界的规律、自然界的必然性。

第二,恩格斯没有生造自由和必然的'定义',即反动教授(如阿芬那留斯)和他们的门徒(如波格丹诺夫)所最感兴趣的那些经院式的定义。恩格斯一方面考察人的认识和意志,另一方面也考察自然界的必然性,他没有提出任何规定、任何定义,只是说,自然界的必然性是第一性的,而人的意志和意识是第二性的。

第三,恩格斯并不怀疑有'盲目的必然性'。他承认存在尚未被人认识的必然性……我们知识的发展千百万次地告诉每一个人,当对象作用于我们感官的时候,不知就变为知,相反地,当这种作用的可能性消失的时候,知就变为不知。

第四,在上面所引的论述中,恩格斯显然运用了哲学上'获生的跳跃'方法,就是说,作了从理论到实践的跳跃……对恩格斯说来,整个活生生的人类实践是深入到认识论本身之中的,它提供真理的客观标准。当我们不知道自然规律的时候,自然规律是在我们的认识之外独立地存在着并起着作用,使我们成为'盲目的必然性'的奴隶。一经我们认识了这种不依赖于我们的意志和我们的意识而起着作用的(如马克思千百次反复说过的那样)规律,我们就成为自然界的主人。在人类实践中表现出来的对自然界的统治是自然现象和自然过程在人脑中客观正确的反映的结果,它证明这一反映(在实践向我们表明的范围内)是客观的、绝对的、永恒的真理。"①

第三节 真理的本质问题及其回答

什么是真理？这是一个哲学问题,即哲学的本质是什么？它主要包含三个子问题,即真理的客观性问题、真理的检验标准问题和真理与谬误的关系问题,回答了这三个问题也就基本上阐述清楚了真理的本质问题。

关于真理的问题,马克思主义经典作家在《关于费尔巴哈的提纲》《反杜林论》《路德维希·费尔巴哈和德国古典哲学的终结》等文章中有所论述,整体上回答了真理的本质问题。

一、真理的客观性问题

真理的客观性问题即真理是不是客观的,是真理观的首要问题。真理是认识的结果,因而唯心主义与唯物主义的区分依然有效。所有的唯物主义都承认真理的客观性,所有的唯心主义都不承认真理的客观性。不同的哲学家给出了不同的回答,其中,马克思主义真理观是一个具有里程碑意义的解释,他借鉴了前人的重要论述,又通过辩证唯物主义的论述,比较全面系统地解决了真理的客观性问题。

(一)不同哲学家的真理观及其导向

真理客观性的回答,归根结底还是对物质和认识的本原问题。不同的哲学家试图从不同的角度进行阐释,其中又增加了哲学中的其他范畴。

1. 休谟的经验主义真理观

休谟认为,真理是观念与主体感觉相符合(主观唯心主义)。休谟认为,我们的知性不能提供任何理由来说明我们为什么会做出一个普遍必然的因果判断。根据传统观念,为了证明因果命题的普遍必然性,我们必须诉诸经验或者理性的逻辑规律。但是,休谟发现,在经验中,被我们分别认作原因和结果的印象只有

---

① 列宁选集(第二卷)[M].北京:人民出版社,2012:151—153.

两种联系:空间上相互接近和时间上前后相继;并且在经过几次观察之后,我们发现这两种联系是经常发生的。但即便是二者在过去经验中的恒常会合与前后相继,也不能够为我们加到我们所做出的关于二者因果关系的判断身上的无时间性的普遍性和必然性作证。①

2. 贝克莱的天赋观念

贝克莱认为,真理存在于观念之中(主观唯心主义)。贝克莱认为观念存在,写出这个等式所运用的全部工具也是唯一工具就是感觉论。这种不正确的认识手法继续推行的结果,必然导致荒谬的结论。贝克莱认为:我们的感官我们只能借它们来知道我们的感觉,观念或直接为感官所知觉的那些东西……

3. 康德的先验逻辑理论

康德认为,真理是思维与它的先验形式相一致(主观唯心主义)。康德提出:"知识的主要完备,乃至知识的一切完备的基本和不可分离的条件是真理。"②学界对康德真理理论的解读尚无共识③,主要有三种观点:第一种是符合论。所谓符合论,是指"一个命题的真不在于它与其他命题的关系,而在于它与事实的关系"④。第二种观点与之对立,是融贯论。该观点认为"真理在于信念集中的融贯关系"⑤。康浦·斯密宣称:"真理前后一贯说(融贯论)这一立场,人们一向把这种说法归于黑格尔,其实它的起源在《纯粹理性批判》。"⑥第三种观点是折中派,即调和符合论和融贯论。例如,赫费认为:"康德的真之理论是:真理在于一种能够达成共识,并受制于一贯的符合一致。"⑦甚至还有学者从解释学角度考虑康德真之观点,认为真即是去蔽,把真与存在联系起来。海德格尔认为:"如果真理的问题始源同存在联系着,那么真理现象就进入了基础存在论的问题范围之

---

① 宋斌.詹姆士真理观中的休谟因素[J].现代哲学,2006(02):72-77.
② [德]康德.逻辑学讲义[M].许景行,译.北京:商务印书馆,2012:48-49.
③ 胡泽洪,邓雄雁.真和先验逻辑——康德真理观的现代逻辑哲学解读[J].华南师范大学学报(社会科学版),2014(06):12-18+161.
④ [英]苏珊·哈克.逻辑哲学[M].罗毅,译.北京:商务印书馆,2003:107.
⑤ [德]赫费.现代哲学的基石:康德的《纯粹理性批判》[M].郭大为,译.北京:人民出版社,2008:163.
⑥ [英]康浦·斯密.康德《纯粹理性批判》解义[M].韦卓民,译.武汉:华中师范大学出版社,2000:19.
⑦ [德]康德.逻辑学讲义[M]许景行,译.北京:商务印书馆,2012:48-49.

内……因为事实上存在就同真理为伍。"①

4. 柏拉图的理性主义真理观

柏拉图认为,真理是某种超验的、永恒的理念(客观唯心主义)。柏拉图其实是划定了两个世界:可见世界和可知世界。一方面,善和美都有多种表现形式,是具体的、是复数,属于可见的对象;另一方面,善和美本身作为理念,是抽象的、是单数,是不可见的,是思想的对象。柏拉图所谓"黯淡的生灭世界",是指我们视觉看到的现实世界,这个世界时刻处于变动之中,没有持久的价值,因而是不可靠的,而被真理和实在所照耀的领域,就是被最高的善主宰的理念世界。柏拉图认为,善的理念就是给予知识的对象以真理,给予知识的主体以认识能力的东西,它是真理和知识的源泉,又在美方面远远超过这二者。既然真实存在的居所是在理念世界里面,我们应该把智力用在那里以求获得知识,否则我们生活在混沌的世界里,看到的不过是阴影。②

5. 黑格尔的绝对理念

黑格尔认为,真理是绝对理念的自我显现(客观唯心主义)。在哲学真理观的问题上,黑格尔作为唯心主义辩证法大师,他反对经验主义者所持有的符合论的真理观和理性主义者所主张的融贯论的真理观,坚持整体论的真理观。认为真理不是启示性的,不是现成的结果和固定的形态,而是思维与存在同一,是包含对立面的发展的整体,是用概念进行思维的绝对精神的发展过程。③

6. 马克思的能动反映论

马克思认为,真理是标志主观与客观相符合的哲学范畴,是对客观事物及其规律的正确反映。

马克思主义认识论是唯物主义认识论的最新阶段。它坚持"从物到感觉和思想"的唯物主义认识路线,同"从思想和感觉到物"的唯心主义认识路线是根本对立的;同时,它又坚持认识的对象是客观世界,人的认识能够正确地反映客观世界,世界是可知的,同不可知论是根本对立的。

(1)马克思主义认识论把实践引入认识论。马克思主义认识论强调实践是

---

① [德]马丁·海德格尔.存在与时间[M].陈嘉映,王庆节,译.北京:三联书店,2012:246.
② 高继海.《理想国》中的三个比喻及其对柏拉图真理观的表述[J].鲁东大学学报(哲学社会科学版),2012(06):1—5.
③ 冉光芬.黑格尔的"真理观"[J].贵州师范大学学报(社会科学版),2008(06):33—36.

认识的基础，认识依赖于实践，认识是主体对客体的反映。人是反映的主体，这个人不是抽象的人，而是社会的人、具体的人。人的认识是在人们改造客观世界的社会实践中产生的，离开了社会实践，认识就不能产生。不同时代、不同地位的人，实践内容不同，产生的认识也会不同。马克思主义认识论强调主体和客体的关系，不仅是反映与被反映的关系，而且是改造与被改造的关系。旧唯物主义不懂得人的社会性，不懂得实践在认识中的作用，只把客体当成认识的对象，没有看作改造的对象，把认识看作像照镜子式的消极、被动的直观地反映。

（2）马克思主义认识论把辩证法应用于反映论。人的认识是一个充满矛盾的过程，由感性认识能动地上升到理性认识，又由理性认识回到实践，实现对客观世界的改造。马克思主义认识论认为，认识是一个由实践到认识，由认识再到实践的循环往复、无限发展的过程。旧唯物主义离开辩证法去考察问题，把复杂的认识过程简单化，把活生生的认识凝固化，把认识看作直观的、机械的、一次完成的。由此可见，马克思主义认识论与旧唯物主义认识论有着原则上的区别。

总之，马克思主义认识论第一次把实践引入认识论，把辩证法应用于认识论，从而使认识成为革命的、能动的反映论，成为人们认识世界和改造世界的武器。

（二）马克思主义真理观的核心关注

马克思主义经典作家对真理观的颠覆，当然也包括对认识论的颠覆，重点依然在于对现实的回归和对科学规律的重新重视。这种核心关注在《德意志意识形态》中有所体现，在《关于费尔巴哈的提纲》中有所发展，在《反杜林论》中有系统阐释，在《路德维希·费尔巴哈和德国古典哲学的终结》中有发展传承的论述。马克思和恩格斯并不是创造出新的真理观，而是将以往真理观不重视人、不重视现实实践、不重视生产方式的倾向进行扭转。

马克思主义真理观是辩证唯物主义在真理问题上的具体表现，包括以下几个方面：

第一，凡真理均是客观的，具有客观性。这是基于现有认知水平，对既往认识发展史的总结，是现阶段规律性认识的高度抽象和总结。

第二，任何真理包含主客观相符的内容，具有绝对性。真理是通过生命体的认知实现的，尤其是在当前阶段，是通过人类的认识表现出来的，是主观表达客观的一致性。

第三,任何真理均有适用限度,具有相对性。真理是有理论前提的,在适用条件下是正确的,超出适用范围就会变成谬误;与此同时,现有的认识随着认识水平的发展进步,也有可能出现被超越、被颠覆的可能性。

旧唯物主义真理观由于尚未实现辩证法的改造,因此具有静止的、抽象的特征,往往将真理理解为永恒的、不变的、静止的结论,或者理解为脱离现实而存在的抽象的结论。马克思主义真理观认为,通过真理的客观性、绝对性(静态)和相对性(动态)的具体表现,可以更加清晰地反映真理与客观事物之间的符合关系,也是建立在人类现实地、能动地改造客观世界的基础之上,同时伴随着人类社会实践的深化而不断发展。

1. 真理的客观性

真理的客观性是指真理的内容是正确反映客观事物及其规律,其中包含着不依赖于人类认识的客观内容,同时可以被人类所认识。真理的内容是客观的,形式是主观的,是通过人类认识运动的一般规律呈现出来的。

真理是客观的,凡是真理都是客观真理,这是真理问题上的唯物主义。列宁指出:"认为我们的感觉是外部世界的映象;承认客观真理;坚持唯物主义认识论的观点——这都是一回事。"[1]

2. 真理的绝对性

真理是一个发展过程,而在人类具体实践中,往往更加强调真理的绝对性,真理的绝对性与真理的相对性是辩证统一的,也是相互联系的。

真理的绝对性是一种静态的分析方法,主要是指真理主客观统一的确定性和发展的无限性。

(1)任何真理都标志着主观与客观相符合,包含不依赖于人的认识的客观内容,与谬误有着根本性的区别和原则界限。列宁指出:"当一个唯物主义者,就要承认感官给我们揭示的客观真理。承认客观的即不依赖于人和人类的真理,也就是这样或那样地承认绝对真理。"[2]

(2)人类(或者未来高智能物种)能够正确认识无限发展的物质世界,伴随着人类认识前进的每一步,真理就会丰富一步,这也是绝对的、无条件的。恩格斯

---

[1] 列宁选集(第二卷)[M].北京:人民出版社,2012:90.
[2] 列宁选集(第二卷)[M].北京:人民出版社,2012:92.

指出:"对自然界的一切真实的知识,都是对永恒的东西、对无限的东西的认识,因而本质上是绝对的。"①

3.真理的相对性

真理的相对性是一种动态的分析方法,主要是指生物演化过程中尤其是人类进化过程中(包括未来高智能物种),对客观事物的本质及其规律的正确认识总是受到现实的制约,是不完善的、有限度的。

一方面,从客观世界的整体性来看,任何真理都只是对部分客观世界和客观事物的部分阶段、部分关系、部分环节的正确认识,因而真理的彻底性、完整性有待于深化;另一方面,从特定客观事物的角度来看,任何真理都只是对客观事物的某些部分进行规律性总结,或者仅局限于一定的思维理论对客观事物的整体进行规律性总结。随着认识运动规律和认识方法的不断发展,对客观事物的真理性总结也会不断完善。

真理既具有绝对性,又具有相对性,这是真理问题上的辩证法。

4.真理的绝对性与相对性的关系

真理的绝对性与相对性的关系,主要包含以下三个方面:

(1)绝对真理和相对真理是同一真理的两种不同属性和方面;

(2)相对真理之中包含绝对真理的颗粒,绝对真理总是通过相对真理表现出来;

(3)相对真理和绝对真理又是辩证转化的,无数相对真理之总和就构成了绝对真理。

通过对真理三性的分析,我们可以初步概括真理发展的一般规律,即真理永远处于由相对向绝对转化和发展中,是从真理的相对性走向绝对性、接近绝对性的过程。任何真理性的认识都是由真理的相对性向绝对性转化过程中的一个环节。

5.真理观上的错误观点

在现实中和理论中,往往会出现与马克思主义真理观相悖的一些理论,比如绝对主义和相对主义。这些理论只了解真理的片面部分而充当真理的全部,因而具有不彻底性,也并未反映真理的本质。

---

① 马克思恩格斯选集(第三卷)[M].北京:人民出版社,2012:938.

(1)绝对主义,片面夸大真理的绝对性,否认真理的相对性,认为真理是永恒不变的,把人类认识过程中的里程碑当成终点站,因而堵塞了人类认识进一步发展的道路,也称为独断论。在工作中表现为教条主义、思想僵化,把马克思主义当作一成不变的公式,到处生搬硬套。

(2)相对主义,片面夸大真理的相对性,否认真理的绝对性,从而导致错误做法,即借口真理是发展的而否认真理内容的客观性,认为原来的真理已经不是真理了而将其丢弃或推翻。在工作中,表现为否定马克思主义基本原理,散播马克思主义过时论。

关于绝对主义、相对主义与马克思主义真理观的区别,我们可以通过一个例子来进一步加深理解。

"从动产的私有制发展起来的时候起,在一切存在着这种私有制的社会里,道德戒律一定是共同的:切勿偷盗。"[①]恩格斯在谈及这个论点时指出,这个戒律并不会因此而成为永恒的道德戒律。"在偷盗动机已被消除的社会里,就是说在随着时间的推移顶多只有精神病患者才会偷盗的社会里,如果一个道德宣扬者想来庄严地宣布一条永恒真理:切勿偷盗,那他将会遭到什么样的嘲笑啊!"[②]

因此,恩格斯驳斥"一切想把任何道德教条当作永恒的、终极的、从此不变的道德规律强加给我们的企图,这种企图的借口是,道德的世界也有凌驾于历史和民族差别之上的不变的原则。相反地,我们断定,一切已往的道德论归根到底都是当时的社会经济状况的产物。而社会直到现在还是在阶级对立中运动的,所以道德始终是阶级的道德;它或者为统治阶级的统治和利益辩护,或者当被压迫阶级变得足够强大时,代表被压迫者对这个统治的反抗和他们的未来利益。"[③]

6.普世价值

恩格斯在这里关于道德的评述同样适用于今天所谓的"普世价值"的评述;"普世价值"的本质是西方发达国家使用强权和暴力强迫发展中国家接受发达国家建立和维持的国际秩序,被迫在国际利益分配体系中处于不利地位,甚至是被支配的地位。普世价值这个名词本身并没有问题,问题在于,西方国家赋予这个名词以西方国家的标准和色彩,强行推广西方的标准才是所谓的普世价值的真

---

① 马克思恩格斯选集(第三卷)[M].北京:人民出版社,2012:471.
② 马克思恩格斯选集(第三卷)[M].北京:人民出版社,2012:471.
③ 马克思恩格斯选集(第三卷)[M].北京:人民出版社,2012:471.

实面目。

因此,所有的价值都具有抽象的普世功能,而价值具体到各自国家的时候就具有明显的现实痕迹,并不一定能够在世界各国进行推广而具备普世价值。或者说,任何国家在向他国推广抽象的普世价值之时,都带有本国的现实的普世价值的具体方案,而这个方案是否适合其他国家、是否会带来负面效应、是否会带来好的效果则并不一定。

(1)人类社会并不存在绝对的"普世价值"。人类社会发展历史表明,阶级社会以来,人类社会的所有价值追求都是被压迫阶级对统治阶级的反抗及其代言,"普世价值"在更多的更长的历史时期表现为统治阶级的意志,并且随着时代的发展而不断变化。例如,奴隶追求的所谓自由也许只是摘下手镣脚链,农民追求的所谓自由也许只是减少一些苛捐杂税,工人追求的所谓自由也许只是减少一些工作时间。

(2)世界上存在抽象的"普世价值",但不同阶级有不同的解读,既是阶级追求,也是阶级工具。人类的实践不断扩大人类认知,逐渐产生了哲学思考和哲学命题。由于对人类命运的关注,逐渐产生了抽象的知识体系,其中就包括"普世价值"。但是,不同时代、不同阶级对"普世价值"的理解和认知是不同的,甚至是对立的;"普世价值"必然转化为具体的、现实的、可操作的具体政策,甚至是工具。例如,资产阶级在反抗封建贵族之时,由于自身力量薄弱,于是喊出了"自由、平等、博爱"的普世价值,但是,一旦资产阶级革命成功进而转变为统治阶级,就忘记了普世价值的口号。

近年来,中国提出的"人类命运共同体"也是普世价值,现代世界上也不会存在有人否定人类的紧密联系与命运紧密相连,但是,为什么西方国家还是阻挠"人类命运共同体"在世界的传播呢?那是因为中国首先为"人类命运共同体"赋予了中国标准。

(3)现实的"普世价值"往往服务于国家利益。历史上,很多国家在其他国家强行推行自己所谓的"普世价值",而导致其他国家陷入混乱、纷争甚至战争的案例不胜枚举。甚至部分国家主动推行颜色革命,在其他国家制造混乱,只为了维持自己的霸权和国家利益。推广"普世价值"往往沦为强者的特权,他们利用手中的刀枪或者《圣经》威逼利诱其他国家中的部分人群甚至统治者,强迫他们接受"普世价值"。有一句流传甚广的名言:"欧洲人来的时候手里拿着《圣经》,而我们手里有黄金;欧洲人离开的时候手里是黄金,而我们手里只剩下《圣经》。"

这些历史特别值得青年人思考。时代新人要坚定中国特色社会主义理想信念,将世界通行的一般价值转化为具有中国标识的特色价值理念,不断丰富和发展中国特色社会主义核心价值观,进而将中国的经验转化为"普世价值",让中华传统文化和中国特色社会主义文化传播到世界各地,为中华民族现代文明奠定坚实的基础。

世界的竞争既是经济的竞争,也是意识形态的竞争;既是政治的竞争,也是军事的竞争;但归根结底是文明的竞争。近代以来,随着东方文明衰落,西方国家就是打着西方文明的旗号对世界各国进行殖民控制(土地)、经济掠夺、政治胁迫(扶植代理政权)等霸权行径。随着世界经济重心由欧洲向亚洲逐渐转移,我们更应该意识到恢复东方文明的重要性,尤其是以中华民族现代文明为代表积极推动东方文明的复兴,团结和带领亚洲国家、发展中国家以及愿意改变当前不公平、不公正的霸权治理体系的国家共同构建人类命运共同体的全球秩序。

二、真理检验标准问题的不同回答

真理检验标准问题是真理问题的重要方面,实际上是对人类认识规律的系统性反思,进而寻找到可靠的、普遍的、一般的研究方法和结论。历史上,不同的哲学派别给出了不同的回答,试图建立起完整的、严密的理论体系,但是均未能从认识的一般规律尤其是科学规律角度进行完整的阐释。

恩格斯曾在《反杜林论》中提到:"一切社会变迁和政治变革的终极原因,不应当到人们的头脑中,到人们对永恒的真理和正义的日益增进的认识中去寻找,而应当到生产方式和交换方式的变革中去寻找;不应当到有关时代的哲学中去寻找,而应当到有关时代的经济中去寻找。"[①]

这个论述,实际上提供了真理检验标准的一个思路,即真理的检验不能仅仅局限在认识论本身这个狭小的范围之内,而是应该放到本体论、历史观等更加宏大的范畴之内,同时应该注意到人类实践的重要作用。

(一)不同哲学家的回答

检验真理标准的争论,是历史上关于认识论的一个重要争议。随着科学技

---

① 马克思恩格斯选集(第三卷)[M].北京:人民出版社,2012:760.

术的不断发展和认识规律的不断深化，绝大部分哲学家认可真理存在标准，也有少部分哲学家坚持虚无主义观点，否认真理存在检验标准。

真理的检验标准就是依据什么来判断认识的正确或错误。从古至今，关于真理检验标准的争论尤其是主要派别和观点可以归纳为以下几个方面：

1. 以圣人或者权威意见为标准

例如，孔子的是非观，坚持以正统的观点作为终极标准。实际上，这种观点是一种静态的分析方法，对应了中国儒家试图在封建社会构建"君君臣臣、父父子子"的静止的终极的社会理想。而历史是发展进步的，思想观念也会发展变化，因而这种标准会伴随着社会理想的崩塌而解体；与此同时，在漫长的历史时期中的某一个阶段，这种观点依然具有一定的时代价值和参考意义。

2. 以自己的观念意见为标准

例如，王阳明的良知，坚持以抽象的最高形式为最终标准，这种良知是一种现实生活中升华的概念，也是凌驾于现实之上的终极抽象，实质上类似于"天""神灵""命"等概念和命题。这种抽象的概念无法代替具体阶级的根本利益，也无法实现现实生活的根本变革，甚至在实践中会沦为分散的自我宗教式救赎，或者沦为统治阶级的麻醉工具。与此同时，个体在自我修身和思想境界提升过程中，确实具有一定的借鉴意义和价值；政府在法治教化时，也可以在一定范围内和程度上将之与法律进行融合，发挥一定的社会治理作用。

3. 以多数人的意见为标准

例如，贝克莱的"集体的知觉就是实在性的证据"，强调问题的现实性，但是忽视了真理检验的科学性。真理检验问题，首先是一个科学问题，其次才是一个哲学问题。只有立足于科学规律的反应，才能够真正解释真理的特性。在现实生活中，少数服从多数确实具有极大的适用范围，但是并不意味着现实生活的绝对正确，更不能简单地上升为哲学问题和哲学答案。

4. 以概念是否清楚为标准

例如，笛卡尔、斯宾诺莎等数学家将真理的检验标准进一步抽象为概念，实际上反映了唯心主义新的发展阶段带来的新思维，即将古代唯心主义哲学家的初级抽象（其中绝大多数包含了人的关系）再一次抽象，甚至与抽象的自然科学进行结合，完全依靠逻辑推理、公式推导等进行论证。这种观点具有一定的进步意义，也确实在一定范围内能够解决一些问题，但是其局限性也同样明显，即脱离了人类实践,也不具有终极的检验意义。

5. 以实用效果为标准

例如,实用主义提出有用即真理,过度强调对人类社会实践的片面突出,而忽视了真理检验的动态循环和认知规律发展,甚至问题的解决并不一定能够反映问题的关键因素之间的逻辑关系。各个学科的科学分析在一定程度上能够解决和反映事物内在矛盾以及各要素之间的逻辑关系,不仅仅是对实用的补充,而且能够消除实用主义的片面性和盲目性。

6. 费尔巴哈,提出理论不能解决的问题实践会解决

但是,他提出的实践是消极的、直观的反映论。费尔巴哈在总结前人理论的基础上,将真理检验标准引向了实践,是一个较大的开拓,在很大程度上实现了本体论和认识论(尤其是哲学基本问题的前提,世界各种现象归根结底为物质现象和意识现象,各种活动总计为认识世界和改造世界)的贯通。虽然费尔巴哈只看到了人类的被动适应,但是为后续马克思的积极主动的实践观奠定了坚实的基础。

马克思正是在前人的基础上,不断修正,进而提出了实践是检验真理的唯一标准这样一个论断,将科学性、人民性、实践性、发展性和革命性融为一体,在真理检验问题上实现了跨越式发展。在自然科学、社会科学和思维科学获得重大阶段性上升之前,马克思主义关于真理检验问题的回答依然是最完善、最严密的逻辑论证。

(二)实践是检验真理的唯一标准

马克思在 1844—1847 年撰写的《关于费尔巴哈的提纲》中指出,旧唯物主义最大的问题就是不理解实践的意义,因而无法从现实生活和现实世界中寻找解释世界的理论。人应该在实践中证明自己思维的真理性,即自己思维的现实性和自己思维的此岸性。

第一,人的思维是否具有客观的真理性,这不是一个理论的问题,而是一个实践的问题。[①]

第二,费尔巴哈不满意抽象的思维而诉诸感性的直观;但是,他把感性不是

---

① 马克思恩格斯选集(第一卷)[M].北京:人民出版社,2012:134.

看作实践的、人的感性的活动。①

第三,社会生活在本质上是实践的。凡是把理论导致神秘主义的神秘东西,都能在人的实践中以及对这个实践的理解中得到合理的解决。② 这表明,实践具有直接现实性,可以检验客观现实性。

在继承和批判费尔巴哈关于真理检验标准的基础上,马克思对"实践是检验真理的唯一标准"进行了论证。由于世界的本原最终只能归纳为物质和精神(或者思维和存在),因此,真理的检验或者检验标准也只能通过物质和精神来体现。世界上所有活动只有两类,即认识世界和改造世界,因此,真理的检验只能通过认识世界或者改造世界来实现。

1. 认识不能检验认识,客观事物也不能检验认识

真理是主客观相符合,在于人们对客观事物及其发展规律的正确反映。主观认识不能自我检验而宣称正确,也不能用另一种认识来检验,因为这依然局限在认识的小圈子,达不到检验的目的。客观事物本身会反映一定的规律性,但是不会自我回答客观事物是否与主观认识相符合,也无法达到检验的目的。

2. 实践可以检验认识

实践具有直接现实性的特点,实践可以把主观的认识转化为客观的事物,也可以将客观的事物转化为主观认识。如果实践之前的认识与实践检验结果相一致,那么,认识就得到可检验成为真理性的认识;如果实践之前的认识与实践检验结果不一致,那么,人生就需要被修改、修正或者继续被检验。在实践检验真理的过程中,逻辑证明可以起到重要的补充作用;但是,逻辑证明也不能取代实践作为检验真理的标准。

三、真理与谬误的关系问题

人类在自身发展的历史进程中,不断追求真理,其核心在于通过实践和认识进而掌握自然、社会和思维运动的一般规律甚至特殊规律,进而为人类整体的后续上升提供一般性、可验证、可信赖的方案。但是,由于客观世界运行规律往往掩藏在表象背后,并且存在不同的发展阶段和表现特征,因此,其规律表现往往

---

① 马克思恩格斯选集(第一卷)[M].北京:人民出版社,2012:135.
② 马克思恩格斯选集(第一卷)[M].北京:人民出版社,2012:135.

具有长期性、隐蔽性和内在性。人类的认识活动也往往表现为两种结果,即在一般情况下获得的谬误和在不断完善情况下获得的真理。

真理与谬误的根本区别是主观是否与客观相符合,真理往往也是从谬误的不断修正中实现的。谬误,是同客观事物及其发展规律相违背的认识,是对客观事物及其发展规律的歪曲反映,因而坚持和发展真理就需要同谬误作斗争。

真理和谬误是认识论中一对非常重要的范畴,它们之间是对立统一的,包含以下几个方面的关系:

1. 真理与谬误是相互对立的

从静止的思维角度来看,在确定的条件下,真理与谬误是绝对对立的,与认识对象相符合的认识就是真理,与认识对象不符合的认识就是谬误,二者之间存在原则界限。

2. 真理与谬误是相互联系的

从事物关系的角度来看,真理和谬误都是对认识对象的不同反应,其结果都是围绕事物的不同要素进行分析而得出的具体结论。真理是对事物不同要素正确的分析,而谬误是错误的分析,它们之间存在着类似的、相似的甚至是密切的联系。

3. 真理与谬误是通过相互斗争来实现的

从事物发展变化的角度来看,人类总是不断抛弃错误的认识,进而发扬真理的部分,这一过程正是真理与谬误斗争的过程。在现实生活中,表现为人们不断抛弃假恶丑、不断弘扬真善美。

4. 真理与谬误在一定条件下可以相互转化

真理和谬误都是在一定范围内和一定条件下成立的,只有在非常有限的范围内才有绝对意义。真理超出限定范围就转化为谬误,谬误在一定条件下也能够转化为真理。

第四节 价值本质问题及其回答

价值,原本是经济学领域的核心概念之一,后来也成为哲学领域的重要范畴。哲学上的价值是从其他学科的价值概念中抽象和升华而来的,与哲学层面讨论的价值进行了融合,形成了后来价值本质问题的核心概念。

一方面,19世纪及之前,价值最多用于经济学,用来表示物的价格或凝结在商品中的一般的人类劳动。马克思在《资本论》中使用价值一词时,也基本上表达了这一层含义,并没有专门文章从哲学层面上论述价值;在马克思和恩格斯的其他文献中,隐含表达与价值相关的内容,也基本上是辩证唯物主义和历史唯物主义价值判断方面的。

另一方面,哲学本身探讨的"价值"概念更多地倾向于价值评价。中国古代哲学在探讨人生理想和个人行为的评价标准时,围绕义与利、理与欲、志与功的关系进行的争论即与价值密切相关。殷周时期,人们的价值取向发生了明显变化,特别是周人把殷人崇拜的上帝发展为"天命",并渗进"人德"的内容,最终提出"唯德是辅""唯人是万物之灵"的命题。实际上开始了把人从宗教神话的束缚中解放出来而取得世界万物主宰地位,从盲目崇尚神性的愚昧中解放出来而确立人的主体意识的历史过程(西方的这一过程则迟至文艺复兴至马克思主义)。春秋战国时期,以孔子及其后学孟子、荀子为代表的儒家哲学,贬神重人、以人代神,在思考对象和思考重点上,实现了由上帝鬼神向人事的重大转折,促成了人与神的分离,实现了主体意识的自觉。儒家学说重在探讨人生价值问题,并基本上构建了人生价值理论体系。以老子为代表的先秦道家哲学,通过对由来久远、具有神秘传统的"天道"观念所做的思辨性的哲学净化工作,排除了中国早期宗教所崇拜的神鬼天帝的权威,在思维方式上实现了由天命论向人道观的重大转折,以"道"为人存在的前提和基础,实现了人与神的分离,强调人的价值,突出"自然无为"的人生价值理想。老子从"人法地、地法天、天法道、道法自然"的哲学思想出发,提出"圣者不仁"的价值目标,即按照人类的自然本性去从事各种活动。①

在西方古代哲学史中,毕达哥拉斯认为,价值的本质是数;柏拉图认为,价值是理性的本质即理念;亚里士多德认为,价值在于人的兴趣,至善是一切事物的最高价值;伊壁鸠鲁认为,快乐就是价值;斯多亚学派认为,德行才是价值。在中世纪的神学家那里,上帝是最高的价值,一切价值都应建立在上帝意志的基础上。文艺复兴和启蒙运动的社会思潮,则把过理性的生活、争取自由平等、追求人的尊严和权利视为崇高的价值。例如,休谟强调价值以人性和利己的同情心

---

① 潘海燕.中国古代社会的价值哲学思想[J].玉溪师范学院学报,2008(03):17—22.

为基础;康德指出价值应该借助于他所谓的绝对命令建立在理性的基础上;边沁表明价值在于促进最大多数人的最大幸福。[①]

表4—2　　　　　　　　　　　价值概念对比

	价值的涵盖范围不同	价值的评判标准不同
哲学上的价值	哲学上的价值是最为普遍意义上的主客体关系,主体一般意义上是人,而客体可以是任何事物	哲学上价值的评判,主要依赖于主体的需要和利益,因此哲学上的价值具有一定的主观性
经济学上的价值	经济学上的价值是撇开了劳动的具体形式的无差别的人类劳动,它表示的不是人与物的关系,而是商品经济条件下人与人之间交换劳动的经济关系	经济学上的价值是由生产该商品的社会必要劳动时间决定的,是较为客观的

19世纪以来,哲学上的价值概念主要是指在实践基础上形成的主体和客体之间的意义关系,是客体对个人、群体甚至整个社会的生活和活动所具有的积极意义。这一转向与哲学的重心从本体论、认识论转向历史观是一致的,哲学命题也更多地从历史观的角度进行分析。例如,主体客体的价值关系更多地表现为物质生产对人们物质生活、精神生活的满足;现代政权组织形式对人们民主容忍承受能力的反应;精神文化生产对人的信仰、信念、精神状态的引领力度等。

一、价值本质问题的不同回答

价值本质上是什么?即价值本质问题的关键在于物与人的关系问题,也是主体与客体的意义问题。不同的思维方式下,有不同的回答。例如,从主客体角度来看,可以分为客观主义价值论和主观主义价值论;从价值关系角度来看,可以分为固有属性说、关系说、功能说或效应说、实践说等。马克思主义经典作家也从辩证唯物主义的高度上进行了解释,指出价值具有主体性、客观性、多维性和社会历史性。

(一)不同哲学派别的回答

客观主义价值论认为,价值是客体本身所固有的,而与主体无关。客观价值在任何环境下均保持事物特性。主观主义价值论认为,价值就是主体的欲望、情

---

① 李醒民.价值的定义及其特性[J].哲学动态,2006(01):13—18.

感和兴趣,而与客体无关。主观价值在固定时期相对环境而言具有基本稳定的价值。

1. 固有属性说

这种观点认为,价值是客体本身所固有的某种属性或功能。例如,美国伦理学家罗尔斯顿认为,自然客体的那些自然属性,是人类出现之前就已经客观地存在于大自然中的,自然物的这些属性被观赏者记录下来,并翻译成实实在在的价值。所以,他也认为价值是事物的属性。这种学说在某些方面确实客观反映了价值的部分属性,甚至只是基础性属性,但是把事物的自然属性作为最终的、全部的、本质的属性则并不合适。

2. 关系说

关系说认为,价值是主客体相互作用的产物,价值既离不开客体,也离不开主体、离不开主体与客体的相互作用。价值是主体与客体相互作用的产物,是客体对主体的作用和影响,即客体对主体生存发展完善的积极效应。这种学说具有极大的进步意义,在很大程度上从客体属性上升到主体属性,将人的作用引入价值属性范畴;与此同时,随着历史观的不断发展,该学说依然具有继续拓展的空间。

3. 功能说

功能说认为,价值是一种功效或功能。功能说还认为,价值既是关系范畴,也是功能范畴或功效范畴。主客体之间的关系有实践关系、认识关系、价值关系。主客体实践关系是主体改造客体和自身的感性物质活动和对象性关系;主客体认识关系是主体对客体信息的反映与被反映的关系;主客体价值关系则是主客体之间的功能关系或功效关系,这是价值关系不同于实践关系和认识关系的本质特点。这种学说是对关系说的进一步发展,从主体客体两个维度拓展到三个维度,具有较大的发展进步意义。

4. 满足需要说

这是以主体的需要及其对需要的满足来界定价值的本质,价值是指客体的属性与功能能否满足主体的需要。德国新康德主义弗莱堡学派价值哲学的奠基人文德尔班认为,"每种价值首先意味着满足某种需要或引起某种快感的东西"①。他认为价值是满足人的某种需要,或者引起某种快感的东西,这是一种典型的主观主义价值论思想,价值完全取决于主体的需要。这种观点虽然承认主体客体的两个维度,但是本质上又重新将主体维度作为最核心、最本质的衡量标准,只是片面地发展了人的学说,而在更大程度上忽视了价值学说的发展性。

5. 人学说

由于价值的属人性,在新时期有关价值论的研究中,有些学者对价值问题中的人、主体性问题非常关注,他们主张从人的视角来揭示价值世界的奥秘、界定价值的本质。例如,韩东屏教授直截了当地说:"价值是人。"②高清海教授也指出:"价值是属于人的本质,价值是人追求的目的物,而这个目的物也就是人的自身本质。"③应该说,"价值是人"见解独特,对人们理解价值的本质有着深刻的启迪;也更加直接表明,理解价值的本质在人而不在物,或者说在主体而不在客体。强调人的作用,是近代自然科学兴起以来强调客观事物的基本规律的又一次重大转向,但是对主体的强调仅仅是最重要的一个维度,这个维度如何强调都不过分;与此同时,还需要发展其他维度的科学解释,进而形成全面的、系统的、科学的价值观。

除此之外,还有许多不同派别的回答,其相关理解在一定程度上能够解释某些现象和问题,具有一定的合理性,但是,如果在更大的范围内缺乏解释力,则显得浅薄不足。当然,任何对现象的解释及其科学阐释都是对学科发展最大的推动。

(二)马克思主义经典作家的回答

马克思主义经典著作从实践的角度阐释价值,其中包含人的核心、物的客观属性、不同维度差异以及社会历史发展等因素,是一个系统观点集成的回答。这个回答并不是静止的、绝对的和终极的回答,而是在当前阶段最全面的、系统的、科学的回答。随着时代的进步,尤其是生产方式推动的人类社会阶段的跃升,价值本质问题会有继续发展的空间。

价值本质上是个人或集体通过实践活动尤其是对物的生产、调配、使用达到个人或集体的预期目标,满足个人或集体的诉求。主要表现在以下四个方面,这

---

① 杜任之. 现代西方著名哲学家述评(续集)[M]. 上海:三联书店,1983:35.
② 韩东屏. 论价值定义困境及其出路[J]. 江汉论坛,1994(07):33—37.
③ 高清海,孙利天. 哲学的终结与人类生存[J]. 江海学刊,2003(05):16—21.

是价值本身具有的基本特性,也是四种关系:

1. 价值的本质表现为价值的主体性,即实践关系

人是核心,价值始终是以满足人的需求为中心的[①],即有用性。一是价值关系的形成依赖于主体的存在,即主体依赖性,主体存在且产生实践才会形成价值关系;二是价值关系的形成依赖于主体的创造,使客体潜在的价值转化为现实的存在,即主体创造性。主客体之间的价值关系并非一种自然的天然关系,而是主体在实践基础上确立的同客体之间的一种创造性关系。

2. 价值的本质表现为价值的客观性,即认识关系

价值是对人而言的,但是,既然能够充当价值客体,则在一定条件下可以不依赖主体的主观意识而存在,是作为自然属性的物天然就具备的,即可用性。一是主体的存在和需要是客观的,而不是抽象的,即需要的可用性;二是客体的存在、属性及作用是客观的,即属性的可用性。客体能否满足主体需要并不由人的主观愿望决定,而是由客体客观存在的性质、属性等决定的。总之,主体的价值需要和客体的存在都是客观的。

表 4—3　　　　　　　　　　价值基本特征对比

主体性	主体依赖性	有用性	实践关系
	主体创造性		
客观性	需要可用性	可用性	认识关系
	属性可用性		
多维性	审美价值	多样性	价值关系
	经济价值		
	科研价值		
社会历史性	未发现价值	发展性	历史关系
	已开发价值		
	已耗尽价值		

3. 价值的本质表现为价值的多维性,即价值关系

每个主体的价值关系具有多样性,同一客体相对于主体的不同需要会产生

---

① 兰久富.重思价值的本质——人的存在是价值的根源[J].哲学动态,2012(02):37—43.

不同的价值。价值的多维性既与客体有关,又与外部环境有关,还与主体以及不同主体、主体的不同状态有关。

4. 价值的本质表现为价值具有社会历史性,即历史关系

随着实践和历史的发展,主体、客体以及主客体之间的关系发生变化,导致人们对客体价值的判断也会发生改变。人类社会历史发展决定了价值的社会历史性,因此,应该用社会的和历史的观点考察价值。

二、价值观问题和马克思主义价值观及其发展

价值观是人们关于价值本质的认识以及对人和事物的评价标准、评价原则、评价方法的观点体系,与世界观和人生观是一致的。世界观决定了价值观,价值观决定了人生观。不同的世界观会产生不同的价值观,尤其是狭义的世界观,即人在现实世界中的经历与感受,进而形成对社会世界的认识,直接决定了个人的价值观。在漫长的历史发展进程中,执政者往往宣扬抽象的、宏观的、整体的正向价值观,但是,现实中往往表现为阶级的、狭隘的、少数特权的价值观。价值观有先进与落后、正确与错误、积极与消极之分,那些与先进生产方式结合得比较紧密的群体,往往也更容易产生先进的、正确的、积极的价值观,因而,人民群众尤其是处于社会底层的群众是需要引导教育的、需要帮助团结的。在现实生活中,就表现为使用社会主义核心价值观团结和凝聚起人民群众的力量,全部运用于中华民族伟大复兴的历史进程之中。

(一)马克思主义价值观

马克思主义价值观是以绝大多数人的利益为是非、善恶、美丑的评价标准,归根结底以社会的进步和人类的彻底解放为标准。

1846年,马克思和恩格斯在《德意志意识形态》中通过对资本主义价值观发展历程的分析,在一定程度上阐释了价值观的普遍规律,也指明了无产阶级价值观作为普世价值观的历史必然性。马克思和恩格斯认为,资本主义的价值观将依次经过五个阶段。

1. 资产阶级共同价值观的产生期

由资产者的私人利益产生资产阶级的共同利益,初步形成了资产者共同的价值观。

资产者的共同、普遍利益是由资产者的私人利益产生的。那些有时间从事

历史研究的为数不多的共产主义理论家,他们突出的地方在于:只有他们才发现了共同利益在历史上任何时候都是由作为私人的个人造成的。他们知道,所谓普遍的一面总是不断地由另一面即私人利益所产生的,它绝不是作为一种具有独立历史的独立力量而与私人利益相对抗,所以这种对立在实践中总是产生了消灭、消灭了又产生。

2. 资产阶级共同价值观的上升期

资产阶级作为力图代替旧统治阶级地位的新阶级,从而"作为全社会的代表出现"[1],并努力赋予自己的思想以普遍性的形式。

"每一个企图代替旧统治阶级的地位的新阶级,就是为了达到自己的目的而不得不把自己的利益说成是社会全体成员的共同利益,抽象地讲,就是赋予自己的思想以普遍性的形式,把它们描绘成唯一合理的、有普遍意义的思想。"[2]而它之所以能够作为全社会的代表出现、以社会全体群众的姿态反对唯一的统治阶级,"是因为它的利益在开始时的确同其余一切非统治阶级的共同利益还多少有一些联系,在当时存在的那些关系的压力下还来不及发展为特殊阶级的特殊利益。因此,这一阶级的胜利对于其他未能争得统治的阶级中的许多个人说来也是有利的"[3]。

3. 资产阶级共同价值观的成熟期

在资产阶级取得统治地位之后,资产阶级价值观上升为占统治地位的价值观,终于名正言顺地实现了它的普遍化和巩固加强。

不同的社会发展阶段,其占统治地位的价值观随着统治阶级的不同而不同。资产阶级成为统治阶级之后,必然将自己的思想(价值观、意识形态)在全社会范围内加以最大的普遍化。在考察历史运动时,"如果完全不考虑这些思想的基础——个人和历史环境,那就可以这样说:例如,在贵族统治时期占统治地位的是忠诚信义等等概念,而在资产阶级统治时期占统治地位的则是自由平等等等概念。总之,统治阶级自己为自己编造出诸如此类的幻想"[4]。这种历史观必然会碰到这样一种现象:"占统治地位的将是愈来愈抽象的思想,即愈来愈具有普

---

[1] 马克思恩格斯选集(第一卷)[M].北京:人民出版社,2012:180.
[2] 马克思恩格斯选集(第一卷)[M].北京:人民出版社,2012:180.
[3] 马克思恩格斯选集(第一卷)[M].北京:人民出版社,2012:180.
[4] 马克思恩格斯选集(第一卷)[M].北京:人民出版社,2012:180.

遍性形式的思想。"①

4. 资产阶级共同价值观的普及期

随着资产阶级在世界范围内普遍占据统治地位,随着资本主义大工业的扩张,资产阶级价值观羽化成资本主义普世价值。

资本主义生产方式在全球的扩张,必然要求它将自己的价值观普遍化到整个世界。正如马克思和恩格斯所描述的,"大工业到处造成了社会各阶级间大致相同的关系,从而消灭了各民族的特殊性"已成为时代潮流所趋,"大工业发达的国家也或多或少影响着非工业国家,因为非工业国家由于世界贸易而被卷入普遍竞争的斗争中"②。

可见,在各国人民被资本主义世界生产体系牢牢掌控之际,抽象的人道主义和资产阶级人权、法治、公平、正义、自由、平等、博爱等观念随之而来,而且被塑造成被神圣化了的"普世价值"。

5. 资产阶级共同价值观的衰亡期

在无产阶级已成为推动历史进步的主要力量、社会主义制度已经在部分国家建立并且资产阶级不再具有革命性、资本主义不再处于上升期的情况下,资本主义的"普世价值"必将被更为普遍化的无产阶级的价值观所取代。

一方面,无产阶级成了"企图代替旧统治阶级的地位的新阶级",赋予自己的思想以普遍性的形式;另一方面,当社会经济发展到一定水平,"只有随着生产力的这种普遍发展,人们之间的普遍交往才能建立起来。由于普遍的交往,可以发现在一切民族中同时都存在着没有财产的群众这一事实(普遍竞争),而其中每一民族同其他民族的变革都有依存关系;最后,狭隘地域性的个人为世界历史性的、真正普遍的个人所代替"③。在这个过程中,"当每一民族的资产阶级还保持着它的特殊的民族利益的时候,大工业却创造了这样一个阶级,这个阶级在所有的民族中都具有同样的利益,在它那里民族独特性已经消灭,这是一个真正同整个旧世界脱离并与之对立的阶级"④。这就是已经成为推动历史发展和社会进步主要力量的无产阶级,一个能够真正超越民族利益联合起来、实现世界性的普遍

---

① 马克思恩格斯选集(第一卷)[M].北京:人民出版社,2012:180.
② 马克思恩格斯选集(第一卷)[M].北京:人民出版社,2012:195.
③ 马克思恩格斯选集(第一卷)[M].北京:人民出版社,2012:166.
④ 马克思恩格斯选集(第一卷)[M].北京:人民出版社,2012:195.

化的阶级。因此,只有建立在全世界无产者共同利益基础上的价值观,才是真正具有普遍性的价值观。

对民族与国家而言,最持久、最深层的力量是全社会共同认可的核心价值观,因为它承载着一个民族、一个国家的精神追求,体现着一个社会评价是非曲直的价值标准。

(二)社会主义核心价值观

在社会主义发展历程中,马克思主义价值观得到继承和发展。对于中国特色社会主义而言,也逐渐形成了社会主义核心价值观,成为全体公民的共同价值追求。

2012年11月,中共十八大报告明确提出三个倡导,即倡导富强、民主、文明、和谐,倡导自由、平等、公正、法治,倡导爱国、敬业、诚信、友善,积极培育社会主义核心价值观,这是对社会主义核心价值观的初步概括。

2017年10月18日,习近平同志在十九大报告中指出,要培育和践行社会主义核心价值观。要以培养担当民族复兴大任的时代新人为着眼点,强化教育引导、实践养成、制度保障,发挥社会主义核心价值观对国民教育、精神文明创建、精神文化产品创作生产传播的引领作用,把社会主义核心价值观融入社会发展各方面,转化为人们的情感认同和行为习惯。坚持全民行动、干部带头,从家庭做起,从娃娃抓起。深入挖掘中华优秀传统文化蕴含的思想观念、人文精神、道德规范,结合时代要求继承创新,让中华文化展现永久魅力和时代风采。

社会主义核心价值观分为三个层面,即国家层面、社会层面和个人层面(见表4—4)。

表4—4　　　　　　　　社会主义核心价值观三个层面

国家层面	富强	民主	文明	和谐	美丽
	经济	政治	文化	社会	生态
社会层面	自由	平等	公正	法治	
	生产关系	法律关系	分配关系	秩序关系	
个人层面	爱国	敬业	诚信	友善	
	国家	单位	他人	家庭	

1. 国家层面

国家层面主要追求四个维度,即经济上更加富强、政治上更加民主、文化上更加文明繁荣、社会治理上更加和谐稳定。与此同时,党的十九大以来,也提出了生态上建设美丽中国的理念,暂时尚未修补进社会主义核心价值观之中。

2. 社会层面

社会层面主要追求生产关系上更加自由、法律关系上更加平等、分配关系上更加公正、秩序关系上更加法治。尤其是通过治理体系和治理能力现代化建设,更加突出法治的作用,减少人治和德治的不良影响,有条件的强化人治和德治的有益方面。

3. 个人层面

个人层面主要追求在整体组织上热爱国家、在单位组织上爱岗敬业、在个人社会关系上诚实守信、在家庭内部上保持友善亲近。每个人都不因基本生存而焦虑,也不将不良情绪传递给他人,更不危害集体和组织,在关键时刻尤其是国家危难之际能够挺身而出,这也是中华民族这个大集体的最终诉求,这既是每一个人的义务和责任,也是对每一个人的希冀和要求。

三、价值评价问题及其回答

价值评价是主体对客体的价值以及价值大小所作的评判或判断,也称为价值判断。价值评价是对客观价值关系的主观反映。价值评价会因为主体差异(阶级派别、知识差异)、时代差异等产生一定的差异,甚至出现较大的反复,但是整体而言,价值评价是逐渐倾向于越来越客观、越来越符合历史事实的。

(一)价值评价的特点

在价值评价中,主体以自身需要为内在尺度运用于所评价的客体,因而具有一定的差异性。价值评价具有以下三个特点:

1. 以主客体的价值关系为认识对象的

知识性认识以客观事物及其规律为对象,追求是什么,以求真为认识目的。评价性知识以客体和主体之间的价值关系为反映内容,追求应该怎样,以求善、求美为目的。

2. 评价结果与评价主体直接相关

知识性认识是人的主观反映客观的过程,认识结果不以主体意志为转移;而价值评价则要揭示和表达客体对于主体的意义，因而依赖于评价主体的认识和意志。

3. 评价结果的正确与否依赖于对客体状况和主体需要的认识

价值评价源于主体的需要，通过主体的实践对客体施加影响，甚至改变客体状态，产生有利于主体需要的趋势和变化。同一个结果对于主体、客体以及多个主体等的评价结果是不同的，甚至是截然相反的。

超越个体的价值评价，国家或者一个集团的价值评价同样是以自身利益为核心的评价，代表了这个整体的利益或者组织代表阶级的利益。同样道理，任何代表阶级也会将这种价值评价结果作为价值观反映在政治法律思想之中，并随着历史的发展而变化。

(二)价值评价的原则

马克思主义价值观是建立在科学规律基础上（生产力主线）的，以人民群众为历史发展主线，以人民利益为最终导向，因而价值评价是动态的、开放的、发展的，也是客观的、规律的、大众的。价值评价有以下三个基本原则：

1. 要以真理为依据

哲学上的价值评价要区分于现实生活中的个人价值评价。现实生活中的价值评价往往以片面的现象为出发点，甚至故意制造幻想或者歪曲事实进而进行价值评价；而哲学上的价值评价是以事实为依据的。

2. 要与社会历史发展的客观规律相一致

哲学上的价值评价是宏观的，不以短期观点为最终结论，既要符合当时历史发展需要，也要适应当今发展需要。

3. 要以人民群众的需要和利益为根本

价值评价最终是以最广大人民群众的利益为导向的，在当时的历史条件下具有时代特性，也具有历史局限性。

对于同一个客观事实，站在不同的立场就会得出不同的结论，但是，价值评价依然需要建立在真理的基础上。任何捏造的、歪曲的、虚假的历史事实都将被证伪，与之对应的价值评价也会被抛弃。

历史发展规律决定了历史事件、历史人物所处的位置，是顺应历史发展规律还是逆历史潮流而动、是侵略行为还是自我保卫等都是价值评价的重要参考因素，并在很大程度上决定了评价主体的最终结论。

（三）人性的善恶问题及价值评价的标准的回答

人性善恶问题，是古今中外的哲人都不得不面对的问题。在中国的传统哲学中，关于人性善恶的争论由来已久，可以说是此消彼长、平分秋色。孔子、荀子、孟子都对其有各自的理解和论述，儒家的孔孟大体认为人性本善，我们的首要任务是发现人性中的这种善；而荀子和管子认为人性本恶，需要用法律和强制措施抑制或恫吓这种恶。

孟子认为，人性善的根源不是来自后天习得，而是产生于先验的良知良能，一部分是人在没有接触社会实践的情况下所具有的生物本能，一部分是以血亲关系为基础的仁爱关系，这是孟子性善论赖以立论的基础。

荀子人性恶的根源在于人本身具有的本能。人生来就有耳目之欲、声色之好、求利之心，都是饥而欲食、寒而欲衣、劳而欲息、声色之好。但是，这种本能如果任其发展、不加约束，就必然产生争夺、残杀等邪恶的事情，造成社会混乱，因此他认为人性本恶。

在对人性的界定上，孟子善意地看待人和人生，相信人能够自我完善；荀子则以一种冷峻严厉的目光审视人和人生，不相信人能够自我完善。孟子代表儒家理想主义的一翼，荀子则代表儒家现实主义的一翼。孟子强调心性本心，荀子强调本能欲望。由此致使二人在对待修身问题上有不同主张。

有什么样的世界观就会有什么样的方法论；同样，有什么样的人性观就会有什么样的人生观。中国哲学一直争论人性是趋善还是趋恶，可是在西方就没有这样的争论。因为，西方社会从来就没有相信过人性是善的。伊甸园的神话早就告诉了他们，偷食了禁果的亚当和夏娃被惩罚下了凡间，有了一个沉重的肉身。这个肮脏的肉身让人始终匍匐在地面上，变得异常的邪恶和自私，人是带着罪恶来到这个世界的。因此，他们的观点是，人一旦失去了外在的束缚，就会作恶。

马克思主义价值评价的原则，就是马克思主义价值观的评价标准。除此之外，也有以下其他理论派别的观点，马克思主义对其进行了吸收，也进行了批判。整体而言，这些价值评价理论具有一定的理论意义和现实意义，但也具有一定的片面性和局限性。

各种价值体系都有各自的价值标准或评价尺度，依据这些标准和尺度对事物做出相应的评价。概括起来，有三种类型的价值标准或评价尺度，它们分别属于完善论、道义论和功利论的价值体系。完善论、道义论和功利论对价值即好善的理解不同,于是,用来衡量和评价事物的价值标准或评价尺度也就有所差异。[①]

一是完善论把好理解为完善或完美,把完善或完美的事物作为标准衡量同类事物的好坏。在完善论的价值体系中评价事物,需要预先设定同类事物的完善标准,然后根据这个完善标准评价事物好或不好。如果事物达到或者符合该类事物的完善标准,就评价这个事物好,否则就评价这个事物不好或坏。不同种类的事物都有各自的完善标准,其中,作为完善标准的事物必定是该类事物中最完美的事物。设定为完善标准的事物,既可以是现实存在的事物,也可以是理想事物;既可以是具体事物,也可以是抽象的指标。完善标准有时包含多个等级,依据这样的完善标准可以评价事物的好的等级,如最好、较好等。

二是道义论把善理解为符合道德原则和伦理规范,把道德原则和伦理规范作为衡量行为善恶的标准。道德原则和伦理规范规定了人应当做什么和不应当做什么。人做某一行为,如果是道德原则和伦理规范规定为应当做的行为,那么这一行为是善的,相反则是恶的。除了道德原则和伦理规范之外,法律法规也作为衡量人的行为的尺度,不过,这种尺度是衡量人的行动是否合法。

三是功利论把好理解为对人的好处和利益,相应地,把人作为衡量事物价值的尺度。以人为尺度,可以评价维持和促进人的存在的事物是好的,而破坏或阻碍人的存在的事物是坏的。这里的人指的是特定的人,即现实的个人。每个人都是一个价值尺度,事物对他的好坏要由他自身来评价。由于人和人的存在状况不完全相同,因此,按照不同人的尺度对事物的评价是不同的。一个人的存在状况会发生变化,因而人作为尺度不是固定的,在某种存在状况下评价某个事物对人则是好的,但在另一种存在状况下评价同样的事物对人则是坏的。

功利论对好的理解与完善论和道义论对好或善的理解最根本的差异在于,功利论的好是对于特定人的好,而完善论的好是与人无关的好,道义论的善是对任何人的善。在以功利论所理解的好评价事物时,得出的结论有可能是对这个人好而对那个人坏。在以完善论所理解的好评价事物时,完善标准是根据事物的种类和特性设定的,不考虑事物与人的关系,所以按照完善标准评价事物不会出现对这个人而言好、对那个人而言坏的情况。在以道义论所理解的善评价人

[①] 兰久富.价值评价的推理模式[J].当代中国价值观研究,2020,5(04):5—24.

的行动时,作为评价依据的道德原则和伦理规范是对所有人的要求,不论对于谁的行动都按照相同的道德原则和伦理规范进行评价,对一个人而言是善的行动对其他所有人都是善的行动。对事物的评价因人而异、因时而变,这是功利论的评价与完善论和道义论的评价的一个显著差别。

四、真理与价值的辩证统一

认识论的前提和首要观点是实践,因而真理和价值是实践的两个最核心的维度,即真理尺度和价值尺度。实践的真理尺度是人们在实践中必须遵循的反映了实践对象客观规律和本质的真理;实践的价值尺度是人们在实践中必须遵循的以满足人们需要为内容的特定的实践目标。这两个尺度其实也是人的尺度和物的尺度,通过实践达到人与物的统一。[①]

(一)真理和价值之间是相互包含、相互渗透的

一方面,真理中包含着价值。首先,探求真理是为了获得价值。马克思和恩格斯指出:"行动的一切动力,都一定要通过他的头脑,一定要转变为他的愿望和动机,才能使他行动起来。"[②]这说明人是在追求价值的过程中探寻真理的,对人没有意义的真理无法激起人的探求欲望和动力;任何一项探寻真理的实践活动总是包含着一定的价值目标,是人的需要促使人们去探求真理。其次,真理作为对客观事物的本质及其规律的正确认识,本身就具有重要的价值。人们认识世界和改造世界的实践活动,都只有在真理的指引下才能获得成功;也就是说,人们只有掌握和运用真理才能有效地进行改造世界的实践,才能使人的需要得到满足。

另一方面,价值中也包含着真理,价值的实现必须以对客观真理的正确把握和运用为前提,没有真理指导的实践是盲目的实践,是注定要失败的,当然不可能实现价值。所以,离开真理谈价值,是不切实际的空想,价值作为客体属性对主体需要的满足,必须实践这一中介和桥梁,才能主观和客观统一起来,才能达到目的;而实践活动要获得成功,就必须遵循和运用相应的真理,价值的实现离不开真理。

(二)真理和价值之间是相互作用、相互转化的

一方面,真理可以转化为价值。在实践中,人们以真理性认识为基础去追求

---

① 何绍芬,钱波.真理与价值的辩证关系及其现实意义研究[J].保山学院学报,2018,37(06):59—63.
② 马克思恩格斯全集(第二十一卷)[M].北京:人民出版社,1965:345.

更多更大的价值,实现物质世界对人类需要的满足。另一方面,价值可以转化为真理。在实践中,人们正是由于实现价值的需要而去寻求更加全面、更加完备的真理,由此提高了人们对客观世界的认识能力和改造能力。由于真理与价值的相互作用、相互转化,促使人类的实践活动不断向前推进和发展,因此使得人们的认识得以不断向深度推进、向广度拓展,把自在的世界不断转化为人化的世界,人类随之不断地从必然王国走向自由王国。

(三)实践是真理尺度和价值尺度相统一的检验标准

在实践中,违背真理的价值一定会受到规律的惩罚而无法实现,而违背价值的真理也一定是遭到排斥、不受欢迎的。所以,只有那些既符合真理尺度又符合价值尺度的实践,即既符合客观规律又符合人的价值追求的实践活动才能获得成功。

正如列宁所说:"必须把人的全部实践——作为真理的标准,也作为事物同人所需要它的那一点的联系的实际确定者——包括到事物的完整的定义中去。"[①]所谓"事物同人所需要它的那一点的联系",是指符合人的价值追求,客观真理与人的价值追求是否统一,只能通过实践来检验。所以,我们应始终坚持实践第一、实践至上。

坚持真理尺度和价值尺度的辩证统一,要求我们在实践中必须坚持和弘扬科学精神与人文精神:科学精神是人们在实践中服从真理、坚持真理、追求真理的以求真、求实为基础特征的自觉意识;人文精神是以尊重人、爱护人、维护人民和人类利益、促进社会进步为核心的,以求善、求美为基本特征的自觉意识。

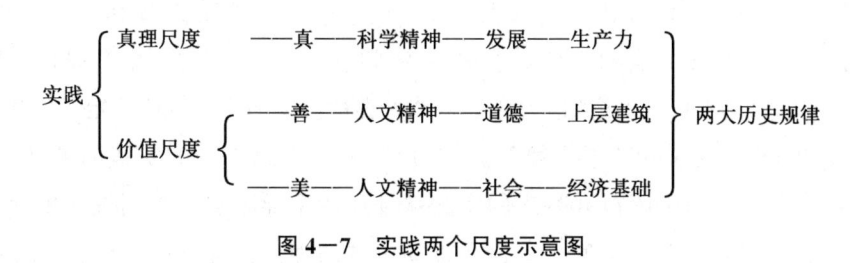

$$实践\begin{cases}真理尺度 & ——真——科学精神——发展——生产力\\价值尺度 & \begin{cases}——善——人文精神——道德——上层建筑\\——美——人文精神——社会——经济基础\end{cases}\end{cases}两大历史规律$$

图4—7 实践两个尺度示意图

科学精神和人文精神实际上是从实践出发,在生产力、经济基础和上层建筑三个方面达到真善美,这完全符合两大历史规律的经典总结。

[①] 列宁全集(第四卷)[M].北京:人民出版社,2012:419.

第五章
历史观

当本体论、认识论得到极大的发展之后,历史观逐渐成为哲学研究的重要领域和重点,正如马克思所言,直到黑格尔时期,唯心史观一直占据统治地位。经过费尔巴哈和马克思的努力,唯物史观才逐渐成为历史观的主流,得到越来越多的哲学家的支持和社会活动家的实践。

唯物史观之所以得到越来越多的认可,与近代以来的自然科学、社会科学和思维科学逐渐规范、逐渐揭示出事物的内在规律有直接的关系。马克思主义在近代以来科学规律的基础上,从哲学层面揭示了历史发展的基本规律,是其科学性的体现。

唯物史观将科学思维应用到历史领域,从纷繁复杂的历史现象中寻找基本规律,这与其他学科寻找规律并没有什么不同,仅仅在于学科差异和学科的方法不同而已。在历史发展的各种因素中,最终归纳抽象出生产力、生产关系、经济基础、上层建筑等核心概念,这为科学总结人类社会发展一般规律奠定了基础。

与此同时,在这些基本规律的总结过程中,马克思将人的实践因素纳入其中,恢复了人的主体地位,并将人的实践从神秘的主导因素中带回现实生活,进一步奠定了唯物史观的彻底性。也在唯物史观的理论论证基础上,增加了现实验证,保障了唯物史观的可验证性,完全不担心被证伪,反而在历史发展中得到了越来越多的证实。

相对于本体论和认识论,历史观与现实社会的联系更加紧密,这也是指导社会各阶级制定政策的重要思想基础。关于历史观,主要围绕以下几个问题:一是社会历史观基本问题;二是历史规律问题,即历史发展有没有规律;三是历史发展动力问题,即是什么理论推动历史的发展;四是历史创造者问题,即是谁在创造历史。

对于以上问题的不同认识和回答,构成了历史观的核心争论。从宏大的历史视野来看,历史观逐渐由唯心史观转向唯物史观,其中,唯心史观也有几个阶段,逐渐由自然神秘因素、神灵转向理性。唯物史观在历史观发展史上具有里程碑的意义,解决了一系列问题。

第一节 社会历史观基本问题及其回答

从宏观意义上看,社会历史观问题是哲学基本问题的一个方面(第三个方面),但是,恩格斯在提出哲学基本问题时并未将这个问题纳入。在社会中是一个基本问题,而在历史领域是最核心的问题,也是解答一切历史问题的前提和基础,它直接反映了历史观的差异和对历史事件的基本判断。

历史观主要是研究社会和人这两个核心的要素,人与社会的相互作用之中又必然回归到社会存在和社会意识。或者说,社会历史观基本问题也只是哲学基本问题投射到历史观领域的具体反映,思维与存在的关系问题就自然而然地演变为社会存在和社会意识的关系问题。地理环境、人口以及生产方式构成社会运动的基础物质要素,这些要素的有机统一就构成人类社会的基本生活条件。

不同历史派别对社会历史观给出了不同的解释和答案,这些理论往往依据当时的理论结合以往的历史进行分析研究,试图寻找历史的规律,发现历史发展的方向,具有极大的指导作用和研究价值。但是,由于科学技术发展水平的限制,尤其是近代自然科学尚未规范建立之前,诸多历史派别及其理论具有典型的空想性质,甚至在逻辑上无法得到证实。

一、社会历史观基本问题

恩格斯在《反杜林论》中提出哲学基本问题时,并未将历史观纳入,也未提出社会历史观基本问题。当前学术界一般认为社会历史观基本问题是社会存在与社会意识的关系问题,其依据主要源自马克思和恩格斯的一些论述。

(一)社会历史观基本问题的确定

主张社会存在和社会意识的关系问题是社会历史观的基本问题的论者,一般以马克思的《政治经济学批判序言》(以下简称《序言》)作为依据。但是,马克思在《序言》中所说的"物质生活的生产方式制约着整个社会生活、政治生活和精神生活的过程。不是人们的意识决定人们的存在,相反,是人们的社会存在决定人们的意识"①。

除此之外,也有部分学者提出社会历史观基本问题的不同描述,例如,于乔教授提出经济基础和上层建筑的关系问题,才是社会历史观的基本问题。张云勋教授主张用"社会物质存在"和"社会意识关系"这对范畴作为社会历史观的基本范畴。②朱青君教授提出,社会历史观的基本问题是物质生活生产方式与社会生活、政治生活及精神生活的关系。此处不再拓展论述,仍以相对传统的观点进行解读。③

历史观又称社会历史观。人们对社会历史的根本观点、总的看法,是世界观的组成部分。世界观与历史观是相互影响、相互制约的。历史观的基本问题是社会存在与社会意识的关系问题,这是哲学基本问题在社会历史领域的延伸。由于对历史观基本问题的不同回答,因此形成了两种根本对立的历史观:唯物主义历史观和唯心主义历史观。

唯物主义历史观是马克思主义哲学的有机组成部分,是唯一科学的历史观。唯物主义历史观认为,社会存在决定社会意识,社会意识又能动地反作用于社会存在。该观点指出,社会历史是客观的合乎规律的辩证发展过程,社会基本矛盾是一切社会发展的动力,生产力是社会发展的最初源泉;在阶级社会,阶级斗争是社会发展的直接动力;人民群众是推动历史发展的主要力量。唯物主义历史观的创立打破了唯心主义在社会历史领域中一统天下的局面,是历史观的伟大变革。

唯心主义历史观认为,社会意识决定社会存在,否认物质生产对社会发展的决定性作用,把个人的思想观念、理性或绝对精神说成历史发展的动力,认为少数英雄人物是历史的创造者,是历史发展的决定性力量。

(二)社会存在与社会意识的辩证关系

社会存在与社会意识是历史观领域中两个最高抽象,也是回答历史观领域

---

① 马克思恩格斯选集(第二卷)[M].北京:人民出版社,2012:2.
② 张云勋.略论"社会存在"与"社会意识"范畴——兼与邹永图同志商榷[J].学术研究,1981(03):80-82.
③ 朱青君.什么是社会历史观的基本问题?[J].国内哲学动态,1983(11):28.

一切现象、一切问题的根本。这两个最高抽象其实也是影响历史发展变化的所有因素的综合与抽象,因而能够在最大限度上对历史领域进行最科学的解释。如果随着历史的发展,出现新的影响历史观的因素,要么被吸纳进两个最高抽象,要么修订两个最高抽象。

1. 社会存在

社会存在是描述人类社会客观现实的哲学名词,狭义上主要是指人类社会;从广泛意义上来说,包含了自然界(自然存在)、人(自我存在)、人类社会(关系存在),即社会物质生活条件,是社会生活的物质方面,主要是指物质生活资料的生产及生产方式,也包括地理环境和人口因素。

社会存在也是构成社会运动的核心要素,主要包括以下三个方面:

(1)自然环境:限制性因素。

(2)人口因素:基础性因素。

(3)生产方式,包括:①生产力,这是决定性因素(决定社会发展水平);②生产关系,这是标志性因素(社会形态划分的标志)。

"全部人类历史的第一个前提无疑是有生命的个人的存在。因此,第一个需要确认的事实就是这些个人的肉体组织以及由此产生的个人对其他自然的关系。当然,我们在这里既不能深入研究人们自身的生理特性,也不能深入研究人们所处的各种自然条件——地质条件、山岳水文地理条件、气候条件以及其他条件。"[①]

自然环境是人类赖以生存的自然基础,至少在当前阶段人类仍然无法离开自然环境而独立生存。从人类演化的历史来看,人类是随着自然环境的变化而不断迁徙,进而寻找适宜人类生存的自然环境。由于人类改造自然能力的限制,人类社会的生存和发展在较大程度上受到自然因素的制约,这种情形在人类历史上越往前追溯就越发明显,甚至在人类社会的某个时期、某个区域、某个族群都可能成为决定性因素。但是,整体而言,自然环境只是人类社会发展进步的限制性因素,人类社会本身就是不断突破这种限制而发展壮大的。与此同时,人类也越来越感受到人与自然保持平衡的重要性,尤其是工业化时代以来人类对自然界的肆意索取和开采,短期来看带来了可观的经济效益,但是长期来看则带来

---

① 马克思恩格斯选集(第一卷)[M].北京:人民出版社,2012:146.

了严重的自然问题、社会问题甚至政治问题。随着生产力的提高,人类在某些领域已经能够较大的克服自然环境的因素而改变了生产方式。例如,培育无土栽培技术的蔬菜、苗木,培育沙漠环境下的农作物等。

人口因素是人类社会重要的社会物质生活条件之一,对社会发展进步起着基础性的影响制约作用。社会学研究表明,一定的人口规模在自然演化(包括通婚制度)中,才能保证族群的延续,否则人口质量会严重下降,甚至人口数量濒临消亡。而人口数量无限扩张之时,也会带来庞大的生存压力和社会压力,甚至引发严重的社会冲突和军事冲突。人口因素同时受到社会生产状况和社会制度的制约,历史上每一次人口大爆发都伴随着生产力水平的提升或者种植技术、种植作物的普及和提升。在现代社会,人口质量已经显著超过了人口数量的要求,而工业化和城市化达到一定水平之后,人口数量也开始呈现快速下降的普遍性趋势。因此,保持一定规模的人口是现代社会人口政策的基本导向,甚至出现越来越多的福利政策以刺激生育。

物质生产方式一般简称生产方式,马克思在其著作中经常使用"物质生活的生产方式"。生产方式是人们为获取物质生活资料而进行的生产活动的方式,是生产力和生产关系的统一体。物质生产方式是社会历史发展的决定力量,它包含两个方面:一是生产力是社会历史发展的决定性因素;二是生产关系是社会历史发展的标志性因素。马克思在《致路德维希·库格曼》一文中指出:"任何一个民族,如果停止劳动,不用说一年,就是几个星期,也要灭亡。"[①]

(1)生产方式决定了人类生命的延续性。物质生产活动是人类社会赖以生存和发展的基础,也是人类社会其他一切活动的前提。生命延续是人类社会存在和发展的前提,物质生产是满足生命延续的首要问题。在原始社会,人类主要依靠采集和渔猎;在奴隶社会,人类主要依靠农耕;在封建社会,人类主要依靠农业;在资本主义社会,人类主要依靠商品贸易。当今世界,食品的全世界贸易流通和食品的本地化成为人们满足生存需要的主要方式。当然,世界随时存在战争的风险,于是,"谁控制了粮食,谁就控制了全人类"。

(2)生产方式决定了人类生活的延续性。物质生产活动及生产方式决定着社会的组织形式、人际关系和精神状态,制约着人类社会的经济生活、政治生活

---

① 马克思恩格斯选集(第四卷)[M].北京:人民出版社,2012:473.

和精神生活。生产方式的变更决定了人类社会以相适应的组织形式,正如手推磨只能是封建生产方式而蒸汽磨必然需要资本主义生产方式一样,人类的相互经济关系、精神关系也会发生相应的变化。

(3)生产方式决定了人类形态的延续性。物质生产活动及生产方式的发展变化决定了人类社会由低级向高级更替发展的过程。生产方式的升级一方面依靠群体(包括氏族、部落、国家等实体)内部的经验积累和技术开发,另一方面依靠不同群体的交流。部分族群或者部落长期停滞发展,就是由于缺乏外部交流且内部没有技术升级。

2. 社会意识

社会意识是社会生活的精神方面,是社会存在的反映,是对一定历史时期的物质生活的精神概括,反映了那个历史时期的精神风貌。

(1)按照不同主体划分为个体意识和群体意识。个体意识是个人的生活经历和社会地位等在个体头脑(思想)中的反映,是个体社会实践的产物。群体意识是群体成员共同的意识,是不同个体经验的归纳、交流与总结,是群体实践的产物。群体意识经过部分专家、学者、领袖等人物的进一步研究,会成为理论或者时代的思想产物。

(2)按照不同层次划分为社会心理和社会意识形式。社会心理是低层次的社会意识,是自发的、不系统的、不稳定的社会意识,一般表现为人们的感知、情绪、情感、心态、习俗等,会随着时代的发展而变化。社会意识形式是高层次的社会意识,是自觉的、系统的、相对稳定的社会意识,是以社会意识为基础的,包括政治法律思想、道德、宗教、艺术、哲学、科学等,以理性认识为基础。社会意识形式在一定历史时期内具有稳定性,从长期来看,会随着经济社会的发展而变化。

社会意识形式又可以分为意识形态和非意识形态。非意识形态是指自然科学、语言学、形式逻辑以及一部分社会科学不具有社会经济形态和政治制度的性质,不反映特定社会集团利益和要求,不服务于特定经济政治制度和特定阶级。

意识形态是指反映社会的经济关系、阶级关系的社会意识,主要包括政治法律思想、道德、艺术、宗教、哲学等。

(1)政治法律思想随着阶级和国家的出现而产生,是最直接和最集中反映经济基础的意识形态,在意识形态中居于主导地位,往往以公开的国家法制文本的形式固定下来,指导经济社会生活和利益分配,体现了统治阶级的意志利益。政治思想是人们关于政治的关系、制度和设施的观点、理论的总和,反映了统治阶级的利益构成。法律思想是人们关于法的关系、制度和设施的观点、理论的总和,是以固定文本的规范形式反映人们的经济关系。

(2)道德是调节个人与社会之间关系行为规范的总和,主要依靠社会舆论和生活传统来发挥作用。道德是文化的反映,具有一定的民族继承性,也是一定生产方式的产物,因而永恒的道德、抽象的道德是不存在的,道德会随着时代的发展而变化,具有不同的表现形式和表现内容。道德还具有继承性,一个国家或者民族的优良传统美德在现实生活中也会发挥重要的作用,具有极强的现实价值。

(3)艺术是通过塑造具体生动的形象来反映社会生活的意识形态。艺术往往来源于生活,通过将生活中的具体形象加工、抽象和组合,甚至添加一些空想和合理想象的成分,来反映现实生活的诉求,进而表达和感染某些群体,甚至引起广泛的共鸣。例如,不同历史阶段的文艺作品会反映那个历史时期的时代之间,并将小人物的现实生活、宏观的发展形势、作者的美好愿望或者思考等融入艺术作品之中,从而引起公众的思想共鸣。

(4)宗教是支配人们日常生活的外部力量在人们头脑中的虚幻反映,本质上是一种颠倒的世界观。宗教是自然压迫和社会压迫的具体产物,生产力水平低下导致人们对自然现象产生恐惧,需要外部力量的慰藉;进入阶级社会之后,统治阶级的残酷剥削导致被压迫者对现实生活的反抗,需要外部力量的安抚。在历史上,宗教长期作为阶级统治和压迫的工具之一,对社会稳定也发挥着一定的积极作用。宗教在一定历史时期仍将长期存在,但是,宗教与教育相分离的政策是稳定的、连续的。青年大学生尤其需要注意和警惕敌对势力以宗教为幌子进行意识形态渗透,因而我们要广泛深入开展马克思主义宗教观教育,引导青少年在本质上和生活中认清宗教。

马克思在《〈黑格尔法哲学批判〉导言》中指出:"谬误在天国为神祇所作的雄辩一经驳倒,它在人间的存在就声誉扫地了。一个人,如果曾在天国的幻想现实性中寻找超人,而找到的只是他自身的反映,他就再也不想在他正在寻找和应当寻找自己的真正现实性的地方,只去寻找他自身的假象,只去寻找非人了。反宗教的批判的根据是:人创造了宗教,而不是宗教创造人……宗教是人民的鸦片。废除作为人民的虚幻幸福的宗教,就是要求人民的现实幸福。要求抛弃关于人民处境的幻觉,就是要求抛弃那需要幻觉的处境……于是,对天国的批判变成对尘世的批判,对宗教的批判变成对法的批判,对神学的批判变成对政治的批判。"①

(5)哲学是系统化、理论化的世界观,是研究其他学科的学科,也是对自然科学、社会科学和思维科学的再升华、再抽象,是世界观和方法论的统一。哲学是一种利用间接、抽象的方式反映社会存在的意识形态,主要任务是总结各个学科领域的规律,并在规律的基础上反映事物的本质,为解决当时的核心难题提供思索方向和方法论,或者提出时代问题,甚至是超越时代的问题。

3. 社会存在与社会意识辩证关系

社会存在与社会意识是辩证统一的,社会存在决定社会意识,社会意识是社会存在的反映,并反作用于社会存在。

(1)基础性关系。社会存在是社会意识内容的客观来源,社会意识是社会物质生活过程及其条件的主观反映。社会意识产生的基础是人类的社会实践,同时随着实践的变化而反映变化的现实世界。

(2)实践性关系。社会意识是人们进行社会物质交往的产物。人类意识是生物意识演化中的一个产物,也是一个过程,未来将会产生更高级的意识;但是,归根结底人类意识来源于人类实践。人类是自然界演化的产物,最初也只是"纯粹动物式的意识"②。随着人类实践活动的拓展,逐渐产生了日益丰富的社会意识,"不是意识决定生活,而是生活决定意识"③。

(3)历史性关系。随着社会存在的发展,社会意识也相应地或迟或早发生变化和发展。社会意识都是具体的历史的体现,其根源于经济生活之中,反映了当时历史状态的社会认知。这种社会意识随着历史发展,也会被后人进行重新解读,包括划分历史阶段、重新认识、理论派别重新确立等。

(4)决定性关系。社会存在决定社会意识,社会意识以理论观念心理等形式反映社会存在。这体现了社会意识对社会存在的依赖性,也反映了社会存在对社会意识的决定作用。

4. 社会存在与社会意识辩证关系的意义

马克思主义经典作家从社会现实生活中划分出经济领域,从一切现实社会

---

① 马克思恩格斯选集(第一卷)[M].北京:人民出版社,2012:2.
② 马克思恩格斯选集(第一卷)[M].北京:人民出版社,2012:161.
③ 马克思恩格斯选集(第一卷)[M].北京:人民出版社,2012:152.

关系中划分出生产关系，并将其作为决定其他一切关系的基础和核心；把一切社会关系的最终决定因素归结为生产关系，把决定生产关系变化的根本力量归结为生产力，从而将社会形态的演化作为一种自然的社会过程，类似于自然界演化的自然过程，进而抽象出社会规律，正如自然科学抽象出自然界的自然规律一样，从而破解了"历史之谜"。

社会存在与社会意识，抽象出了社会历史领域最核心的两大因素，解决了社会存在与社会意识的关系问题，实质上实现了历史观的变革。随着二者关系的不断丰富、不断发展和不断完整，人类在社会治理、社会组织和社会实践中将越来越能够按照历史规律办事，越来越能够团结人类全部力量，进而为人类共同目标而奋斗，最终构建人类命运共同体。

(1)树立科学的历史观。历史观是指导人类在社会实践中最重要的参照，既是对以往历史经验和教训的总结，也是对当前实践的探索和尝试，更是对未来发展的谋划与猜测。树立科学的历史观，有助于协调经济社会发展，减少无意识的社会束缚，更好地实现从社会的束缚下解放出来，实现人的社会自由。

(2)指导社会发展包括社会文化建设。中国特色社会主义持续改革才能适应时代的发展和历史的进步，其中，意识形态是重要的方面之一，文化建设既是共同信仰的基石，也是国家凝聚力和战斗力的表现。中国特色社会主义的顶层制度设计、方针政策调整、文化建设方案等都需要结合国家社会存在的基本现实，即从中国的社会物质生活条件出发。

5.社会意识相对独立性

社会存在解释了人类社会发展的基本决定力量，但是，人类社会发展演化过程中也会出现一些特例或者不太符合一般规律的现象，这就是社会意识在发挥作用，需要使用社会意识相对独立性进行科学解释。

社会意识在从根本上受到社会存在决定的同时，还具有自己特有的发展形式和规律。

(1)社会意识与社会存在发展的不完全同步性和不平衡性。社会存在虽然能够决定社会意识，但是也需要一定的时间；在历史上，尤其是在某一个时期内，存在社会意识严重滞后于社会存在的情况，也存在社会意识领先于社会存在的情况。

(2)社会意识内部各种形式相互影响，各自具有历史继承性。社会意识本身具有多种因素,之间形成了相互制约、相互促进的复杂关系;在社会意识发展变化过程中,往往具有较强的稳定性和继承性,即使需要变革,往往也是循序渐进的。有时遭遇到激烈变革,会通过其他形式反映,甚至出现反复。

(3)社会意识对社会存在能动反作用。社会存在会推动社会意识发展,也会阻滞社会意识发展。同样地,社会意识滞后了,就会阻碍社会存在直至二者形成均衡态势;社会意识超前了,就会强力拉动社会存在发展,直至二者形成相对稳定的状态。

二、不同历史观对人类社会发展历史的解释

对待社会历史发展问题上,存在着两种根本对立的观点:唯物史观和唯心史观。不同的历史观往往将支配历史发展进步(也有静止史观和倒退史观)的核心因素归结于不同的要素,而这种归纳方法才是不同历史观的核心差别。甚至可以说,研究方法是否科学决定了研究结论的可靠性、完整性和系统性。

(一)神学历史观

神学历史观通常把人类社会神话、把不明原因现象归于超自然的神灵力量(神化)。在古代社会,人们是以神的眼光观察和认识世界:一是图腾崇拜阶段。人类社会初期,对支配人们的一切的崇拜。二是英雄崇拜阶段。从对动物、自然崇拜转到对人的崇拜,即对本民族、本部落中的英雄崇拜。三是神教的出现。世界三大宗教——伊斯兰教、佛教、基督教——成为该历史时期解释历史的主要理论。

神学历史观是人类社会早期尝试对人类社会基本规律进行解释的结果,它试图寻找本质性力量和规律进而指导人类社会发展,在当时具有非常重大的意义。但是,其研究方法是不科学、不严谨的,甚至没有充分运用人类社会早期日渐成熟的观察和验证的方法,仅仅在现实世界之外构建了一个虚拟的、无法验证的、自我逻辑的体系。

恩格斯在《反杜林论》中科学解释了神学历史观的发生、发展根源,实际上已经清晰地回答了科学与宗教的关系。他指出:"一切宗教都不过是支配着人们日常生活的外部力量在人们头脑中的幻想的反映,在这种反映中,人间的力量采取了超人间的力量的形式。在历史的初期,首先是自然力量获得了这样的反映,而在进一步的发展中,在不同的民族那里又经历了极为不同和极为复杂的人格

化……最初仅仅反映自然界的神秘力量的幻想的形象,现在又获得了社会的属性,成为历史力量的代表者。在更进一步的发展阶段上,许多神的全部自然属性和社会属性都转移到一个万能的神身上,而这个神本身又只是抽象的人的反映……现在还是这样:谋事在人,成事在神(即资本主义生产方式的异己力量的支配作用)……当谋事在人,成事也在人的时候,现在还在宗教中反映出来的最后的异己力量才会消失,因而宗教反映本身也就随着消失。理由很简单,因为那时再没有什么东西可以反映了。"①

恩格斯在《路德维希·费尔巴哈和德国古典哲学的终结》中进一步指出:"在远古时代,人们还完全不知道自己身体的构造,并且受梦中景象的影响,于是就产生一种观念:他们的思维和感觉不是他们身体的活动,而是一种独特的、寓于这个身体之中而在人死亡时就离开身体的灵魂的活动。"②

(二)唯心主义历史观

唯心主义历史观认为,社会本质上是人的意志或心理活动的产物或绝对精神运动的产物,认为历史领域中起作用的是精神动力(精神化)。欧洲于14—16世纪进行的文艺复兴运动,其主旨是提倡人性、反对神性,提倡人道、反对神道,提倡以人为本、反对以神为本,提倡人的文化、反对神的文化。人们开始以人的眼光来观察、解释人类社会的产生和发展。这一时期称为理性时期。这一时期也出现了许多重要的思想家,如霍布斯、洛克、卢梭等。

唯心主义历史观是人类实践和认识不断发展的产物,相对于神学历史观具有重大的进步意义。但是,唯心主义历史观仅仅是将神秘力量从想象的神或者抽象的神转移到抽象的思想之上,即使再进一步也只是转移到客观存在的公式定理即绝对精神之上。唯心史观并没有继续深入一步,探索这些精神或者意识背后的根源,即历史真正产生的根本原因。

(三)自然主义历史观

把社会本质归结于自然条件或地理环境,或人的动物本性(自然化)。随着近代自然科学的逐渐成熟,各个学科的分离让人类的自然科学知识储备得到了极大的提升,各种规律性认识得到加强。但是,相互隔离的学科研究往往将各自

---

① 马克思恩格斯选集(第三卷)[M].北京:人民出版社,2012:704-705.
② 马克思恩格斯选集(第四卷)[M].北京:人民出版社,2012:230.

学科的科学引进或者强加到其他领域或者社会历史领域,这样就形成了自然主义历史观。

(四)唯物史观

认为一切重要历史事件的终极原因和伟大动力是社会的经济发展,是生产方式和交换方式的改变,是由此产生的社会之划分为不同的阶级,是这些阶级彼此之间的斗争,即生产力决定生产关系,经济基础决定上层建筑(物化)。

1894年1月25日,恩格斯在《致瓦尔特·博尔吉乌斯》的信中指出:"人们自己创造自己的历史,但是到现在为止,他们并不是按照共同的意志,根据一个共同的计划,甚至不是在一个有明确界限的既定社会内来创造自己的历史……在这里通过各种偶然性来为自己开辟道路的必然性,归根到底仍然是经济的必然性。如果说马克思发现了唯物史观,那么梯叶里、米涅、基佐以及1850年以前英国所有的历史编纂学家则表明,人们已经在这方面做过努力,而摩尔根对于同一观点的发现表明,发现这一观点的时机已经成熟了,这一观点必定被发现。"[1]

恩格斯又进一步指出将人类历史的各类现象归结于经济现象根源时的科学性,并做了深入解释:"我们所研究的领域越是远离经济,越是接近于纯粹抽象的意识形态,我们就越是发现它在自己的发展中表现为偶然现象,它的曲线就越是曲折。如果您画出曲线的中轴线,您就会发现,所考察的时期越长,所考察的范围越广,这个轴线就越是接近经济发展的轴线,就越是同后者平行而进。"[2]

第二节 唯物史观及其开创性贡献

1877年6月,恩格斯在总结马克思一生事迹的文章《卡尔·马克思》中,回顾了马克思在前人研究的基础上不断深入揭示人类社会发展基本规律和本质的过程。他指出:"一切历史变动的最终原因,应当到人们变动着的思想中去寻求,并且在一切历史变动中,最重要的、支配全部历史的又是政治变动。可是,人的思想是从哪里来的,政治变动的动因是什么——关于这一点,没有人发问过。只有

---

[1] 马克思恩格斯选集(第四卷)[M].北京:人民出版社,2012:649-650.
[2] 马克思恩格斯选集(第四卷)[M].北京:人民出版社,2012:650.

在法国历史编纂学家和部分英国历史编纂学家的新学派中,才产生了一种信念,认为至少从中世纪起,欧洲历史的动力是新兴资产阶级为争取社会的和政治的统治而同封建贵族所做的斗争。现在马克思则证明,至今的全部历史都是阶级斗争的历史,在全部纷繁复杂的政治斗争中,问题的中心仅仅是社会阶级的社会的和政治的统治,即旧的阶级要保持统治,新兴的阶级要争得统治。可是,这些阶级又是由于什么而产生和存在的呢?是由于当时存在的基本的物质条件,即各个时代社会借以生产和交换必要生活资料的那些条件。"①

1878年,恩格斯在《反杜林论》中对杜林主义进行了批判,同时阐述了唯物史观的一些核心观点。他指出:"唯物主义历史观从下述原理出发:生产以及随生产而来的产品交换是一切社会制度的基础;在每个历史地出现的社会中,产品分配以及和它相伴随的社会之划分为阶级或等级,是由生产什么、怎样生产以及怎样交换产品来决定的。所以,一切社会变迁和政治变革的终极原因,不应当到人们的头脑中,到人们对永恒的真理和正义的日益增进的认识中去寻找,而应当到生产方式和交换方式的变更中去寻找;不应当到有关时代的哲学中去寻找,而应当到有关时代的经济中去寻找。"②

1883年3月17日,恩格斯在《马克思墓前的讲话》中指出:"正像达尔文发现有机界的发展规律一样,马克思发现了人类社会历史的发展规律,即历来为繁芜丛杂的意识形态所掩盖着的一个简单的事实:人们首先要吃喝住穿,然后才能从事政治、科学、艺术、宗教等;所以,直接的物质生活资料生产,从而一个民族或一个时代的一定的经济发展阶段,便构成了基础,人们的国家设施、法的观点、艺术一直宗教观念,就是从这个基础上发展起来的,因而,也必须由这个基础来解释,而不是像过去那样做的相反。"这段讲话简单扼要地概括了马克思提出唯物史观的开创性贡献。

唯物史观的形成可以简单地分为三个阶段:一是从唯心主义回到唯物主义(1841—1844年),以《黑格尔法哲学批判》为重要节点,发现了理论与现实的不符;二是在唯物主义上找到了人民群众及其实践(1844—1845年),以《关于费尔巴哈的提纲》为重要节点,找到了人类实践的本质;三是唯物主义上找到了规律

---

① 马克思恩格斯选集(第三卷)[M].北京:人民出版社,2012:722.
② 马克思恩格斯选集(第三卷)[M].北京:人民出版社,2012:654-655.

和使命(1845—1847年),以《德意志意识形态》为重要节点,科学分析了无产阶级的历史使命。

恩格斯曾在马克思墓前的讲话中将马克思一生的发现归结为两个方面,即唯物史观和剩余价值理论。而这两个发现依个人理解,可以作为支撑马克思主义成为科学和具有现实感召力的两个基本原理或基本观点。

1846年,马克思和恩格斯合著《德意志意识形态》,初步形成了唯物史观,并且在1847年4月的《哲学的贫困》里也第一次得到了科学的表述。从1850年开始,是马克思探索政治经济学理论的新的阶段,在《资本论》中得到进一步运用,也是从经济学角度再次论证了唯物史观。

在马克思和恩格斯合著的《德意志意识形态》的第一卷第一章中,马克思和恩格斯首次对唯物史观做了比较系统的论述。他们阐明了社会存在决定社会意识这一唯物史观的出发点,论证了研究现实的人的活动和他们的物质生活条件是科学的历史观的前提,指出唯物史观不是从观念出发来解释实践,而是从物质实践出发来揭示各种观念形态,从而深刻地揭示了唯物史观与唯心史观的根本区别;他们论证了物质生产在人类历史发展中的决定作用,从生产力和交往形式的矛盾运动中揭示人类历史发展的一般规律,进而阐述了共产主义取代资本主义的历史必然性;他们提出了无产阶级夺取政权、消灭私有制、建设新社会并在斗争实践中改造自己的任务,强调未来新社会的创建一方面要以生产力的巨大增长和高度发展为前提,另一方面要以同生产力的普遍发展相联系的世界交往为前提,共产主义事业只有作为世界历史性的存在才有可能实现。马克思和恩格斯创立的唯物史观为科学社会主义奠定了哲学基础。

《德意志意识形态》提出了以下一些基本观点:

(1)"从直接生活的物质生产出发阐述现实的生产过程,把同这种生产方式相联系的、它所产生的交往形式即各个不同阶段上的市民社会理解为整个历史的基础。"[1]因此,"第一个历史活动就是生产满足这些需要的资料,即生产物质生活本身,而且这是这样的历史活动,一切历史的一种基本条件"[2]。

(2)"人们生产自己的生活资料,同时间接地生产着自己的物质生活本身。"[3]

---

[1] 马克思恩格斯选集(第一卷)[M].北京:人民出版社,2012:171.
[2] 马克思恩格斯选集(第一卷)[M].北京:人民出版社,2012:158.
[3] 马克思恩格斯选集(第一卷)[M].北京:人民出版社,2012:147.

(3)"各民族之间的相互关系取决于每一个民族的生产力、分工和内部交往的发展程度。"①其含义是物质资料的生产方式决定了历史每一个阶段的发展和性质。

(4)"分工发展的各个不同阶段,同时也就是所有制的各种不同形式。这就是说,分工的每一个阶段还决定个人的与劳动材料、劳动工具和劳动产品有关的相互关系。"②通过对部落所有制、古代公社所有制、封建等级所有制等具体分析,马克思和恩格斯得出结论,"以一定的方式进行生产活动的一定的个人,发生一定的社会关系和政治关系"③。

(5)"第二个事实是,已经得到满足的第一个需要本身、满足需要的活动和已经获得的为满足需要而用的工具又引起新的需要,而这种新的需要的产生是第一个历史活动。从这里立即可以明白,德国人的伟大历史智慧是谁的精神产物。"④这里明确表达了社会存在决定社会意识的观点。

(6)"一切革命斗争都是针对在此以前实行统治的阶级的。迄今为止的一切革命始终没有触动活动的性质,始终不过是按另外的方式分配这种活动,不过是在另一些人中间重新分配劳动,而共产主义革命则针对活动迄今具有的性质,消灭劳动,并消灭任何阶级的统治以及这些阶级本身。"⑤

《哲学的贫困》提出了以下一些基本观点:

(1)生产力的决定性,生产关系的标志性。经济范畴只不过是生产的社会关系的理论表现,即其抽象。人们是在一定的生产关系中,这些一定的社会关系也是人们生产出来的。社会关系和生产力密切相连。随着新生产力的获得,人们改变自己的生产方式,随着生产方式即谋生的方式的改变,人们也就会改变自己的一切社会关系。马克思在《哲学的贫困》中指出:"手推磨产生的是封建主的社会,蒸汽磨产生的是工业资本家的社会。"⑥

(2)社会关系的暂时性和运动性。"人们按照自己的物质生产率建立相应的社会关系,正是这些人又按照自己的社会关系创造了相应的原理、观念和范

---

① 马克思恩格斯选集(第一卷)[M].北京:人民出版社,2012:147.
② 马克思恩格斯选集(第一卷)[M].北京:人民出版社,2012:58.
③ 马克思恩格斯选集(第一卷)[M].北京:人民出版社,2012:151.
④ 马克思恩格斯选集(第一卷)[M].北京:人民出版社,2012:159.
⑤ 马克思恩格斯选集(第一卷)[M].北京:人民出版社,2012:171.
⑥ 马克思恩格斯选集(第一卷)[M].北京:人民出版社,2012:222.

畴。所以,这些观念、范畴也同它们所表现的关系一样,不是永恒的。它们是历史的、暂时的产物。生产力的增长、社会关系的破坏、观念的形成都是不断运动的。"①

(3)阶级矛盾的革命性。"被压迫阶级的存在就是每一个以阶级对抗为基础的社会的必要条件。因此,被压迫阶级的解放必然意味着新社会的建立。要使被压迫阶级能够解放自己,就必须使既得的生产力和现存的社会关系不再能够继续并存。在一切生产工具中,最强大的一种生产力是革命阶级本身。革命因素之组成为阶级,是以旧社会的怀抱中所能产生的全部生产力的存在为前提的。"②

根据不同文献的论述,唯物史观可以总结为:

第一,生产实践的基础性。人类的物质生产是整个历史的出发点。物质生产既是人类区分于动物的重要标志之一,也是人类历史迈进人类社会历史的重要分水岭。

第二,生产关系的标志性。人们在生产中结成的物质关系,是整个社会历史的基础。现实的物质利益是认识历史的基础,基于物质利益的生产关系正是反映社会历史的最关键的因素。其余的因素在某些零散的历史中可能发挥或轻或重的作用,但是,宏观上的规律依然是基于现实利益的生产关系。

第三,历史观的唯物性。社会存在决定社会意识,承认历史观上的唯物主义,也就将唯物主义覆盖了本体论、认识论和历史观等目前哲学的全部最重要的领域。

第四,生产力的决定性。物质资料的生产方式决定历史每一个阶段的发展和性质,生产力是从具体现实的社会中抽象出来的最核心的代表力量,也是决定和反映这个具体现实社会的发展属性、阶段以及前进的最大障碍。

第五,革命群众的重要性。一定的生产力和革命群众是社会革命的物质因素。生产力是最革命的因素,生产力水平发展了,其他因素必然或快或慢地相应改变。但是,生产力必须通过人的实践才能体现出来,革命群众就显得尤为关键。在一般情况下,革命群众的主要任务是争取现实利益最大化,而不是组织革

---

① 马克思恩格斯选集(第一卷)[M].北京:人民出版社,2012:322.
② 马克思恩格斯选集(第一卷)[M].北京:人民出版社,2012:274.

命。革命群众在革命的条件、生产力尚未达到的阶段,革命成功的可能性将极大地下降,因而,革命群众必须与生产力结合在一起,才能够最大限度地和最高效率地实现革命。

因此,唯物史观与唯心史观的根本区别不在于是否同情人民——这属于伦理的范畴,也不在于是否热爱人民——这属于政治的范畴,而是在于如何看待人民群众的历史地位——这才是历史观的根本问题,它属于科学的范畴。科学的历史观将人民群众的现实利益放在首位,人民群众在经济上、政治上获得解放,这才是真正的同情人民、真正的热爱人民。

1910年10月30日,列宁在《革命的教训》一文中认为,同情并不能代替经济利益的改变,仅限于道德伦理的暂时的感情认知,这与上升到理论指导层面还存在着很大的距离。他指出:"第一个而且是主要的教训是:只有群众的革命斗争,才能使工人生活和国家管理真正有所改善。无论有教养的人们怎样'同情'工人,无论单枪匹马的恐怖分子怎样英勇斗争,都不能摧毁沙皇专制制度和资本家的无限权力。只有工人自己起来斗争,只有千百万群众共同斗争才能做到这一点,而只要这个斗争一旦减弱,工人所争得的成果立刻就要被夺走。"[1]

一、历史发展基本规律问题

历史规律,即历史法则,是相信人类社会和历史发展像自然界那样具有不以人们的意志为转移的客观变化轨迹。历史基本规律既是一个科学问题,也是一个哲学问题,通过不同学科尤其是考古学、历史学、人类学、社会学等学科的研究,不断证实历史发展过程呈现一定的规律和趋势,进而在哲学层面进行系统的总结,形成完善的理论体系,也用来指导未来社会的发展建设。

历史基本规律中,马克思主义重点总结了以下几个方面:一是生产力与生产关系矛盾运动规律;二是经济基础与上层建筑矛盾运动规律;三是社会形态更替一般规律。当然,除此之外,还有一些规律,此处不再细分叙述。

1876年9月至1878年6月,恩格斯撰写了《欧根·杜林先生在科学中实行的变革》,即《反杜林论》,马克思也参与撰写了部分内容。《反杜林论》全面系统地阐述了马克思主义理论体系,其中也比较详细地阐述了历史基本规律。除此

---

[1] 列宁选集(第二卷)[M].北京:人民出版社,2012:268.

之外,在《哲学的贫困》《共产党宣言》《"法兰西阶级斗争"导言》等著作中也有论述。

(一)生产力与生产关系矛盾运动规律

人类第一个历史活动就是生产满足衣食住行等物质生活需要的物质资料,生产力是人类社会生活和全部历史的基础。

1. 生产力

生产力是人类在生产实践中形成的改造和影响自然以使其适应社会需要的物质力量,具有客观现实性(静态)和社会历史性(动态)。

生产力的水平主要表现为生产发展的现实程度,是现实社会生产状况的综合表现。

生产力的性质取决于生产的物质技术性质,主要是劳动资料的性质。生产的产品主要用于侵略行为,则生产力的性质偏向于消极评价;生产的产品主要用于经济贸易进而满足人民的物质消费,则生产力的性质偏向于积极评价。

1846年12月28日,恩格斯在《致帕维尔·瓦西里耶维奇·安年科夫》的信中指出:"人们不能自由选择自己的生产力——这是他们的全部历史的基础,因为任何生产力都是一种既得的力量,是以往的活动的产物……后来的每一代人都得到前一代人已经取得的生产力并当做原料来为自己新的生产服务,由于这一简单的事实,就形成人们的历史中的联系,就形成人类的历史,这个历史随着人们的生产力以及人们的社会关系的愈益发展而愈益成为人类的历史。"[①]

生产力的状况是生产力水平和生产力性质的统一体,主要表现为生产力的运行状态或发展态势。

生产力是结构复杂的系统,主要包括以下三个要素:

(1)劳动者(科学技术)。劳动者是人,是具有一定生产经验、劳动技能和知识水平,能够运用一定劳动资料作用于劳动对象,从事生产实践活动的人。劳动者是生产力中最特殊、最关键、最活跃的因素,人类的智力和能力决定着对物质世界的改造程度。

(2)劳动对象。一切自然物质都有可能成为劳动对象,只有进入生产过程的

---

① 马克思恩格斯选集(第四卷)[M].北京:人民出版社,2012:409.

部分才是现实的劳动对象。劳动对象的种类越来越丰富：一是直接来源于自然界的客观事物，或者是自然界事物经过加工改造后的复合体，如土地、河流、桌子、椅子；二是自然界中原本并不存在但是经过生产创造出来的新生事物，如飞机、新的化学合成品等；三是从自然界、社会抽象出来的虚拟事物或者完全空想模拟出来的虚幻事物，尤其是软件开发中采用的各类模型等。

(3)劳动资料(生产工具)。劳动资料也称为劳动手段，是人们在劳动过程中所运用的物质资料或物质条件，其中最重要的因素是生产工具。

生产工具是区分社会经济时代的客观依据。马克思在《资本论》第一卷中指出："各种经济时代的区别，不在于生产什么，而在于怎样生产，用什么劳动资料生产。"[1]

生产力是最革命的因素，革命群众的革命是建立在生产力的基础之上，否则革命就会陷入盲动革命的境地。

1884年11月8日，恩格斯在《致卡尔·考茨基》的信中指出："英国和法国向大工业的过渡大体已经完成。无产阶级所处的境况现在已经稳定；农业区和工业区，大工业和家庭工业已经分离，并且按现代工业所能容许的程度固定下来了。甚至每隔十年一次的周期性危机引起的波动，也已经成了习以为常的生存条件。工业变革时期出现的政治运动或直接社会主义运动(那时还不成熟)遭到了失败，遗留下来的与其说是鼓舞，不如说是沮丧；资产阶级的即资本主义的发展证明自己比革命的反抗更有力量；再要反对资本主义生产，就需要新的更强大的推动力，例如，英国失去它目前在世界市场上的统治地位或者法国发生某种特别的革命事件。"[2]

科学技术是生产力中的重要因素，能够应用于生产过程，与生产力中的劳动资料、劳动对象和劳动者等因素结合而转化为实际生产能力。科学技术是先进生产力的集中体现和主要标志，是第一生产力。随着时代的发展，体力劳动者与脑力劳动者有统一的趋势；同时，脑力劳动者的比例在逐渐扩大，这一客观趋势是确定的。

---

[1] 马克思恩格斯选集(第二卷)[M].北京：人民出版社，2012：171.
[2] 马克思恩格斯选集(第四卷)[M].北京：人民出版社，2012：572—573.

表5—1 生产力要素对比

生产力	劳动者	体力
		一般技术
		科学技术
	劳动对象	自然物质形态
		加工创造物质形态
		虚拟形态
	劳动资料 （生产工具）	手工
		畜力、自然力
		一般机器
		智能设备、机器人

2. 生产关系

生产关系是物质生产过程中形成的不以人的意志为转移的经济关系，其实质是人们的物质利益关系。经济是任何时代的基础，因而生产关系是社会关系中最基本的关系，政治关系、家庭关系、宗教关系等其他社会关系都受生产关系的支配和制约。在某些特殊情况下，其他社会关系可能发挥主导作用，但是这些社会关系最终也无法逃离经济关系的决定，尤其是在整个社会的宏观背景下，经济关系决定了其他社会关系。

马克思在《雇佣劳动与资本》中指出："为了进行生产，人们相互之间便发生一定的联系和关系；只有在这些社会联系和社会关系的范围内，才会有他们对自然界的影响，才会有生产。""黑人就是黑人。只有在一定的关系下，他才成为奴隶。纺纱机是纺棉花的机器。只有在一定的关系下，它才成为资本。脱离了这种关系，它也就不是资本了，就像黄金本身并不是货币，砂糖并不是砂糖的价格一样。"[①]

1846年12月28日，恩格斯在《致帕维尔·瓦西里耶维奇·安年科夫》的信中指出："人们的社会历史始终只是他们的个体发展的历史，而不管他们是否意识到这一点。他们的物质关系形成他们的一切关系的基础。这种物质关系不过

---

① 马克思恩格斯选集(第一卷)[M].北京：人民出版社，2012：340.

是他们的物质的和个体的活动所借以实现的必然形式罢了。"①

生产关系主要包含以下三个要素：

(1)生产资料所有制关系(决定社会经济结构)。生产资料所有制关系是人们进行物质资料生产的前提，也在很大程度上决定了生产、分配、交换和消费关系，是生产关系中最基本的关系，同时是区分不同生产方式、判定社会经济结构的客观依据。

(2)生产组织方式关系，即人与人的关系如何。在生产过程中，人与人的关系代表着人类的组织形式。人类社会总是以各种组织形式而存在，将每一个人放置在一个特定的位置，进而形成一定的社会秩序。封建社会的秩序决定了一个人在其中的关系，资本主义的秩序同样决定了一个人在其中的关系，只是不同的社会形态的组织形式不同而已。

(3)产品分配关系，即产品如何分配。产品分配代表着对资源的占有程度，生产力水平程度越高，普通人分配到的资源就越多。分配方式是生产资料所有制和人与人关系的最后实现，是通过对产品的不同占有比例来实现的。

表5—2　　　　　　　　生产关系与其他社会关系对比

生产关系 (经济关系)	生产资料所有制关系
	生产组织方式关系
	产品分配关系
⇩ 决定	
其他社会关系	政治关系
	家庭关系
	宗教关系

根据生产资料所有制关系，可以将生产关系划分为两种基本类型：以生产资料公有制为基础的生产关系和以生产资料私有制为基础的生产关系。在历史发展进程中，两种基本类型在宏观层面既是并存的，也是斗争的；在微观层面，有局部的共存形态，并不断调整。随着生产力的不断发展，以生产资料公有制为基础的生产关系必将取代以生产资料私有制为基础的生产关系。

---

① 马克思恩格斯选集(第四卷)[M].北京：人民出版社，2012：409.

表 5—3　　　　　　　　不同社会形态的生产关系对比

社会形态	生产关系	分配关系	生产形态
原始社会	平等关系	原始平均分配	石器时代
奴隶社会	全人身依附关系	完全占有	农耕时代
封建社会	半人身依附关系	按权分配（贡赋、地租）	农业时代
资本主义社会	雇佣关系	按资分配（利润）	工业时代
社会主义社会	雇佣关系 平等关系	按劳分配	机器时代
共产主义社会	平等关系	按需分配	智能时代

3. 生产力与生产关系矛盾运动规律

生产力与生产关系是社会经济发展中抽象出来的两个最核心因素，它们之间是有机统一的，其相互影响、相互运动，构成了生产力与生产关系矛盾运动规律。

(1)生产力的决定性，即生产力决定生产关系。这主要表现在两个方面：一是生产力状况决定生产关系的性质，有什么样的生产力，就会产生什么样的生产关系。正如马克思在《哲学的贫困》中指出的："手推磨产生的是封建主的社会，蒸汽磨产生的是工业资本家的社会。"[1]二是生产力的发展决定生产关系的变化。马克思在《致帕维尔·瓦西里耶维奇·安年科夫》的信中指出："人们的社会历史始终只是他们的个体发展的历史，而不管他们是否意识到这一点。他们的物质关系形成他们的一切关系的基础。这种物质关系不过是他们的物质的和个体的活动所借以实现的必然形式罢了。""为了不致丧失已经取得的成果，为了不致失掉文明的果实，人们在他们的交往方式不再适合于既得的生产力时，就不得不改变他们继承下来的一切社会形式。"[2]

(2)生产关系的调整性，即生产关系反作用于生产力。这主要表现在两个方面：一是当生产关系适应生产力发展的客观要求时，生产关系对生产力起推动作用；二是生产关系不适应生产力发展的客观要求时，生产关系对生产力起阻碍作用。生产关系表现为具体生产中的人与人的关系，但是经常受到历史限制或者

---

[1] 马克思恩格斯选集(第一卷)[M].北京:人民出版社,2012:222.
[2] 马克思恩格斯选集(第四卷)[M].北京:人民出版社,2012:409.

超越现实的探索,一旦生产关系过于滞后或者过于超前,就会形成牵制生产力方向的力量。

生产关系是一个复杂的系统,其某些部分的改变可能促进或阻碍生产力的发展。生产性落后于生产力会阻碍其发展,但是生产关系远远超越生产力尤其是充满空想色彩的超前的生产关系也会阻碍生产力的发展。

(3)二者的整体性即生产力与生产关系的相互作用是一个过程,表现为二者的矛盾运动,二者构成了生产方式的运动。马克思在《〈政治经济学批判〉序言》中指出:"我们判断这样一个变革时代也不能以它的意识为根据;相反,这个意识必须从物质生活的矛盾中、从社会生产力和生产关系之间的现存冲突中去解释。无论哪一个社会形态,在它所能容纳的全部生产力发挥出来以前,是决不会灭亡的;而新的更高的生产关系,在它的物质存在条件在旧社会的胎胞里成熟以前,是决不会出现的。"[1]

生产力是生产的物质内容,生产关系是生产的社会形式,二者构成社会的生产方式。

4.生产力与生产关系矛盾运动规律意义

生产力与生产关系矛盾运动规律的重要意义主要表现在以下两个方面:

(1)在人类思想史上彻底否定了以道德说教作为评判历史功过是非的思想体系,第一次科学地确立了生产力是社会发展的最高标准[2],并且把生产力和生产关系矛盾运动规律作为判断时代变革的客观依据。科学阐释历史规律,将以往通过神秘方式解释历史和评价历史的弊端基本上清除出去,树立起科学的评价标准。

当然,这一评价标准仅仅是树立起新的标准,还需要在历史发展实践中不断进行完善,进而随着时代的发展构建更加丰富、更加完整、更加科学的体系化评价标准。

(2)这一规律是马克思主义政党制定路线方针和政策的重要依据。物质生产实社会生活的基础,生产力是推动社会发展进步的最革命要素、最活跃因素,社会主义的根本任务是解放和发展社会生产力。

---

[1] 马克思恩格斯选集(第二卷)[M].北京:人民出版社,2012:3.
[2] 列宁全集(第十六卷)[M].北京:人民出版社,2017:209.

因而,马克思主义政党在制定具体方针政策之时,需要充分考虑到现实需求与基本规律,进而更好地制定短期政策和长期规划。

(二)经济基础与上层建筑矛盾运动规律

马克思把社会关系区分为经济基础和上层建筑两个部分。

1. 经济基础

经济基础是由社会一定发展阶段的生产力所决定的生产关系的总和,即社会经济结构,包括两点:(1)其实质是基本经济制度,是制度化的物质社会关系;(2)经济体制即经济活动采取的组织形式和管理形式。

人类社会的一定发展阶段或者历史时期往往存在多种生产关系,但是,决定其社会性质的是其中占支配地位的生产关系。

1894年1月25日,恩格斯在《致瓦尔特·博尔吉乌斯》的信中指出:"我们视之为社会历史的决定性基础的经济关系,是指一定社会的人们生产生活资料和彼此交换产品(在有分工的条件下)的方式。因此,这里包括生产和运输的全部技术。这种技术,照我们的观点看来,也决定着产品的交换方式以及分配方式,从而在氏族社会解体后也决定着阶级的划分,决定着统治关系和奴役关系,决定着国家、政治、法等等。"[①]

经济体制是经济制度的体现方式,经济制度是经济体制的核心内涵,二者关系紧密。基本经济制度是生产关系的直接核心体现,同时在实际社会运行之中还会辅助其他经济制度,进一步均衡各个阶级的利益,进一步刺激全社会的生产动力。经济体制是社会基本经济制度所采取的组织形式和管理形式,是生产关系的具体实现形式。经济体制的选择是否合适,对于基本经济制度即生产关系的自我完善和生产力的发展起着极为重要的作用。

2. 上层建筑

上层建筑是指建立在一定经济基础之上的意识形态以及相应的制度组织和设施即社会文化结构。它包括意识形态和政法制度及设施,其中,意识形态即为观念上层建筑,政法制度及设施为政治上层建筑。

意识形态(观念上层建筑)主要包括政治法律思想、道德、艺术、宗教、哲学五个方面。政治上层建筑主要包括国家政治制度、立法司法制度、行政制度和政治

[①] 马克思恩格斯选集(第四卷)[M].北京:人民出版社,2012:648.

组织形态及其设施四个方面,其中,政治组织形态及其设施主要是指国家政权机构、政党、军队、警察、法庭、监狱等。

观念上层建筑和政治上层建筑的关系主要包括,政治上层建筑是在一定的意识形态指导下建立起来的,是统治阶级意志的体现;政治上层建筑一旦形成,就成为一种现实的力量,影响并制约着人们的思想理论观点。

在整个上层建筑中,政治上层建筑居于主导地位,国家政权是政治上层建筑的核心。

意识形态虽然以思想的形式出现,但反映的是那个时代的经济社会发展,以及那个时代经济社会发展而产生的现象。

1893年7月14日,恩格斯在《致弗兰茨·梅林》的信中指出,社会意识的独立性客观上让人忘记它背后更本质的东西,进而容易走向唯心史观。[①]

表 5—4　　　　　　　　　　上层建筑具体因素

上层建筑	观念上层建筑（意识形态）	政治法律思想	规范经济利益分配
		道德	规范行为
		艺术	规范现实与想象
		宗教	规范精神与肉体
		哲学	规范思维方法
	政治上层建筑	政治法律制度及设施	约束社会秩序
		立法司法制度	约束统治阶级
		行政制度	约束公务人员
		国家政权机构及设施	约束被统治阶级

政治斗争是改变上层建筑的重要方法,但前提是要掌握政权。在尚未掌握政权时,如何协调经济斗争和政治斗争呢?

1899年8月,列宁在《俄国社会民主党人抗议书》中指出,政治斗争是最根本

---

① 马克思恩格斯选集(第四卷)[M].北京:人民出版社,2012:643.原文:"正是国家制度、法的体系、各个不同领域的意识形态观念的独立历史这种外观,首先迷惑了大多数人……而自从出现了关于资本主义生产永恒不变和绝对完善的资产阶级幻想以后,甚至重农主义者和亚当·斯密克服重商主义者,也被看做纯粹的思想胜利;不是被看做改变了的经济事实在思想上的反映,而是被看做对始终普遍存在的实际条件最终达到的真正理解。如果狮心理查和菲力浦-奥古斯特实行了自由贸易,而不是卷入了十字军征讨,那我们就可以避免500年的贫穷和愚昧。"

的,放弃政治斗争就意味着失去主动权。但是,政治斗争多数时候的重心是经济斗争,或者说工作重心以经济斗争的形式体现出来。①

3. 经济基础与上层建筑矛盾运动规律

经济基础与上层建筑是辩证统一的,二者相互作用,构成了经济基础与上层建筑矛盾运动运动规律,主要表现在以下几个方面:

(1)经济基础的决定性。经济基础决定上层建筑。经济基础是上层建筑得以产生、存在、发展的物质基础,上层建筑是经济基础得以确立其统治地位并获得巩固和发展的不可或缺的政治条件、思想条件。经济基础的性质决定了上层建筑的性质。经济基础的变更必然引起上层建筑的变革,并决定其变革的方向。

(2)上层建筑的被动性。上层建筑反作用于经济基础。上层建筑为自己的经济基础的形成和发展服务,确立或者维护其在社会中的统治地位。统治阶级利用上层建筑排除异己势力和异己思想,试图将整个社会尤其是经济关系控制在自行设定的秩序范围之内。上层建筑的被动性并不仅仅是被动的调整,还体现在被动的反作用,这种反作用可能产生两种后果:一种是当它为适应生产力发展要求的经济基础服务时,就会成为推动社会发展进步的力量;另一种是当它为落后的经济基础服务时,就成为阻碍社会发展的消极力量。

(3)二者互动的矛盾性。经济基础与上层建筑的相互作用构成二者的矛盾运动。经济基础与上层建筑是社会关系中的矛盾体和统一体,这种矛盾运动是极为复杂的。一是在同一性质的经济基础与上层建筑的关系中,上层建筑的不完善部分、没有反映经济基础要求的部分都会同经济基础发生矛盾。二是在不同性质的经济基础与上层建筑的关系中,矛盾更为复杂。占统治地位的经济基础同旧上层建筑的残余、未来上层建筑的萌芽之间的矛盾,新旧上层建筑之间、新旧经济基础之间的矛盾等。三是当一种社会形态处于没落时期时,上层建筑同经济基础变革的客观要求是不相适应的,其矛盾则变为对抗性的、全局性的矛盾。当一种社会形态处于上升发展阶段时,上层建筑对于经济基础变革一般是

---

① 列宁选集(第一卷)[M].北京:人民出版社,2012:267.原文:"从那时起,各国工人政党已经不止一次提出,将来当然还会不止一次提出一个问题:在某个时候是否应该偏重无产阶级的经济斗争或者偏重无产阶级的政治斗争。但是总的或原则的问题,现在还是同马克思主义原先提出的一样。至于无产阶级的统一的阶级斗争必须把政治斗争和经济斗争结合起来的信念,则早已深入国际社会民主运动的血肉之中了。其次,历史经验又确凿地证明,当无产阶级没有政治自由或者政治权利受到限制的时候,始终必须把政治斗争提到首位。"

适应的。

(4)二者互动的规律性。经济基础与上层建筑之间的内在的联系构成了上层建筑一定要适应经济基础状况的规律。经济基础状况决定上层建筑的发展方向,决定上层建筑相应的调整或变革;上层建筑的反作用也必须取决于并服从于经济基础的性质和客观要求。

经济基础的核心是生产关系,而生产关系的实质是人们的物质利益关系。在中国特色社会主义条件下,上层建筑对经济基础的保护实质即为保障最广大人民的物质利益。推动中国特色社会主义政治制度不断完善,实现国家治理体系和治理能力现代化(第五个现代化),就是为了更好地发展好、实现好、维护好人民群众的根本利益。

(三)社会形态更替一般规律

经济基础与上层建筑共同构成了社会形态,因而经济基础与上层建筑的矛盾运动规律也就决定了社会形态更替一般规律。

1.社会形态更替一般规律

社会形态是关于社会运动的具体形式、发展阶段和不同质态的范畴,是同生产力发展一定阶段相适应的经济基础与上层建筑的统一体。从横向上看,社会形态包括经济形态、政治形态和意识形态,是三者的有机统一体。

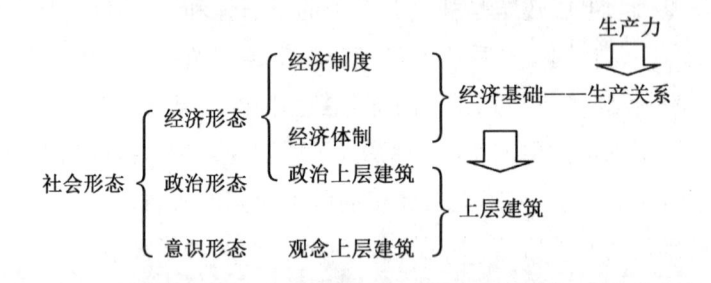

图5-1 社会形态更替一般规律示意图

经济形态是社会形态的基础,生产资料所有制关系具有决定性的意义。建立在经济基础之上的上层建筑则是社会形态不可分割的组成部分,社会形态总是以一定的社会制度形式呈现出来,社会制度能够集中体现社会形态的性质。人类社会是不断发展进步的,社会的根本性变革和进步就是通过社会形态的更替实现的。

1846年12月28日,恩格斯在《致帕维尔·瓦西里耶维奇·安年科夫》的信中批判了蒲鲁东抽象地理解国家、社会形态等,甚至妄图以社会合作等方式实现阶级合作;恩格斯既强调了生产力对社会形态的决定作用,也强调了人类无法自由选择社会形态。他指出,国家是现实的抽象而不是抽象的现实。如果把国家作为一种抽象的存在,进而脱离现实的话,就无法理解现实生活,更无法指导现实活动。①

2. 五种社会形态理论

不同的学科尤其是人文社会学科,都会按照不同的划分标准将历史分为不同的阶段或者形态,以便进一步开展研究和实践。例如,考古学将人类社会划分为石器时代(旧石器时代和新石器时代)、铜器时代、铁器时代、机器时代、互联网时代和智能时代,这种划分方式对学科研究具有重要意义。

从纵向上看,依据生产关系性质,马克思主义经典作家将社会历史划分为五种社会形态:原始社会、奴隶制社会、封建制社会、资本主义社会和共产主义社会。从宏观历史进程来看,五种社会形态的依次更替,是社会历史运动的一般过程和一般规律,表现了社会形态更替的统一性。这种划分方式对把握人类社会形态更替具有重要价值。

3. 社会形态更替的特点

辩证法过程论表明,人类社会是发展变化的,而不是永恒静止的,社会形态更替既是人类社会的一般规律,也是人类社会发展的必然结果。人类社会更替具有以下一些特征:

(1)客观必然性和历史选择性。人类历史是客观存在的人类社会自然演化的产物,正如人类是自然界演化的产物一样,都是客观存在的,具有客观必然性。但是,人类并不是先知人类社会一般规律,而是在探索实践中摸索一般规律的,因而必然有自主选择性,会导致社会实践中的不同偏离和不同趋向,从而呈现不同的社会结果。

---

① 马克思恩格斯选集(第四卷)[M].北京:人民出版社,2012:408. 原文:"社会——不论其形式如何——是什么呢?是人们交互活动的产物。人们能否自由选择某一社会形式呢?决不能。在人们的生产力发展的一定状况下,就会有一定的交换和消费形式。在生产、交换和消费发展的一定阶段,就会有相应的社会制度形式、相应的家庭、等级或阶级组织,一句话,就会有相应的市民社会。有一定的市民社会,就会有不过是市民社会的正式表现的相应的政治国家。"

(2)前进性与曲折性(复辟)。人类社会发展一般规律表明,人类社会是不断发展进步的,但最终也会消亡或者演化为其他新的种群,本身具有前进性。但是,人类社会是具体的政权统治的,统治阶级为了维护自身经济利益,必然采取最广泛的、最普遍的政治手段和军事手段,与革命阶级的革命斗争形成反复争夺的态势,出现政权更替和制度复辟。

(3)统一性与多样性(封建社会有中央集权君主专制、城邦制,还有请别人当自己国家的皇帝,资本主义有议会制、总统制、君主立宪制即内阁制)。不同历史阶段甚至不同地区的社会组织方式有所不同,还有受到文化传统的影响,政权组织也会呈现不同的方式。从生产关系角度划分,会有统一性的标志,但是具体表现则会呈现多样性。

社会形态更替具有一般规律性,但是,历史发展总是具有一些特殊性和特例,这些特例并不一定否定了规律性,但确实对规律性提出了一些挑战。要科学解释这些超出一般规律的现象,就需要具体分析研究具体问题,科学解读历史发展过程中的主要矛盾及其变化,把握人民在某些特殊情况下的选择。

4. 人民历史选择性

只要把全部社会关系归结于生产关系,把生产关系的决定因素归结于生产力,就可以把社会形态的发展看作自然历史过程,"就可能发现各国社会现象中的重复性和常规性即规律性"[①]。但是,历史发展中总是有超出一般规律的特殊情况,这主要归因于人们的历史选择在一定历史时期或者一定历史条件下改变了(延缓了或者加速了)历史规律的作用范围。人们的历史选择性主要包含以下几个方面:

(1)历史选择的可能性,即一定历史阶段基本趋势为人们提供了选择空间。人类社会历史是现实的,依靠人类自组织实践探索实现的,人类社会历史往往是不了解基本规律下的试错,因而具有多种可能性才最终回归到基本规律。即使符合人类社会一般规律,不同的政策、决策也会导致不同的结果,从而对历史发展产生影响。

(2)历史选择的统一性,即社会形态更替是一个合目的性和合规律性相统一的过程。不同的群体在历史实践中往往更注重追求自我利益,进而造成社会利

---

① 列宁选集(第一卷)[M].北京:人民出版社,2012:8.

益的冲突,社会状态就是人类社会多种目的的集合体。与此同时,人类社会发展也具有一般规律性,当目的性与规律性相符合时,就能够较好地实现快速发展;当目的性与一般规律性冲突时,则可能破坏发展甚至诱发冲突。

(3)历史选择的实践性,即归根结底是人民群众的选择性。不同利益角逐的结果,往往表现为人民利益的代表和维护,也表现为人民意志的反映和体现。有时会表现为一部分群体意志,但最终演变为人民群众的最终选择,人民群众是历史的创造者,是社会形态变革的决定性力量。人民群众也并非一下子就掌握发展规律,即使部分掌握发展规律,也有可能进行新的探索尝试。

二、历史发展的动力问题

马克思和恩格斯在《德意志意识形态》中谈到了最初的历史的关系的四个因素(或四个方面),可以概括为:生产物质生活本身、产生新的需要、人口的增殖以及许多个人的合作。马克思和恩格斯指出,在考察了这四个因素(或四个方面)之后,才能发现:人也具有"意识"。但是,人并非一开始就具有纯粹的意识。由于生产效率的提高、需要的增长以及作为前二者基础的人口的增多,意识获得了进一步的发展,才能摆脱世界而去构造纯粹的理论、神学、哲学、道德等。

人类社会历史是人的社会关系不断生产的历史,人和社会之间存在着双向生产或双向创造的关系,具体表现为以下几个方面:

一是人的生命再生产。《德意志意识形态》指出:"全部人类历史的第一个前提无疑是有生命的个人的存在。"[1]一开始就进入历史发展过程的第三种关系是:每日都在重新生产自己生命的人们开始生产另外一些人,即繁殖。这就是夫妻之间的关系,父母和子女之间的关系,也就是家庭。这种家庭最初是唯一的社会关系;后来,当需要的增长产生了新的社会关系而人口的增多又产生了新的需要的时候,这种家庭便成为从属的关系了。[2]

二是物质资料再生产。《德意志意识形态》指出:"人们生产自己的生活资料,同时间接地生产着自己的物质生活本身。"[3]物质资料是人类,当然也包括其他生物生存、发展所必需的,因而人类需要不断地生产满足自身、自我族群、自我

---

[1] 马克思恩格斯选集(第一卷)[M].北京:人民出版社,2012:146.
[2] 马克思恩格斯选集(第一卷)[M].北京:人民出版社,2012:160.
[3] 马克思恩格斯选集(第一卷)[M].北京:人民出版社,2012:147.

国家等生存发展的物质资料。

三是精神产物再生产。人类社会的演化以物质为基础,但是最终以精神产物的形式保留和传承下去,因而精神产物不仅仅在于丰富和发展人类社会对各种基本规律的高度概括,而且包含着人类整体的奋斗精神和文化基因,指引人类在探索未来未知世界时,从既有规律中寻找解决方案。

四是社会关系再生产。《德意志意识形态》指出:"生命的生产,无论是通过劳动而达到的自己生命的生产,或是通过生育而达到的他人生命的生产,都立即表现为双重关系:一方面是自然关系,另一方面是社会关系。"[①]每一个人的生长过程,就是一个自然人逐渐向社会人转化的过程,当这个人在法律上被赋予完整的、严格的法律主体地位的时候,他的社会关系在事实上和法律上就都已经形成了。

(一)社会基本矛盾

推动社会历史发展的动力是多方面的,人类社会在实践中不断地发现和总结这些动力。

唯心史观将推动历史发展的动力归结为人们的思想动机或者精神力量,而未能揭示社会历史发展的真正奥秘。

唯物史观没有停留在"精神动力"或者"思想动机"的层面,而是透过历史的表象,进一步探寻并发现了社会历史深处的"动力的动力"。

恩格斯在《路德维希·费尔巴哈和德国古典哲学的终结》中指出:"旧唯物主义由此得出的结论是,在历史的研究中不能得到很多有教益的东西;而我们由此得出的结论是,旧唯物主义在历史领域内自己背叛了自己,因为它认为在历史领域中起作用的精神的动力是最终原因,而不去研究隐藏在这些动力后面的是什么,这些动力的动力是什么。不彻底的地方并不在于承认精神的动力,而在于不从这些动力进一步追溯到它的动因。"[②]他根据人类社会发展历史研究得出结论:"因此,在现代历史中至少已经证明,一切政治斗争都是阶级斗争,而一切争取解放的阶级斗争,尽管它必然地具有政治的形式(因为一切阶级斗争都是政治斗争),归根到底都是围绕着经济解放进行的。"[③]

---

① 马克思恩格斯选集(第一卷)[M].北京:人民出版社,2012:160.
② 马克思恩格斯选集(第四卷)[M].北京:人民出版社,2012:255.
③ 马克思恩格斯选集(第四卷)[M].北京:人民出版社,2012:258.

物质生产方式是社会发展的基础,在此基础上形成的生产力和生产关系的矛盾、经济基础与上层建筑的矛盾是社会发展的基本矛盾和根本动力,这一基本矛盾运动从根本上决定了各种社会矛盾的产生和发展,决定了各种社会矛盾之间的关系及其转变,决定了社会形态由低级向高级的发展;根源于社会基本矛盾的阶级斗争、社会革命、社会改革、科学技术、文化等,在社会发展中具有不同的重要作用。

社会基本矛盾是指贯穿社会发展过程始终,规定社会发展过程的基本性质和基本趋势,并对社会历史发展发挥着根本推动作用的矛盾。社会基本矛盾是生产力与生产关系的矛盾和经济基础与上层建筑的矛盾。社会主要矛盾则是统治阶级与被统治阶级的矛盾,或者是共产主义的物质文化需求与生产能力的矛盾。

表 5—5　　　　　　　　不同社会形态的基本矛盾与主要矛盾

社会形态	基本矛盾 (生产力与生产关系)	主要矛盾 (阶级矛盾)
原始社会	人与自然的矛盾	人与自然的矛盾
奴隶社会	原始的生产方式与生产资料奴隶主占有之间的矛盾	奴隶主阶级与奴隶阶级之间的矛盾
封建社会	生产的个体化与封建土地占有制之间的矛盾	农民阶级与地主阶级之间的矛盾
资本主义社会	生产资料的私人占有与生产社会化之间的矛盾	资产阶级与无产阶级之间的矛盾
社会主义社会	社会主义公有制与社会化生产之间的矛盾	日益增长的物质文化需求与生产力之间的矛盾 人民群众对美好生活的向往与经济社会发展不平衡不充分之间的矛盾
共产主义	人与自然的矛盾	人与自然的矛盾
	人与自然融为一体,无矛盾	无矛盾

社会基本矛盾是社会发展的根本动力,主要表现在以下几个方面:

(1)生产力是人类社会发展进步的最终决定力量。对人类社会发展进行归因分析,把所有能够推动历史发展的因素进行分类和抽象,最终都可以归纳到生产力的范畴中。生产力也就成为衡量社会进步的根本尺度。生产力是社会存在和发展的物质基础,是不能任意选择的物质力量和历史活动的前提。

(2)生产力与生产关系矛盾决定着社会中其他矛盾的存在和发展。矛盾是推动事物发展变化的动力,任何领域都不例外。唯物史观超越唯心史观的根本之处在于,它看到了精神力量对社会发展的影响,但是并未停留在精神力量层面,而是进一步发掘引起精神力量背后的因素,进而寻找到生产方式,也就发现了人类社会历史的三个一般规律。其中,生产力与生产关系的矛盾运动规律决定了其他规律。

(3)社会基本矛盾促进社会形态的变化和发展。在原始非阶级社会中,人与自然的矛盾成为阻碍人类生存和发展的最核心矛盾。但是,当人类的生产能够打破基本平衡点后,就开始了快速扩张,这一矛盾就转移到人类社会内部,形成了不同的生产关系,成为划分不同社会形态的基本标志。

立足现实是唯物史观的实践观导向,列宁在《什么是"人民之友"以及他们如何攻击社会民主党人?》中指出,分析社会发展应立足于历史和现实,寻找到社会基本矛盾。他认为:"社会主义的知识分子只有抛弃幻想,在俄国现实的而不是合乎心愿的发展中,在现实的而不是臆想的社会经济关系中去寻找立脚点,才能指望工作获得成效……理论工作应当把我国现实作为一定生产关系的体系给以完备的说明,应当指明劳动者在这个体系下遭受剥削和剥夺的必然性,指明经济发展所昭示的摆脱这个制度的出路。"[①]

(二)社会主要矛盾

社会主要矛盾集中体现了一个社会所处的历史阶段的主要问题、主要力量及主张,只有解决了社会主要矛盾,才能推动历史发展向前。社会主要矛盾激化到一定程度,各阶级力量的变革方式、变革态度、变革力量也会发生相应的变化。一般情况下,政治革命是最为激烈的变革方式,往往意味着政权的颠覆;社会革命相对缓和一些,但有时候也会带来政权变更;改革是统治阶级主动推动的,更为缓和,但有时候并不一定能够取得其他阶级的认可,改革有可能取得重大成果,也有可能诱发更为激烈的变革方式。

1. 政治革命即阶级斗争

1848年2月,马克思和恩格斯在《共产党宣言》中明确提出:"至今一切社会

---

① 列宁选集(第一卷)[M].北京:人民出版社,2012:77.

的历史都是阶级斗争的历史……但是,我们的时代,资产阶级时代,却有一个特点:它使阶级对立简单化了。整个社会日益分裂为两大敌对的阵营,分裂为两大相互直接对立的阶级:资产阶级和无产阶级。"①

阶级是一个经济范畴,也是一个历史范畴。1919年,列宁在《伟大的创举》中指出:"阶级是一些集团在历史上一定社会生产体系中所处的地位不同,同生产资料的关系不同(这种关系往往以法律制度文本的形式固定下来),在社会劳动组织中所起的作用不同,因而取得社会财富也不同,造成一个集团能够占有另一个集团的劳动成果。"②

阶级斗争根源于阶级之间物质利益的根本对立,根源于社会经济关系的冲突。因而,一切阶级斗争都是围绕经济斗争而展开的,分析阶级斗争也应该从经济斗争层面寻找本质。

马克思主义的基本特征,其实也是其所有包含理论衡量的标准。但是,具体到不同的理论层面,则会有更加细致的标准。阶级斗争的衡量标准体现在两个方面:革命性和进步性(见图5—2)。

阶级斗争 { 革命性:生产关系公平公正 / 进步性:生产力发展 } 生产方式变革——新阶级关系

图5—2 阶级斗争的衡量标准

在阶级社会中,人类社会发展一般规律包括生产力与生产关系矛盾运动规律、经济基础与上层建筑矛盾运动规律、社会形态更替一般规律往往以阶级斗争的形式体现出来。阶级斗争是阶级社会发展的直接动力,主要体现在以下几个方面:

(1)在阶级社会中,生产力和生产关系、经济基础与上层建筑的矛盾必然会通过阶级斗争表现出来。社会发展的经济动因与阶级斗争动力是联系在一起的。

(2)阶级斗争对阶级社会发展的推动作用突出地表现在社会形态的更替中。历史表明,社会形态更替往往伴随着激烈的阶级斗争,甚至社会形态的部分质变

---

① 马克思恩格斯选集(第一卷)[M].北京:人民出版社,2012:400—401.
② 列宁选集(第四卷)[M].北京:人民出版社,2012:11.

也包含着激烈的阶级斗争。因而,革命手段依然是社会形态更替的优先选择和必然要求。

(3)阶级斗争及其作用受到一定社会历史条件的制约。阶级斗争有缓和的举措,也有激烈的举措,但是在一般情况下,社会形态末期或者统治政权末期的阶级斗争才会发挥更大的作用。而在政权的发展时期,激烈的阶级斗争往往会走向失败。

马克思和恩格斯在描述阶级斗争的残酷性时,在《法兰西内战》中指出:"这堵公社战士墙至今还伫立在那里,作为无声的雄辩见证,说明一旦无产阶级敢于起来捍卫自己的权利,统治阶级的疯狂暴戾能达到何种程度。"①

1893年2月24日,恩格斯在《致尼古拉·弗兰策维奇·丹尼尔逊》的信中指出:"但历史可以说是所有女神中最残酷的一个,她不仅在战争中,而且在'和平的'经济发展过程中,都驾着凯旋车在堆积如山的尸体上驰骋。而不幸的是,我们人类却如此愚蠢,如果不是在几乎无法忍受的痛苦逼迫之下,怎么也不能鼓起勇气去实现真正的进步。"②

恩格斯批评了放弃阶级斗争甚至在思想层面自我演化而不需要政治斗争的想法,尤其是批评了蒲鲁东主义关于放弃政治斗争的观点。1846年12月28日,恩格斯在《致帕维尔·瓦西里耶维奇·安年科夫》的信中指出:"所以,蒲鲁东先生必然是一个空论家。变革现代世界的历史运动,对他来说不过是要发现两种资产阶级思想的正确的平衡、综合的问题……蒲鲁东先生用自己头脑中奇妙的运动,代替了由于人们既得的生产力和他们的不再与此种生产力相适应的社会关系相互冲突而产生的伟大历史运动,代替了在一个民族内各个阶级间以及各个民族彼此间酝酿着的可怕的战争,代替了唯一能解决这种冲突的群众的实践和暴力的行动,总之,代替了这一广阔的、持久的和复杂的运动。"③

阶级分析方法就是运用马克思主义阶级和阶级斗争观点认识阶级社会的历史现象,主要包括阶级经济地位、力量对比、政治立场和意识形态。

阶级分析方法有四个要求:一是全面地、动态地分析阶级状况;二是分析各阶级的经济地位、政治立场和意识形态;三是准确把握各阶级之间的关系和阶级

---

① 马克思恩格斯选集(第三卷)[M].北京:人民出版社,2012:51.
② 马克思恩格斯选集(第四卷)[M].北京:人民出版社,2012:640-641.
③ 马克思恩格斯选集(第四卷)[M].北京:人民出版社,2012:416-417.

力量的对比变化;四是把握社会运动和社会生活的形势,制定合理的斗争策略。

在分析阶级斗争时,有多种分析方法值得借鉴参考,但是阶级分析方法依然是各种分析方法的核心,其他方法可以为阶级分析方法提供更加细致的论证,不同角度的分析甚至仅仅作为阶级分析方法的批判对象。

(1)阶级分析方法,用阶级划分和阶级斗争观点分析历史现象。

(2)阶层分析方法,把社会群体按照经济水平划分为不同阶层,分析历史现象。

(3)历史贡献分析方法,抛开历史主体身份,按照对历史发展或倒退作为唯一评价标准。

(4)历史过程分析方法,把历史现象当成事物发展过程的一部分。

(5)中立分析方法,只记录历史事件而不表达自我判断的描述方法。

2. 社会革命

社会革命是指在社会基本矛盾运动的基础上的社会生活的全面变革,包括人与自然的关系、人与人的社会关系、思维方式、思想观念的重大变革。狭义的社会革命是指社会形态的变革,即新的社会形态取代旧的社会形态。

社会革命的实质是革命阶级推翻反动阶级的统治,用新的社会制度代替旧的社会制度,解放生产力,推动社会发展。社会革命既是社会基本矛盾运动的结果,又是推动社会发展尤其是社会形态更替的重要动力。

社会革命根源于社会基本矛盾的尖锐化,即生产力与生产关系的矛盾、经济基础与上层建筑的矛盾。

"革命是历史的火车头"[1],社会革命对社会发展起到巨大作用主要表现在以下几个方面:一是社会革命是实现社会形态更替的重要手段和决定性环节;二是社会革命能够充分发挥人民群众创造历史的积极性和伟大作用;三是无产阶级革命将消除阶级对抗,促进社会全面进步。

马克思主义的革命策略是灵活的,在阶级矛盾激烈之时采取暴力革命手段,在阶级矛盾缓和之时采取社会改革甚至改良措施。从本质上看,阶级矛盾是阶级社会的根本矛盾,因而革命手段是必不可少的,改良只能作为一种辅助手段。

列宁也认为采取什么具体实践措施应该从现实生活环境中寻找,他在1897

---

[1] 马克思恩格斯选集(第一卷)[M].北京:人民出版社,2012:527.

年底的《俄国社会民主党人的任务》中指出:"当无产阶级军队在坚强的社会民主党组织领导下,勇往直前争取自身经济和政治解放的时候,这个军队自己就会给将领们指明行动的手段和方法。那个时候,而且只有到那个时候,才能解决对专制制度实行最后打击的问题,因为问题的解决,正是取决于工人运动的状况,工人运动的广度,运动本身所造成的斗争手段,领导运动的革命组织的素质,其他各种社会分子对无产阶级和对专制制度的态度,国外国内的政治条件,——总而言之,取决于千百种条件,而要预先猜测这些条件,是既不可能又无益处的。"[1]

马克思主义不拒绝改良,但是反对改良主义,因为改良主义是以放弃暴力革命为核心的,只注意到某一个时期或者短时期内的革命形势,而从根本上否认阶级矛盾以及阶级矛盾的革命方式。改良主义主张用社会改良取代社会革命,在不触及深层次社会矛盾的前提下缓和阶级矛盾,不可能扫除社会发展的障碍,甚至会走向革命的对立面,成为革命的阻碍力量。

1847年11月,恩格斯在《共产主义原理》中也回答了一些相关疑问,他指出:"第十六个问题:能不能用和平的办法废除私有制?

答:但愿如此,共产主义者当然是最不反对这种办法的人。共产主义者很清楚,任何密谋都不但无益,甚至有害。他们很清楚,革命不能故意地、随心所欲地制造,革命在任何地方和任何时候都是完全不以单个政党和整个阶级的意志和领导为转移的各种情况的必然结果。但他们也看到,几乎所有文明国家的无产阶级的发展都受到暴力压制,因而是共产主义者的敌人用尽一切力量引起革命。

第十七个问题:能不能一下子就把私有制废除?

答:不,不能,正像不能一下子就把现有的生产力扩大到为实行财产公有所必要的程度一样。因此,很可能就要来临的无产阶级革命,只能逐步改造现今社会,只有创造了所必需的大量生产资料之后,才能废除私有制。"[2]

1847年,马克思撰写了《哲学的贫困》,抨击小资产阶级社会主义者蒲鲁东为维护资本主义制度而散布的取消阶级斗争和社会革命的改良主义主张。马克思认为,改良主义的最大问题和根源在于错误地将表面现象当成事物的本质,不去探索本质规律,而是在表面上修修补补,改良主义并不明白社会历史发展的根本

---

[1] 列宁选集(第一卷)[M].北京:人民出版社,2012:152.
[2] 马克思恩格斯选集(第一卷)[M].北京:人民出版社,2012:304.

动力在于内部,而不是从外部修改一下所谓坏的方面或者人为地改进一下所谓好的方面。

马克思指出,蒲鲁东最大的问题,不是阶级立场问题,而是完全脱离现实地用抽象的理论来幻想解决现实问题,而这些理论也是东拼西凑的。[①]

1913年9月12日,列宁在《马克思主义和改良主义》中指出:"马克思主义者不同于无政府主义者,承认争取改良的斗争,即承认争取改善劳动者境况的斗争,尽管这种改善仍然不触动统治阶级手中的政权。但与此同时,马克思主义者又最坚决地反对改良主义者,反对他们直接或间接地用改良来限制工人阶级的意向和活动。改良主义是资产阶级对工人的欺骗,只要存在着资本的统治,尽管有某些改善,工人总还是雇佣奴隶。"[②]

同时,列宁还揭示了改良主义的本质,他指出:"如果工人掌握了马克思的学说,即认识到只要资本的统治地位保持不变,雇佣奴隶制就不可避免,那么他们就不会上资产阶级任何改良的当……改良主义者竭力用小恩小惠来分化和欺骗工人,使他们放弃他们的阶级斗争。工人们认识了改良主义的欺骗性,就会利用改良来发展和扩大自己的阶级斗争。"[③]

3. 社会改革

阶级社会每前进一步,需要付出血的代价;被统治阶级每争取一点利益,也要付出血的代价。社会基本矛盾运动的结果,从长远来看是社会制度的变革,从短期来看是无数社会制度的调整和完善。因此,暴力革命往往是猛烈的、少量的集中在朝代更替或制度更替;而社会改革则是相对温和的、大量的普遍分布在社会变动的每一个阶段。

改革是统治阶级为了巩固和完善自己建立的社会制度而在社会各个领域采取的革新举措,是同一社会形态发展过程中的量变和部分质变。改革是推动社

[①] 马克思恩格斯选集(第一卷)[M].北京:人民出版社,2012:236.原文:"每一种经济关系都有其好的一面和坏的一面;只有在这一点上蒲鲁东先生没有背叛自己。他认为,好的方面由经济学家来揭示,坏的方面由社会主义者来揭露。他从经济学家那里借用了永恒关系的必然性;从社会主义者那里借用了把贫困仅仅看做是贫困的幻想。他对两者都表示赞成,企图拿科学权威当靠山。他希望充当科学泰斗,凌驾于资产者和无产者之上,结果只是一个小资产者,经常在资本和劳动、政治经济学和共产主义之间摇来摆去。"

[②] 列宁选集(第二卷)[M].北京:人民出版社,2012:327.

[③] 列宁选集(第二卷)[M].北京:人民出版社,2012:327.

会发展进步的重要动力,其作用主要体现在以下几个方面:

(1)改革的主动性,即改革为新社会制度的诞生做准备。改革主要适用于解决现存体制存在的问题,在不改变基本经济制度的前提下对生产关系和上层建筑的某些方面和环节进行变革,从而促进生产力发展和社会进步。

(2)改革的延续性,即改革可以巩固新生的社会制度或使原有的社会制度持续存在并获得一定的发展。当社会矛盾积累到一定程度但又尚未激化到引起社会革命的程度时,就需要依靠改革的途径来巩固社会制度。

(3)改革的反馈性,即改革促使人们的思想观念发生变化。从历史上看,改革有范围和程度上的不同,但是都会对生产关系和上层建筑有深层次的调整,进而反映在现实生活中,促进人们的行为和思想观念发生相应的变化。

(三)科学技术

一般意义上,科学是历史发展到近代才出现的,是知识文化积累到一定程度的产物。从更广泛的意义上说,近代之前人类就已经总结了很多规律、发明了很多技术、提出了一些理论,这些均可以被纳入科学的范畴。目前,人类社会普遍采用狭义的科学定义,即科学是近代经济社会革命发展的产物。这主要是由于之前的宗教时代、神话时代中科学的因素极其微弱,处于严重的萌芽状态。正如人类的发展一样,很难划定一个具体的日期来判定从猿到人,但是总有一个历史阶段实现了从猿到人的转化。

1. 科学与技术的关系

科学是对客观世界的认识,是反映客观事实和客观规律的知识体系及其相关的活动。主要分为自然科学、社会科学和思维科学。

技术是生产技术和非生产技术,主要是指人类改造自然、进行生产的方法和手段。

1894年1月25日,恩格斯在《致瓦尔特·博尔吉乌斯》的信中指出:"如果像您所说的,技术在很大程度上依赖于科学状况,那么,科学则在更大得多的程度上依赖于技术的状况和需要。社会一旦有技术上的需要,这种需要就会比十所大学更能把科学推向前进。整个流体静力学(托里拆利等)是由于16世纪和17世纪意大利治理山区河流的需要而产生的。关于电,只是在发现它在技术上的实用价值以后,我们才知道了一些理性的东西。"①

表 5—6　　　　　　　　　科学与技术对比

科学	是什么 为什么	可能	从个别到一般	知识形态	认识世界
技术	做什么 怎么做	现实	从一般到个别	物质形态	改造世界

2.科学技术的作用

马克思在总结人类社会发展规律时,就注意到科学技术在生产力中的重要作用,认为科学是"历史的有力的杠杆",是"最高意义上的革命力量"。②

历史上每一次科学技术革命,都不同程度地引起人类社会生产方式、生活方式和思维方式的深刻变化以及社会历史的巨大进步。科学技术在社会发展中的作用主要体现在以下几个方面:

(1)对生产方式产生深刻影响。一是改变了社会生产力的构成要素。科技发展使生产自动化程度提高,极大地改变了脑力劳动与体力劳动的比例,推动劳动力结构向智能化方向发展,生产资料与劳动力即资本技术构成的比例进一步提高。二是改变了人们的劳动形式。科技革命推动了手工劳动、机械劳动向智能劳动转变,甚至逐渐走向智能自动化。三是改变了社会经济结构,特别是导致产业结构发生变革。科技革命尤其是第三次科技革命以及正在发生的第四次科技革命导致科技人员和管理人员的比例日益增长,有越来越多的人从事技术研发。

(2)对生活方式产生深刻影响。劳动生产率的提高,使人们的自由时间增多,为人的自由而全面的发展奠定了坚实的物质基础。科学技术的发展最终转化为生产方式和生活方式,不断提升人的生活水平,改变人的生活方式,改善人的生存质量。

(3)对思维方式产生深刻影响。科学技术革命本身就是对既有知识体系和思维方式的突破,进而形成新的思维方式,进一步影响思维主体、思维客体和思维工具。

---

① 马克思恩格斯选集(第四卷)[M].北京:人民出版社,2012:648.
② 马克思恩格斯全集(第十九卷)[M].北京:人民出版社,2001:592.

1892年12月31日,恩格斯在《致弗里德里希·阿道夫·左尔格》的信中指出:"阶级斗争在英国这里也是在大工业的发展时期比较激烈,而恰好是在英国工业无可争辩地在世界上占据统治地位的时候沉寂下去的。在德国,1850年以来的大工业的发展也是和社会主义运动的高涨同时出现的,美国的情况大概也不会有什么两样。日益发展的工业使一切传统的关系革命化,而这种革命化又促使头脑革命化。"①

3.科学技术的双重性

一切都是人类的工具,但也是人类实践的成果。如何运用科学技术就会产生不同的导向,因而科学技术的社会作用具有双重性。

(1)科学技术的进步性。科学技术能够更多地创造出人们所需的物质财富。科学技术水平的提升标志着人类改造自然能力的增强,意味着人们能够创造出更多的物质财富,对社会发展具有巨大的推动作用。

(2)科学技术的异化性。科学技术有时候会"表现为异己的、敌对的和统治的权力"②。由于对科学技术应用不当等原因,也会产生一定的消极后果:一是由于对自然规律和人与自然关系认识不够,或缺乏对科学技术消极后果的强有力的控制手段而产生的;二是与一定的社会制度有关。

(3)科学技术的制度性。当代科学技术发展在造福人类的同时,"全球问题"日益引起人们的关注。正确认识和运用科学技术,需要有合理的社会制度设计,始终坚持科学技术为人类社会的健康发展服务,让科学技术最终造福人类。

4.科学与宗教的关系问题

科学是近代生产力水平提高情况下,学科知识分化出现的,是历史发展到一定阶段的产物;而宗教的产生历史就更加久远,在原始时代就出现了宗教的雏形。自从科学出现以后,科学与宗教在历史上一直冲突不断,但冲突的原因不仅仅在于两者竞争,而是非常复杂的,大致有以下几种:(1)因为误解而冲突(比如西方历史中,几个著名的科学家由于违背了宗教的条例而被烧死的案例);(2)因为政治原因而冲突;(3)因为人为的越界(歪曲对方)而冲突;(4)因为某些观念的滞后性或绝对性而冲突。

---

① 马克思恩格斯选集(第四卷)[M].北京:人民出版社,2012:632.
② 马克思恩格斯文集(第八卷)[M].北京:人民出版社,2009:358.

在历史发展现实中,科学与宗教关系是复杂的,而且不同的宗教给科学带来的作用是不同的。从本质上看,所有宗教都是对现实世界的颠倒解释,都是无法科学解释现实世界的,只能归结于无法解释的神秘因素。但是,部分宗教为了现实生存需要,尤其是经过科学批判神学时代后神学地位一落千丈,主要发挥其慰藉底层百姓的精神安抚作用,因而在现实世界中找到了生存空间。

宗教所构建的世界,虽然并不存在于真实的世界之中,但存在于人们心中的世界,并影响着人们的行为。那么,宗教又是通过什么方式在人们的心中构建一个虚拟的世界呢?人类对世界的认识源于外界的信息,给人们传输特定的信息,就在人们的心中构建一个虚拟的世界,也构建了一种人类逻辑思维的方式。所以,宗教所改变的并不是外部真实的世界,而是人们心中对这个世界的印象。

科学的发展,就是建立确定的、可以检验的知识体系,彻底清理人类思想中的神秘因素,包括宗教在内的各种神秘理论。

科学与宗教恰恰相反,外界的信息进入我们的大脑,构建了我们大脑对世界的印象,成为人类逻辑思维和判断的基础。但是,人类的行为最终要作用到真实的世界之中,接受真实世界运行变化规律的检验,宗教在人们心中编织的虚拟的世界,并不是外界真实的世界,逻辑思维的世界与行为作用的世界相互脱节,导致人们的决策失误。为了减少决策失误,人们便开始思考:如何甄别那些进入自己大脑之中的信息、如何准确地在自己大脑中还原真实世界的样子,以减少人们的决策失误?于是,科学便诞生了。

马克思主义科学解释了宗教的来源、本质,也讲清楚了科学的诞生是人类社会方法论进步的结果、是生产力水平不断提高对客观世界规律总结的成果。因而,马克思主义认为,宗教在慰藉人民群众的心灵方面或许还有一些作用,宗教会逐渐消亡,而科学将会越来越先进。

关于如何对待现实生活中的宗教问题,1909年5月13日,列宁在《论工人政党对宗教的态度》中指出,既要坚持指导思想中的无神论,也要允许一般群众对宗教的支持,进而不断教育群众摆脱宗教的负面影响。他认为:"马克思和恩格斯曾多次声明,马克思主义的哲学基础是辩证唯物主义,它完全继承了法国18世纪和德国19世纪上半叶费尔巴哈的唯物主义历史传统,即绝对无神论的、坚决反对一切宗教的唯物主义的历史传统。"①

列宁同时指出:"恩格斯也多次谴责那些想比社会民主党人'更左'或'更革命'的人,谴责他们企图在工人政党的纲领里规定直接承认无神论,即向宗教宣战……恩格斯斥责布朗基派不了解只有工人群众的阶级斗争从各方面吸引了最广大的无产阶级群众参加自觉的革命的社会实践,才能真正把被压迫的群众从宗教的压迫下解放出来,因此宣布工人政党的政治任务是同宗教作战,不过是无政府主义的空谈而已。"②

列宁也进一步阐述了恩格斯对待宗教的无产阶级政党策略,他指出:"恩格斯要求工人政党耐心地去组织和教育无产阶级,使宗教渐渐消亡,而不要冒险地在政治上对宗教作战。"③

(四)文化

文化是社会意识的重要组成部分,在一个国家、一个民族、一个文化圈的发展演化中发挥着极其重要的作用,甚至是极为核心的作用。从某种意义上讲,一个国家、一个民族通过对物质世界的改造(生产力的进步),不断构建出越来越复杂的社会思想、社会制度,最终都以文化的形式留存下来。一代又一代的人都消亡在历史发展进程之中,物质财富被耗费殆尽,只有文化及其载体被传承下来。

1894年1月,恩格斯在《致瓦尔特·博尔吉乌斯》的信中指出:"政治、法、哲学、宗教、文学、艺术等等的发展是以经济发展为基础的。但是,它们又都互相作用并对经济基础发生作用。这并不是说,只有经济状况才是原因,才是积极的,其余一切都不过是消极的结果,而是说,这是在归根到底不断为自己开辟道路的经济必然性的基础上的相互作用。"④

文化对社会发展的重要作用主要体现在以下几个方面:

(1)思想性,即为社会发展提供思想保证。文化是历史的,也是现实的,尤其是现实作用更加明显,具有维护或者批判现存社会的功能,并影响社会发展的方向。不断丰富的文化为当代提供了社会治理的历史经验,也为子孙保存了精神家园。

---

① 列宁选集(第二卷)[M].北京:人民出版社,2012:247.
② 列宁选集(第二卷)[M].北京:人民出版社,2012:248.
③ 列宁选集(第二卷)[M].北京:人民出版社,2012:249.
④ 马克思恩格斯选集(第四卷)[M].北京:人民出版社,2012:649.

马克思和恩格斯在《德意志意识形态》中指出:"生产力和交往形式之间的这种矛盾——正如我们所见到的,它在迄今为止的历史中曾多次发生过,然而并没有威胁交往形式的基础,——每一次都不免要爆发为革命,同时也采取各种附带形式,如冲突的总和,不同阶级之间的冲突,意识的矛盾,思想斗争,政治斗争,等等。"①

(2)信仰性,即为社会发展提供精神动力。文化是社会意识的重要方面,在一定程度上对社会存在具有反作用,能够推动生产力的发展变革,尤其是中华文明源远流长,其中蕴含着丰富的斗争精神、革命精神、奋斗精神、拼搏精神等,一直激励着中华民族生生不息,成为民族的精神动力。

马克思和恩格斯在《共产党宣言》中指出:"每一历史时代的经济生产以及必然由此产生的社会结构,是该时代政治的和精神的历史的基础;因此(从原始土地公有制解体以来)全部历史都是阶级斗争的历史,即社会发展各个阶段上被剥削阶级和剥削阶级之间、被统治阶级和统治阶级之间斗争的历史;而这个斗争现在已经达到这样一个阶段,即被剥削被压迫的阶级(无产阶级),如果不同时使整个社会永远摆脱剥削、压迫和阶级斗争,就不再能使自己从剥削它压迫它的那个阶级(资产阶级)下解放出来。"②

(3)力量性,即为社会发展提供凝聚力量。文化还具有社会教化的功能,通过主流价值观、社会风俗等教化社会成员,规范人们言行,增进社会认同,凝聚社会共识,团结最广大人民群众进而构建更有弹性、更有韧性、更具包容性的社会组织体系,进而凝聚最大的发展力量。

马克思在《法兰西内战》中指出:"公社——这是社会把国家政权重新收回,把它从统治社会、压制社会的力量变成社会本身的充满生气的力量;这是人民群众把国家政权重新收回,他们组成自己的力量去代替压迫他们的有组织的力量;这是人民群众获得社会解放的政治形式,这种政治形式代替了被人民群众的敌人用来压迫他们的假托的社会力量。"③

(4)智力性,即为社会发展提供智力支持。生产力是社会发展进步的根本动力,越来越依靠科学文化的发展,也需要越来越多的脑力劳动者。而文化是智力

---

① 马克思恩格斯选集(第二卷)[M].北京:人民出版社,2012:196.
② 马克思恩格斯选集(第一卷)[M].北京:人民出版社,2012:380.
③ 马克思恩格斯选集(第三卷)[M].北京:人民出版社,2012:140.

支持的重要方面,可以为国家社会培养越来越多的高水平劳动者。

(5)意识形态性,即文化是意识形态的重要组成部分。任何一个社会都会将政治思想、法律思想、哲学思想等转化为文化,作为统治阶级的重要工具之一。意识形态具有显著的统治功能,也承担着以文化人、以文育人的职责,不断培养符合国家需要的人才,尤其是具有相同意识形态的人才。

恩格斯在《反杜林论》中指出:"讲一些泛泛的空话来痛骂奴隶制和其他类似的现象,对这些可耻的现象发泄高尚的义愤,这是最容易不过的事情。可惜,这样做仅仅说出了一件人所共知的事情,这就是:这种古希腊罗马的制度已经不再适合我们目前的状况和由这种状况所决定的我们的感情。但是,这种制度是怎样产生的,它为什么存在,它在历史上起了什么作用,关于这些问题,我们并没有因此而得到任何的说明。""有一点是清楚的:当人的劳动的生产率还非常低,除了必要生活资料只能提供很少的剩余的时候,生产力的提高、交往的扩大、国家和法的发展、艺术和科学的创立,都只有通过更大的分工才有可能,这种分工的基础是从事单纯体力劳动的群众同管理劳动、经营商业和掌管国事以及后来从事艺术和科学的少数特权分子之间的大分工。"[①]

三、人的本质问题

关于人的本质,马克思提出过三个命题,实际上也就对应了后续总结的人的本质的三个方面,即人的本质的三个属性。

(一)第一个命题

马克思在《1844年经济学哲学手稿》中指出:"人的类特性恰恰就是自由的自觉的活动。"初步论述了第一个命题,即"劳动或实践是人的本质"。

(二)第二个命题

马克思在1845年撰写的《关于费尔巴哈的提纲》中进一步论述了人的本质的第二个命题,即"人的本质是一切社会关系的总和"。他指出:费尔巴哈把宗教的本质归结于人的本质。但是,人的本质不是单个人所固有的抽象物,在其现实性上,它是一切社会关系的总和。费尔巴哈没有对这种现实的本质进行批判,因此他不得不"第一,撇开历史的进程,把宗教感情固定为独立的东西,并假定有一

---

① 马克思恩格斯选集(第三卷)[M].北京:人民出版社,2012:561.

种抽象的——孤立的——人的个体;第二,他只能把人的本质理解为类,理解为一种内在的、无声的、把许多个人纯粹自然地联系起来的普遍性"[1]。

马克思进一步指出:"从前的一切唯物主义(包括费尔巴哈的唯物主义)的主要缺点是:对对象、现实、感性,只是从客体的或者直观的形式去理解,而不是把它们当做感性的人的活动,当做实践去理解,不是从主体方面去理解。"[2]因此,同唯物主义相反,唯心主义把能动的方面抽象地发展了,当然,唯心主义是不知道现实的、感性的活动本身的。费尔巴哈想要研究与思想客体确实不同的感性客体,但是他没有把人的活动本身理解为对象性的活动。因此,他在《基督教的本质》中仅仅把理论的活动看作真正人的活动,而对于实践,则只是从它的卑污的犹太人的表现形式去理解和确定。因此,"他不了解'革命的'、'实践批判的'活动的意义"[3]。

费尔巴哈没有看到,"宗教感情"本身是社会的产物,而他所分析的抽象的个人实际上是属于一定的社会形式的。

马克思指出:"费尔巴哈是从宗教上的自我异化,从世界被二重化为宗教世界和世俗世界这一事实出发的。他做的工作是把宗教世界归结于它的世俗基础。但是,世俗基础使自己从自身中分离出去,并在云霄中固定为一个独立王国,这只能用这个世俗基础的自我分裂和自我矛盾来说明。因此,对于这个世俗基础本身应当在自身中、从它的矛盾中去理解,并且在实践中使之发生革命。"[4]

社会生活在本质上是实践的。"凡是把理论导致神秘主义的神秘东西,都能在人的实践中以及对这个实践的理解中得到合理的解决。"[5]

(三) 第三个命题

1846年,马克思和恩格斯合著《德意志意识形态》,进一步论述了人的本质的第三个命题,即"人的需要即人的本质"。可以根据意识、宗教或随便别的什么来区别人和动物。"一当人开始生产自己的生活资料的时候,这一步是由他们的肉体组织所决定的,人本身就开始把自己和动物区别开来。"[6]

---

[1] 马克思恩格斯选集(第一卷)[M].北京:人民出版社,2012:139.
[2] 马克思恩格斯选集(第一卷)[M].北京:人民出版社,2012:133.
[3] 马克思恩格斯选集(第一卷)[M].北京:人民出版社,2012:133.
[4] 马克思恩格斯选集(第一卷)[M].北京:人民出版社,2012:134.
[5] 马克思恩格斯选集(第一卷)[M].北京:人民出版社,2012:136.
[6] 马克思恩格斯选集(第一卷)[M].北京:人民出版社,2012:147.

马克思和恩格斯进一步在《德意志意识形态》一文中进行阐释:"从这时候起意识才能现实地想象:它是和现存实践的意识不同的某种东西;它不用想象某种现实的东西就能现实地想象某种东西。从这时候起,意识才能摆脱世界而去构造'纯粹的'理论、神学、哲学、道德等等。但是,如果这种理论、神学、哲学、道德等等同现存的关系发生矛盾,那么,这仅仅是因为现存的社会关系同现存的生产力发生了矛盾。"[1]

通过以上论述,我们可以发现,"人的本质不是单个人所固有的抽象物,在其现实性上,它是一切社会关系的总和"[2]。

1. 区分人与动物依靠人的自然属性

人是自然界演化的产物,人之所以与其他动物不同,根本在于人经过演化呈现一定的类特性,这些类特性可以轻易地将人类与其他动物区分开来。一方面,不同历史阶段的人具有不同的外在特征,这些已经被考古所证实;另一方面,作为生物的人,一旦出生后就需要接受父母的抚养、社会的教育等,如果缺乏足够的教育和训练甚至完全失去这些社会性的属性,他将只是一个单纯的生物学意义上的人。

2. 区分人与人依靠人的社会属性

社会属性是人的本质中更深刻、更重要的本质。人的自然属性只能将人类与其他动物区分开来,但是无法把一个人同另一个人区分开来,因而只有依赖人的社会关系尤其是经济关系来区分人的社会属性。

3. 区分人与自身依靠人的发展属性

人的本质是发展变化的,这是人自身的发展属性。人的本质是一切社会关系的总和,但是,社会关系尤其是经济关系是变动的,因而人的本质也是变动的、发展的,不是永恒不变的。

人的本质 { 自然属性:区分人类与动物 / 社会属性:区分人与人(社会关系尤其是经济关系) / 发展属性:区分个人的古与今 } 一切社会关系的总和

图5—3 人的本质示意图

---

[1] 马克思恩格斯选集(第一卷)[M].北京:人民出版社,2012:163.
[2] 马克思恩格斯选集(第一卷)[M].北京:人民出版社,2012:135.

第三节 历史创造者问题及其回答

历史的创造者问题,不仅仅是回答谁创造了历史的问题,更重要的是回答了国家是怎么产生的、政权是怎么演化的、政党是怎么出现的、世界历史是怎么形成的以及谁创造了历史等一系列问题。这是历史观中比较重要的问题,仅次于社会历史观基本问题和历史基本规律,这个问题的解答基本上回答了人类社会数千年的历史,也大致指明了人类社会未来数千年的基本力量。

一、国家的产生及其消亡问题

(一)国家的产生问题及科学考察

恩格斯于1884年3—5月撰写的《家庭、私有制和国家的起源》,科学地揭示了史前社会的发展以及国家的起源。他运用历史唯物主义系统分析了原始社会的形成,通过对原始社会的婚姻、家庭、氏族和私有制的探讨,进而引出国家的起源问题,让人们认清国家的本质,并揭示了国家有其自身的产生、发展和灭亡的过程。

1. 详细论述了家庭的起源问题

通过对亲属关系和家庭关系的对比,认为家庭不是静止不动的,而是从低级向高级不断发展的,亲属关系是对家庭进步的记录。恩格斯总结了原始社会的四种家庭形式,从血缘家庭到普那路亚家庭,再到对偶制家庭,最后是一夫一妻制家庭,每个时代都与一种家庭形式相对应,直到比较固定的专偶制,也就到了文明时代。[1]

恩格斯指出:"这样,我们便有了三种主要的婚姻形式,这三种婚姻形式大体上与人类发展的三个主要阶段相适应。群婚制是与蒙昧时代相适应的,对偶婚制是与野蛮时代相适应的,以通奸和卖淫为补充的专偶制是与文明时代相适应的。在野蛮时代高级阶段,在对偶婚制和专偶制之间,插入了男子对女奴隶的统治和多妻制。以上全部论述证明,在这种顺序中所表现的进步,其特征就在于,

---

[1] 马克思恩格斯选集(第四卷)[M].北京:人民出版社,2012:93.

妇女越来越被剥夺了群婚的性的自由,而男性却没有被剥夺。"①

表 5—7　　　　　　　　　不同历史时代婚姻制度

历史时代		婚姻制度	家庭制度
蒙昧时代		群婚制	氏族
野蛮时代	石器时代	对偶婚制	部落
文明时代	农业时代	专偶制 (一夫一妻制多妾制)	家族
	工业时代	专偶制 (一夫一妻制)	家庭

2. 科学揭示了氏族到国家的发展历程

氏族制度是一切野蛮人所共有的制度,是国家产生之前的原始社会的主要社会特征。通过对易洛魁人和希腊人氏族特点进行了描述,得出了氏族到国家的发展过程。从氏族到胞族,再到部落、部落联盟,进而产生了国家和民族。②

恩格斯指出:"在英雄时代的希腊社会制度中,古代的氏族组织还是很有活力的,不过我们也已经看到,它的瓦解已经开始:由子女继承财产的父权制,促进了财产积累于家庭中,并且使家庭变成一种与氏族对立的力量;财产的差别,通过世袭贵族和王权的最初萌芽的形成,对社会制度发生反作用。国家被发明出来了。"③

3. 科学揭示了国家产生的根源和本质

恩格斯从野蛮时代的低级阶段说起,那时候生产力不发达,人们靠集体劳动取得劳动成果也是集体共同所有。到了野蛮时代的中期阶段,劳动的差别使得畜牧业从农业中分离出来,产生了第一次社会分工,个体劳动出现了,牲畜有了货币的职能,个人间的交换开始盛行。随着第一次社会分工,财富的增加也带来了奴隶制。到了野蛮时代的高级阶段,随着男子在家庭中地位的确立、一夫一妻制的实行,个体家庭逐渐成为一种可以与氏族相对抗的力量。这个时候出现了第二次社会分工,手工业从农业中脱离出来。到了文明时代初期,出现了第三次社会分工。这时候出现了金属货币,随着贸易的扩大,财富越来越集中到少数人

---

① 马克思恩格斯选集(第四卷)[M].北京:人民出版社,2012:86.
② 马克思恩格斯选集(第四卷)[M].北京:人民出版社,2012:111.
③ 马克思恩格斯选集(第四卷)[M].北京:人民出版社,2012:123.

手里,贫富差距也逐渐扩大,强制性的奴隶劳动成为社会赖于存在的基础。社会出现了两个对立面,即剥削阶级和被剥削阶级,矛盾也日益激化。这样,第三种力量就逐渐形成了国家。[①]

表 5—8　　　　　　　　　　社会大分工对比

社会大分工	大致时间	内容	影响
第一次社会大分工	原始社会末期	农业和畜牧业相分离	产生了农业文明和游牧文明,与后来的海洋文明并称
第二次社会大分工	奴隶社会	手工业和农业相分离	促进了私有制的形成
第三次社会大分工	封建社会	商业分离出来	促进了世界交往
第四次社会大分工	资本主义社会	工业分离出来	形成了工业文明
第五次社会大分工	预计21—22世纪	智能与人类相分离	智能时代改变人类文明形态

4. 科学预测了国家的未来

国家不是从来就有的,是随着阶级的产生而产生的,也必然会随着阶级的消灭而灭亡。

恩格斯指出:"随着阶级的消失,国家也不可避免地要消失。以生产者自由平等的联合体为基础的、按新方式来组织生产的社会,将把全部国家机器放到它应该去的地方,即放到古物陈列馆去,同纺车和青铜斧陈列在一起。"[②]

(二)国家的本质问题及科学回答

国家的本质问题需要建立在科学考察国家产生、发展的历史事实基础之上;同时,需要对历史现象进行科学规律的总结,才能再次上升到事物本质探讨的层面。

1. 国家的内涵

国家并非从来就有的,而是人类社会发展到一定阶段的产物;它的前提是人类从自然界中诞生演化出来并逐渐成长为较大的规模群体,而这些也是自然界发展到一定阶段的产物。

国家产生的历史背景是原始社会末期阶级利益分化。在原始社会之前,人

---

① 马克思恩格斯选集(第四卷)[M].北京:人民出版社,2012:185.
② 马克思恩格斯选集(第四卷)[M].北京:人民出版社,2012:190.

类同其他动物群体一样,有着类似的动物生物群体特性。原始社会之时,人们的生产生活主要组织形式是氏族、胞族、部落,社会秩序主要依赖传统习惯和氏族首领的威信进行维持;而氏族首领往往也是能够为氏族带来基本生存保障的自然能力突出者。

这个社会陷入了不可解决的自我矛盾,分裂为不可调和的对立面,但又无力摆脱这些对立面。而为了使这些对立面、这些经济利益互相冲突的阶级,不致在无谓的斗争中把自己和社会消灭,就需要有一种表面上凌驾于社会之上的力量,这种力量应当缓和冲突,把冲突保持在秩序的范围以内,这种从社会中产生但又自居于社会之上并且日益同社会相异化的力量,就是国家。

2.国家本质

国家本质是阶级矛盾不可调和的产物,其实质是一个阶级对另一个阶级的统治工具。恩格斯对国家本质的考察是通过既有历史发展为依据的,同时兼顾现实社会中国家不断发展的现实,进而对国家的未来做出一定的预测。

国家具有多个特征,比如时代性即伴随着时代发展而出现、变化并最终消亡,在不同时代有不同的表现。其核心特征可以总结为以下几个方面:

(1)整体性,即国家在一定意义上代表着一个群体或者民族群体的整体利益,并以宗教、文化、信仰等方式连接在一起。在一定的历史条件下尤其是内部阶级矛盾并不尖锐的时期,国家反而更容易团结一致对外发动一些集体行动。

(2)阶级性,即国家总是由一部分人掌握权力(或者赋予这些人掌握行使权力),为了维持一定阶级利益而构建出一系列制度、法律、规范等,以维持一定的组织秩序、组织形式、组织状态。马克思特别强调国家的阶级性,并未否定国家的其他特征,而是认为其他特征并不是本质特征,只是表象特征。

(3)暴力性,即国家的实现依靠一定的力量凝聚在一起,这种力量可能是生存的需要、发展的需要和安全的需要,但是这种力量最终转化为强制性的制度,带有明显的暴力性质。

恩格斯在《家庭、私有制和国家的起源》中指出:"我们已经看到,国家的本质特征是和人民大众分离的公共权力。"[①]

---

① 马克思恩格斯选集(第四卷)[M].北京:人民出版社,2012:132.

3. 国家的实质

国家的实质是一个阶级统治另一个阶级的工具,是经济上占支配地位的阶级为维护其根本利益而建立起来的强制性的暴力机关,以保障其在政治上也成为统治阶级。

1856年4月16日,马克思在《致恩格斯》的信中指出:"无论是发现现代社会中有阶级存在或发现各阶级间的斗争,都不是我的功劳。在我以前很久,资产阶级历史编纂学家就已经叙述过阶级斗争的历史发展,资产阶级经济学家也已经对各个阶级作过经济上的分析。我所加上的新内容就是证明了下列几点:(1)阶级的存在仅仅同生产发展的一定历史阶段相联系;(2)阶级斗争必然导致无产阶级专政;(3)这个专政不过是达到消灭一切阶级和进入无阶级社会的过渡。"[1]

国家其实只是反映了那个时代经济发展的政治形态而已,当然其中也混杂了文化传统、信仰等其他因素。1892年6月18日,恩格斯在《致尼古拉·弗兰策维奇·丹尼尔逊》的信中指出:"一切政府,甚至最专制的政府,归根到底都不过是本国状况的经济必然性的执行者。它们可以通过各种方式——好的、坏的或不好不坏的——来执行这一任务;它们可以加速或延缓经济发展及其政治和法律的结果,可是最终它们还是要遵循这种发展。"[2]

4. 国家的职能

人类是一种群居动物,在自然演化过程中自然而然形成了一定的组织形式,并且不断演化出越来越高级的组织形式。国家就是这种组织形式的一个阶段和一个产物,其前期还有群居集体、氏族、部落、联盟等。国家的出现有利于人类整体的发展,同时伴随着阶级统治。作为政治统治即阶级统治,国家是为自己的经济基础服务的,但是,"政治统治到处都是以执行某种社会职能为基础,而且政治统治只有在它执行了这种社会职能时才能维持下去"[3]。

国家的职能是不断完善、不断扩张的,逐渐分化出越来越多的职能,以满足政治统治的需要。其对内职能有三个方面,对外职能有两个方面(见表5—9)。

---

[1] 马克思恩格斯选集(第四卷)[M].北京:人民出版社,2012:425—426.
[2] 马克思恩格斯选集(第四卷)[M].北京:人民出版社,2012:628.
[3] 马克思恩格斯文集(第九卷)[M].北京:人民出版社,2009:187.

表 5—9 国家职能

对内职能	政治统治职能	政府机构	对被统治阶级进行管理、控制、压迫，促使社会生活保持在统治阶级所指定的秩序范围之内
		军队系统	
		警察系统	
		法治系统（法庭、监狱）	
	社会管理职能	邮政	公共事业进行管理和服务，以保障社会生活的正常进行
		交通	
		水利	
		文化教育	
		卫生保健	
		社会福利	
	文化职能	文化传承	保证民族文化的吸引力、凝聚力，对既有文化进行传承发展
		文化扩张	
对外职能	对外国际交往	对外交往并维持正常外交关系的任务	国际交往中争取国家利益，阐明国家立场，谋求国际地位
	维护国家安全	保护本国领土和主权完整，抵御外来入侵	以军事手段实现国家安全职能
		制造军事冲突、主动发起战争、侵略他国等任务	

(1)政治统治职能：维持阶级利益和政权的稳定与延续。例如，资本主义国家的政治统治职能就表现为运用手中掌握的政府机构和军队、警察、法庭、监狱等国家机器对被统治阶级进行压迫、控制，使社会生活保持在统治阶级所制定的秩序要求之内。

(2)社会管理职能：保持社会各阶层相对稳定，保证社会和谐，各行各业各司其职。国家要运用各种权力和资源对邮政、交通、水利、文化教育、卫生保健、社会福利等诸多方面进行管理，以保证经济社会的稳定运行。

(3)文化职能：保证民族的文化传承，在特定时期推行文化扩张。国家对以往的知识文化进行有所取舍的保护或者削弱，同时进一步提升当前历史时期的文化繁荣或者主流思想的普及，在国际上宣传本国家本民族的传统。

(4)保卫职能：通过军事力量等保证国家安全和政权安全。国家通过建立军队、发展武器等方式承担起保卫国家领土和主权完整、抵御外来侵略等任务。在人类历史上,战争是客观存在的,国家就具有了自我保卫的需要。

(5)交往职能:同其他国家进行交往,有些倡导扩张,有些倡导和平。一般情况下,保持正常的国际交往,调整与其他国家的国际关系。在某些特殊情况下,国家会发生各种冲突,甚至是军事冲突或者战争。

恩格斯在《路德维希·费尔巴哈和德国古典哲学的终结》中指出:"既然甚至在拥有巨量生产资料和交往手段的现代,国家都不是一个具有独立发展的独立领域,而它的存在和发展归根到底都应该从社会的经济生活条件中得到解释。"①

5.国家的体制

马克思主义将国家分为国体(国家的性质)和政体(政权组织形式)。国体决定政体,政体服从于国体。

国体是社会各阶级在国家中的地位,表明国家政权掌握在哪个阶级手中、哪个阶级是统治阶级、哪个阶级是被统治阶级。政体是统治阶级的政权构成形式,表明统治阶级采取什么样的形式去组织自己的政权、实现自己的统治。

(三)国家的消亡问题及科学预测

国家并不是从来就有的。曾经有"不需要国家,而且根本不知国家和国家权力为何物"的社会。在经济发展到一定阶段而必然使社会分裂为阶级时,国家就由于这种分裂而成为必要了。现在我们正在以迅速的步伐走向这样的生产发展阶段,在这个阶段上,这些阶级的存在不仅不再必要,而且成了生产的真正障碍。

恩格斯在《家庭、私有制和国家的起源》一书中预测了国家的暂时性,即国家只是某些历史阶段的产物,并指出:"随着阶级的消失,国家也不可避免地要消失。在生产者自由平等的联合体的基础上按新方式来组织生产的社会,将把全部国家机器放到它应该去的地方,即放到古物陈列馆去,同纺车和青铜斧陈列在一起。"②

列宁在马克思、恩格斯的基础上做了更为详细的解释,进而批评了当时的各种有关国家消亡问题的误解,如国家自动消亡论、国家永久存在论、国家何时消亡论等。恩格斯的《家庭、私有制和国家的起源》就完美地回答和批判了国家永

---

① 马克思恩格斯选集(第四卷)[M].北京:人民出版社,2012:258.
② 马克思恩格斯选集(第四卷)[M].北京:人民出版社,2012:190.

久存在论。

国家何时消亡是一个发展问题,国家会在某一个历史阶段消亡,但是并不能精准预测具体日期。这种思维陷入了唯理论和绝对论,历史领域的规律与自然科学的规律本身就不相同,不能简单地用自然科学规律的思维套用在历史领域,就像不能用哺乳动物的生殖规律去孵化鸟蛋一样。列宁在《国家与革命》中指出:"很清楚,确定未来的'消亡'的日期,这是无从谈起的,何况它显然还是一个很长的过程。"①"我们只能谈国家消亡的必然性,同时着重指出这个过程是长期的,指出它的长短将取决于共产主义高级阶段的发展速度,而把消亡的日期或消亡的具体形式问题作为悬案,因为现在还没有可供解决这些问题的材料。"②

国家自动消亡论陷入了客观规律的绝对主义,把人的实践抽象出来,这明显将辩证唯物主义又倒退回形而上学唯物主义。国家形态的发展演化按照一定的历史规律,更需要人类的实践。人是主体,这是近代以来所有学科包括哲学建立起来的共同理念,而现在要把人剥离出去,这就无法理解近现代以来所有自然科学、社会科学和思维科学的成果。列宁指出:"马克思的全部理论,就是运用最彻底、最完整、最周密、内容最丰富的发展论去考察现代资本主义。自然,他也就要运用这个理论去考察资本主义的即将到来的崩溃和未来共产主义的未来的发展。"③

马克思指出:"……在资本主义社会和共产主义社会之间,有一个从前者变为后者的革命转变时期。同这个时期相适应的也有一个政治上的过渡时期,这个时期的国家只能是无产阶级的革命专政。"④

列宁同时指出,资本主义国家到国家消亡之间应该还有一个过渡阶段,这也是国家形态过渡的阶段。他指出:"由整个发展论和全部科学十分正确地肯定了的首要的一点,也是从前被空想主义者所忘记,现在又被害怕社会主义革命的现代机会主义者所忘记的那一点,就是在历史上必然会有一个从资本主义向共产主义过渡的特殊时期或特殊阶段。"⑤

---

① 列宁选集(第三卷)[M].北京:人民出版社,2012:186.
② 列宁选集(第三卷)[M].北京:人民出版社,2012:198.
③ 列宁选集(第三卷)[M].北京:人民出版社,2012:186.
④ 马克思恩格斯文集(第三卷)[M].北京:人民出版社,2009:445.
⑤ 列宁选集(第三卷)[M].北京:人民出版社,2012:188.

二、政权的组织及其作用问题

人类社会是以组织的形式联结在一起的,从族群、氏族、部落、家庭到国家均是如此。人类社会建立政权之后,也在探索和尝试建立最合适的政权组织及其形式,至今经历了几千年、探索了几千年,也没有寻找到最合适的。但是,探索的历史依然给我们留下了诸多经验和思考。尤其是社会主义制度建立以来,政权组织出现了一种新的形式,极大地丰富了人类社会政权组织形式,推动了人类社会民主的发展和进步。

(一)政权组织的发展历程

组织形态的变化历尽沧桑,经历了原始社会、奴隶社会、封建社会、工业社会、后工业社会和信息社会,形成了传统科层组织,后发的矩阵组织、扁平化组织和无边界组织,以及时下特别流行的平台组织等为代表的主要形态。

1. 科层组织

传统是科层组织的最大特色,发端于农业社会,解决多人协作的问题。人们本来的将组织中的角色分成三六九等,形成金字塔状,并在封建社会达到应用巅峰,即"一人之下万人之上"。科层组织包括直线制和事业部制,后者形成于工业社会,以嵌套具有更高的自主性。

2. 矩阵组织

项目是矩阵组织的最大需求,发端于工业社会,解决多头管理的问题。最典型的矩阵型组织当属美国航空航天总局(NASA)和国际商业机器公司(IBM),也常见于我国大型或跨国企业的项目组以及科研院所的研发攻坚项目。

3. 扁平化组织

灵活是扁平化组织的最大优势,发端于后工业社会,解决敏捷性问题。美国的通用电气是较早采用扁平化组织的公司之一,曾取得了积极的成效。扁平化组织还包括团队制和网络制,前者自主性更高,后者沟通渠道更便捷。

4. 无边界组织

权变是无边界组织的最大突破,发端于后工业社会,解决契合度问题。无边界组织的鼻祖同样是美国的通用电气,力图保持开放态度、取消既定指挥链、保持合适管理幅度、授权团队取代部门,实现了组织能屈能伸,并推广到谷歌(Google)等互联网企业中。

5. 平台组织

开放是平台组织的最大贡献,发端于信息社会,解决经营限制问题。平台组织特别有利于初创企业、小微企业和创新企业,使其充分吸收平台经验和支持,天然具备一定的后发优势。平台组织不仅包括创新服务平台,而且涵盖制造业平台。

(二)政权组织的类型

历史上,世界各国的政体大致经历了一个从繁到简、从多种到单一的发展过程。虽然学者们的论述不尽相同,但一般认为,奴隶制、封建制国家的政体基本可归结为君主制、贵族制、民主制;资本主义国家的政体可归结为君主立宪制和共和制;社会主义国家则表现为政体的单一化,所有社会主义国家的政体都是共和政体。

目前,世界上的政权组织形式主要有七种,分别是:人民代表大会制、半总统制、二元君主制、议会君主制、总统共和制、议会共和制、委员会制。

1. 人民代表大会制

人民代表大会制度是人民当家作主的主要制度形式,实行民主集中制原则,实行一院制,国家权力统一由全国人民代表大会和地方各级人民代表大会行使,各级国家行政、审判和检察机关都由本级人民代表大会依法选举产生,对其负责,受其监督。

采用人民代表大会制的国家有中国、朝鲜、越南等。

2. 半总统制

在这种政体下,虽然总理领导中央政府,但国家最高行政权实际上是由总统掌握。总统还拥有解散议会下院(国民议会)的权力,使总统成为国家权力的核心。议会虽然享有对政府的弹劾权,但不能动摇总统的地位。

半总统制的特征包括:

(1)总统由全民普选产生,拥有一定的行政权。在内政外交中起着较大的作用,总统不对议会负责(但政府要对议会负责),政府成员不能兼任议会议员。

(2)内阁仍设总理,领导政府活动。总统命令要由总理及有关部长副署,政府向议会负责。议会可以通过不信任案迫使总理辞职,同时总统在征得议会领袖同意的前提下可以解散议会,总统对议会通过的法案无否决权。

半总统制的运行方式包括:

(1)总统的作用:总统利用宪法赋予的权力,在国际政治舞台上发挥主要作用,尤其是在国防和外交领域发挥着决定性作用。在国家遇到重大问题时,总统可以通过解散国民议会、举行公民投票、宣布紧急状态等,控制国家局势,决定国家命运。

(2)总理的作用:总理领导政府具体行使国家行政权力。比较总统与总理职权分工可以看出:总统掌握大政方针,总理负责具体行政;总统占主导地位,总理听命于总统;总统的施政重点是国防外交,总理的施政重点在内政经济。

(3)议会的作用:议会拥有立法权和监督权,在国家政治体制运行机制中发挥着重要作用。

实行半总统制的国家主要有俄罗斯(联邦)、法国、葡萄牙、冰岛等。

3.二元君主制(二元制君主立宪制)

在二元君主制国家中,国家政权由君主和议会共同掌握,君主仍然是权力中心和最高的实际统治者,集立法、行政、司法和军事大权于一身。议会对君主起到制约作用,是君主的咨询机构;内阁是君主的行政权机构,首相由君主任命。

世袭君主为国家元首,拥有实权,由君主任命内阁成员,政府对君主负责,议会行使立法权但君主有否决权。

二元君主制的原型是16世纪的波兰立陶宛联邦,成熟于拿破仑时代的法国,在19世纪的欧洲得到推广。目前仍保留二元君主制的只有巴林、约旦、科威特、列支敦士登、摩纳哥、摩洛哥、泰国和汤加8个国家。

4.议会君主制(议会制君主立宪制)

议会君主制主要特点是:议会不仅是国家的最高立法机关,而且是最高国家权力机关,由议会选举产生的政府首脑组织政府是真正的国家权力中心。君主是象征性的国家元首,其职责多是礼仪性的。

议会君主制下,君主交出所有的权力(有些国家的纪年由君主指定),首相是国家的主要行政首脑,其缺点在于国家仍存在着特权阶级,优点是不用战争就可以实现宪政。

实行这一政体的国家有英国、日本、瑞典、丹麦、比利时、西班牙等。

5.总统共和制

总统共和制是指国家最高权力由总统和议会按不同职能分别执掌和行使的一种政体形式。总统共和制下,总统和议会分别由选举产生,任期限定,内阁由总统组织并对总统负责(又称为组阁),总统既是国家元首又是政府首脑,与议会之间有权力制约关系。

总统共和制的特点包括:

(1)总统由全民选举产生,既是国家元首又是政府首脑,还是三军总司令统率全国武装力量,政府由总统组织和领导,对总统负责,不对议会负责。

(2)实行比较严格的三权分立原则,议会和总统都由全民普选产生。议会与政府完全分立,政府成员不能兼任议员,也不能参与议会立法的讨论和表决。

(3)在总统和议会关系上,总统行使权力时,不对议会负责,而只对国民负政治上的责任。议会不能通过投不信任票来迫使总统和内阁辞职,只有在总统或内阁成员有违法行为时才能提出弹劾案,被弹劾者是否有罪由参院组成审讯法庭进行审理和决定。总统可以对议会通过的议案行使否决权(搁延否决权),议会两院可以用三分之二多数票推翻总统对议会法案的否决,总统不能解散议会。总统任命政府重要官吏、外交使节和最高法院法官需要经过议会中的上院或参院同意。

实行总统制的国家有美国、印度尼西亚、墨西哥、危地马拉、博茨瓦纳、巴西、智利、阿根廷、海地、巴拿马等。

6. 议会共和制

议会共和制是指议会居于国家的政治中心地位,并通过议会来组织和监督政府的政治制度。在这种制度下,内阁的权力减弱,其权力不仅受到宪法的限制,而且受议会制定的法律以及议会的限制。议会共和制是资本主义国家政府的一种形式。

议会共和制是以议会作为国家政治活动的中心,国家权力机关和国家元首由议会选举产生并对议会负责的一种政权组织形式,是资产阶级革命比较彻底的结果。不设君主,国家元首通过选举产生,有一定的任期,国家元首(君主或总统)的地位是象征性的,只是虚位,没有实权。议会是国家的权力中心,政府由议会产生,取得议会选举多数的政党或政党联盟组阁上台,政府对议会负责。当议会通过对政府的不信任案时,政府就要辞职或是呈请国家元首解散议会,然后重新选举,政府官员和议会可以相互兼任。

实行议会共和制的国家有法兰西第三共和国、意大利、德国、奥地利、印度等。

7.委员会制

委员会制是指国家最高行政权由一个合议机构"委员会"掌握的国家政体形式。它的最高行政机关是联邦委员会,该委员会由联邦议会的国民院(下院)和联邦院(上院)联席会议所选出的七名委员组成,并从中选出联邦委员会主席、副主席各一人。七名委员分别担任七个部的部长,任期四年,可以无限期连选连任,委员之间彼此权力平等,一切重要事务由他们集体讨论决定。主席对外仅作为礼仪上的国家元首,对内作为联邦委员会会议召集人,任期一年,不得连任,期满后由副主席升任,再选出新的副主席。

委员会制的特点包括:

(1)行政机关即联邦委员会由立法机关(议会)选举产生,并从属于议会,对议会负责,必须服从并执行议会通过的法律,不得否决也不得退回议会要求复议。

(2)联邦议会议员、法院法官、其他联邦或州的公职人员不能被选为联邦委员会委员,委员之间职权平等,可列席议会、提出动议、参加辩论。

(3)联邦委员会不受党派控制,不代表议会任何一院中的任何党派的利益(包括多数党),选举委员会时不标榜任何政治纲领。

(4)委员会不能对抗立法机关,无权解散议会,议会也无权通过不信任投票推翻委员会,委员会委员如果失去议会信任,或者他提出的议案被议会修改或否决,委员也不必辞职。实行"直接民主制",公民可以通过"公民倡议"或者"公民表决"来直接行使某些立法权。

瑞士和乌拉圭是采用这种政体的典型。

(三)社会主义民主的优越性

从宏观历史角度看,原始民主制是低效的;而阶级社会自产生以来,人类社会的民主是逐渐扩大的,被统治阶级逐渐获得越来越多的民主权利。封建社会比奴隶社会的民主程度更高,资本主义社会的民主比封建社会的民主程度更高,社会主义的民主比资本主义的民主程度更高。

从狭义的角度看,原始社会是无阶级或无显著的阶级划分的,其组织方式是原始民主制,其中包含了部分权威、部分投票、部分众意征求,是一种低级的组织方式。奴隶社会和封建社会是专制社会,并不是民主社会,其中存在着一定的民主成分,但是相对于专制制度则几乎可以忽略。资本主义社会是首次开创近现代民主,将民主权利从宗教神权、封建王权手中抢夺回来,交给资产阶级或者民众代表。

资产阶级民主具有一定的历史进步性,为推动人类社会民主化发展做出了较大的贡献,但是,随着资本主义制度自身的发展,这种民主也逐渐暴露出其局限性。

列宁在《国家与革命》中指出,资本主义民主相对以往的社会具有较大的进步性,但是仍然主要代表资产阶级的利益。[①]

社会主义民主是同其他任何国家形态的民主都不能比拟的最广泛的民主。社会主义民主是最广泛的民主,主要包含以下几个方面:

(1)社会主义民主的本质和核心是人民当家作主,人民民主是社会主义的生命,是对资产阶级民主的辩证否定,是民主发展的历史性飞跃。

(2)选举民主和协商民主比代议制民主和直接选举更有优势。近年来的世界各国政治发展历史,越来越表明社会主义采取的选举民主和协商民主更能够维持社会稳定、促进社会生产力的发展以及发挥国家宏观调控能力,进而增强国家的整体竞争力和行业领先地位。

(3)中国采取的人民代表大会制度的民主形式更符合中国实际。中国共产党能够根据中国的发展实际对政体进行调整,当前的人民代表大会制度、中国共产党领导的多党合作和政治协商制度、民族区域自治制度和基层群众自治制度等是适应中国实际的。未来,中国共产党也能够根据发展形势进行调整。

对于经济相对落后的国家进入社会主义,在某些历史阶段,我们的民主制度设计可能由于生产力水平的低下而落后于发达资本主义国家。但是,社会主义民主制度一方面自身发展进步速度很快,另一方面也在借鉴世界各国民主制度的优势,进而不断完善和巩固社会主义民主。在某些历史时期的相对落后是由于历史客观因素造成的,是几代人、十几代人必然承受的历史发展负担,但是,随着中华民族伟大复兴的进程日益加速,社会主义民主制度将越来越彰显其制度

[①] 列宁选集(第三卷)[M].北京:人民出版社,2012:191-192.原文:"资本主义社会里的民主是一种残缺不全的、贫乏的和虚伪的民主,是只供富人、只供少数人享受的民主。无产阶级专政,向共产主义过渡的时期,将第一次提供人民享受的、大多数人享受的民主,同时对少数人即剥削者实行必要的镇压。只有共产主义才能提供真正完全的民主,而民主越完全,它也就越迅速地成为不需要的东西,越迅速地自行消亡。"

优势。

这需要坚持中国特色社会主义制度的根基,更需要青年一代在中华民族伟大复兴的历史实践中去探索、去发展、去创新。青年一代要对中国特色社会主义民主制度充满信心。

三、政党的产生及其意义问题

伴随着国家的出现和政权的出现,如何统治、管理和治理就成为统治阶级思索的首要问题。从设立辅政官、智囊团到设立丞相,逐渐建立起一套完整的文官制度,确实发挥了极为重要的作用。但是,随着历史的发展,也凸显一定的问题,尤其是资产阶级革命以来,现代意义上的政党逐渐出现了,进一步解决了现代治理中的一个核心问题,推动世界历史由家族统治转向集团统治。也因此出现了许多政党,涌现出诸多政党领袖,如何协调政党、领袖与人民群众的关系开始变得重要起来。

(一)政党的产生

政党的起源与发展经历了一个过程。早期现代政党的诞生,是资本主义经济、社会、思想和政治条件共同作用的结果。

1. 政党产生的背景

现代意义上的政党最早在英、美等西方国家出现,这些国家特定的政治、经济、思想和文化条件为政党的变迁、发展提供了契机。从政治条件来看,欧美资产阶级革命经历了从17世纪到19世纪的漫长历史过程,也是带有封建性质的议会逐步演变为资产阶级议会的过程。在17世纪的英国,国王、议会和内阁是构成政治框架的三要素。但是,随着生产力的发展和社会结构的变迁,当时的议员们围绕着国王权力、如何对待天主教问题产生了分歧。议员们随之分成两个派别,这些议会内的派别是世界政党的最早形式。主张扩张王室权力、严厉打击清教徒的一方被称为托利党,主张扩大议会权力、严厉打击天主教徒的一方被称为辉格党。

(1)从经济条件来看,西方政党是适应资本主义生产方式发展的需要而产生的。以英国为例,政党在早期只是议会内部的派别,但是,随着英国工业革命的完成,资产阶级的经济实力大大增强,他们强烈要求获得更多的政治权力,而要获得权力,必然推翻"君权神授"思想,组织代表自身阶级利益的政治团体。

(2)从思想和文化条件来看,政党的出现是近代资产阶级民主政治广泛传播的结果。霍布斯、洛克创立了新型的国家观,给传统的"君权神授"思想以沉重的打击;杰弗逊、孟德斯鸠和潘恩等人先后提出的自由论、分权制衡论和代议制政府论等思想,成为近代资产阶级强有力的思想武器。正是在这些思想的影响下,资产阶级的政治家们才为建立政党而努力着。这些思想的传播使人们相信,组建政党来治理国家是合理合法的。

(3)从社会条件来看,资本主义生产关系的确立为政党的产生提供了社会基础。资本主义的生产方式打破了原有的社会分工和社会结构,不同领域的人们开始互相流动,社会结构开始分化和重新组合,这些都为政党的产生创造了社会条件。在中世纪后期,从原有社会结构分化出来的城市中小资产阶级为了获得相应的政治地位,与封建贵族展开了激烈的斗争,在斗争中,他们找到了政党这一有力的斗争工具。

(4)从政治条件来看,资本主义民主政治的发展为政党的出现提供了可贵的政治资源。一方面,议会的演进需要政党来支撑。欧美资产阶级革命经历了两百多年漫长的过程之后,开始由封建性的"议会"逐渐转向资产阶级议会;另一方面,在议会外的资产阶级也为了争夺权力而建立了政治团体,这些政治团体最后演变为代表不同利益群体的政党。议会民主制是现代政治制度最为关键的特征,而这一关键特征显然为不同利益集团要求组建代表自身利益的政党创造了条件。

2.共产党与其他无产阶级政党的关系

1848年2月,马克思和恩格斯在《共产党宣言》中阐述了共产党与其他无产阶级政党的关系。他们指出:"共产党人同其他无产阶级政党不同的地方只是:一方面,在无产者不同的民族的斗争中,共产党人强调和坚持整个无产阶级共同的不分民族的利益;另一方面,在无产阶级和资产阶级的斗争所经历的各个发展阶段上,共产党人始终代表整个运动的利益。从这个意义上说,共产党人可以把自己的理论概括为一句话:消灭私有制。"[①]

从马克思的论述中,可以得出共产党人相比其他无产阶级政党的不同之处在于:

(1)克服狭隘性。共产党人强调和坚持整个无产阶级共同的不分民族的利益。旧的政党往往以地域、行业、血缘、民族等组织起来,而共产党人彻底克服了

---

① 马克思恩格斯选集(第一卷)[M].北京:人民出版社,2012:414.

这些狭隘性。

(2)整体性。共产党人始终代表整个运动的利益,以整个无产阶级的利益为根本制定斗争策略。

(3)先进性。共产党人注重理论发展和指导思想的与时俱进,从一般规律中寻找指导现实革命运动的指导思想,具有先进性。

(4)坚决性。在实践方面,共产党人是各国工人政党中最坚决的、始终起推动作用的部分,其最终目标是无产阶级夺取政权,并最终消灭私有制。

1850年3月,马克思和恩格斯在《共产主义者同盟中央委员会告同盟书》中阐述了无产阶级政党与小资产阶级政党的关系,他们指出:"革命的工人政党同小资产阶级民主派的关系是:同小资产阶级民主派一起去反对工人政党所要推翻的派别;而在小资产阶级民主派企图为自己而巩固本身地位的一切场合,工人政党都对他们采取反对的态度。"[①]

从恩格斯的论述中,可以总结出无产阶级政党对小资产阶级政党的态度:

(1)团结他们的革命性。革命运动不是无产阶级独立的行动,而是无产阶级要团结其他阶级包括小资产阶级、农民阶级等所有被压迫者共同斗争,因而可以在最大限度内团结小资产阶级,争取他们保留在革命阵营。

(2)批判他们的妥协性。民主派小资产者根本不愿为革命无产者的利益而变革整个社会,他们要求改变社会状况,是想使现存社会尽可能让他们感到日子好过而舒服。而无产阶级政党要变革现存社会制度,要实现无产阶级专政,就要批判他们的妥协性。

(3)破除他们的思想性。小资产阶级总是局限于既有的狭隘的利益,关注他们眼前的利益,因而他们的指导思想也局限在阶级合作的框架里面。无产阶级的指导思想是以人类社会发展一般规律为基础,要从更加宏大的层面向小资产阶级传播革命指导思想,进而成为全部革命的共同指导思想。

3. 政党的主要工作

恩格斯认为政党的主要工作包括政治斗争、经济斗争和理论研究。列宁在《怎么办?》中指出:"没有革命的理论,就不会有革命的运动。在醉心于最狭隘的实际活动的偏向同时髦的机会主义说教结合在一起的情况下,必须始终坚持这

[①] 马克思恩格斯选集(第一卷)[M].北京:人民出版社,2012:558.

种思想。"①

(1)政治斗争的主体性。不放弃政治斗争,是无产阶级政党开展革命运动的基础。一般情况下,激烈的政治斗争只会在每个社会形态末期或者政权末期才会出现,但是政治斗争的重要作用是不可替代的。

(2)经济斗争的长期性。在和平时期,政治斗争的形式比较缓和,经济斗争的地位就会上升,如何最大限度地保护工人阶级的现实利益就变得尤为重要。

(3)理论斗争的指导性,不论是政治斗争还是经济斗争,都需要理论支持。而理论既要符合现实,也要超越现实,符合一般规律,对当前的斗争和未来的发展发挥引领作用。

(二)政党、领袖与人民群众的关系问题

历史人物是一定历史事件的主要倡导者、组织领导者或思想理论、科学文化的重要代表人物。杰出人物是历史人物中对推动历史发展做出重要贡献或起重要作用的人。

从必然与偶然的辩证统一中理解历史人物的历史作用,需要把握以下几个方面:

(1)提出新任务。提出问题,这是各个学科发展同时也是人类社会发展的关键。一般情况下,提出问题比解决问题更加重要,也更加困难;提出问题一般是对现实进行一定的规律总结和逻辑抽象,甚至还需要对未来的预测。提出新问题之后,就需要提出新任务,并解决问题。历史人物是历史任务的发起者——比一般人站得高、看得远,要发现规律。

(2)提出新方案。解决历史问题,一般是统治阶级组织进行的,特殊时期尤其是问题积累到一定程度的时候,各个阶级都会提出解决方案。历史人物是历史任务的组织者——团结、组织人民群众完成历史任务。

(3)发挥新作用。历史人物是历史任务的重大影响者——对历史人物的解决产生重大、深远的影响。他们提出的新思想往往能够成为历史变革的先导,为人民群众指明斗争的方向。

权威是一种客观的社会现象和社会关系。领袖权威作为权威的一种重要形式,对于任何一个政党和国家都起着至关重要的作用,也是马克思主义政党始终

---

① 列宁选集(第一卷)[M].北京:人民出版社,2012:311—312.

牢牢坚持的重要原则。恩格斯的《论权威》是马克思主义权威理论的经典之作，对于深入理解政党、领袖与人民群众的关系依然有着十分重要的指导作用。①

1. 关于群众与领袖的关系

马克思主义认为，群众与领袖是整体与部分的关系。从宏观层面来看，群众作为一个整体，在阶级社会中是由许多不同类型的阶级所组成的，不同的阶级在社会中所处的经济地位、社会地位也是不同的。其中，先进的阶级代表着广大群众最广泛、长远和真实的利益，代表着社会发展的未来方向，而领袖就是在这样一个阶级中最终产生的。所以，从这个意义上说，领袖是群众这个整体中的一部分。

之所以能够成为领袖，并不完全在于法律规定或者上级委派，"而是由于我们的党员能够了解群众，能够牺牲自己，最忠实地为群众的利益而斗争，能够说服群众，能够在长期的斗争中证明我们同志的主张是正确的"②，领袖的产生和确立离不开广大群众的认可、信服和拥护。由此可见，群众与领袖是相互依存、相互依赖的关系。离开了整体，也就是脱离了群众，那么领袖就失去了民心、失去了力量之源；离开了部分，也就是排斥了领袖，群众就失去了前进的方向，就有可能成为一盘散沙。

领袖肩负着重大的社会责任和历史使命，对政党和国家的发展产生重要的影响。从一般意义上说，每个人都有成为领导甚至领袖的可能性，所以每个人都应该坚定理想信念、努力学习知识、掌握实践技能，为社会选择和组织选拔做出自己的贡献。

恩格斯在《论权威》中指出，反对权威的幻想只会放弃革命果实，革命就是要推翻统治阶级的权威，建立无产阶级的权威。③

---

① 赵路强.维护领袖权威是马克思主义政党建设的重要内容——重读恩格斯《论权威》[J].江南社会学院学报,2017,19(04):75-80.

② 刘少奇选集(上)[M].北京:人民出版社,1981:59.

③ 马克思恩格斯选集(第三卷)[M].北京:人民出版社,2012:277.原文:"为什么反权威主义者不只限于高喊反对政治权威、反对国家呢？所有的社会主义者都认为,政治国家以及政治权威将由于未来的社会革命而消失,这就是说,公共职能将失去其政治性质,而变为维护真正社会利益的简单的管理职能。但是,反权威主义者却要求在产生权威的政治国家的各种社会条件消除以前,一举把权威的政治国家废除。他们要求把废除权威作为社会革命的第一个行动。这些先生见过革命没有？革命无疑是天下最权威的东西。革命就是一部分人用枪杆、刺刀、大炮,即用非常权威的手段强迫另一部分人接受自己的意志。获得胜利的政党如果不愿意失去自己努力争得的成果,就必须凭借它以武器对反动派造成的恐惧,来维持自己的统治。"

在处理群众和领袖之间的关系的问题上,一方面,不能过分强调整体,盲目相信群众的力量而忽视领袖权威的重要作用;另一方面,又不能过分贬低整体的作用,盲目崇拜领袖权威,脱离和排斥群众。马克思和恩格斯曾旗帜鲜明地反对迷信和盲目崇拜权威,"由于厌恶一切个人崇拜,在国际存在的时候,我从来都不让公布那许许多多来自各国的、使我厌烦的歌功颂德的东西",并提出要"摒弃章程中一切助长迷信权威的东西"①。

在领袖的主要任务方面,列宁认为领袖不但要根据形势发展提出发展策略和战略,更需要做好理论研究工作,提出并发展马克思主义。列宁在《什么是"人民之友"以及他们如何攻击社会民主党人?》一文中指出:"如果社会主义者的任务是要做无产阶级的思想领导者,领导无产阶级进行现实斗争,去反对横在一定社会经济发展的现实道路上的现实的真正敌人,那么情形就完全不同了。在这种条件下,理论工作和实际工作就会融合在一起,融合为一个工作,德国社会民主党的老战士李卜克内西把这个工作说得极为中肯,这就是:研究,宣传,组织。"②

关于领导工人方面,马克思和恩格斯提出了灌输理论,列宁进一步丰富了灌输理论。

马克思和恩格斯首先提出了灌输概念。1844年,马克思在《〈黑格尔法哲学批判〉导言》中指出,先进理论不会自发产生,共产党必须加强对工人阶级的思想理论灌输。"批判的武器当然不能代替武器的批判,物质力量只能用物质力量来摧毁;但是理论一经掌握群众,也会变成物质力量。理论只要说服人,就能掌握群众;而理论只要彻底,就能说服人。所谓彻底,就是抓住事物的根本。"③

1844年9月,恩格斯在给马克思的一封信中谈到反对"把庸俗习气灌输到共产主义运动中去",使用了"灌输"这一概念。

1844年12月,恩格斯在《新道德世界》上发表文章指出:"请允许我提一下优秀的德国画家许布纳尔的一幅画;从宣传社会主义这个角度来看,这幅画所起的作用要比一本小册子大得多……这幅画在德国的好几个城市里展览过,当然给不少人灌输了社会的思想。"

---

① 马克思恩格斯选集(第四卷)[M].北京:人民出版社,2012:524.
② 列宁选集(第一卷)[M].北京:人民出版社,2012:78—79.
③ 马克思恩格斯选集(第一卷)[M].北京:人民出版社,2012:9—10.

1875年,马克思在《哥达纲领批判》一书中批评了爱森纳赫派领导人"歪曲那些花费了很大力量才灌输给党而现在已经在党内扎了根的现实主义观点"①。

尔后,恩格斯在1887年《致弗·凯利·威士涅威茨基夫人》的信中写道:"我们的理论是发展的理论,而不是必须背得烂熟并机械地加以重复的教条。愈少从外面把这种理论硬灌输给美国人,而愈多由他们通过自己的亲身经验(在德国人的帮助下)去检验它,它就愈会深入他们的心坎。"

恩格斯认为,马克思主义理论不是教条,不能只强调灌输让人们背得烂熟就行,而必须把灌输与自我教育、自我体验相结合。恩格斯不仅强调了灌输,而且指出了灌输的方法。虽然,在向无产阶级传播科学理论的过程中,马克思和恩格斯首次使用了"灌输"这一概念,也从多角度阐述了灌输理论的基本思想,但是,这些论述都散见于马克思、恩格斯的著作和信件中,他们并未将这些思想系统化为科学的理论。

列宁进一步发展了灌输理论。灌输包括两层含义:一是指向工人灌输他们原来并不了解和掌握的先进意识;二是指导工人从政治角度去认识无产阶级与资产阶级对立的性质,明确无产阶级的历史使命。

列宁在《怎么办?》中指出:"我们说,工人本来也不可能有社会民主主义的意识。这种意识只能从外面灌输进去,各国的历史都证明:工人阶级单靠自己本身的力量,只能形成工联主义的意识,即确信必须结成工会,必须同厂主斗争,必须向政府争取颁布对工人是必要的某些法律,如此等等。"②

2.关于政党与领袖的关系

"政党本质上是特定阶级利益的集中代表者,是特定阶级政治力量中的领导力量,是由各阶级的政治中坚分子为了夺取或巩固国家政权而组成的政治组织。"③

"政党通常是由最有威信、最有影响、最有经验、被选出担任最重要职务而被成为领袖的人们所组成的比较稳定的集团来主持的。"④

领袖人物之所以能够成为领袖人物,是因为其能够识大局、谋大势,洞悉人

---

① 马克思恩格斯选集(第三卷)[M].北京:人民出版社,2012:365.
② 列宁选集(第一卷)[M].北京:人民出版社,2012:317-318.
③ 王浦劬.政治学基础[M].北京:北京大学出版社,2014:210.
④ 列宁选集(第四卷)[M].北京:人民出版社,2012:151.

类社会历史发展规律和趋势,在思想上能够引导和教育群众向着光明和希望前进;在行动上,领袖人物能够组织和领导群众,凝聚人心,发挥力量,创造历史。简言之,领袖人物如同社会历史的催化剂,能够对社会历史发展进程产生深刻影响。

政党与领袖的关系也是整体与部分的关系。政党是领袖产生和存在的基础,领袖是政党生存和发展的关键。政党如同一艘远洋航行的海船,而领袖就如同船上的舵手,航船只有在一位精干的舵手的操作和带领下,才能不偏不倚地顺利到达指定的目的地。离开政党,领袖就失去了成为领袖的环境与条件,也就不能称之为领袖;同样地,没有了领袖,政党就失去了主心骨和方向,政党也将难以存活长久。

因此,对待政党与领袖的关系,我们既要重视政党本身的作用,反对对领袖权威的盲目崇拜;又要注重加强和维护领袖的权威,接受和服从领袖的号召与领导。

3.关于领导集体与领导核心的关系

领导集体,一般语境下特指中央领导集体;中层或者基层党委政府的领导群体往往使用领导班子的概念。此处,可以不进行额外的区分,而一般性的指代领导群体。中央领导集体是无产阶级政党所特有的政治实践和政治概念。[①] 中央领导集体是马克思主义政党内部组成部分中处于最前端的那个部分,也即列宁所说的"最有威信、最有影响、最有经验和担任最重要职务"[②]的领袖人物们。

在马克思主义政党中,集体领导是最大的特色,是规避个人专权或个人崇拜的有效制度设计。领导集体是一个政党建立、成长和发展的关键。领导集体的形成与稳定、团结与协作对整个政党队伍的合作与发展、对社会发展的全局都起着不可替代的作用。"只要有一个好的政治局,特别是有一个好的常委会,只要它是团结的、努力工作的、能够成为榜样的,就是在艰苦创业反对腐败方面成为榜样的,什么乱子出来都挡得住。"[③]

集体领导要想稳定,就必须有一个具有领导力和号召力的核心人物。"任何

[①] 陈先奎.邓小平的中央领导集体理论[J].中共中央党校学报,2005(01):24.
[②] 列宁选集(第四卷)[M].北京:人民出版社,2012:197.
[③] 邓小平文选(第三卷)[M].北京:人民出版社,1993:310.

一个领导集体都要有一个核心,没有核心的领导是靠不住的。"①中央领导核心的最终确立,一是要靠领导核心有卓越的领导智慧和组织协调、统筹全局的优秀才干,自己能够站得住;二是要靠全党特别是党和中央领导集体的积极支持和自觉维护,是实践形成、主动树立和人民选择三者的统一,而实践形成和人民选择最为紧要。领导核心是一个领导集体的灵魂型人物,发挥领导核心的关键作用,能够有效约束领导集体内部可能出现的各自为政、政令不一等现象,提高领导集体决策的效果和效率,增强集体内部的稳定与团结。所以,在处理集体与核心的关系上,既要重视整体,即重视领导集体的作用,充分发挥民主,提高决策的民主性和科学性;又要重视核心,即注重政党领袖的重要作用,增强领袖权威,更好地发挥领导核心统筹全局、引领方向的作用。

在党的历史实践中丰富和发展了民主集中制,这是宝贵的经验,是中国共产党百年奋斗历史的成功经验结晶。民主集中制既避免了权力过度向个人集中的弊端,也避免了权力相互牵绊、相互制衡甚至相互攻击的乱象。

4.关于党内成分与党的团结的问题

政党的团结是非常重要的,而领袖在团结方面负有更加重要的责任。1894年11月24日,恩格斯在《致威廉·李卜克内西》的信中指出:"你作为中央机关报的编辑,当然应当起调解作用,应当通过争论消除确实存在的分歧,应当做到各方都能接受,只要党还没有分裂,就应当致力于党的团结。"②

政党内出现多种成分也是较为普遍的,如何化解这些成分凝聚成坚强有力的政党就成为一个重要问题。1894年11月24日,恩格斯在《致威廉·李卜克内西》的信中指出:"其实,在一个日益壮大的工人政党内,小资产阶级分子的增多是不可避免的,并没有什么了不起……建立党内真正和谐的关键就在这里,而不在于否认和隐瞒党内一切真正有争论的问题。"③

19世纪70年代,德国社会民主工党是由两个工人阶级政党合并而成的,列宁认为,俄国也应该将所有的社会主义者统一到一个政党之中。1897年底,他在《俄国社会民主党人的任务》一文中指出:"俄国社会民主党运用自己全部力量在工厂工人中间进行活动,同时决定支持俄国那些在实践上把社会主义工作放到

---

① 邓小平文选(第三卷)[M].北京:人民出版社,1993:310.
② 马克思恩格斯选集(第四卷)[M].北京:人民出版社,2012:656.
③ 马克思恩格斯选集(第四卷)[M].北京:人民出版社,2012:658.

无产阶级阶级斗争基地上来的革命者,但他们毫不隐讳,无论与其他革命派别订立什么样的实际联盟,都不能而且不应当在理论上、纲领上、旗帜上实行妥协或让步。"①

党的团结的主要内容概括起来有以下三个方面:

(1)思想上的团结,就是在指导思想基础上的团结。它是党在政治上、组织上团结统一的前提,没有思想上的统一,党在政治上组织上的团结统一就不会建立在自觉的理论基础之上。

(2)政治上的团结,就是在党的纲领、路线基础上的团结。若没有政治上的统一,党在思想上和组织上的统一,就会偏离前进的政治方向。

(3)组织上的团结,就是按照民主集中制的组织原则,实行党的集中统一。若没有组织上的统一,党在思想上和政治上的团结统一就没有保证,它将是徒有其名的团结统一。

5.历史人物评价

对历史人物评价是一个艰难但是非常重要的历史问题。这不仅是对历史经验的客观总结,而且关乎对未来发展趋势的判断与经验继承。唯物史观主张历史分析方法和阶级分析方法。

(1)历史分析方法,要求从特定的历史背景出发,根据当时的历史条件对历史人物的是非功过进行具体的、全面的考察。

马克思在《〈黑格尔法哲学批判〉导言》中就德国的国家制度落后于经济现实时指出:"当旧制度还是有史以来就存在的世界权力,自由反而是个人突然产生的想法的时候,简言之,当旧制度本身还相信而且也必定相信自己的合理性的时候,它的历史是悲剧性的。"②

(2)阶级分析方法,要求把历史人物置于一定的阶级关系中,同他所属的阶级联系起来加以考察和评价。第一,全面动态地分析阶级状况;第二,分析各阶级的经济地位、政治立场和意识形态,包括不同派别的立场;第三,准确把握各阶级之间的关系和阶级力量的对比变化;第四,把握社会运动和社会生活的脉搏。

在历史上,阶级的局限性决定了代表人物的局限性,离开了一定的阶级背

---

① 列宁选集(第一卷)[M].北京:人民出版社,2012:142—143.
② 马克思恩格斯选集(第一卷)[M].北京:人民出版社,2012:6.

景,就难以理解历史人物的产生、作用及其性质。马克思在《路易·波拿巴的五月十八日》一文中指出:"维克多·雨果认为这个事变只是某一个人的暴力行为。蒲鲁东呢,他想把政变描述成以往历史发展的结果。但是,在他那里关于政变的历史构想不知不觉地变成了对政变主角所作的历史辩护。这相反,我则是证明,法国阶级斗争怎样造成了一种局势和条件,使得一个平庸而可笑的人物有可能扮演了英雄的角色。"①

6.无产阶级领袖评价

如何评价无产阶级领袖,是历史人物评价的延续。

(1)高度肯定他们带领人民群众推动历史发展的伟大功绩。恩格斯在《路德维希·费尔巴哈和德国古典哲学的终结》中指出:"因此,如果要去探究那些隐藏在——自觉地或不自觉地,而且往往是不自觉地——历史人物的动机背后并且构成历史的真正的最后动力的动力,那么问题涉及的,与其说是个别人物,即使是非常杰出的人物的动机,不如说是使广大群众、使整个的民族,并且在每一民族中间又是使整个阶级行动起来的动机。"②

(2)应指出他们在认识和行动上所存在的历史局限性,包括他们的失误和错误。恩格斯在《致威廉·李卜克内西》中指出:"倍倍尔在会议上的做法是否不够聪明,这可以争论。但就事情本身而论,他无疑是正确的。你作为中央机关报的编辑,当然应当起调解作用,应当通过争论消除确实存在的分歧,应当做到各方都能接受,只要党还没有分裂,就应当致力于党的团结。"③

在现实历史中,正确对待无产阶级领袖比如何评价历史人物和评价无产阶级领袖更加困难,不仅因为历史已经盖棺论定,还在于现实发展更加复杂,也受制于诸多因素,存在诸多不确定因素。但是,争取对待无产阶级领袖需要把握以下几个方面:

(1)要尊重我们的领袖,热爱领袖。一个阶级的政党要领导本阶级进行有组织的活动,维护本阶级的利益,就必须有自己的领袖。因而,一个国家有英雄,才有可能不断地前进;一个政党有领袖,才能够不断地发展。尊重领袖、热爱领袖,就是维护自己的政治组织。与此同时,政治组织的领袖也是按照一定的程序推

---

① 马克思恩格斯选集(第一卷)[M].北京:人民出版社,2012:664.
② 马克思恩格斯选集(第四卷)[M].北京:人民出版社,2012:256.
③ 马克思恩格斯选集(第四卷)[M].北京:人民出版社,2012:656.

选出来的,是不断调整的。

(2)反对个人崇拜,敢于向权威挑战。权威是必要的,至少在目前的发展阶段依然需要赋予某些群体(主要是行使公权力的人员)一定的权力,尤其是政党的领袖。但是,这种权力需要受到法律和政党制度的约束,而不能泛化为个人崇拜,将公权力转变为私权力。

(三)无产阶级政党领导权问题

共产主义区别于民主主义的核心不仅在于革命目的(无产阶级专政),而且在于革命方式(领导权)问题。

马克思主义要求无产阶级政党必须牢牢地掌握领导权,不论是与其他政党或其他阶级合作,还是与其他阶级斗争之时。

在工人运动历史上,曾经出现放弃领导权的现象。一旦放弃领导权,工人运动就会陷入混乱或者低潮。

列宁在驳斥取消主义时,就特别强调坚持无产阶级领导问题。1909年7月11日,列宁在《取消取消主义》中指出:"狭义的取消主义,孟什维克的取消主义,从思想上来说就是否认社会主义无产阶级的革命阶级斗争,特别是否认无产阶级在我国资产阶级民主革命中的领导权。"[1]

与此同时,列宁也指出放弃无产阶级政党领导权特别容易出现的场景:"在资产阶级革命时期,在发生危机、瓦解和崩溃的情况下,工人政党中的机会主义派不可避免地不是完全成为取消派,便是做取消派的俘虏。"[2]

四、群众史观及其践行问题

对人类社会发展史包括史前史的研究,在19世纪已经基本上比较清晰地展现了历史的脉络,人类族群的形态演化、国家政权以及政党的出现、重要历史人物的出现等都被相对科学地放置到宏观历史相应的位置上。即人类族群的神秘色彩、国家政权的宗教色彩、历史人物的传奇色彩逐渐褪去,这些都只是历史发展到一定阶段的必然产物,而不同的只是进化进程、组织形式、人物姓名而已。

从想象的神秘力量和抽象的个体力量到普通的群众力量,这种思维转变正

---

[1] 列宁选集(第二卷)[M].北京:人民出版社,2012:261.
[2] 列宁选集(第二卷)[M].北京:人民出版社,2012:262.

是那个时代历史观的重大转折,超越了以往历史观的局限性,对人类历史观发展起到了重大的作用。群众史观是唯物史观具体到历史发展和社会进步方面的理论,它并没有完全抛弃历史人物的相关作用,并做出了相对完整的调整和论述;它并没有完全抛弃国家政权的重要作用,进而论述了未来发展的可能性,并指出国家政权最终消亡的必然性;它并没有完全抛弃人类族群发展的偶然性,对人类的未来做出了一定的预测(并非终极预测),但是也更希望将人类的未来留给未来的人去研究。共产主义只是人类族群的一个发展阶段和一个特定时期的状态,未来人类如何在地球上生存,以及如何在地球毁灭之前寻找到合适的栖息之地,则需要未来自然科学、工程科学等探寻出基本规律,进而在哲学层面进行再深化,至少在马克思那个时代尚不具备哲学总结的科学基础。

群众史观是历史观的一次大发展,历史就需要被重新解读,按照新的历史规律指导现实生活、人类未来交往。

(一)交往与世界历史的形成

人类是群居动物转化而来,交往是人类极为重要的特征。尤其是国家出现以后,交往更是逐渐分化为经济交往、政治交往、文化交往、技术传播等形式多样的交往,极大地促进了人类社会的整体性进步。甚至在人类社会发展的早期,也能够通过考古发现,任何一个族群只有在同其他族群的交往中才能不断扩大,尤其是血缘族群的通婚扩张进而保障族群的健康发展。

1. 交往

交往是唯物史观的重要范畴,在一定历史条件下的现实的个人、群体、阶级、民族、国家之间在物质上和精神上相互往来、相互作用、彼此联系的活动。由于人类是群居性的生物,具有其他群居性动物的一般特征,同时是高级生物,也具有智能生物的一般特征。因而,人类交往过程中既有野蛮的行为和文化,也有文明的行为和道德,从制定规则和制度、形成相对稳定的习俗等保障相对和平的经济贸易、人员往来,到组织国家力量进行贸易制裁、军事威胁、全面战争等都是人类交往的一般形式,这也就构成了世界历史。①

人类的发展史,既是经济文化贸易的交往史,也是一部战争史。在一定程度上,经济贸易、文化交往、战争扩张促进了人类的发展,同时付出了一定的代价。

---

① 马克思恩格斯选集(第一卷)[M].北京:人民出版社,2012:168.

任何国家、任何区域的疆域界限都是历史交往的产物,其中必然伴随着战争的介入。

从古至今,交往一般是以族群为基本单位的,在近代以来逐渐转变成以国家为基本单位,因而每一个人都属于特定的群体和组织,天生都有特殊的利益属性,每一个人都应该维护族群的利益和国家的利益。超出族群和国家利益的范畴,只是在极少数情况下才会出现的。中国自古以来都秉持着和平发展的理念,也保持着强大的正义之师,建立起东亚封贡体系,维持着国家秩序。近代以来,西方国家相继崛起进而形成相对紧密的世界历史,建立起新的国际秩序。中国提出了人类命运共同体的理念,在全球治理体系中发挥着积极作用,尽最大力量让现有的国际秩序满足广大新兴国家、发展中国家和第三世界国家的发展要求,为人类共同发展、和平发展做出新的贡献。

2.交往的类型

交往可以分为物质交往和精神交往。物质交往主要是以生产经营、经济贸易等形式体现,形成了世界性的生产链条、贸易链条和价值链条,不同的国家在其中扮演着不同的角色、处于不同的层级。例如,部分国家是资源型国家,处于最底层,往往只能以资源换产品;部分国家是低端生产国,只能赚取极少量的劳动价值;部分国家拥有先进的制造技术和生产工艺,处于高端生产国,可以赚取较多的附加价值;极少数国家处于制定国际标准的地位,拥有最先进的技术专利,甚至依靠军事手段辅助经济和科技,处于标准制定者地位,占据了绝大部分的利益。

在精神交往中,一般情况下是不同族群、不同国家文化的相互交流、相互借鉴,同时客观上存在文明的冲突。在部分文明向全球扩散的过程中,诸多弱势的文化和精神现象都消失或者濒危。亨廷顿就将当今世界的主要文明归纳为:西方文明、伊斯兰文明、非洲文明、印度文明、中华文明、日本文明、东正教文明和拉美文明,并认为未来更多的文明会被同化甚至灭亡。[1] 这在一定程度上也确实符合基本事实,基本上可以解释当今世界主要文明的发展史、斗争史。

中华文明自古传承至今,有其内在的文明韧性,主要还在于国家(族群)的强势发展,最重要的是人民群众的文化自信和文化传承。作为中华民族的一分子,

---

[1] 萨缪尔·亨廷顿.文明的冲突与世界秩序的重建[M].北京:新华出版社,1998:4.

每个人都有责任和义务保持民族文化认同感、保持文化自信,将中华文明世代传承下去。

3. 交往的作用

交往对社会生活有着重要的影响,可以简单总结为以下几个方面:

(1)促进生产力的发展。人类改造自然主要依赖于科学技术,而科学技术一方面依靠科学家的研究进行总结和归纳;另一方面依靠世界各国的相互交往,实现科学技术的广泛传播和应用。

马克思和恩格斯在《德意志意识形态》一文中指出,民主交往的关键,就是对外交往中提供什么样的生产力,也包括组织文化等。①

(2)促进社会关系的进步。人的自我组织和集体的自我组织,就实现了国家在制度层面、社会在规范层面的发展。随着人的相对自由的流动,越来越多的社会关系制度规范得到了交流传播,在整体上促进了社会关系的变革。

马克思和恩格斯在《德意志意识形态》中指出:"一个民族内部的分工,首先引起工商业劳动同农业劳动的分离,从而也引起城乡的分离和城乡利益的对立。分工的进一步发展导致商业劳动同工业劳动的分离……这就是说,分工的每一个阶段还决定个人在劳动材料、劳动工具和劳动产品方面的相互关系。"②

(3)促进文化的发展和传播。知识(科学技术)是对自然界一般规律的总结,文化是对社会一般规律和经验的总结,都以文化的形式进行传播。人类交往都是具体的人的交往,而不是抽象的人的交往,因而具体的人必然携带着特色的文化并将其传播到交往的区域。

马克思和恩格斯在《德意志意识形态》中指出:"思想、观念、意识的生产最初是直接与人们的物质活动、与人们的物质交往、与现实生活的语言交织在一起的。人们的想象、思维、精神交往在这里还是人们物质行动的直接产物。"③

(4)促进人的全面发展。交往本身就是人的发展的一部分,随着交往越来越自由、越来越频繁,人的全面发展的基础就越充分。各种知识文化、物质财富越

---

① 马克思恩格斯选集(第一卷)[M].北京:人民出版社,2012:147.原文:"各民族之间的相互关系取决于每一个民族的生产力、分工和内部交往的发展程度……一个民族的生产力发展的水平,最明显地表现于该民族分工的发展程度。任何新的生产力,只要它不是迄今已知的生产力单纯的量的扩大(例如,开垦土地),都会引起分工的进一步发展。"

② 马克思恩格斯选集(第一卷)[M].北京:人民出版社,2012:148.

③ 马克思恩格斯选集(第一卷)[M].北京:人民出版社,2012:152.

充分地自由流动,每个人获取自我发展的机会和可能性就越大,就越能够实现个人的全面发展。

马克思和恩格斯在《德意志意识形态》中指出:"只有随着生产力的这种普遍发展,人们的普遍交往才能建立起来;普遍交往,一方面,可以产生一切民族中同时都存在着'没有财产的'群众这一现象(普遍竞争),使每一民族都依赖于其他民族的变革;最后,地域性的个人为世界历史性的、经验上普遍的个人所代替。"①

4. 世界历史

唯物史观中的世界历史,是指各民族、国家通过普遍交往,打破孤立隔绝的状态,进入相互依存、相互联系的世界整体化的历史。在马克思当年研究的语境下,主要是指大航海时代以来世界逐渐加强经济贸易、殖民掠夺、制度规范的过程,进而形成一个完整的、统一的、紧密联系的世界。

(1)资本主义生产方式确立的过程是世界历史形成的过程。随着资本主义生产方式的出现,商品和资本向世界范围内扩张就成为一种趋势,大工业带来的生产把全世界的人、财、物都吸纳进来,融入这样一个生产、流通、消费的循环之中。

马克思和恩格斯指出,大工业首次开创了世界历史,它使每个文明国家以及这些国家的每一个人的需要的满足都依赖于世界,因为它消灭了各国以往形成的闭关锁国的状态。当世界各国在经济、政治、文化、贸易等各个方面都建立紧密的联系,人类历史才真正成为世界历史。

恩格斯在《英国工人状况》中指出:"英国工人阶级的历史是从上个世纪后半期,随着蒸汽机和棉花加工机的发明而开始的。大家知道,这些发明推动了工业革命,工业革命同时又推动了整个市民社会的变革,它的世界历史意义只是现在才开始被认识。"②

(2)普遍交往是世界历史的基本特征。人类族群从远古时期不断蔓延到世界各地,之后就会尝试与周边建立一些固定而稳定的关系、当然,其中包含了和平的贸易、交往,也存在暴力掠夺、战争杀戮,都是普遍交往的形式。

马克思和恩格斯指出,由于开拓了世界市场,一切国家的生产和消费都变成

---

① 马克思恩格斯选集(第一卷)[M].北京:人民出版社,2012:166.
② 马克思恩格斯选集(第一卷)[M].北京:人民出版社,2012:87.

世界性的了。从古至今的发展史表明,只有参与交往才能获得发展,而远离交往就会故步自封,逐渐沦为文明交流的边缘。

马克思和恩格斯在《德意志意识形态》中指出:"各个相互影响的活动范围在这个发展进程中越是扩大,各民族的原始封闭状态由于日益完善的生产方式、交往以及因交往而自然形成的不同民族之间的分工消灭得越是彻底,历史也就越是成为世界历史。"①

(3)世界历史的形成与发展为共产主义的实现提供了条件和路径。客观而言,资本主义的发展确实促进了世界历史的形成,但也进一步暴露了资本主义的弊端,将资本主义危机蔓延到世界范围,越来越多的人感受到资本主义运行方式的危害性,尝试以各种方式缓解和消除资本主义的弊端。这种尝试的结果就是不断增加社会主义的因素,为共产主义代替资本主义奠定坚实的物质基础、工人基础和思想基础。

马克思在《〈黑格尔法哲学批判〉导言》中指出:"现代的旧制度不过是真正主角已经死去的那种世界制度的丑角。历史是认真的,经过许多阶段才把陈旧的形态送进坟墓。世界历史形态的最后一个阶段是它的喜剧。"②

(二)群众史观、群众观点与群众路线

关于历史的创造者问题,之前的哲学往往都归于神秘力量和个人力量(英雄人物或者帝王等),唯物史观通过两大历史规律的揭示,第一次做出了科学回答。

1.英雄史观的根源

在历史上,神秘史观(唯心史观)占据着漫长的历史进程;随后,英雄史观长期占据主导地位,其产生有着深刻的认识根源、社会历史根源和阶级根源。

(1)认识根源主要是近代哲学及之前的方法论比较落后,自然科学、社会科学和思维科学发展不充分,甚至还充斥着神秘力量的支配、神学的支配。人们对事物、对历史的认识依然停留在表面,无法科学解释内在的规律,进而把表面现象总结为规律,并将英雄人物的作用进行夸大。

(2)社会历史根源主要是近代科学尚未完全分化为规范的现代科学,更不用说古代的科学水平,他们无法抽象出历史文化、生产力、英雄人物与人民群众在

---

① 马克思恩格斯选集(第一卷)[M].北京:人民出版社,2012:168.
② 马克思恩格斯选集(第一卷)[M].北京:人民出版社,2012:6.

历史发展中的地位和作用。并且,科学文化知识主要由少部分人掌握,更进一步限制了思维的空间。

(3)阶级根源主要是剥削阶级为了巩固自身统治,主观上夸大统治阶级群体的作用,抹杀人民群众的历史作用,通过宣扬唯心史观进而形成有利于统治的上层建筑来麻痹人民,这也是无法科学揭示历史规律进而跳出唯心史观的重要原因。

2.唯物史观的原则

唯物史观在回答历史创造者问题时,坚持了如下原则:

(1)立足于现实的人及其本质。唯物史观认为,人不是抽象的而是现实的,现实的人及其活动是社会历史存在和发展的前提。对历史的任何分析都不能泛泛而谈、空空而论,而是应该紧密结合现实,从现实中寻找规律和本质。

(2)立足于整体的社会历史。个体的经历能够在一定程度上再现历史的真实面目,但是,历史并非单个个体的组合,而是群体的历史,才能够从整体上展现更加深刻、更加本质的东西。一定的群体——如阶级、集体、民族、国家等——的认识活动和实践活动,更能够反映历史发展的趋势。

(3)立足于社会历史基本规律。从个体、群体的实践中,寻找物质生产方式及其运行,才能够找到人类社会发展的一般规律,也才能够更加深刻地认识到历史创造者。

(4)从人与历史的不同层次上考察。唯物史观不是对历史表象的经验描述(这属于古代哲学的方法论即经验论),而是对历史本质的逻辑把握。人与历史的关系具有人类与历史、群体与历史、个体与历史三个层次。

因而,马克思在《路易·波拿巴的雾月十八日》中指出:"人们自己创造自己的历史"[①],并与神创造历史、观念创造历史和超人创造历史等唯心史观划清了界限。

唯物史观的历史评价是基于事实和规律的评价,特别要注意补充阶级立场时的个人感情不能影响对历史的判断。

1892年6月18日,恩格斯在《致尼古拉·弗兰策维奇·丹尼尔逊》的信中指

---

① 马克思恩格斯选集(第一卷)[M].北京:人民出版社,2012:669.

出,历史唯物主义的基础就是忠于事实,在事实的基础之上进行阶级分析。①

3.人民群众的历史作用

人民群众是社会历史的主体、是历史的创造者。从质上看,人民群众是指一切对社会历史发展起推动作用的人;从量上看,人民群众是指社会人口中的绝大多数。

(1)人民群众是社会物质财富的创造者。人类社会的存在和发展依赖物质资料的生产方式,而人民群众是物质资料生产的主体,创造了生活资料和实践资料,促进了生产力的发展。

(2)人民群众是社会精神财富的创造者。人民群众在生活中创造了精神产品,同时为部分学者创造精神产品带来了生活基础,并产生了众多的科学家、思想家和艺术家,这些人都来源于人民群众。

(3)人民群众是社会变革的决定力量。人民群众在创造社会财富的时候,也在创造着社会关系,即社会关系的再生产。生产关系的变革,社会制度的更替,最终取决于生产力的发展,但是需要依靠人民群众来实现。

1945年4月,毛泽东在《论联合政府》中进一步直截了当地指出,只有人民才是创造世界历史的动力。②

4.影响人民群众创造历史的因素

人民群众创造历史的活动受到一定社会历史条件的制约,其中,影响人民群众创造历史的因素主要有以下几个方面:

(1)经济条件,尤其是生产力条件。生产力限制了人民的活动水平、活动能力。人民群众掌握的经济资源越充分,可探索实践的空间就越大;人民群众掌握

---

① 马克思恩格斯选集(第四卷)[M].北京:人民出版社,2012:626.原文:"我特别要强调这样一个事实:去年的歉收(用官方语言来说)并不是孤立的和偶然的现象,而是克里木战争结束以后俄国整个发展的必然后果,是从公社农业和宗法式家庭工业向现代工业过渡的结果;在我看来,这一变革最终必将危及公社的存在,并把资本主义制度扩展到农业方面去。从您的来信可以断定,对于这些事实本身,您是同意我的看法的;至于我们是否喜欢这些事实,那就是另一回事了;但不管我们喜欢与否,这些事实照样要继续存在下去。而我们越是能够摆脱个人的好恶,就越能更好地判断这些事实本身及其后果。"

② 毛泽东选集(第三卷)[M].北京:人民出版社,1991:1031.原文:"世界将走向进步,决不是走向反动。当然应该提起充分的警觉,估计到历史的若干时期的甚至是严重的曲折,可能还会发生;许多国家中不愿看见本国人民和外国人民获得团结、进步和解放的反动势力,还是强大的。谁要是忽视了这些,谁就将在政治上犯错误。但是,历史的总趋向已经确定,不能改变了。这种情况,仅仅不利于法西斯和实际上帮助法西斯的各国反动派,而对于一切国家的人民及其组织的民主势力,则都是福音。人民,只有人民,才是创造世界历史的动力。"

的资源越少,则探索实践的空间就越小,越难以发现历史规律和主动创造历史。

(2)政治条件,尤其是阶级关系。阶级关系限制了人民的活动范围和支配的资源。在阶级关系中,可自由支配的时间空间是受到限制的;人民群众总是以某种组织方式构成生产关系,而在生产关系中进行探索和超越生产关系进行探索则并不完全充分。

(3)精神文化条件,思想文化传统和意识形态的影响。人们生活中具体的历史进程之中,难免受到当时社会思想的影响。

5. 群众观点和群众路线

群众观点是坚信人民群众自己解放自己的观点、全心全意为人民服务的观点、一切向人民群众负责的观点以及虚心向群众学习的观点。

(1)坚信人民群众自己解放自己的观点。人民群众受到的自然压迫,需要不断推进科学技术的进步。人民群众受到的社会压迫,只能通过无产阶级的自我组织实现经济利益、政治利益的缓慢释放,不存在外部神秘力量帮助无产阶级,更不存在统治阶级主动让渡利益。

(2)全心全意为人民服务的观点。无产阶级政党从人民群众中产生,是人民群众中的先进代表,因而只有全心全意为人民服务才能巩固根基。

(3)一切向人民群众负责的观点。人民的利益就是无产阶级政党的利益,这个政党存在的价值就是代表人民群众的利益,所有工作都是向人民群众负责。

(4)虚心向群众学习的观点。历史是人民群众创造的,往往是通过某一个人、某一个科学家、某一个先进人物等在各自工作岗位上提出新的观点、新的技术等推动各个领域的发展。而无产阶级政党就需要将所有先进的创举汇聚起来,在更大范围、更大程度上进行扩散。

群众路线是我们党的生命线和根本工作路线。党的群众路线是:一切为了群众,一切依靠群众,从群众中来,到群众中去。

群众路线的实质,就是充分相信群众、坚决依靠群众、密切联系群众、全心全意为人民群众服务。

无产阶级需要牢牢掌握领导权,因为小资产阶级具有两重性。1846年12月28日,恩格斯在《致帕维尔·瓦西里耶维奇·安年科夫》的信中指出,蒲鲁东就是一个既羡慕大资产阶级生活,又同情无产者的小资产阶级代表,他成不了大资产阶级,也代表不了无产阶级的利益。①

五、工人阶级斗争策略问题

工人阶级如何斗争呢?

马克思和恩格斯认为,工人阶级第一件事是组建一个无产阶级政党,即组织上动员。一个国家一般情况下只需要建立一个马克思主义政党,在必要的时候可以建立国际工人政党联络组织。

第二件事是建立科学的指导思想,即思想上动员。没有科学的指导思想,就只能盲目地探索;而有了科学的指导思想,就会按照规律开展无产阶级革命运动。当然,科学的指导思想也需要在实践中不断发展和完善。

第三件事是为了无产阶级的利益也包括被压迫阶级的利益而开展实际斗争,包括和平方式的斗争以及暴力革命。需要说明的是,暴力革命方式有特殊的时代背景要求,并不是在所有状态下都可以采取暴力革命方式。事实上,绝大多数时间是和平方式的争取利益。

第四件事是建立军事力量。一般情况下,在和平时期是难以建立无产阶级自己的武装力量,这也是在特殊时期的产物。

第五件事是教育无产阶级,不断提高他们的政治觉悟,团结和吸引更多的无产阶级参与自身利益的革命运动。

马克思和恩格斯认为,无产阶级政党应该肩负起组织动员无产阶级的使命,坚持科学社会主义指导思想,通过暴力革命与和平斗争等多种方式维护无产阶级的利益。基于这一判断,马克思和恩格斯批判了历史上多种多样的论调。

(一)批判放弃政治斗争的论调

马克思在《政治冷淡主义》一文中批驳了巴枯宁主义关于无产阶级放弃政治斗争和立即废除国家的谬论,揭露巴枯宁分子鼓吹政治冷淡主义的实质是要无产阶级充当资产阶级的忠顺奴仆,反对无产阶级以自己的革命专政来取代资产

---

① 马克思恩格斯选集(第四卷)[M].北京:人民出版社,2012:418.原文:"蒲鲁东先生彻头彻尾是个小资产阶级的哲学家和经济学家。小资产者在已经发展了的社会中,迫于本身所处的地位,必然是一方面成为社会主义者,另一方面又成为经济学家,就是说,他既迷恋于大资产阶级的豪华,又同情人民的苦难。他同时既是资产者又是人民。他在自己的心灵深处引以为骄傲的,是他不偏不倚,是他找到了一个自诩不同于中庸之道的真正的平衡。这样的小资产者把矛盾加以神化,因为矛盾是他存在的基础。"

阶级专政。

马克思指出："这些人是如此愚蠢，或者说，如此幼稚，竟然禁止工人阶级使用一切现实的斗争手段……他们过于胆怯，不敢把这些真理应用到罢工、同盟、工会、关于女工和童工的法律、关于限制工作日的法律等等方面去。"①

1875年初，马克思在《巴枯宁〈国家制度和无政府状态〉一书摘要》中进一步指出："如果无产阶级本身还是一个阶级，如果作为阶级斗争和阶级存在的基础的经济条件还没有消失，那么就必须用暴力来消灭或改造这种经济条件，并且必须用暴力来加速这一改造的过程。"②

1872年1月24日，恩格斯在《致泰奥多尔·库诺》的信中指出，国家只是阶级统治的工具，资本只是阶级利益的体现形式，资本家只是资本的代言人。③

1895年3月8日，恩格斯在《致理查·费舍》的信中指出："我认为，如果你们宣扬绝对放弃暴力行为，是决捞不到一点好处的。没有人会相信这一点，也没有一个国家的任何一个政党会走得这么远，竟然放弃拿起武器对抗不法行为这一权利。"④

在俄国工人运动过程中，也出现了只重视经济斗争而准备放弃政治斗争的趋向，列宁针对这种情况，予以猛烈的批评。1900年11月，列宁在《我们运动的迫切任务》中指出，经济斗争非常重要，但是忘记了政治斗争，最终会迷失方向。⑤

列宁同时指出产生只重视经济斗争、放弃政治斗争的原因，一是过度依赖以往的经验，即小组宣传；二是经济斗争取得实效而忽视政治斗争，三是小组宣传

---

① 马克思恩格斯选集(第三卷)[M].北京：人民出版社，2012：280.
② 马克思恩格斯选集(第三卷)[M].北京：人民出版社，2012：337.
③ 马克思恩格斯选集(第四卷)[M].北京：人民出版社，2012：501.原文："认为应当消除的主要祸害不是资本，就是说，不是由于社会发展而产生的资本家和雇佣工人的阶级对立，而是国家。广大的社会民主党工人群众都和我们抱有同样的观点，认为国家权力不过是统治阶级——地主和资本家——为维护其社会特权而为自己建立的组织，而巴枯宁却硬说国家创造了资本，资本家只是由于国家的恩赐才拥有自己的资本。"
④ 马克思恩格斯选集(第四卷)[M].北京：人民出版社，2012：659.
⑤ 列宁选集(第一卷)[M].北京：人民出版社，2012：283—284.原文："俄国社会民主党现在正处于动摇时期、怀疑时期，甚至到了自我否定的程度。一方面，工人运动正在脱离社会主义：有人在帮助工人进行经济斗争，但是有关整个运动的社会主义目的和政治任务，却根本不向工人解释，或解释得很不够。另一方面，社会主义也在脱离工人运动：俄国社会党人又在纷纷议论，说反对政府的斗争应该由知识分子单独进行，因为工人只能进行经济斗争。"

第五章　历史观

的分散性,尚未得到整体性谋划。①

列宁还进一步指出只重视经济斗争、放弃政治斗争的现实危害:"社会民主党是工人运动和社会主义的结合,它的任务不是消极地为每一阶段的工人运动服务,而是要代表整个运动的利益,给这个运动指出最终目的,指出政治任务,维护它在政治上思想上的独立性。"②

(二)批判无政府主义的废除权威的观点

恩格斯在《论权威》一文中,结合社会化大生产的发展趋势论述了权威和自治之间的辩证关系,驳斥了无政府主义者反对任何权威的错误观点,批判了无政府主义者要求把废除权威作为社会革命的第一个行动的主张,强调革命无疑是天下最权威的东西,无产阶级无论是在革命过程中还是在革命胜利后都需要权威。

恩格斯指出,权威和自治,本身并不存在好坏对错,都是历史发展的产物。③

1883年4月18日,恩格斯在《致菲力浦·范派顿》的信中指出,无政府主义者的梦想是人为废除政府,而共产主义者则认为,政府将随着历史发展而逐渐消亡。④

俄国是无政府主义思想流行的重要区域,列宁针对俄国的无政府主义观点,

---

① 列宁选集(第一卷)[M].北京:人民出版社,2012:284.原文:"我们认为,这些可悲的现象,是由三种情况造成的。第一,俄国社会民主党人在活动初期,只进行一些小组宣传工作。等到我们转向群众鼓动工作的时候,有时不免陷入另一极端。第二,在活动初期,我们不得不经常同民意党人进行斗争,来保卫我们存在的权利。民意党人把'政治'理解为脱离工人运动的活动,把政治缩小到只进行密谋活动。而社会民主党人在反对这种政治的时候,走上了另一个极端,竟笼统地把政治推到了次要地位。第三,当社会民主党人分散在地方工人小组内进行活动的时候,没有很好地重视,必须组织革命政党来统一各地方小组的一切活动,并正确地安排革命工作。工作分散占优势的情况,自然同经济斗争占优势的情况是有关联的。"

② 列宁选集(第一卷)[M].北京:人民出版社,2012:284.

③ 马克思恩格斯选集(第三卷)[M].北京:人民出版社,2012:277.原文:"把权威原则说成是绝对坏的东西,而把自治原则说成是绝对好的东西,这是荒谬的。权威与自治是相对的东西,它们的应用范围是随着社会发展阶段的不同而改变的。所有的社会主义者都认为,政治国家以及政治权威将由于未来的社会革命而消失,这就是说,公共职能将失去其政治性质,而变为维护真正社会利益的简单的管理职能。革命无疑是天下最权威的东西。革命就是一部分人用枪杆、刺刀、大炮,即用非常权威的手段强迫另一部分人接受自己的意志。"

④ 马克思恩格斯选集(第四卷)[M].北京:人民出版社,2012:558-559.原文:"马克思和我从1845年起就持有这样的观点:未来无产阶级革命的最终结果之一,将是称为国家的政治组织逐步解体直到最后消失。工人阶级应当首先掌握有组织的国家政权并依靠这个政权镇压资本家阶级的反抗和按新的方式组织社会……无政府主义者把事情颠倒过来了。他们宣称,无产阶级革命应当从废除国家这种政治组织开始。"

直接指出其弱点。1901年,列宁在《无政府主义和社会主义》中指出:"这类空话已经流行了2 000多年。一是不懂得剥削的根源;二是不懂得社会在向社会主义发展;三是不懂得阶级斗争是实现社会主义的创造力量。"①

列宁还进一步指出无政府主义的本质,他认为:"无政府主义是绝望的产物。它是失常的知识分子或游民的心理状态,而不是无产者的心理状态。"②

(三)批判改良主义的阶级合作观点

《给奥·倍倍尔、威·李卜克内西、威·白拉克等人的通告信》是马克思和恩格斯为批判德国工人党内的右倾机会主义思潮、阐明无产阶级政党的性质与作用而写的重要文献。马克思和恩格斯揭露了赫希柏格、伯恩斯坦、施拉姆三人宣扬阶级合作,主张用改良来取代革命的机会主义观点,批判了他们企图改变党的无产阶级性质,把党变成改良主义政党的错误主张。马克思和恩格斯强调指出,阶级斗争是历史的直接动力,无产阶级和资产阶级之间的阶级斗争是现代社会变革的巨大杠杆。他们郑重申明,绝不能和那些想把阶级斗争从运动中勾销的人们一道走。

恩格斯在《给倍倍尔的信》中指出,拉萨尔派的核心方案是国家合作,这从整体上看存在很大问题。③

蒲鲁东主义也提到了社会改良方案,这种改良方案是一种空想的公平和倒退的空想,完全不符合人类社会发展一般规律,马克思和恩格斯也予以批判。马克思在《论蒲鲁东》一文中指出,对小生产者及其生产方式的怀念,是蒲鲁东的局限。④

1894年3月6日,恩格斯在《致保尔·拉法格》的信中进一步批判了将革命

---

① 列宁选集(第一卷)[M].北京:人民出版社,2012:288.
② 列宁选集(第一卷)[M].北京:人民出版社,2012:288-289.
③ 马克思恩格斯选集(第三卷)[M].北京:人民出版社,2012:347.原文:"我们的党在理论方面,即在对纲领有决定意义的方面,绝对没有什么要向拉萨尔派学习的,而拉萨尔派倒是应当向我们的党学习;合并的第一个条件是,他们不再做宗派主义者,不再做拉萨尔派,也就是说,他们首先要放弃国家帮助这个救世良方,即使不完全放弃,也要承认它同其他许多可能采取的措施一样是个次要的过渡措施。"
④ 马克思恩格斯选集(第三卷)[M].北京:人民出版社,2012:204.原文:"工人应当购买自己的住房这种思想本身,又是建立在我们已指出的蒲鲁东的那个反动的基本观点之上的,这个观点认为现代大工业所创造的状态是一种病态的畸形物,必须用强制手段——即逆着社会100年来所顺从的潮流——使这个社会退回到以单个人的旧的一成不变的手工劳动为常规的状态中去,而这种状态无非是已经灭亡和正在灭亡的小手工业生产的理想化的重建。"

的希望寄托在其他阶级或者其他形式的国家形式,并指出:"共和国像其他任何政体一样,是由它的内容决定的;只要它是资产阶级的统治形式,它就同任何君主国一样敌视我们(撇开敌视的形式不谈)。因此,无论把它看做本质上是一种社会主义的形式,还是当它还被资产阶级掌握时,就把社会主义的使命委托给它,都是毫无根据的幻想。"①

(四)批判布朗基主义的阴谋活动观点

马克思和恩格斯认为,无产阶级革命是人类社会发展一般规律的结果,并不是几个人或者一部分的阴谋诡计,并且也不可能通过阴谋活动取得成功。布朗基主义的阴谋活动,其本质是唯心史观在作祟,完全不相信人民群众的力量,甚至把阴谋活动当成个人或者小群体掌握权力的工具。

1875年4月,恩格斯在《流亡者文献》一文中指出,布朗基属于过时的革命者,他们主张阴谋活动,而现代革命则更加关注人民群众。②

1897年,列宁在《俄国社会民主党人的任务》一文中指出,布朗基主义的阴谋暗杀活动早已被历史所淘汰,在工业化时代的革命必然是通过工人阶级政党实现的,而不可能依靠谋杀。他还指出,现实生活中存在着落后的革命,那是因为革命宣传不够的表现。③

(五)批判杜林主义抽象的国家观

马克思和恩格斯认为,国家是各个阶级构成的统一体,既包含了民族文化因素,也包含了经济因素,当然还包含了国际交往、战争、区域形势等因素。但是,归根结底还是经济因素主导的,是阶级利益矛盾体。他们反对单纯地、片面地、

---

① 马克思恩格斯选集(第四卷)[M].北京:人民出版社,2012:652.
② 马克思恩格斯选集(第三卷)[M].北京:人民出版社,2012:292—293.原文:"布朗基主要是一个政治革命家;他只是在感情上,即在同情人民的痛苦这一点上,才是一个社会主义者,但是他既没有社会主义的理论,也没有改造社会的确定的实际的建议。布朗基在他的政治活动中主要是一个'实干家',他相信组织得很好的少数人只要在恰当的时机试着进行某种革命的突袭,能够通过最初的若干胜利把人民群众吸引到自己方面来,就能取得革命胜利。当然,这种专政不是整个革命阶级即无产阶级的专政,而是那些进行突袭的少数人的专政,而这些人事先又被组织起来,服从一个人或某几个人的专政。由此可见,布朗基是过去一代的革命家。"
③ 列宁选集(第一卷)[M].北京:人民出版社,2012:151.原文:"在民意党人中间,布朗基主义,即密谋主义的传统非常强烈,以致他们只能把政治斗争设想为政治密谋这种形式。社会民主党人却没有这种观点狭隘的毛病;他们不相信密谋,认为密谋的时代早已过去,认为把政治斗争归结为密谋,就是极大地缩小了政治斗争的范围,这是一方面,同时这也意味着选择了最不适宜的斗争手段……俄国社会民主工党始终认为,这种斗争不应当由密谋家而应当由依靠工人运动的革命党来进行。"

抽象地谈论国家以及以此为基础的国家合作。

恩格斯在《反杜林论》中指出:"为革命作了准备的18世纪的法国哲学家们,如何求助于理性,把理性当做一切现存事物的唯一的裁判者。他们认为,应当建立理性的国家、理性的社会,应当无情地铲除一切同永恒理性相矛盾的东西。我们也已经看到,这个永恒的理性实际上不过是恰好那时正在发展成为资产者的中等市民的理想化的知性而已。"①

恩格斯在《反杜林论》中进一步批判了杜林主义的空想性和抽象性,完全脱离现实发展来自行创建一些抽象的理想标准,他指出:"我们已经看到,空想主义者之所以是空想主义者,正是因为在资本主义生产还很不发达的时代,他们只能是这样。他们不得不从头脑中构想出新社会的要素,因为这些要素在旧社会本身中还没有普遍地明显地表现出来;他们只能求助于理性来构想自己的新建筑的基本特征,因为他们还不能求助于同时代的历史。"②

(六)批判宗派主义的倾向

宗派主义是无产阶级组织的敌人,宗派主义是封建组织形式的残余,只适合封建社会的农民斗争,已经不再适应资本主义和社会主义革命斗争的时代需要。无产阶级革命斗争需要的是科学的指导思想和团结的政治组织,这也是建立第一国际、第二国际的根本目的。

1871年11月23日,马克思在《致弗里德里希·波尔特》的信中指出:"成立国际是为了用工人阶级的真正的战斗组织来代替那些社会主义的或半社会主义的宗派。"③

与此同时,马克思还列举了国际工人运动历史上曾经出现的宗派主义。他指出:"在巴黎,由于蒲鲁东主义者(互助主义派)是协会的共同创始人,在最初几年他们自然就掌握了巴黎的领导权。后来,在那里自然又成立了一些和他们相对立的集体主义派、实证论派等等的团体。"④

共产主义运动是随着时代发展的,革命理论与策略都需要随着时代发展而变化,部分群体会分化,甚至会转化为落后分子甚至分裂出去,这也是正常的。

---

① 马克思恩格斯选集(第三卷)[M].北京:人民出版社,2012:644—645.
② 马克思恩格斯选集(第三卷)[M].北京:人民出版社,2012:653—654.
③ 马克思恩格斯选集(第四卷)[M].北京:人民出版社,2012:496.
④ 马克思恩格斯选集(第四卷)[M].北京:人民出版社,2012:496—497.

1874年9月17日,恩格斯在《致弗里德里希·阿道夫·左尔格》的信中指出,政党团结非常重要,但是派别分裂总是一种历史常态。①

(七)批判合作社倾向的费边社

无产阶级专政国家是共产主义思想的核心,任何以合作社、阶级合作等其他形式取代国家的都是不彻底的民主主义思想。在实践中,往往会导致放弃阶级斗争的策略,进而完全失去掌握政权的可能性。

1893年1月18日,恩格斯在《致弗里德里希·阿道夫·左尔格》的信中指出,费边派的革命是要资产阶级的生活,而不是希望无产阶级也来分享革命果实。无产阶级则是将革命果实分享给全体人民。②

(八)批判民粹主义的落后反动观点

列宁在《我们拒绝什么遗产?》一文中对民粹主义进行了总结,他指出:"我们把民粹主义理解为一种观点体系,它包含以下三个特点:(1)认为资本主义在俄国是一种衰落,退步。(2)认为整个俄国经济制度有独特性,特别是农民及其村社、劳动组合等等有独特性。人们并不认为必须把现代科学所制定的关于各个社会阶级及其冲突的概念应用于俄国经济关系。(3)忽视'知识分子'和全国法律政治制度与一定社会阶级的物质利益有联系。"③

---

① 马克思恩格斯选集(第四卷)[M].北京:人民出版社,2012:513—514.原文:"老黑格尔早就说过:一个派别如果分裂了并且经得起这种分裂,这就证明自己是胜利的派别。无产阶级的运动必然要经过各种发展阶段;在每一个阶段上都有一部分人停留下来,不再前进。仅仅这一点就说明了,为什么'无产阶级的团结一致'实际上到处都是在各种不同的党派中实现的,这些党派彼此进行着生死的斗争,就像在罗马帝国里处于残酷迫害下的各基督教派一样。"

② 马克思恩格斯选集(第四卷)[M].北京:人民出版社,2012:633—634.原文:"在伦敦这里,费边派是一伙野心家,他们有相当清醒的头脑,懂得社会变革必不可免,但是他们决不肯把这个艰巨的事业交给粗鲁的无产阶级单独去做,所以他们惯于自己出来领导。害怕革命,这就是他们的基本原则……他们之所以疯狂地仇视马克思和我们大家,就是因为阶级斗争问题。费边派当然有许多资产阶级信徒,所以也有钱。"

③ 列宁选集(第一卷)[M].北京:人民出版社,2012:118.

政治经济学篇

经济学是近代学科分化的结果,诸多学科纷纷从古代哲学尚未分化的整体性中分离出来,这是知识积累的必然结果,也是生产力发展的结果。越来越多的领域需要更加精细的、更有针对性的研究,去探寻各个领域的基本规律,经济学就是在自然经济向商品经济过渡的过程中去研究经济规律的学科。

古代对经济问题的关注依然停留在对自然经济现象的观察总结,方法论相对落后。商品经济的出现,极大地影响了人类社会的生产方式、贸易方式和消费方式,因而经济学的研究方法和研究内容就越来越丰富。人们也越来越了解和掌握更多的经济学基本规律,同时,经济学也在随着商品经济的蓬勃发展而衍生出更多的分支学科。

到19世纪的时候,诸多经济学家已经把资本主义商品经济初期的发展史和发展过程研究得相当透彻了,也创造出一系列解释话语、专业名词和专业理论,尤其是对自由竞争阶段的资本主义经济有了比较深刻的研究。经济学家依然认为商品是当时经济学的核心和本质,成为解释经济现象的最终逻辑。

商品背后还有没有更本质的东西?

如果有,它有什么样的运行规律?

这是经济学遇到的一个时代问题。当时,需要有经济学家站出来进行深入的研究。这也是政治经济学产生的主要原因。当众多的经济学家从各种角度进行分析研究和解释的时候,马克思从政治的角度进行分析,更加深刻、更加接近本质,也将哲学与科学社会主义紧密地结合在一起,形成了一个完整的逻辑闭环。

说到商品经济,就不得不提到另一个东西,即"马克思象限"①,这是什么东西?

在马克思那里,所谓劳动力商品化,是指在一个社会经济中,直接生产者的劳动力使用权普遍地成为交易的对象;而且,直接生产者的生存资料也主要是依靠其出卖劳动力取得的。值得注意的是,依此定义的劳动力商品化,不同于马克思讨论的具有"双重自由"的雇佣工人的产生。根据马克思的观点,劳动力普遍地成为商品取决于两个条件:一是直接生产者摆脱了超经济的强制,取得了人身自由;二是直接生产者丧失了一切生产资料,即自由的一无所有。

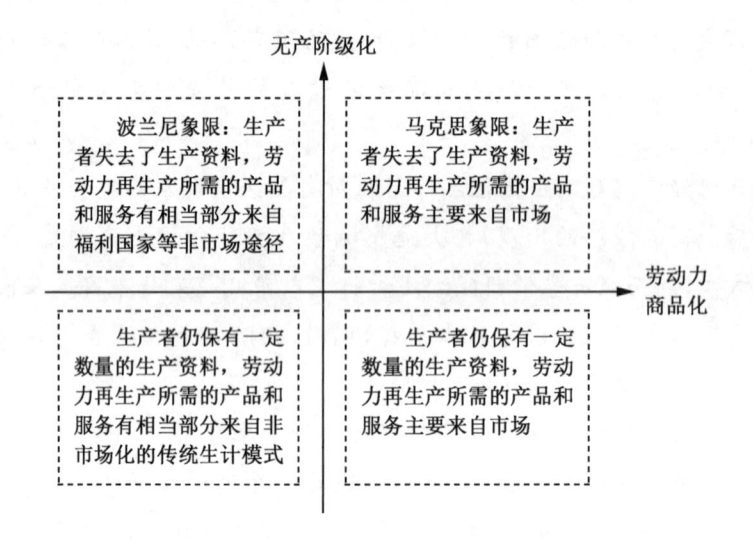

	无产阶级化	
波兰尼象限:生产者失去了生产资料,劳动力再生产所需的产品和服务有相当部分来自福利国家等非市场途径		马克思象限:生产者失去了生产资料,劳动力再生产所需的产品和服务主要来自市场
生产者仍保有一定数量的生产资料,劳动力再生产所需的产品和服务有相当部分来自非市场化的传统生计模式		生产者仍保有一定数量的生产资料,劳动力再生产所需的产品和服务主要来自市场

无产阶级化和劳动力商品化关系图

上图大致描绘了无产阶级化与劳动力商品化之间的差异,以及两者之间所能有的各种组合,其中,箭头所向分别表示劳动力商品化和无产阶级化的程度。图中第一象限可称为"马克思象限",表示"双重自由"的雇佣工人;第二象限可称为"波兰尼象限",因其强调劳动力再生产所需的产品和服务有相

---

① 孟捷,李怡乐.改革以来劳动力商品化和雇佣关系的发展——波兰尼和马克思的视角[J].开放时代,2013(05):74-106.

当部分来自福利国家和转移支付；至于第三、第四象限，则涵盖了不同类型的半无产阶级化的生产者，他们——从第三至第四象限——依次经历了劳动力商品化的不同阶段。

从这一点上，他们都把握住了关键点，但波兰尼似乎更加精确。就好像在生物课上，马克思用显微镜看到了细胞，而波兰尼却看到了细胞核。

在波兰尼看来，马克思——和自由主义一道——所认同的这种劳动力的完全商品化，在历史上是注定要失败的。他指出，与普通商品不同，劳动力（以及土地和货币）是由制度虚构或创设出来的商品。一个自主的、不受调控的市场向人类社会组织的无限扩张，倾向于使劳动力等虚构商品的再生产彻底隶属于市场。这一趋势必将激起社会的自我保护运动，即通过群众有组织的抗争和国家的立法保护，对毫无约束的劳动力商品化加以限制（即所谓去商品化）。市场的无限扩张和"去商品化"的努力之间的冲突，在波兰尼那里构成了主宰当代社会的主要矛盾。这一矛盾演化的结果，是使市场的运行"内嵌"在市场以外的制度之中。正是这种嵌入性才保证了市场本身的运行。

这也就引出了波兰尼与马克思对商品经济的不同态度和不同解决方案。

《资本论》当中一个基本假设的影响，即马克思认为，普遍而彻底的劳动力商品化是资本主义生产方式得以确立的前提条件。对马克思而言，正如一位西方学者西尔芙（Beverly J. Silver）所强调的，资本主义市场经济的一切矛盾，以及工人阶级相应的反抗，都是围绕剩余价值的生产而展开的，都表现为一种反剥削的运动。这被西尔芙概括为"马克思式的抗争"，以与所谓"波兰尼式的抗争"区别开来。在波兰尼那里，资本主义市场经济的历史，被概括地理解为不受约束的市场化趋势与所谓社会保护运动之间的矛盾演化的历史。在劳动力商品化的问题上，波兰尼一方面与马克思类似，把这一商品化看作市场经济得以建立的根本前提；另一方面指出，即便从市场经济本身的再生产来看，彻底的劳动力商品化，进而言之，完全不受调控的市场经济是一个"彻头彻尾的乌托邦"，只能导致社会本身的崩溃。不受调控的市场扩张与社会保护运动之间的矛盾，决定了劳动力商品化最终会被约束在一个制度架构内；而围绕劳动力商品化的程度所展开的斗争，也就是所谓的"波兰尼式的抗争"。

那么,是不是马克思只关注暴力革命的手段解决商品经济的矛盾呢?

事实上,马克思看得也足够远,他基本上认定了资本主义社会发展一般规律,肯定了资本主义的积极作用,肯定了有组织的工人运动在提高工资、改善劳动条件中所起的作用,但这些到底有多大作用,他没有肯定的意见;当然,他认为发展的最终结果(并非时时处处、时时刻刻鼓励革命)必然是暴力革命。马克思认为,工人通过影响政府更多地干预经济,波兰尼认为工人和政府就一直在干预经济,从来就没有完全自由的市场经济。从这一点来说,并没有太大差异。

所谓的市场经济和商品经济,很难完全与政治剥离开来,很难完全没有任何关系。也许,这也是马克思为什么把经济学称为政治经济学的原因吧。

这一部分主要介绍马克思的劳动价值论,劳动价值论总结了以往两百多年的经济学发展成果,并进行了更加本质的概括,实现了对古典政治经济学的超越。

在此基础上,马克思将这一理论运用于资本主义社会的现实考察,写出了《资本论》,系统考察了资本运行的制度基础、市场基础、现实基础、运行结果以及资本的本质,并以此判定资本主义制度的前途。

这些理论至今依然没有被超越,是科学解读资本主义的重要理论。但是,时代在发展,新的现象在出现,就需要新的理论,从这个意义上说,资本论肯定会被超越,即使它是科学的理论。正如相对论超越牛顿经典力学一样,这并不值得沮丧;甚至马克思主义者都乐于看到理论被超越,这意味着马克思主义将获得新的发展。

第六章
资本论

　　直到今天，马克思依然享有盛名，这得益于最关键的两本著作：一本是《共产党宣言》，另一本是《资本论》。前者指明了人类社会发展未来之路，后者深刻剖析了当时社会制度的优势劣势及趋势，是19世纪以来给予人类最大的思想冲击之一。

　　马克思生活的时代，资产阶级经济学家已经把资本主义的核心——商品——研究得比较透彻了，对商品的价值、使用价值、商品发展历史、发展形态，商品的生产、流通、销售等环节均进行了深入研究。此时，一个关键问题出现了，商品的背后是否还存在一个更加本质的事物。如果没有，继续随着时代发展研究商品即可；如果有，谁率先进行深入研究，就将成为经济学发展史上的又一个里程碑。

　　马克思敏锐地发现了隐藏在商品背后的资本，为此，他不惜中断了哲学的研究和对现实革命的关注，将主要精力集中在《资本论》的写作上。可以说，马克思的后半生都在研究资本以及资本主义制度。因而，马克思对资本的揭示和资本主义制度的未来研究得相当深刻。

　　《资本论》主要回答了几个问题，经济发展规律问题，即经济发展有没有规律，如果有规律，那是什么？资本发展规律问题，即资本运行有没有规律，本质是什么？未来形态如何？资本主义制度的前途是什么？

　　前半部分讲商品，后半部分讲资本。一句话就能够概括《资本论》的精髓，但隐藏在商品和资本背后的分析才是马克思辛辛苦苦研究的重点。这就需要我们耐心地讲解隐藏在商品这些"物与物的关系"背后的"人与人的关系"；耐心地分析资本积累和资本循环的过程，逐步解开披在"价值形成过程"身上的"价值增值过程"外衣；逐步掀开躲在"绝对剩余价值"和"相对剩余价值"背后的"超额剩余价值"；用社会总产品理论去解剖简单再生产和扩大再生产的秘密，去发现"资本有机构成不断提高"背后的资本主义基本矛盾与经济危机，去理解资本主义如何在资本积累的加速飞翔中放飞自己并走向社会主义的，去理解马克思为什么把无产阶级武装称为"资本主义的掘墓人"。

资本主义从自由竞争阶段以来，经历了垄断资本主义、国家资本主义等，已经取得太多进步，无产阶级的福利也已经取得太多突破，这主要归功于资本主义自身的发展或者说历史本身的进步。但也不能忘记，自空想社会主义以来的那些为了最广大人群利益和人类解放而牺牲自我的伟人，这其中有他们的功劳。今天，还有很多传承马克思主义的左翼政党——如共产党、工人党、劳动党、社会民主党等——一直活跃在世界各国的政治舞台上，有些长期执政，有些曾经执政，有些参政议政，这不得不说是《资本论》的功劳之一。

西方经济学说自诞生以来，经历了太多流派变迁，甚至马克思主义已经成为比较另类的西方经济学说之一，甚至已经不再是西方经济学说了。以苏联、中国等为代表的国家大多认为马克思主义自成体系，并演化出很多经济学说，但当追根溯源时，都会不约而同地看着《资本论》说：这才是起点。

西方经济学说流派的变迁图对于从更加宏大的视角分析研究马克思主义尤其是马克思主义政治经济学很有帮助。

马克思在《哲学的贫困》中也指出，诸多资产阶级经济学家只是寻找表面现象和表面规律，随着资本主义经济的发展，他们自身也分裂出诸多学派，但是并没有发现资本主义经济的本质。

(1) 宿命论的经济学家，在理论上对他们所谓的资产阶级生产的有害方面采取漠不关心的态度，正如资产者本身在实践中对他们赖以取得财富的无产者的疾苦漠不关心一样。

(2) 宿命论学派有古典派和浪漫派两种。古典派如亚当·斯密和李嘉图，他们代表着一个还在同封建社会的残余进行斗争、力图清洗经济关系上的封建污垢、提高生产力、使工商业获得新的发展的资产阶级。而参加这一斗争并专心致力于这一狂热活动的无产阶级只经受着暂时的、偶然的苦难，并且它自己也认为这些苦难是暂时的、偶然的。

亚当·斯密和李嘉图这样的经济学家是这一时代的历史学家,他们的使命只是表明在资产阶级生产关系下如何获得财富,只是将这些关系表述为范畴、规律,并证明这些规律、范畴比封建社会的规律和范畴更有利于财富的生产。在他们看来,贫困只不过是每一次分娩时的阵痛,无论是自然界还是工业都要经历这种情况。

浪漫派属于我们这个时代,资产阶级同无产阶级处于直接对立状态,贫困像财富那样大量产生。这时,经济学家便以饱食的宿命论者的姿态出现,他们自命高尚,蔑视那些用劳动创造财富的活人机器。他们的一言一行都仿照他们的前辈,可是,前辈们的漠不关心只是出于天真,而他们的漠不关心却成为卖弄风情了。

(3)人道学派对现时生产关系的坏的方面倒是放在心上的。为了不受良心的责备,这个学派想尽量缓和现有的对比;他们对无产者的苦难以及资产者之间的激烈竞争表示真诚的痛心;他们劝工人安分守己,好好工作,少生孩子;他们建议资产者节制一下生产热情。这个学派的全部理论均建立在理论和实践、原理和结果、观念和应用、内容和形式、本质和现实、法和事实、好的方面和坏的方面之间无限的区别上面。

(4)博爱学派是完善的人道学派。他们否认对抗的必然性;他们愿意把一切人都变成资产者;他们愿意实现理论,只要这种理论与实践不同,而且本身不包含对抗。

《资本论》通过资本主义经济运行的现实,总结出一般规律,抽象出资本主义的本质,这才是核心和关键。这些结论又为科学社会理论奠定了坚实的基础,因而,无产阶级政党不但要理解革命政策和策略,而且需要熟知经济根源。

列宁在《什么是"人民之友"以及他们如何攻击社会民主党人?》一书中指出:"有些人喜欢责备社会民主党人,说他们似乎要独享马克思的理论,可是又说马克思的经济理论是一切社会主义者都接受的。试问,既然我们俄国劳动者遭受剥削根本不是由于资产阶级的社会经济组织,而是由于缺少土地、税款过重和受行政机关压迫,那么,向工人解释价值形式、资产阶级制度的实质和无产阶级的革命作用,又有什么意思呢?"[①]

---

① 列宁选集(第一卷)[M].北京:人民出版社,2012:74.

第一节 经济发展规律问题及劳动价值论的回答

经济发展有没有规律，这是经济发展规律问题的首要问题。这涉及经济发展形态和阶段的历史考察，进而总结出结论。马克思经过研究，发现人类社会发展要依次经历三种经济形态，即自然经济、商品经济和产品经济。当人类社会进入商品经济阶段之后，尤其是进入发达商品经济阶段之后，价值规律就被发现了，这其中就凸显了商品经济基本矛盾，同时预示着资本主义制度的前途命运。

一、商品经济

人类社会是从自然经济逐步过渡到商品经济的，从当前的经济学研究来看，未来将会过渡到产品经济，这是人类社会的三种经济形态。

（一）三种经济形态及商品经济的产生

自然经济即自给自足的经济，是指生产是为了直接满足生产者个人或者经济单位的需要，而不是为了交换的经济形式。自然经济生产力水平低下，与社会分工不发达相适应。在人类社会发展的历史进程中，原始社会、奴隶社会和封建社会的生产力水平都很低，社会分工极不发达，因此，自然经济是这些社会形态的基本经济形式。

商品经济是以交换为目的而进行的生产的经济形式，是一定社会历史条件下的产物。商品经济得以产生的社会历史条件有两个：一是存在社会分工。社会分工的存在要求进行交换，为商品经济奠定了交换前提。二是生产资料和劳动产品属于不同的所有者。这也刺激了交换，但更重要的是，促进了商品的形成和发展。

1899年1月，列宁在《俄国资本主义的发展》一书中指出："社会分工是商品经济的基础。加工工业与采掘工业分离开来，它们各自再分为一些小的和更小的部门，这些部门以商品形式生产专门的产品，并用以同其他一切生产部门进行交换。这样，商品经济的发展使单独的和独立的生产部门的数量增加。这种发展的趋势是：不仅把每一种产品的生产，甚至把产品的每一部分的生产，都变成专门的生产部门；而且不仅把产品的生产，甚至把产品准备好以供消费的各个工序都变成单独的生产部门。"①

产品经济是相对于自然经济和商品经济的一种经济形式,也是马克思设想的在商品经济消亡以后的共产主义社会的交换方式。这种交换与商品交换的最大区别是,人与人之间的关系不再通过以货币为媒介的等价交换来体现,而是通过直接的产品交换来体现。

自然经济,生产为了直接满足个人或基本单位的需要。

商品经济,生产为了交换而获取剩余价值后利润。

产品经济,生产为了人的全面发展而进行。

商品经济发展经历了简单商品经济和发达商品经济阶段。简单商品经济是以生产资料私有制和个体劳动为基础;资本主义商品经济是以生产资料私有制和雇佣劳动为基础,是发达商品经济阶段。

从经济形态上来说,可以把人类社会以来的经济分为自然经济、商品经济和产品经济三种形态。自然经济是一种以自给自足为主要特征的经济形式,也就是自己生产自己消费,交换并不是生产的主要目的。相对而言,自然经济对应着生产力低下的发展阶段、社会分工不发达的阶段,因为物品有富余才会产生交换的冲动,或者除了自己的生活必需品外有消费需求才会有交换的动力,而这些在生产力低下的阶段,显然并不旺盛。

第二种经济形式是商品经济,是以交换为目的而进行生产的经济形式,其实从原始社会末期就开始出现了,只是比较弱势而已;在奴隶社会有所发展,在封建社会得到较大发展,在资本主义社会得到极大发展。当然,今天的中国特色社会主义中也有商品经济,我们称之为中国特色社会主义市场经济。

第三种经济形式是产品经济,这也是到目前为止唯一没有实现过的经济形式,但是绝大多数经济学家也认可未来社会将进入这样一种经济状态。其实,不知道大家有没有发现,经济形态的变化背后其实是社会关系的变化,社会关系的变化带来了交换关系(交往关系)的变化。那么,到共产主义社会,人与人之间基本没有雇佣关系,也没有契约关系,由于社会物质财富的极大丰富(生活用品由机器人生产,绝大多数人从事知识生产和服务)且公众的思想境界极大提高,人们可以自由根据需求选取产品和服务。

---

① 列宁选集(第一卷)[M].北京:人民出版社,2012:164-165.

表6—1　　　　　　　　　　　经济形态发展对比

社会形态	主导地位经济形态	人与人关系	文明时代
原始社会	自然经济	群居氏族	石器文明
奴隶社会		人身占用	农耕文明（铜器）
封建社会		人身依附	农业文明（铁器）
资本主义社会	商品经济	雇佣关系	工业文明（机器大工业）
社会主义社会		雇佣关系	知识文明（知识经济）
共产主义社会	产品经济	自由和谐	自由王国

（二）商品二因素理论

商品是用来交换的能满足人们某种需要的劳动产品，具有使用价值和价值两个因素，是使用价值与价值的矛盾统一体。

1. 价值与使用价值

价值是凝结在商品中的无差别的人类劳动，即人的脑力和体力的消耗，具有商品的社会属性。任何有用物品都具有使用价值，但只有这种有用物品是劳动产品并作为商品时才具有价值。

马克思在《资本论》中指出："如果把商品体的使用价值撇开，商品体就只剩下一个属性，即劳动产品这个属性。它们剩下的只是同一的幽灵般的对象性，只是无差别的人类劳动的单纯凝结，即不管以哪种形式进行的人类劳动力耗费的单纯凝结。这些物现在只是表示，在它们的生产上耗费了人类劳动力，积累了人类劳动。这些物，作为它们共有的这个社会实体的结晶，就是价值——商品价值。"[①]

1895年3月11日，恩格斯在《致韦尔纳·桑巴特》的信中指出："关于价值概念的转述，我觉得谈得太远了一点。如果是我，那就首先对这一概念从历史上加以限定，强调它只适用于迄今唯一能够谈得上价值的那个经济阶段，即存在商品交换，相应地也存在商品生产的那些社会形式。原始共产主义不知道什么是价值。"[②]

使用价值是商品满足人们某种需要的属性，即商品的有用性，反映了人与物

[①] 马克思恩格斯选集（第二卷）[M].北京：人民出版社，2012：99.
[②] 马克思恩格斯选集（第四卷）[M].北京：人民出版社，2012：662—663.

的关系,是商品的自然属性。

马克思在《资本论》中指出:"物的有用性使物成为使用价值。但这种有用性不是悬在空中的。它决定于商品体的属性,离开了商品体就不存在。因此,商品体本身,例如铁、小麦、金刚石等等,就是使用价值,或财物。不论财富的社会的形式如何,使用价值总是构成财富的物质的内容。"①

马克思在《资本论》中指出:"一个物可以是使用价值而不是价值。在这个物不是以劳动为中介而对人有用的情况下就是这样。例如,空气、处女地、天然草地、野生林等等。一个物可以有用,而且是人类劳动产品,但不是商品。最后,没有一个物可以是价值而不是使用物品。如果物没有用,那么其中包含的劳动也就没有用,不能算做劳动,因此不形成价值。"②

交换价值不是一种价值,只是一种使用价值同另一种使用价值相交换的关系或者比例。商品的价值是劳动创造的,商品交换实际上是商品生产者之间相互交换劳动的关系,商品的价值在本质上体现了生产者之间的一定的社会关系。决定商品交换比例的,不是商品的使用价值,而是价值。

表 6—2　　　　　　　　　　价值和使用价值对比

	价　格	价　值	使用价值	情　况
一楼水缸	水缸 6	6	6	住一楼的时候
四楼水缸	水缸 8	6	8	从一楼搬到四楼的时候
四楼水缸	鱼缸 3,水缸 8	6	3	水缸改成养鱼
四楼水缸	鱼缸 3,水缸 8	0	0	水缸破后改养鱼

2. 使用价值和价值的关系

商品的使用价值和价值的关系,主要体现在以下两个方面:

(1)对立性。即要获得商品的价值,就必须放弃商品的使用价值;要拥有商品的使用价值,就不能获得价值。

(2)统一性。即商品必须同时具有使用价值和价值,才有意义。没有使用价值,就变成无用之物,即使人们付出了大量的劳动,也没有价值。一个物品尽管

---

① 马克思恩格斯选集(第二卷)[M].北京:人民出版社,2012:97.
② 马克思恩格斯选集(第二卷)[M].北京:人民出版社,2012:101.

具有使用价值,如果不是劳动产品,也没有价值。

劳动价值论首先明确了三点:一是商品的价值是由劳动创造的;二是商品的价值是凝结在商品中无差别的人类劳动,商品交换实际上是商品生产者之间相互交换劳动;三是商品的价值在本质上体现了生产者之间的社会关系。

(三)劳动二重性理论

1868年1月8日,马克思在《致恩格斯》的信中指出:"经济学家们毫无例外地都忽略了这样一个简单的事实:既然商品是二重物——使用价值和交换价值,那么,体现在商品中的劳动也必然具有二重性,而像斯密、李嘉图等人那样只是单纯地分析劳动本身,就必然处处都碰到不能解释的现象。实际上,对问题的批判性理解的全部秘密就在于此。"①

商品既然要区分出使用价值和价值,那么劳动必然需要进行区分,因为不区分就无法说明劳动如何创造价值、如何创造使用价值。实际上,我们把劳动分为具体劳动和抽象劳动,这里要说明一下,劳动虽然分为两个方面,但劳动只有一个劳动;正如商品区分为价值和使用价值一样,商品还是那个商品。一个劳动,表现为两种属性或者说两个方面,仅此而已。具体劳动是生产一定使用价值的具体形式的劳动;而抽象劳动是撇开一切形式的、无差别的一般人类劳动,即人的体力和脑力的消耗。

$$\text{劳动二重性} \begin{cases} \text{具体劳动}\text{——}\text{使用价值}\text{——}\text{自然属性} \\ \text{抽象劳动}\text{——}\text{价值}\text{——}\text{社会属性} \end{cases} \text{商品二因素}$$

图6—1 劳动二重性与商品二因素关系示意图

马克思在《资本论》中指出:"一切劳动,一方面是人类劳动力在生理学意义上的耗费;就相同的或抽象的人类劳动这个属性来说,它形成商品价值。一切劳动,另一方面是人类劳动力在特殊的有一定目的的形式上的耗费;就具体的有用的劳动这个属性来说,它生产使用价值。"②

劳动二重性是指任何一种劳动一方面是特殊的具体劳动,另一方面是一般的抽象劳动。具体劳动是生产一定使用价值的具体形式的劳动,反映人与自然

---

① 马克思恩格斯选集(第四卷)[M].北京:人民出版社,2012:467.
② 马克思恩格斯选集(第二卷)[M].北京:人民出版社,2012:106.

的关系,体现劳动的自然属性。抽象劳动是撇开一切具体形式的无差别的一般人类劳动,反映商品生产者的社会关系,体现社会属性。

(四)商品价值量

关于劳动创造价值的观点,在马克思之前的资产阶级经济学家就提出过。例如,英国古典政治经济学的代表人物之一威廉·配第,提出了劳动是价值的源泉的观点。又如,英国古典政治经济学的另一个重要代表人物亚当·斯密,也提出了劳动创造价值的观点。这些重要观点都成为马克思劳动价值论的重要思想来源。马克思之前的资产阶级经济学家,关于劳动创造价值的观点并不科学。例如,在威廉·配第看来,只有生产金银的劳动才创造价值,这就把创造价值的劳动仅仅局限在一个生产部门了。又如,亚当·斯密虽然把劳动创造价值的观点扩展到了所有生产部门,但他认为只有在简单商品经济中,劳动创造价值的观点才成立。到了资本主义社会,商品价值的源泉就不再是劳动,而是由工资、利润和地租共同构成的。这样,亚当·斯密就陷入了两种相互矛盾的价值理论之中。

既然确定了商品有价值,那么如何比较大小呢?就好像确定了大家的个头有高有低,但是具体我比你高几厘米呢?应该有一个尺度吧。针对这个问题,大卫·李嘉图较好地解决了。

1. 社会必要劳动时间

大卫·李嘉图提出了社会必要劳动时间的概念,是指在现有的社会正常的生产条件下,在社会平均的劳动熟练程度和劳动强度下制造某种使用价值所需要的劳动时间,以简单劳动为尺度,在商品交换中自发实现的。

马克思在《资本论》中指出:"可能会有人这样认为,既然商品的价值由生产商品所耗费的劳动量来决定,那么一个人越懒,越不熟练,他的商品就越有价值,因为他制造商品需要花费的时间越多。只要它具有社会平均劳动力的性质,起着这种社会平均劳动力的作用,从而在商品的生产上只使用平均必要劳动时间或社会必要劳动时间。"[①]"作为价值,一切商品都只是一定量的凝固的劳动时间。"[②]

社会必要劳动时间是在现有社会正常生产条件下,在社会平均劳动熟练程

---

① 马克思恩格斯选集(第二卷)[M].北京:人民出版社,2012:100.
② 马克思恩格斯选集(第二卷)[M].北京:人民出版社,2012:100.

度和劳动强度下制造某种使用价值所需要的劳动时间,以简单劳动作为尺度。

简单劳动是不需要专门训练就能从事的工作劳动。

复杂劳动是需要经过专门培训,具有一定专业技能的工作劳动。

商品的价值包括质的规定性和量的规定性两个方面。价值的质的规定性回答的是价值的实体是什么,而价值的量的规定性回答了价值的大小由什么决定和怎样决定。商品价值量的决定,可以总结为:劳动时间决定劳动量,劳动量决定价值量。决定商品价值量的不是生产商品的个别劳动时间,而是社会必要劳动时间。

2.商品价值量与劳动生产率

商品价值量与生产商品的劳动时间成正比,与劳动生产率成反比。马克思在《资本论》中指出:"因此,如果生产商品所需要的劳动时间不变,商品的价值量也就不变。"[1]

(1)个别劳动生产率＜部门劳动生产率,创造价值小于平均创造价值;

(2)个别劳动生产率＝部门劳动生产率,创造价值等于平均创造价值;

(3)个别劳动生产率＞部门劳动生产率,创造价值大于平均创造价值。

劳动生产率是劳动者生产使用价值的能力,可以用单位劳动时间内的产品数量测算,也可以用单位产品耗费的劳动时间测算。

劳动生产率变化仅仅影响产品数量,即劳动生产率与单位时间商品数量成反比。

以社会必要劳动时间为基准变化和劳动生产率变化,看后四者的变化,如表6－3所示:

表6－3　　　　　　　　商品价值量与劳动生产关系对比

单位时间	劳动生产率	社会必要劳动时间	产品数量	使用价值量	价值总量	单位价值量
1	部门上升	下降	上升	上升	不变	下降
1	部门下降	上升	下降	下降	不变	上升
1	个人上升	不变	上升	上升	上升	不变
1	个人下降	不变	下降	下降	下降	不变

---

[1] 马克思恩格斯选集(第二卷)[M].北京:人民出版社,2012:100.

二、价值规律

商品的价值形式是不断发展变化的,进而呈现一定的规律。从价值发展过程来看,商品价值形式的发展大致经历了四种价值形式,即简单价值形式、扩大价值形式、一般价值形式和货币形式。未来,还会出现新的价值形式。

(一)价值形式与货币理论

1. 货币的起源

在简单价值形式中,由于物品的短缺,交换变得十分偶然,即使出现也往往是以物物交换为主,交换的目的是获取生活生存发展的基本需要。这对应了原始时代,也包括渔猎时代和农耕时代。

在扩大价值形式中,物品比之前有了长足的发展,基本温饱得到解决,剩余产品的交换就变得更加充分起来,物和物的交换会经常发生,往往是农业时代比较普遍,同时在农业时代之前的漫长岁月中也会偶然发生。

在一般价值形式中,商品已经十分充足,并且为了促进交换的方便,部分商品就逐渐从一般商品中脱颖而出,成为其他商品之间进行交换的一般等价物。这种商品在历史上就表现为贝壳,在部分部落中也有其他商品充当一般等价物的案例。

表6—4　　　　　　　　　价值形式对比

价值形式	本质	例子
简单价值形式	物物偶换	1片贝=1头牛,1担谷=1只羊
扩大价值形式	物物常换	1片贝=1头牛或=1担谷或=1只羊
一般价值形式	一般等价物	[1片贝]=1头牛=1担谷=1只羊
货币形式	一般等价物、固定贵金属	[1克金]=1片贝=1头牛=1担谷=1只羊

随着商品交换的进一步扩大,尤其是国家为了方便管理,铸造了统一的货币进行流通,既方便交换,又有利于收税。其中,金和银就自然而然成了一般等价物,这是由金和银这种固定贵金属的自然属性决定的。

马克思指出:"金银天然不是货币,货币天然是金银。"[①]

2. 货币的本质

马克思对价值形式及其发展历史的分析,进一步揭示了价值的本质,强调价值是一种社会关系,是商品的一种社会属性。同时,考察了货币产生的历史过程,揭示了货币产生的必然性和历史性,说明货币是商品发展到一定阶段的产物。

货币是长期交换过程中形成的固定充当一般等价物的商品,是商品经济内在矛盾发展的必然产物,货币的本质体现了一种社会关系。

3. 货币的职能

在商品交换过程中,货币具有五种职能,其中,价值尺度和流通手段是最基本的职能(见表6—5)。货币本身就是商品交换发展到一定程度的产物,是商品交换的一般等价物。

表6—5　　　　　　　　　　　货币的职能

货币职能	说　明
价值尺度	衡量尺度
流通手段	商品交换媒介
贮藏手段	必须是贵金属
支付手段	赊欠、借贷、还债
世界货币	国际结算

因而,货币的职能也是随着商品交换的发展和丰富而不断增加职能的;未来商品经济发展到新的阶段,也可能出现新的货币职能。

4. 货币的作用

商品发展到一定程度就会出现经济危机,即"商品的惊险的跳跃"。随着货币的产生,整个商品世界分化为两极:一极是各种各样的具体商品,代表不同的使用价值;另一极是货币,代表商品的价值。这样就使商品内在的使用价值和价值的矛盾,转化为商品和货币的外在矛盾。一切商品只要转化成货币,商品使用价值和价值的矛盾就能够得到解决,从而使商品的价值得到体现。所以,货币的

[①] 马克思恩格斯选集(第二卷)[M].北京:人民出版社,2012:137.

出现并没有从根本上消除商品经济的矛盾,反而使矛盾加深和扩大了,进一步增加了经济危机的风险。

5.货币的命运

货币是商品使用价值和价值之间矛盾对立发展的产物,它使得商品的内在矛盾转化为商品和货币之间的外部对立,它也将随着生产的发展和商品的消亡而最终趋于消亡。

(二)价值规律

价值规律是商品生产和商品交换的基本规律。

1.价值规律

价值规律主要包括以下两个方面:一是商品的价值量由社会必要劳动时间所决定;二是商品按照等价交换原则进行。

价值规律是对经济活动的基本抽象,整体上是与经济社会发展现实一致的。但是,在具体的实际商品交换过程中,可能普遍存在非完全等价交换的情况,而这些具体的现实活动也正是理论上等价交换的现实表现,从整体上也是等价交换波动范围内的体现。

马克思在《资本论》中指出:"商品按照它们的价值或接近于它们的价值进行的交换,比那种按照它们的生产价格进行的交换,所要求的发展阶段要低得多。按照它们的生产价格进行的交换,则需要资本主义的发展达到一定的高度。不同商品的价格不管最初用什么方式来互相确定或调节,它们的变动总是受价值规律的支配。"[①]

2.价值规律的表现形式

在商品经济中,价值规律的表现形式是商品的价格围绕商品的价值自发波动;同时,会受到供求关系的影响。

价格机制表现出与价值机制不一致的新的基本规律。但是,市场价格的波动不违背价值规律,因为从整体上看,价格无论如何变动,最终的总和都与价值相等。当价格与价值表现严重扭曲的时候,就会以经济危机的方式进行调节,消除不合理的价格,进而回归正常的价值机制。

(1)商品市场价格总是以价值为基础,各种商品之间总有一定的比价;

---

① 马克思恩格斯选集(第二卷)[M].北京:人民出版社,2012:477.

(2)从商品价格变动的平均数来看,商品价格与价值是一致的;

(3)从商品价格变动的长期来看,商品价格与价值是一致的。

3.价值规律的作用

价值规律在市场资源配置中发挥积极作用,同时会产生一些负面作用,因而各个国家也逐渐意识到不能仅仅依靠市场机制,也需要依靠政府机制,甚至需要依赖社会机制。

(1)自发调节生产部门之间的比例。生产资料与劳动力之间的比例,是由生产力水平决定的;但是,政府合理的社会制度安排可以更加有效地进行生产,而一旦违背生产的一般规律则会阻碍生产、流通和消费,带来一定的副作用。

(2)刺激生产力发展。市场机制有利于促进商品生产者主动推动技术创新、扩大生产规模,进而刺激生产力水平发展。如果政府参与其中,在很大程度上能够提高这种优势;但是,如果管理体制不完全符合经济规律,则很大可能阻碍后续技术进步。

(3)调节收入分配。收入分配在市场机制下,会按照生产流通销售的一般规律进行分配,极大地促进产业链上各个环节的利益分配机制。

(4)导致垄断,导致社会资源浪费(资本逐利,疯狂投入资源)。在现实市场中,当某个或某些生产集团、流通集团、消费集团占据一定优势地位后,往往不以经济手段进行竞争,而是引入其他行政手段、军事手段等,人为产生垄断。

(5)阻碍技术的进步(专利、垄断)。技术进步都具有时代性和骤发性,需要长期的资源投入,但是一旦技术出现则很容易被复制和抄袭。部分优势部门不愿意持续投入,因而进行技术垄断甚至通过专利等行政手段强化技术垄断,进而阻碍技术进步。

(6)部门比例失调,导致收入两极分化(财富累计二八定律)。按照自然的市场经济规则,利润率会趋于平均化,但是人为干预后,部门利润率是不同的,同时会导致收入分配扩大化和两极分化。

表 6-6　　　　　　　　　　　　不同价值论对比

价值论	核心观点	问题
要素价值论	商品的价值由各种生产要素共同创造,土地创造地租,劳动创造工资,资本创造利息	混淆了价值形成的源泉和价值形成的条件之间的关系
供求价值论	商品的价值由供求关系所决定	混淆了价值源泉和影响价格的因素,无法解释供求相等时什么决定了商品的价值
效用价值论	商品的价值由它所提供的效用大小决定,即由使用价值决定	没有看到使用价值不具有同质性,无法进行量的比较
劳动价值论	商品的价值由劳动创造;社会的财富由劳动创造,也由使用价值创造	区分价值和使用价值

马克思劳动价值论包括商品二因素、劳动二重性、价值质量规定性、价值形式、货币起源及职能、商品经济基本矛盾、剩余价值规律等。马克思劳动价值论的意义主要体现在以下几个方面:

(1)为剩余价值论创立奠定基础。马克思在继承亚当·斯密等人的劳动创造价值理论的同时,创立了劳动二重性理论,第一次确定了什么样的劳动形成价值、为什么形成价值以及怎样形成价值,阐明了具体劳动和抽象劳动在商品价值形成中的不同作用,从而为揭示剩余价值的真正来源、创立剩余价值理论奠定了基础。

(2)揭示了私有制条件下商品经济的基本矛盾,为从物与物的关系背后揭示人与人的关系提供理论依据。资产阶级经济学家尚无法认识到商品、价值、货币等本质上是一定生产关系的体现,具有历史暂时性,而是把它们看作物的自然属性,从而把商品经济形式永恒化。马克思的劳动价值论揭示了商品经济的内在矛盾及其运动规律,揭露和批判了商品拜物教观念,从物与物的关系背后揭示了人与人的关系,对我们科学认识商品经济的本质、正确理解商品经济的运动规律及其影响、清楚商品拜物教观念具有十分重要的意义。

(3)揭示了商品经济一般规律,对理解社会主义市场经济具有指导意义。马克思的劳动价值论对中国特色社会主义市场经济尤其是深化经济体制改革都具有十分重要的指导意义。

马克思创立的劳动价值论是工业化时代的产物,当时代不断发展,劳动价值论也应该有所发展,这需要后继的马克思主义者不断分析时代问题,继续深化对马克思劳动价值论的认识。

(1)深化对创造价值的劳动的认识,对生产性劳动做出新的界定。在资本主义条件下,劳动是否为生产性劳动,并不取决于是生产物质产品还是提供技术服务,而是取决于能否带来剩余价值,只有创造剩余价值的劳动才是生产性劳动。在社会主义市场经济条件下,应有新的认识。

(2)深化对科技人员、管理人员等在社会生产和价值创造中所起作用的认识。"总体工人"重点研究体力劳动,在科技创新越来越重要的条件下,应更加重视脑力劳动。

(3)深化对价值创造与价值分配关系的认识。价值创造属于生产领域的问题,而价值分配属于分配领域的问题。在实际经济生活中,价值分配首先是由生产资料所有制关系所决定的,体现了一定的生产关系,有什么样的生产资料所有制关系,就有什么样的分配关系。

三、商品经济基本矛盾

商品的使用价值和价值的矛盾、生产商品的具体劳动和抽象劳动的矛盾,根源于私人劳动和社会劳动的矛盾。私人劳动和社会劳动的矛盾是私有制基础上的商品经济基本矛盾。

(一)商品经济的基本矛盾

私人劳动和社会劳动的矛盾构成了私有制商品经济的基本矛盾,这一矛盾贯穿商品经济发展过程的始终,决定着商品经济的各种内在矛盾及其发展趋势。

1. 私人劳动和社会劳动的矛盾决定着商品经济的本质和发展过程

私人劳动要转化为生活劳动,就必须用自己的产品同别人进行产品交换。商品经济是以交换为手段、以剩余价值为目的经济形式,交换体现了商品经济的本质,商品交换的本质正是由私人劳动和社会劳动之间的矛盾所决定的。与此同时,交换也是解决私人劳动和社会劳动之间矛盾的唯一途径。

2. 私人劳动和社会劳动的矛盾是商品经济其他一切矛盾的基础

具体劳动能否还原成抽象劳动,从根本上取决于私人劳动和社会劳动能否实现统一。在私有制商品经济条件下,商品的使用价值和价值之间的矛盾是由生产商品的具体劳动和抽象劳动之间的矛盾所决定的。

3. 私人劳动和社会劳动的矛盾决定着商品生产者的命运

商品的售卖过程是私人劳动转化为社会劳动的过程,这个过程是否顺利,决定着生产者的经济利益甚至命运。商品生产是一个循环过程,私人劳动生产的产品只有经过销售才能让劳动力的耗费得到补偿,才能够使商品生产得以延续循环。

(二)商品拜物教

1. 商品拜物教

在私有制商品经济条件下,私人劳动和社会劳动之间的矛盾通过商品的运动、价值的运动、货币的运动决定商品生产者的命运,这使商品生产者认为商品、价值甚至货币似乎是物的自然属性,而这种所谓的自然属性又似乎具有一种超自然的神秘性,商品生产者不能自己掌握自己的命运,而是任凭商品、价值、货币的摆布,人们之间一定的社会关系采取了物与物的关系的虚幻形式。

商品的神秘性质不是来源于商品的使用价值,也不是来源于价值规定的内容。原因在于:首先,不管有用劳动或生产活动怎样不同,它们都是人体的机能,而每一种这样的机能不论内容和形式如何,实质上都是人的脑、神经、肌肉、感官等的耗费。这是一个生理学上的真理。其次,说到作为决定价值量的基础的东西,即这种耗费的持续时间或劳动量,那么,劳动的量可以十分明显地与劳动的质区别开来。在一切社会状态下,人们对生产生活资料所耗费的劳动时间必然是关心的,虽然在不同的发展阶段关心的程度不同。最后,一旦人们以某种方式彼此为对方劳动,他们的劳动也就取得了社会的形式。

(1)商品拜物教,商品体现的是人与人的社会关系,表现为物与物的关系,人被物所支配。

(2)人体拜物教,与政治结合,形成等级制度,如皇帝、县官。

(3)物体拜物教,形成原始社会以来的图腾崇拜。

(4)神像拜物教,形成奴隶社会以来的宗教(精神抽象)。

(5)护身符拜物教,赋予普通物品以精神抽象,兼有物体和神像双重崇拜。

马克思在《资本论》第一卷中指出:"商品形式的奥秘不过在于:商品形式在人们面前把人们本身劳动的社会性质反映成劳动产品本身的物的性质,反映成这些物的天然的社会属性,从而把生产者同总劳动的社会关系反映成存在于生产者之外的物与物之间的社会关系。在商品世界里,人手的产物也是这样。我把这叫做拜物教。劳动产品一旦作为商品来生产,就带上拜物教性质,因此拜物教是同商品生产分不开的。商品世界的这种拜物教性质,像以上分析已经表明的,是来源于生产商品的劳动所特有的社会性质。"[1]

2.商品拜物教的历史必然性

在私有制商品经济条件下,商品拜物教的出现具有一定的历史必然性,主要表现在以下几个方面:

(1)商品可以衡量人类劳动。私有制商品经济条件下劳动产品只有采取商品的形式才能交换,人类的劳动只有转化为同质的价值形式才能够在商品交换中得到体现。

(2)价值量可以比较人类劳动。劳动量只有采取价值量的物的形式才能计算和比较。一定历史阶段的生产效率是基本稳定的,因而产品数量就表明了劳动量。

(3)物与物的关系可以体现人与人的关系。生产者的劳动关系的社会性质,只有采取商品之间即物与物的交换形式才能体现。由于私人占有的关系,人与人之间的关系只能通过物的形式得以体现,这就导致人与人的社会关系被物与物的关系所掩盖。

第二节 资本发展规律问题及《资本论》的回答

既然商品经济从简单阶段进入发达阶段,资产阶级的崛起将资本置于最高位置,就需要从制度基础、市场基础和社会基础等全方位建立一整套规则,并随着时代的发展而修改规则,以适应资本形态的演化。

马克思通过资本主义生产方式建立历史的考察,发现了资本运行的制度基础;通过现实社会运行的基本规则的历史考察,发现了资本运行的市场基础;通过资本周转的研究,发现了剩余价值规律;通过资本主义发展史的研究,揭示了经济危机的本质。通过以上研究,进一步科学解释了资本主义制度的基本规律和前途命运。

---

[1] 马克思恩格斯选集(第二卷)[M].北京:人民出版社,2012:123.

一、资本运行的制度基础

资本主义的产生途径有两个：一个是从小商品经济分化出来；另一个是从商人和高利贷者转化而来。马克思指出："资本主义社会的经济结构是从封建社会的经济结构中产生的。后者的解体使前者的要素得到解放。"[①]

资本主义生产关系的形成是一个漫长的过程，15世纪末美洲和通往印度航道的发现，促进了世界市场的形成。资本原始积累在15—16世纪达到顶峰，至17世纪欧洲各国的资产阶级革命就不得不快速扩展开来。通过资产阶级革命建立资产阶级政权，就实现了生产方式的转变。

资本主义生产关系的不断发展和成熟，反过来促进生产力的进一步发展，最终实现资本主义生产方式的确立。

(1)上层建筑的变化。生产力和生产关系对上层建筑提出了新的要求，政治上完成资产阶级革命，用资产阶级政权取代封建地主阶级政权。

(2)政治统治的变化。17世纪中期到18世纪末，英、法资产阶级革命反复斗争，建立资产阶级政治统治。

(3)生产力的变化(工业革命)。从18世纪60年代起，英、法相继发生工业革命，机器大工业代替了工场手工业，资本主义生产方式支配地位由此形成。

(4)生产方式的确立。资产阶级政治统治和资本主义生产方式支配地位的形成，标志着资本主义制度的最终确立。

1878年6月，恩格斯在《反杜林论》中对资本主义制度取代封建社会制度进行了总结，他认为这种制度基础是生产方式的根本性变革，是生产力和生产关系全部要素的最终变革。

恩格斯指出："现在大家几乎都承认，现存的社会制度是由现在的统治阶级即资产阶级创立的。新的生产力已经超过了这种生产力的资产阶级利用形式；生产力和生产方式之间的这种冲突，并不是像人的原罪和神的正义的冲突那样产生于人的头脑中，而是存在于事实中，客观地、在我们之外，甚至不依赖于引起这种冲突的那些人的意志或行动而存在着。"[②]

---

① 马克思恩格斯选集(第二卷)[M].北京：人民出版社,2012:291.
② 马克思恩格斯选集(第三卷)[M].北京：人民出版社,2012:655-656.

```
                 ┌ 生产力   ┌ 劳动者：农民——工人
                 │          │ 劳动对象：土地——商品
                 │          └ 生产工具：手工——机器
生产方式 ┤
                 │ 生产关系 ┌ 所有制：地主——资本家
                 │          │ 人与人关系：人身依附——雇佣关系
                 └          └ 产品分配：地主占有——按资分配
```

图 6-2　生产方式示意图

二、资本运行的市场基础

市场是人类社会发展进步的必然产物,让经济领域从政治领域中完全独立出来,对人类社会的发展具有极大的推动作用。市场也是资本主义运行的基础,同时成为后续所有社会形态的基础之一。市场运行需要两个条件:一是劳动力成为商品,二是货币转化为资本。

(一)劳动力商品化

劳动力商品化既意味着商品得到了极大的释放,也意味着劳动力得到了极大的释放。因为在简单商品经济阶段和自然经济阶段,劳动力是受限的,甚至是作为奴隶被剥夺的。同样道理,商品也是受限的,商品的存在仅限于比较有限的交换,并不是以完全地、普遍地追求剩余价值作为最终目的。

因而,劳动力成为商品标志着商品经济由简单商品经济阶段过渡到发达商品经济阶段。

英国的一位最早的经济学家和最有创见的哲学家托马斯·霍布斯已经在他的著作《利维坦》中本能地发现了资本家购买的并不是工人的劳动,而是工人的劳动力。他说:"人的价值,和其他一切物的价值一样,等于他的价格,就是说,等于对他的能力的使用所付的报酬。"[①]

马克思在《资本论》中指出:"工人出卖的并不直接是他的劳动,而是他的暂时让资本家支配的劳动力。的确,我不知道英国的法律究竟怎样,但我确实知道一些大陆国家的法律都规定一个人能出卖自己劳动力的最长时间。如果允许无

---

① 托马斯·霍布斯.利维坦:或教会国家和市民国家的实质、形式和权力[C].霍布斯英文著作集(第3卷).1839年伦敦版:76.

限期地出卖劳动力,奴隶制就会立刻恢复原状。如果这种出卖包括一个人的一生,那就会立刻把他变成他的雇主的终身奴隶了。"①

劳动力是人的劳动能力,是人体力和脑力的总和。劳动力的使用即劳动,人的劳动是任何社会生产必不可少的。即使在实现无人工厂的状态下,也离不开人的脑力和体力的付出。劳动力成为商品的两个条件为:一是劳动者是自由人;二是劳动者一无所有。

资本主义经济制度是以资本家占有生产资料和以雇佣劳动为基础的经济制度,资本主义经济制度的形成是以劳动力成为商品为前提条件的。劳动力成为商品,标志着简单商品生产发展到资本主义商品生产的新阶段。

马克思在《资本论》中指出:"劳动力的价值,是由生产、发展、维持和延续劳动力所必需的生活必需品的价值决定的。"②

资本主义生产是一个循环,劳动力的价值也是这个循环中的一个重要环节,因而它的存在只是为了延续这个循环,一旦这个循环中的任何一个环节出现问题,那么资本生产就无法进行下去。劳动力的价值是生产、发展、维持和延续劳动力所必需的生活必需品的价值决定的价值。劳动力的价值主要包括以下几个方面:

(1)维持本人生存的生活资料价值,即生产的循环延续。马克思在《资本论》中指出:"劳动力只是作为活的个人的能力而存在。因此,劳动力的生产要以活的个人的存在为前提。假设这个个人已经存在,劳动力的生产就是这个个人本身的再生产或维持。活的个人要维持自己,需要有一定量的生活资料。因此,生活资料的总和应当足以使劳动者个人能够在正常生活状况下维持自己。"③

(2)维持家属生存的生活资料价值,即工人阶级的循环延续。马克思在《资本论》中指出:"劳动力所有者是会死的。因此,要使他不断出现在市场上(这是货币不断转化为资本的前提),劳动力的卖者就必须像任何活的个体一样,依靠繁殖使自己永远延续下去。因损耗和死亡而退出市场的劳动力,至少要不断由同样数目的新劳动力来补充。因此,生产劳动力所必要的生活资料的总和,包括工人的补充者即工人子女的生活资料,只有这样,这种独特的商品占有者的种族

---

① 马克思恩格斯选集(第二卷)[M].北京:人民出版社,2012:45.
② 马克思恩格斯选集(第二卷)[M].北京:人民出版社,2012:46—47.
③ 马克思恩格斯选集(第二卷)[M].北京:人民出版社,2012:165.

才能在商品市场上永远延续下去。"①

（3）劳动者接受教育和训练支持费用，即竞争的循环延续。马克思在《资本论》中指出："为改变一般人的本性，使它获得一定劳动部门的技能和技巧，成为发达的和专门的劳动力，就要有一定的教育或训练，而这又得花费或多或少的商品等价物。劳动力的教育费用随着劳动力性质的复杂程度而不同。因此，这种教育费用——对于普通劳动力来说是微乎其微的——包括在生产劳动力所耗费的价值总和中。"②

劳动力商品的特点，它的使用价值是价值的源泉，在消费过程中能够创造出新的价值，而且这个新的价值比劳动力本身的价值更大。

（二）货币资本化

货币转化为资本也是资本运行的市场基础。一旦货币购买的劳动力带来剩余价值，货币就变成了资本。资本是增值价值的价值，它反映了资本家和雇佣工人之间的剥削与被剥削的关系。

资本拜物教，资本家购买劳动力按照等价交换原则进行，于是在人们的观念中形成一种错觉，似乎这些物天然就是资本，资本变成一种非常神秘的东西，似乎劳动的一切社会生产力并非劳动本身所有，而为资本所有，资本本身就具有一种能使价值增值的魔力。

马克思在《资本论》中指出："剩余价值不能从流通中产生；因此，在剩余价值的形成上，必然有某种在流通中看不到的情况发生在流通的背后。但是，剩余价值能不能从流通以外的什么地方产生呢？流通是商品占有者的全部商品关系的总和。在流通以外，商品占有者只同他自己的商品发生关系。货币转化为资本，必须根据商品交换的内在规律来加以说明，因此等价物的交换应该是起点。"③

三、资本运行的现实基础及剩余价值规律

任何事物都是有规律的，寻找规律是所有学科的共同研究任务，马克思主义就是在前人经济学研究的基础上寻找资本主义经济学更加本质的规律。剩余价值规律是马克思率先提出和深入研究的，也是马克思一生的两大贡献之一。

---

① 马克思恩格斯选集(第二卷)[M].北京:人民出版社,2012:166.
② 马克思恩格斯选集(第二卷)[M].北京:人民出版社,2012:166.
③ 马克思恩格斯选集(第二卷)[M].北京:人民出版社,2012:162.

表 6—7　　　　　　　　不同生产方式及其生产目的

社会形态	生产方式(生产工具)	生产目的
原始社会	石器	为了生存
奴隶社会	铜器	为了发展
封建社会	铁器	为了交换
资本主义社会	机器	为了剩余价值
社会主义社会	智能物联(数器)	为了人民美好生活

(一)剩余价值

剩余价值可以简单地归纳为一个规律、两个过程、三种形式。

1. 剩余价值规律

剩余价值规律是指在资本主义制度下存在着不以人的意志为转移的客观必然性,即资本主义生产的直接目的和决定性动机,就是无休止地获取尽可能多的剩余价值,资本主义生产不再以满足人民需要来组织生产。马克思通过一句话精准地指出问题所在:"生产剩余价值或者赚钱,是这个生产方式的绝对规律。"①

剩余价值 m 是雇佣工人所创造的并被资本家无偿占有的超过劳动力价值的那部分价值,是雇佣工人剩余劳动的凝结,体现了资本家与雇佣工人之间的剥削和被剥削的关系。

1868年1月8日,马克思在《致恩格斯》的信中指出了他与以往经济学家对待剩余价值的不同态度。他认为:"过去的一切经济学一开始就把表现为地租、利润、利息等固定形式的剩余价值特殊部分当做已知的东西来加以研究,与此相反,我首先研究剩余价值的一般形式,在这种形式中所有这一切都还没有区分开来,可以说还处于融合状态中。"②

剩余价值率 m' 是剩余价值与可变资本的比例,反映了资本家对工人的剥削程度。马克思在《资本论》中指出:"因为可变资本的价值等于它所购买的劳动力的价值,因为这个劳动力的价值决定工作日的必要部分,而剩余价值又由工作日的剩余部分决定,所以从这里可以得出结论:剩余价值和可变资本之比等于剩余

---

① 马克思恩格斯选集(第二卷)[M].北京:人民出版社,2012:276.
② 马克思恩格斯选集(第四卷)[M].北京:人民出版社,2012:466—467.

劳动和必要劳动之比。"①

$$m' = m \div v$$

2. 剩余价值生产过程二重性

剩余价值是在资本主义生产过程中生产出来的。资本主义生产过程具有二重性：一方面是生产物质资料的劳动过程；另一方面是生产剩余价值的过程，即价值增殖过程，是两者的统一。马克思指出："作为劳动过程和价值形成过程的统一，生产过程是商品生产过程；作为劳动过程和价值增殖过程的统一，生产过程是资本主义生产过程，是商品生产的资本主义形式。"②价值增殖过程是剩余价值的生产过程，是资本主义生产过程的主要方面。价值增殖过程，是超过劳动力价值补偿这个点而延长了的价值形成过程。如果劳动者创造的价值刚好补偿资本家所预付的劳动力价值，那就是单纯的价值形成过程。

3. 三种剩余价值形式

资本家提高对工人的剥削程度的方法是多种多样的，最基本的方法主要可以归纳为生产剩余价值的两种方法。

绝对剩余价值是在社会必要劳动时间不变的条件下，延长工作长度而生产的剩余价值（相同条件下延长时间）。在14世纪末至18世纪中期，资本主义国家出台法令强迫工人延长工作日。在18世纪至19世纪上半期，工人的工作日依然保持在12~16个小时。随着资本主义的发展，工作日逐渐缩短至现在的8小时工作制。工作日的缩短是工人阶级依靠工人运动争取来的，其中也经历了残酷的斗争。

马克思指出："资本主义生产——实质上就是剩余价值的生产，就是剩余劳动的吮吸——通过延长工作日，不仅使人的劳动力由于被夺去了道德上和身体上正常的发展和活动的条件而处于萎缩状态，而且使劳动力本身未老先衰和过早死亡。它靠缩短工人的寿命，在一定期限内延长工人的生产时间。"③

相对剩余价值是在工作长度不变的情况下缩短必要劳动时间而相对延长剩余劳动时间生产的剩余价值（相同时间下提高生产效率）。

超额剩余价值是个别企业由于提高劳动生产率而使个别价值低于社会价值

---

① 马克思恩格斯选集(第二卷)[M]. 北京：人民出版社，2012：188.
② 马克思恩格斯选集(第二卷)[M]. 北京：人民出版社，2012：180.
③ 马克思恩格斯选集(第二卷)[M]. 北京：人民出版社，2012：192.

的差额(个别提效超过平均)。

在资本主义商品经济条件下,单个资本家改进技术的主观动机是追求超额剩余价值,客观结果则是整个社会的劳动生产率普遍提高,导致生活资料的价值下降和补偿劳动力价值的必要劳动时间缩短,而剩余劳动时间则相对延长,因而整个资产阶级普遍获得更多的相对剩余价值。

4. 剩余价值理论的意义

马克思通过分析剩余价值的生产、积累、流通以及分配,揭示了剩余价值的运动规律及其作用,创立了剩余价值。剩余价值理论的意义主要体现在以下几个方面:

(1)揭露了资本主义生产关系的剥削本质。剩余价值理论科学解释了资本生产循环过程中,剩余价值的产生和来源,揭示了剥削社会的经济本质。

(2)阐明了资产阶级与无产阶级之间阶级斗争的经济根源。通过剩余价值理论,进一步从经济学层面证实了历史层面阶级对立的根源,也为政治斗争奠定了理论基础。

(3)指出了无产阶级革命的历史必然性。通过剩余价值理论,进而为后续科学解释经济危机理论奠定了科学依据,并证明了无产阶级陷入经济贫困的必然性,以及由此诱发革命的历史必然性,同时为无产阶级建立政党提供了科学理论支撑。

5. 无人工厂的剩余价值来源

随着生产力水平的提高,社会生产开始出现无人工厂。资本主义条件下的生产自动化只是意味着剩余价值生产所使用的生产工具更加先进了。

(1)商品价值的来源。无人工厂本质上仍然是物化劳动或不变资本的实物形式,它们的价值是工人/科学家在生产过程中投入的,转移到新产品中,它们本身并不创造新价值。

(2)新条件下价值来源。在生产自动化条件下,直接从事生产劳动的工人相对减少,而从事科研、设计、管理等的劳动人员日益增加,总体工人中脑力劳动者比例增大,复杂劳动程度日益提高,能够创造更多的价值和剩余价值。

(3)条件变化的本质。资本主义国家的生产自动化是人类社会科学技术进步的结晶,它的普遍采用会大幅提高劳动生产率,使资本家获取比过去更多的剩余价值。

(二)资本

1.资本

资本是可以带来剩余价值的价值。其本质是体现在物上的资本主义生产关系,即资本家剥削工人的关系。

资本不是物,而是一定的、社会的、属于一定历史社会形态的生产关系(社会属性),后者体现在一个物上,并赋予这个物以独特的社会性质(自然属性)。

自然属性:表现为一定的货币和物。

社会属性:体现不同的社会生产关系。

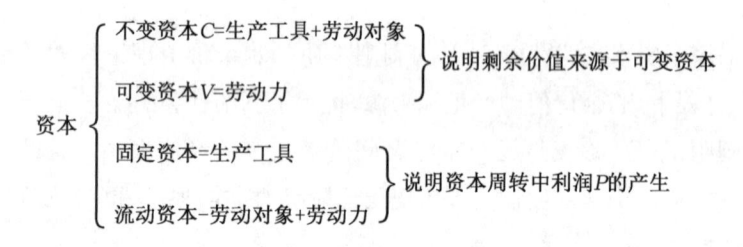

$$资本\begin{cases}不变资本C=生产工具+劳动对象\\可变资本V=劳动力\end{cases}说明剩余价值来源于可变资本\\\begin{cases}固定资本=生产工具\\流动资本=劳动对象+劳动力\end{cases}说明资本周转中利润P的产生$$

图6—3 资本划分示意图

不变资本是以生产资料形态存在的资本,在使用过程中将价值转移到新商品之中。马克思在《资本论》中指出:"生产资料的使用价值的旧形式消失了,但只是为了以新的使用价值形式出现。也就是说,这部分劳动时间从被用掉的生产资料转移到新产品上去。"[1]"就生产资料来说,被消耗的是它们的使用价值,由于这种使用价值的消费,劳动制成产品。生产资料的价值是再现在产品的价值中,确切地说,不是再生产出来。所生产出来的是旧交换价值借以再现的新使用价值。"[2]

可变资本是用来购买劳动力的那部分资本。可变资本的价值在生产过程中是由工人的劳动再生产出来的。在生产过程中,工人所创造的新价值,包括相当于购买劳动力价值的那部分价值,而且包括一定量的剩余价值。

2.资本积累

资本积累是指把剩余价值转化为资本,即剩余价值资本化。

---

[1] 马克思恩格斯选集(第二卷)[M].北京:人民出版社,2012:181.
[2] 马克思恩格斯选集(第二卷)[M].北京:人民出版社,2012:182.

(1)内涵:资本积累是剩余价值转化为资本即剩余价值的资本化。

(2)本质:资本积累的本质是资本家不断利用无偿占有的工人创造的剩余价值来扩大自己的资本规模,进一步扩大和加强对个人的剥削和统治。

(3)源泉:资本积累的源泉是剩余价值,资本积累规模的大小取决于对工人剥削程度、劳动生产率高低、所用资本和所费资本之间的差额以及资本家垫付资本的大小。

(4)后果:随着资本积累和生产规模的扩大,社会财富日益集中到资产阶级手中,而社会财富的直接创造者即无产阶级则只占有少部分社会财富。资本积累必然产生两个后果:一是加剧社会的两极分化,二是造成失业人口。

3. 过剩人口

在资本有机构成不断提高的情况下,由于可变资本相对量的减少,资本对劳动力的需求日益地相对减少,其结果就是不可避免地造成大批工人失业,形成相对人口过剩,即劳动力供给超过了资本的需要。

(1)流动的过剩人口。主要是指徘徊于工作岗位附近的群体,有时有工作,有时没有工作,处于一种工作不确定状态、不稳定状态。

(2)潜伏的过剩人口。主要是指由于生产力的不断提高,部分产业被更先进的产业代替而不可避免地产生过剩人口。例如,某块区域农业田地原本需要 100 名农业工人,现在由于机械化的普及而仅仅需要 10 名农业工人,那么其余 90 名农业工人将处于潜伏的过剩人口状态。

(3)停滞的过剩人口。主要是指原本并不从事生产行业,而进入生产行业后可能处于无法就业的状态。例如,军人原本位于保家卫国的岗位,这种岗位不从事生产,也缺乏生产技术,大部分军人要转岗进入生产领域,因而可能转化为停滞的过剩人口。他们需要重新进行技术培训,才能进入生产岗位。

资本主义将工人看成劳动力,是创造剩余价值的直接来源,因而会造成相对过剩人口。当社会进入社会主义之后,工人不再仅仅是劳动力,而且是生产服务提供者,也是自我发展的贡献者,每个人都应该和可以发挥自己的能力与水平,为社会做出最大的贡献,创造出使用价值而并非去追求剩余价值。每个人都不会被资本所剩下,都可以并且应该有机会为整个社会服务。

(4)它揭露了资本主义制度下贫富分化的原因,揭示了失业现象的本质,阐明了资本主义制度必然走向灭亡的历史命运。资本积累不但是社会财富占有两极分化的重要原因,而且是资本主义社会失业现象产生的根源。

(三)资本循环理论

1.资本循环

资本循环是资本从一种形式出发,经过一系列变化,又回到原点。产业资本循环可以归纳为三个阶段、三种职能、两个前提。

"他阐述了产业资本循环的三个阶段:(1)拥有货币的资本家作为买者在市场上购买生产资料和劳动力;(2)资本家用购买的商品从事生产消费;(3)资本家作为卖者重新回到市场上出售已生产出来的商品。"[①]

资本在购买阶段执行货币资本职能,在生产阶段执行生产资本职能,在销售阶段执行商品资职能。

"资本的循环过程经过三个阶段;根据第一卷的叙述,这些阶段形成如下的序列:第一阶段:资本家作为买者出现于商品市场和劳动市场;他的货币转化为商品,或者说,经历 $G-W$ 这个流通行为。第二阶段:资本家用购买的商品从事生产消费。他作为资本主义商品生产者进行活动;他的资本经历生产过程。结果产生了一种商品,这种商品的价值大于它的生产要素的价值。第三阶段:资本家作为卖者回到市场;他的商品转化为货币,或者说,经历 $W-G$ 这个流通行为。"[②]

资本循环两个前提:三种职能空间上并存,时间上继起。

空间上并存是指产业资本必须按照一定的比例同时存在于货币资本、生产资本和商品资本三种形式之中。

时间上继起是指产业资本循环中的三种职能形式转化必须保持时间上的依次连续性。

2.资本循环公式

购买阶段的公式如图 6—4 所示:

$$G \longrightarrow W \begin{cases} A(\text{劳动力}) \\ Pm(\text{生产资料}) \end{cases}$$
(货币)　(商品)

图 6—4　购买阶段示意图

---

① 马克思恩格斯选集(第二卷)[M].北京:人民出版社,2012:5.
② 马克思恩格斯选集(第二卷)[M].北京:人民出版社,2012:305.

生产阶段的公式如图 6-5 所示：

$$G \longrightarrow W \begin{cases} A(劳动力) \\ Pm(生产资料) \end{cases} \cdots\cdots P \cdots\cdots W$$
（货币）（商品）

图 6-5　生产阶段示意图

销售阶段的公式如图 6-6 所示：

$$G' \longrightarrow W'$$

图 6-6　销售阶段示意图

资本循环的整个过程如图 6-7 所示：

$$G \longrightarrow W \begin{cases} A(劳动力) \\ Pm(生产资料) \end{cases} \cdots\cdots P \cdots\cdots W' \longrightarrow G'$$
（货币）（商品）

图 6-7　资本循环示意图

资本循环的总公式如图 6-8 所示：

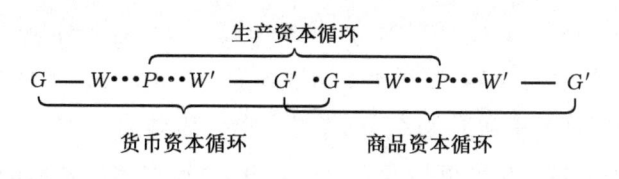

$$G - W \cdots P \cdots W' - G' \cdot G - W \cdots P \cdots W' - G'$$

（货币资本循环｜生产资本循环｜商品资本循环）

图 6-8　资本循环总公式示意图

3.影响资本循环的因素

影响资本周转的因素主要可以归纳为以下两个：

(1)资本周转时间。一般情况下,资本周转时间越长,循环的周期就越大,各个环节的风险也随着时间的延长而增大。

(2)生产资本的固定资本和流动资本的构成。一般情况下,固定资本越大,资本周转就越慢;固定资本越少,资本周转就越快。

(四)资本有机构成理论

资本有机构成的一般规律是,在资本主义生产过程中,资本有机构成是不断提高的,这是一种趋势,是由资本的本性决定的。

资本有机构成是由资本技术构成决定并反映技术构成变化的资本价值构成,即 $c:v$。

资本技术构成是生产技术水平决定的生产资料与劳动力之间的比例,可以表示为生产资料——劳动力。生产技术水平是由某个特定历史时期生产力水平所决定的,一般不轻易变化,从较长时间来看,是会逐渐发生变化的。

资本价值构成是不变资本与可变资本之间的比例,即不变资本:可变资本。

在资本主义生产过程中,资本有机构成不断提高是一般规律,这是由生产力水平不断提高所决定的,也是由资本主义生产方式所决定的,更是由资本本性所决定的。资本主义生产的唯一动机和直接目的就是无休止地追求剩余价值。改进生产技术可以加快资本积累,每个劳动力所使用的生产资料就会越来越多。

(五)社会总产品理论

马克思主义分析资本主义生产过程,主要运用社会总产品理论,同时使用资本有机构成一般规律和资本循环理论。

1. 核心问题

社会再生产的核心是社会总产品的实现问题,即社会总产品的价值补偿和实物补偿问题。

2. 两部类

马克思将社会总产品在物质上划分为两部类、三部分。两部类是指物质上划分为生产资料部类Ⅰ和消费资料部类Ⅱ。第一部类(Ⅰ)由生产生产资料的部门所构成,其产品进入生产领域;第二部类(Ⅱ)由生产消费资料的部门所构成,其产品进入生活消费领域。

3. 三部分

三部分是指马克思将社会总产品在价值上划分为生产资料转移价值 c、工人必要劳动创造价值 v 和剩余时间创造价值 m。

4. 规律要求

"马克思对社会总资本再生产的分析表明,社会总产品是否能顺利实现,归根到底取决于各生产部门是否按客观的比例进行生产和交换。"[①]

---

① 马克思恩格斯选集(第二卷)[M].北京:人民出版社,2012:6.

(1)社会再生产的顺利进行,要求生产中耗费的资本在价值上得到补偿,同时生产中耗费的生产资料和消费资料得到实物替换。(实物上得到替换,价值上得到补偿。)

(2)社会总产品在实物上得到替换、价值上得到补偿,要求两大部类内部各个行业和两大部类之间保持一定的比例,这个比例是现实生活中不断调整的。

5. 特点

资本主义出现市场失灵,是由生产资料私有制和雇佣劳动制度造成的。在价值规律和剩余价值规律的主导下,市场是自发生产的,具有严重的盲目性,导致两大部类结构上经常处于失衡状态。

6. 表现形式

资本主义生产的盲目性表现为生产过剩,以至于社会总产品的实现即实物替换和价值补偿难以顺利进行,最严重的就是引发经济危机。

7. 结果代价

经济危机只是实现两大部类平衡的一种激烈方式,是资本主义条件下强制的方式解决社会再生产的实现问题。这种方式也能够最终使社会再生产由失衡转变为逐渐平衡,但是以经济社会生活巨大的混乱(社会危机)以及社会资源巨大浪费为代价。

(六)资本主义再生产理论

资本主义简单再生产是资本家瓜分剩余价值后全部用于个人消费,生产按照原有规模重复进行。

假设资本有机构成为 4∶1,资本主义简单再生产公式如图 6−9 所示:

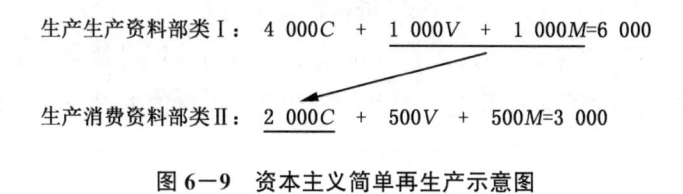

$$\text{生产生产资料部类 I}: \quad 4\,000C + 1\,000V + 1\,000M = 6\,000$$

$$\text{生产消费资料部类 II}: \quad 2\,000C + 500V + 500M = 3\,000$$

图 6−9 资本主义简单再生产示意图

其中,I 部类中 $1\,000V$ 为工人消费,$1\,000M$ 为资本家消费,被消费掉就要得到实物补偿和价值补偿,即进入第二部类,作为第二部类的生产资料再生产出来。

$1\,000V+1\,000M=2\,000C$ 进入第二部类,作为第二部类的生产资料在价值上得到补偿。

资本主义简单再生产条件:Ⅰ$(V+M)=$ⅡC

资本主义扩大再生产是资本家将部分剩余价值转化为资本,用以购买物质资料和雇佣工人。资本主义再生产的特点是扩大再生产。资本主义扩大再生产是建立在资本主义简单再生产的基础之上,因而资本主义扩大再生产的公式也是以资本主义简单再生产为基础的。

生产生产资料部类Ⅰ:$4\,000C+1\,000V+1\,000M=6\,000$

生产消费资料部类Ⅱ:$1\,500C+750V+750M=3\,000$

假设部类Ⅰ资本有机构成为 4:1,部类Ⅰ资本有机构成为 2:1,资本主义扩大再生产公式如图 6—10 所示。

$$1\,000m$$

生产生产资料部类Ⅰ:$4\,000C+400\Delta C+1\,000V+100\Delta V+500m/x=6\,000$

生产消费资料部类Ⅱ:$1\,500C+100\Delta C+750V+50\Delta V+600m/x=3\,000$

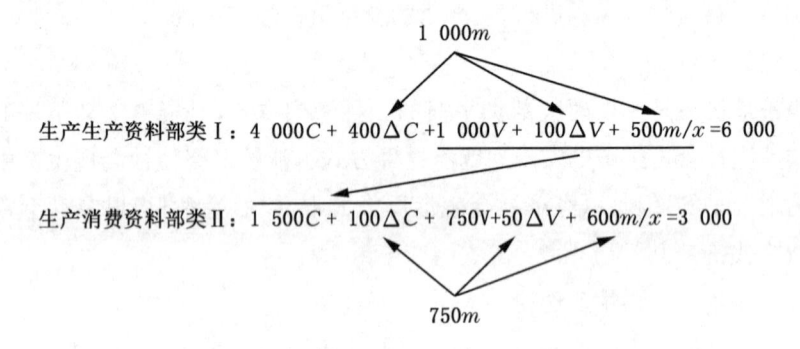

$$750m$$

图 6—10 资本主义扩大再生产示意图

关于部类Ⅰ:$1\,000m$ 分为两部分,一部分是资本家个人消费 $500m/x$,另一部分按照 4:1 分成 $400\Delta C+100\Delta V$ 进行扩大再生产。

那么,经过扩大规模之后,部类Ⅰ中被消费的消费资料就由三部分构成,这三部分之和要进入部类Ⅱ,作为部类Ⅱ的生产资料在价值上得到补偿。

$$1\,000V+100\Delta V+500m/x=1\,500C+100\Delta C$$

但是,部类Ⅱ原本只有 $1\,500C$,于是只能再追加 $100\Delta C$,以便满足部类Ⅰ的消费。

部类Ⅱ原有 $750m$,拿出 $100\Delta C$ 用于扩大规模,就必须按照部类Ⅱ的资本有机构成追加 $50\Delta V$,因而只剩下 $600m/x$ 给部类Ⅱ的资本家用于个人消费。

由于部类Ⅱ就是生产消费资料的部类,因而 $600m/x$ 在部类Ⅱ内部完成循环。同样道理,部类Ⅱ中的 $750V+50\Delta V+600m/x$ 也都是在本部类内部实现循环。

资本主义扩大再生产条件:Ⅰ$(V+\Delta V+m/x)$=Ⅱ$(C+\Delta C)$

资本主义扩大再生产两前提为:

(1)生产资料有剩余,即生产资料部类的总量比两个部类需要的生产资料还要多。

Ⅰ$(C+V+M)$>ⅠC+ⅡC,简化为Ⅰ$(V+M)$>ⅡC

(2)消费资料有剩余,即消费资料部类的总量比两个部类需要的消费资料还要多。

Ⅱ$(C+V+M)$>Ⅰ$(V+m/x)$+Ⅱ$(V+m/x)$,简化为Ⅱ$(C+V-m/x)$>Ⅰ$(V+m/x)$

(七)资本主义工资理论

资本主义工资理论认为,工资的本质是劳动力的价值。

第一,资本家购买工人的劳动力是以货币工资形式支付的,工人为资本家劳动,资本家付给工人工资。工人出卖的商品是劳动力而不是劳动。劳动力成为商品是进入发达商品经济的重要标志,这也是资本主义得以运行的基础以及资本主义工资的秘密。

第二,工资表现为"劳动的价格"或工人全部劳动的报酬,模糊了工人必要劳动和剩余劳动的界限,掩盖了资本主义的剥削关系。

第三,资本主义工资的形式主要有两种,即计时工资和计件工资。在资本主义实际生产中,出现了泰罗制(标准化)和福特制(流水线)的方式,客观上改进了工作效率,也进一步加重了对工人的剥削程度。马克思在《资本论》中指出:"计件工资给资本家提供了一个十分确定的计算劳动强度的尺度。只有体现在一个预先规定的并由经验确定的商品量中的劳动时间,才被看做是社会必要劳动时间,并当做这种劳动时间来支付报酬……更不用说,即使在计件工资保持不变的情况下,工作日的延长本身就包含着劳动价格的下降。"[①]

第四,只要资本和雇佣劳动的基本经济关系不变,资本主义工资的本质就不会发生根本变化。

---

① 马克思恩格斯选集(第二卷)[M].北京:人民出版社,2012:248-250.

在现实生活中,资本家把剩余价值看成全部垫付资本的产物,因而剩余价值便取得了利润的形态。平均利润率规律即为了得到高利润,不同生产部门必然展开竞争,大量资本转向高利润生产部门,导致利润率平均化即利润率平均化规律。

利润转化为平均利润,价值就转化为生产价格。

$m'=m/v$,此时 m 是可变资本的产物。

$p'=m/(c+v)$,此时 p 是全部预付资本的产物。

利润是剩余价值在观念上作为全部预付资本的产物,剩余价值转化为利润,掩盖了剩余价值的产生来源。

关于不同国家的工资高低比较问题,马克思在《资本论》中指出:"一个国家的资本主义生产越发达,那里的国民劳动的强度和生产率,就越超过国际水平。因此,不同国家在同一劳动时间内所生产的同种商品的不同量,有不同的国际价值,从而表现为不同的价格,即表现为按各自的国际价值而不同的货币额。所以,货币的相对价值在资本主义生产方式较发达的国家里,比在资本主义生产方式不太发达的国家里要小。由此可以得出结论:名义工资,即表现为货币的劳动力的等价物,在前一种国家会比在后一种国家高;但这决不是说,实际工资即供工人支配的生活资料也是这样。"[1]

与利润率平均化规律类似的是,利润率下降规律。马克思在《资本论》中指出:"资本主义生产,随着可变资本同不变资本相比的日益相对减少,使总资本的有机构成不断提高,由此产生的直接结果是:在劳动剥削程度不变甚至提高的情况下,剩余价值率会表现为一个不断下降的一般利润率。因此,一般利润率日益下降的趋势,只是劳动的社会生产力的日益发展在资本主义生产方式下所特有的表现。"[2]

(八)资本主义地租理论

马克思认为,地租是土地使用者由于使用土地而缴给土地所有者的超过平均利润以上的那部分剩余价值。马克思按照地租产生的原因和条件的不同,将地租分为三类:级差地租、绝对地租和垄断地租。前两类地租是资本主义地租的

---

[1] 马克思恩格斯选集(第二卷)[M].北京:人民出版社,2012:503.
[2] 马克思恩格斯选集(第二卷)[M].北京:人民出版社,2012:496—497.

普遍形式,后一类地租(垄断地租)仅是个别条件下产生的资本主义地租的特殊形式。

1. 地租差异产生的原因

(1)产量差异导致地租产生。古典经济学家李嘉图、穆勒等认为,地租产生的原因是不同土地生产商品产量的差异。

假设肥沃土地、贫瘠土地上生产的都是小麦,且肥沃土地、贫瘠土地生产的小麦品质一样。肥沃土地的小麦产量高,为 1 000 千克/亩,贫瘠土地的小麦产量低,为 500 千克/亩。肥沃土地、贫瘠土地生产小麦的成本都是 500 元/亩。小麦价格由贫瘠土地生产成本决定,为 1 元/千克。从而,肥沃土地生产小麦的收入为 1 000 元/亩,肥沃土地生产小麦的成本为 500 元/亩,从而,肥沃土地将产生利润为:

1 000 元/亩－500 元/亩＝500 元/亩

这 500 元将变成肥沃土地的地租。

(2)质量差异产生地租。现代经济学家汪林海等扩展了古典地租理论,认为不同土地生产商品的质量差异也会产生地租。

假设肥沃土地、贫瘠土地上生产的都是甘蔗,且肥沃土地、贫瘠土地生产的甘蔗产量一样,都为 1 万株甘蔗/亩。肥沃土地生产的甘蔗品质高,贫瘠土地生产的甘蔗品质低,肥沃土地甘蔗的价格是贫瘠土地甘蔗的 1.5 倍。肥沃土地、贫瘠土地生产甘蔗的成本都是 1 万元/亩。贫瘠土地甘蔗价格由贫瘠土地生产成本决定,为 1 元/株,从而肥沃土地甘蔗的价格为 1.5 元/株。从而,肥沃土地生产甘蔗的收入为 1.5 万元/亩,肥沃土地生产甘蔗的成本为 1 万元/亩,从而,肥沃土地将产生利润为:

1.5 万元/亩－1 万元/亩＝0.5 万元/亩

这 0.5 万元/亩将变成肥沃土地的地租。

城市中地租的产生,主要是由土地上商品质量(品质)差异所造成的。城市中好地段、差地段生产住房的数量不一定有差异,但好地段住房品质高、价格高,差地段住房品质差、价格低,好地段住房价格与差地段住房价格的差异就导致好地段有更高的地租。

2. 地租的分类

(1)绝对地租。绝对地租是指土地所有者凭借土地所有权垄断所取得的地租。绝对地租既不是农业产品的社会生产价格与其个别生产价格之差,也不是各级土地与劣等土地之间社会生产价格之差,而是个别农业部门产品价值与生产价格之差。因此,农业资本有机构成低于社会平均资本有机构成是绝对地租形成的条件,而土地所有权的垄断才是绝对地租形成的根本原因。绝对地租的实质和来源是农业工人创造的剩余价值。

(2)级差地租。级差地租是由农产品个别生产价格低于社会生产价格的差额而形成的超额利润所构成的。

①级差地租的含义及其产生的条件与原因。马克思认为,资本主义的级差地租是经营较优土地的农业资本家所获得的,并最终归土地所有者占有的超额利润。级差地租来源于农业工人创造的剩余价值,即超额利润,它不过是从农业资本家手中转到土地所有者手中了。

马克思在《资本论》中指出:"我们首先考察等量资本在等面积的不同土地上使用时所产生的不相等的结果;或者,在面积不等时,考察按等量土地面积计算的结果。这些不相等的结果,是由下面两个和资本无关的一般原因造成的:1. 肥力。2. 土地的位置。这一点对殖民地来说是一个决定性的因素,并且一般说来,各级土地耕种的序列就是由此决定的。"①

形成级差地租的条件有三个:一是土地肥沃程度的差别;二是土地位置的差别;三是在同一地块上连续投资产生的劳动生产率的差别。

马克思按级差地租形成的条件不同,将级差地租分为两种形式:级差地租第一形态(即级差地租Ⅰ)和级差地租第二形态(即级差地租Ⅱ)。级差地租Ⅰ是指农业工人因利用肥沃程度和位置较好的土地所创造的超额利润而转化为地租(即由前两个条件产生)。级差地租Ⅱ是指对同一地块上的连续追加投资,由各次投资的生产率不同而产生的超额利润转化为地租。

②级差地租Ⅰ和级差地租Ⅱ的关系。级差地租Ⅰ和级差地租Ⅱ虽然各有不同的产生条件,但二者的实质是一样的,它们都是由产品的个别生产价格低于社会生产价格的差额所产生的超额利润转化而成。级差地租Ⅰ是级差地租Ⅱ的前提、基础和出发点。

(3)垄断地租。垄断地租是指由产品的垄断价格带来的超额利润转化而成

---

① 马克思恩格斯选集(第二卷)[M].北京:人民出版社,2012:623.

的地租。垄断地租不是来自农业雇佣工人创造的剩余价值,而是来自社会其他部门工人创造的价值。

(4)分离地租。关于非农业用地的地租在土地所有权与土地经营权相分离的条件下,不论租用的是农地还是非农地,都须支付地租。马克思论述的非农业用地的地租,是指建筑地段和矿山地段的地租。建筑地段地租是指工商业资本家为获得建筑多种建筑物所需土地而支付给土地所有者的地租。建筑地段地租同农业地租的明显区别在于,农业中土地的肥沃程度和位置对级差地租有决定作用,而对于建筑地租,则是位置起着决定作用;同时,垄断价格对建筑地租起着很大作用。矿山地租是指工业资本家为取得采掘地下矿藏的权利而向土地所有者支付的地租。由于矿山的数量有限,也存在着经营的垄断,使矿产品必须按劣等生产条件决定的生产价格出售,因而优中等矿山可以取得超额利润而转化为矿山地租。

3. 地租的本质

马克思认为地租是土地所有权的实现形式,一切形式的地租都是土地所有权在经济上实现自己、增值自己的形式。马克思指出:"不论地租的特殊形式是怎样的,它的一切类型有一个共同点:地租的占有是土地所有权借以实现的经济形式。"[1]资本主义地租就是农业资本家为获取土地的使用权而交给土地所有者的超过平均利润的那部分价值。在资本主义生产方式下,实际的耕作者是雇佣工人,他们受雇于一个只是把农业作为资本的特殊使用场所,作为把自己的资本投在一个特殊生产部门来经营的资本家,即农场主。这个作为租地农场主的资本家,为了得到在这个特殊生产厂所使用自己资本的许可,要在一定期限内按契约规定支付给土地所有者一个货币额,这个货币额就是地租。

马克思指出,资本主义地租是以资本主义土地私有制为前提的,是土地所有者凭借土地所有权不劳而获的收入,其特点在于土地所有权和使用权的分离。因此,地租的本质是土地使用者由于使用土地而缴给土地所有者的超过平均利润以上的那部分剩余价值。

---

[1] 马克思恩格斯选集(第二卷)[M].北京:人民出版社,2012:610.

四、资本运行的结果与经济危机理论解释

(一)资本主义基本矛盾

1844年1月,恩格斯在《国民经济学批判大纲》中评述了资产阶级政治经济学的起源和影响,分析和批判了它的主要范畴,指出它是资本主义私有制的理论表现,同时揭露了资本主义生产方式的矛盾,强调只有消灭私有制、全面变革现存的社会关系,才能消除资本主义的弊端。

恩格斯在《国民经济学批判大纲》中指出:"竞争就使资本与资本、劳动与劳动、土地占有与土地占有对立起来,同样又使这些要素中的每一个要素与其他两个要素对立起来。力量较强的在斗争中取得胜利。要预卜这个斗争的结局,我们就得研究一下参加斗争的各方的力量。"[①]

资本主义基本矛盾即生产资料的资本主义私人占有和生产社会化之间的矛盾。社会化的生产力却变成资本的生产力,主要包括以下几个方面:

(1)已经社会化的、由劳动者共同使用的生产资料,本应该由劳动者共同所有,却被少数资本家私人占有。

(2)已经社会化的生产过程,本应该按照社会需要进行管理,却分别由各自追求利润最大化和私人利益的少数资本家管理。

(3)共同劳动生产的社会产品,本应该由劳动者共同占有,用于满足社会需要,却被少数资本家私人占有、私人支配,成为他们的私有财产。

马克思在《1844年经济学哲学手稿》中指出:"工人生产的财富越多,他的生产的影响和规模越大,他就越贫穷。工人创造的商品越多,他就越变成廉价的商品。物的世界的增值同人的世界的贬值成正比……劳动的产品是固定在某个对象中的、物化的劳动,这就是劳动的对象化……劳动的现实化就是劳动的对象化。工人在劳动中耗费的力量越多,他亲手创造出来反对自身的、异己的对象世界的力量就越强大,他自身、他的内部世界就越贫乏,归他所有的东西就越少。"[②]

(二)商品的惊险跳跃

由于资本主义各种矛盾的存在,特别是资本主义基本矛盾的存在,周期性爆

---

① 马克思恩格斯选集(第一卷)[M].北京:人民出版社,2012:45.
② 马克思恩格斯选集(第一卷)[M].北京:人民出版社,2012:51.

发经济危机和波动促使资本连续和高速运动的条件经常遭到破坏,因而就会出现"商品的惊险跳跃"现象,这也是马克思形象地描述资本主义经济危机的过程,可以说,周期性经济危机是资本主义制度的运行方式和存在方式,资本主义将会在周期性经济危机中逐渐发展并走向最终的崩溃。

商品的惊险跳跃是指商品转换为货币的过程,其结果就是商品和货币越来越多地聚集到资本家手中,而工人手中的货币也越来越少,直到商品再也无法向货币跳跃,就出现了经济危机(见图6-11)。一旦无法交换,即商品的惊险跳跃不成功,则商品要被摔坏,同时资本家也可能被摔坏。

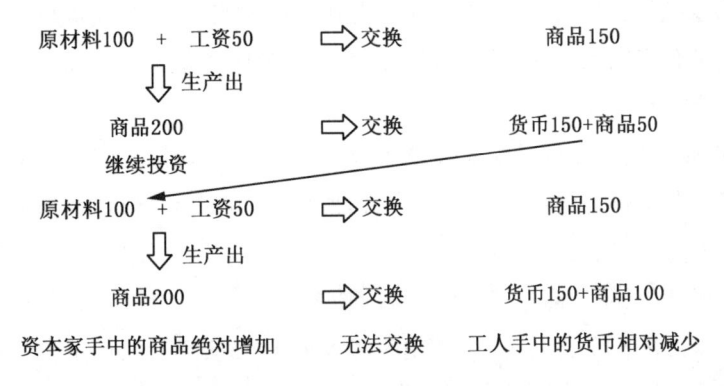

```
原材料100 ＋ 工资50      ⇒交换      商品150
          ⇓生产出
商品200                  ⇒交换      货币150+商品50
继续投资
原材料100 ＋ 工资50      ⇒交换      商品150
          ⇓生产出
商品200                  ⇒交换      货币150+商品100
资本家手中的商品绝对增加   无法交换   工人手中的货币相对减少
```

图6-11 商品的惊险跳跃过程示意图

随着货币的产生,整个商品世界分化为两极:一极是各种各样的具体商品,分别代表不同的使用价值;另一极是货币,只代表商品的价值。这样就使商品内在的使用价值和价值的矛盾发展成为外在的商品和货币的矛盾。一切商品只要转换成货币,商品使用价值和价值的矛盾就能得到解决,从而使商品的价值得到实现。所以,货币的出现有利于解决商品交换的困难,促进商品经济的发展。但是,货币的出现也没有解决商品经济基本矛盾即私人劳动和社会劳动之间的矛盾,反而使矛盾加深了。

(三)资本主义经济危机

资本主义经济危机是资本运行的基本规律,其中的关键点包括分配不公、虚拟泡沫过大等,归根结底是资本无休止的贪婪,利用各种手段尽可能多地瓜分剩余价值和价值,最终导致经济运行出现流动性危机和信任性危机。

恩格斯在《国民经济学批判大纲》中指出:"竞争的规律是:需求和供给始终

力图互相适应,而正因为如此,从未有过互相适应。双方又重新脱节并转化为尖锐的对立。供给总是紧跟着需求,然而从来没有达到过刚好满足需求的情况;供给不是太多,就是太少,它和需求永远不相适应,因为在人类的不自觉状态下,谁也不知道需求和供给究竟有多大。"①

(1)特征。资本主义发展到一定阶段,就会发生以生产过剩为基本特征的经济危机。

恩格斯在《反杜林论》中对经济危机的特征进行了描述,并指出了经济危机的本质。他指出:"从1825年以来,这种情况我们已经历了整整五次,目前(1877年)正经历着第六次。这些危机的性质表现得这样明显,以致傅立叶在把第一次危机称为多血症危机,即由过剩引起的危机时,就中肯地说明了所有这几次危机的实质。"②

(2)本质。生产过剩是资本主义经济危机的本质特征,并且是相对过剩,即相对于劳动人民有支付能力的需求来说社会生产的商品显得过剩,而不是劳动人民的实际需要相比的绝对过剩。

(3)一般可能性。第一,经济危机的抽象的一般可能性,首先是由货币作为流通手段和支付手段引起的。以货币为媒介的商品买卖在时间上分为两种相互独立的行为。如果一些商品生产者在出卖了商品后不接着购买他人的商品,就会有另一些商品生产者的商品卖不出去。第二,在商品买卖有更多的部分采取赊购赊销方式的情况下,如果某些债务人在债务到期时不能支付,就会使整个信用关系遭到破坏。

(4)根本原因。经济危机根本原因是资本主义的基本矛盾,表现为两个方面:一是生产无限扩大趋势与人民支付能力的缩小;二是个别企业有组织生产与整个社会无政府状态之间的矛盾。

1865年3月29日,恩格斯在《致弗里德里希·阿尔伯特·朗格》的信中指出:"生产得太少,这就是全部问题之所在。但是,为什么生产得太少呢? 并不是因为生产已经达到极限(即使是在今天,在使用现代化的手段的情况下)。不是由于这个原因,而是由于生产的极限并不取决于挨饿的肚子的数目,而取决于有

---

① 马克思恩格斯选集(第一卷)[M].北京:人民出版社,2012:36.
② 马克思恩格斯选集(第三卷)[M].北京:人民出版社,2012:663-664.

购买力的有支付能力的钱袋的数目。"①

(5)周期性。经济危机具有周期性,是由资本主义基本矛盾运动的阶段性所决定的。四个阶段即危机、萧条、复苏和高涨。

关于资本主义经济危机的影响和后果,恩格斯于1847年11月在《共产主义原理》中指出:"第十三个问题:这种定期重复的商业危机会产生什么后果?

答:第一,大工业只要还在现今的基础上进行经营,就只能通过每七年出现一次的普遍混乱来维持,每次混乱对全部文明都是一种威胁,它不但把无产者抛入贫困的深渊,而且也使许多资产者破产。第二,大工业及其所引起的生产无限扩大的可能性,使人们能够建立这样一种社会制度,在这种社会制度下,一切生活必需品都将生产得很多,使每一个社会成员都能够完全自由地发展和发挥他的全部力量和才能。"②

(四)资本主义经济危机的新特点

第二次世界大战后,资本主义经济危机和再生产周期的新特点。尤其是进入21世纪以后,经济危机已经演变为金融危机,金融危机与社会危机、政治危机交织在一起,往往带来社会混乱、政权不稳和全球治理体系的破坏,给世界经济运行和世界和平带来新的挑战。

(1)危机周期的长短不规则。从经济危机的发展历史来看,主要是从单个国家演变为全球性危机,从较长周期演变为较短周期。而近年来经济危机上升到金融危机以来,危机周期的长短出现了不规则的情况。

(2)周期进程中的各阶段特征不明显。在以往资本主义小政府的放纵下,经济危机表现为经济规律,而资本主义国家也开始重视政府力量的介入,经济危机中的四个阶段不那么明显,呈现一定的交叉状况。

(3)危机阶段的破坏程度大为减弱。由于世界各国政府在经济状况下降或者经济危机前期,都会预先按照以往经济危机的情形做出一些预防举措,因而经济危机的破坏程度有了一定程度的减弱。

(4)危机与通胀相结合的经济滞胀。货币超发往往导致通货膨胀,生产减少往往带来通货紧缩,而当前经济危机与通货膨胀结合在一起形成了经济滞涨的

---

① 马克思恩格斯选集(第四卷)[M].北京:人民出版社,2012:461.
② 马克思恩格斯选集(第一卷)[M].北京:人民出版社,2012:302.

新情况,治理难度进一步加大,甚至之前的政策手段正在趋向失效。

首先,资本主义越来越多地借鉴和采用社会主义的方式管理经济,综合运用市场和政府两只手的作用,对经济进行监管控制。

其次,受制于经济全球化的影响,中小国家在世界经济体系中会丧失自主性,被迫遭受主要发达国家的金融收割。金融体系成为部分国家收割其他国家财富的工具和手段,进一步破坏了世界经济的稳定性。

最后,为了获取最大利益,部分国家可能结成联盟,主动将经济危机与政治问题、人权问题、粮食问题等捆绑在一起,主动制造军事争端、发动战争,从而形成新的危机。资本主义经济危机已经不仅仅是一个国家或者一个区域的经济问题,而是演变为一个世界性的发展问题。

第三节 资本主义制度的前途及其回答

通过商品的研究和资本的研究,马克思进一步通过宏大历史的唯物史观分析,彻底揭示了资本主义制度的前途命运。将资本主义制度纳入人类社会发展形态一般规律之中,可以发现没有什么制度会永恒存在,所有制度的唯一命运都是终结。

于是,认真研究资本主义各种制度,进而为劳工阶级争取更大的利益就成为继无产阶级革命之后共产主义运动的又一项重要任务。

但是,这项任务需要一代代马克思主义者根据当时的历史情况进行研究和实践,去揭示资本主义经济制度及其发展、资本主义政治制度及其发展、资本主义意识形态及其发展,进而更好地掌握资本主义制度的发展阶段,既推动资本主义制度加速发展,也推动资本主义加速向社会主义转化。

一、资本主义经济制度设计问题

资本主义经济制度是以资本家占有生产资料和以雇佣劳动为基础的经济制度,其实质是资本剥削雇佣劳动。劳动力成为商品是资本主义雇佣劳动制度形成的前提。劳动力成为商品是资本运行的前提条件,劳动者拥有劳动力所有权,但丧失了生产资料和生活资料,是劳动力成为商品的重要前提条件。劳动力商品的价值和使用价值都有不同于普通商品的特点,其最大的特殊性在于使用价值,劳动力的使用过程能够创造出比自身价值更大的价值,即剩余价值。劳资关系的形成在于资本主义生产资料所有制。在一般意义上,所有制是直接生产过程中人们相互间的社会经济关系,并表现为经济利益的体现形式。在资本主义社会,资本家凭借生产资料的占有,在等价交换原则的掩盖下,雇用工人从事劳动,占有雇佣工人的剩余价值。

资本主义经济制度的基本特征,整体来讲是资本剥削雇佣劳动。具体来说有以下三个要点:

(1)资本家阶级垄断了对生产资料的占有。

(2)广大劳动者对生产资料"一无所有"而成为靠出卖劳动力为生的雇佣劳动者。

(3)资本家无偿地占有雇佣工人创造的剩余价值,对剩余价值的追求成为社会生产的决定性动机和根本目的。这是一种采取商品经济形式、以劳动力成为商品为前提、通过拥有资本而占有他人劳动来获取剩余价值的剥削方式。

资本主义剥削制度与以往的剥削制度的区别在于,历史上一切剥削制度的共同特征是:剥削者无偿占有被剥削者的剩余劳动,而资本主义剥削则表现为资本家无偿占有雇佣工人的剩余劳动所创造的剩余价值。

1892年12月31日,恩格斯在《致弗里德里希·阿道夫·左尔格》的信中指出:"美国人早就向欧洲世界证明,资产阶级共和国就是资本主义生意人的共和国;在那里,政治同其他任何事情一样,只不过是一种买卖。"①

资本主义所有制是生产资料归资本家所有的一种私有制形式。

资本主义所有制的本质为资本家与劳动者之间的关系是资本雇佣劳动关系。资本家凭借对生产资料的占有,在等价交换原则的掩盖下,雇用工人从事劳动,无偿占有雇佣工人创造的剩余价值,资本与雇佣劳动关系由此具有了剥削与被剥削的对抗性质。

经济意义上所有制,事实上生产资料归谁所有、归谁支配,并凭借这种所有和支配实现生产和获得剩余产品(利润或超额利润)。

法律意义上的所有制,生产资料占有关系的法律形态,即所有权范畴。

所有制是所有权的基础,所有制决定所有权,反映了经济关系的意志关系。

---

① 马克思恩格斯选集(第四卷)[M].北京:人民出版社,2012:631.

相对于奴隶社会、封建社会将神权置于最高位置(神本),资本主义将资本置于最高位置(资本),社会主义将人民置于最高位置(人本,人民代表代行权力)。资本主义的经济制度设计,就是通过雇佣劳动制度得以最终实现。

因而,马克思在《资本论》中指出:"为了阐明基本问题,我不得不作这样一个冗长的,恐怕是令人厌倦的说明,现在我提出下面的决议案来结束我的报告:第一,工资水平的普遍提高,会引起一般利润率的降低。但整个说来并不影响商品的价格。第二,资本主义生产的总趋势不是提高工资的平均水平,而是降低这个水平。第三,工联作为抵制资本进攻的中心,工作颇有成效。它们遭到失败,部分是由于不正确地使用自己的力量。总的说来,它们遭到失败是因为它们只限于进行游击式的斗争以反对现存制度所产生的结果,而不同时努力改变这个制度,不运用自己有组织的力量作为杠杆来最终解放工人阶级,也就是最终消灭雇佣劳动制度。"[1]

二、资本主义政治制度设计问题

资本主义政治制度是建立在资本主义经济制度基础之上的,同时是资本主义制度的关键标志,反映了资本主义的经济关系以及政治上占统治地位的资产阶级的要求。同时,资本主义政治制度作为上层建筑,从政治上确立经济利益的根本保障,以合法的形式保护剥削和不平等的经济关系,为巩固和发展资本主义经济及经济基础提供政治保障。

(一)资本主义国家职能

资本主义国家职能以服务于资本主义制度和资产阶级利益为根本内容,客观上也推动了人类社会的发展和整体利益的进步,包含两个基本方面:

1. 对内政治统治,同时分化出社会管理职能

政治统治职能主要是指资产阶级运用掌握的政府机构、军队系统、警察系统、法治系统(法庭、监狱)等国家机器,对被统治阶级进行管理、控制、压迫,促使社会生活保持在统治阶级所指定的秩序范围之内。

由于社会的进步,社会管理从政治职能中分离出来,为了更好地组织和维持经济社会的基本运行,国家运用各种权力和资源对邮政、交通、水利、文化教育、

---

[1] 马克思恩格斯选集(第二卷)[M].北京:人民出版社,2012:69.

卫生保健、社会福利等公共事业进行管理和服务,以保障社会生活的正常进行。社会管理职能是服从和服务于政治统治职能。

2. 对外国际交往和维护国家安全

资本主义国家要承担起对外交往并维持正常外交关系的任务,在必要情况下也会担负起保护本国领土和主权完整、抵御外来入侵甚至刻意制造军事冲突、主动发起战争、侵略他国等任务。对外职能是对内职能的延伸,也是服务于政治统治的。

资本主义国家本质上是资产阶级进行阶级统治的工具。

(二)资本主义民主制度

资本主义国家的政治统治是通过具体的政治制度实现的,相比于以往的社会制度具有历史性的进步,也对更广泛的群体开放了民主,主要有资本主义法制制度、政权组织形式、选举制度、政党制度等。这些就是资产阶级所标榜的资本主义民主制度,并没有真正实现彻底的民主。

1. 民主政治思想

包括主权在民、天赋人权、分权制衡、社会契约论、自由平等博爱等。这些思想是资本主义的核心价值观,在反对封建社会制度过程中发挥过重大的历史作用,在资本主义制度向全世界推广的过程中成为西方话语权中的"普世价值"。虽然这些民主政治思想具有一定的普遍性,但是也仅仅反映了资产阶级的利益诉求,因此并不是普世价值。随着资本主义社会的不断发展进步,在不危及资本主义国家安全和资产阶级根本利益的前提下,不断扩大一定的选举、言论、出版、集会、结社、游行示威、自由迁徙等权利和自由。

马克思在《1848年至1850年的法兰西阶级斗争》中指出:"他们希望能把人民群众的政治权力降低为一种有名无实的权力,同时又能充分玩弄这种权力,借以威胁资产阶级中的多数,让他们时时面对六月事变时期的那种两难选择:或者是《国民报》派的天下,或者是无政府状态的天下。"[1]

民主政治的实质权力的架空,本质上是为资本主导开辟道路,因为资本主义的唯一核心是资本,资本成为资本主义的最高位置。相对而言,权力将成为社会主义的最高位置,这种权力在更大程度上代表了人民的利益,但是也需要很长的

---

[1] 马克思恩格斯选集(第一卷)[M].北京:人民出版社,2012:480.

历史时期才能转变到个人手中,这个漫长的历史往往以人民代表的形式行使权力。

2. 资本主义法制

资本主义国家宪法是在以下原则基础上建立起来的:一是私有制原则。在人身依附的封建社会,资产阶级提出的私有制原则具有很强大的吸引力,但是私有制原则根本上保护的是资产阶级的利益,因为资产阶级占有了资本主义社会的绝大部分财富。二是主权在民原则。这个"民"依然是延续了近代哲学以来抽象的成分,并非真正的普通民众的利益。从形式上看,普通民众可以每四年(或每五年)参加一次总统选举的投票,但是国家政权依然控制在资产阶级手中,总统候选人与资本集团有着非常密切的联系。三是分权与制衡原则。强调立法、行政、司法系统的各自独立性,具有一定的历史进步性,但现实中往往成为资产阶级内部不同集团之间利益分配的工具。四是人权原则。强调"自由的和自主的个人"具有不可侵犯的基本权利,重点强调政治权力,而忽视和不承认人的生存权、发展权。

3. 资本主义国家政权

采取分权制衡组织形式,即国家的立法权、行政权、司法权分别由国会、总统、最高法院行使,形成各主体之间的制衡。国家政权的意志和行使实际上常常是各种不同利益集团政治合力的结果。各个利益集团之间存在实力上的差别和利害关系,由此产生的资本主义国家内部的冲突不断推动政治制度的变化。

4. 资本主义国家选举制度

通过竞选产生议会和国家元首的一种政治制度。从形式上看,竞选制度是公民参与国家事务的重要形式,具有一定的进步性。从实际政治作用来看,选举制是协调统治阶级内部利益和矛盾在很大程度上通过选举制度来平衡和调节的。

5. 政党制度:两党制、多党制

政党是特定阶级利益的集中代表,是代表一定阶级、阶层或集团的根本利益,为达到政治目的,特别是为了取得政权和保持政权而建立的一种政治组织。当代资本主义国家基本上实行政党制度,从政党制度的类型来看,大致有两党制和多党制等形式。实行两党制的国家有英国、美国、加拿大、新西兰、澳大利亚等。当今世界上的资本主义国家大多实行多党制,如法国、意大利、日本、德国、西班牙、瑞典等。

以上资本主义的各项政治制度在反对封建专制主义、维护自身利益和巩固政权等方面发挥过重要的进步作用。同时,随着资本主义制度的确立,也会存在一定的历史局限性。资本主义政治制度的作用主要包括:

(1)作为上层建筑,在战胜封建社会生产方式、发展资本主义生产方式方面起到重要作用。

(2)使人们摆脱了封建专制主义条件下的分封割据状态、等级压迫制度和人身依附关系,因而历史性地促进了人的发展,促进了人类进步。

(3)在历史上积累了丰富的政治统治和社会管理经验,推动了社会进步。

(4)资本主义民主是金钱操纵下的民主,实际上是资产阶级精英统治下的民主。

(5)法律名义上的平等掩盖着事实上的不平等。

(6)资本主义国家政党制是一种维护资产阶级的政治制度。

(7)政党恶斗相互掣肘,决策效率低下,激化社会矛盾,缺乏长期规划。

三、资本主义意识形态设计问题

资产阶级的各种思想理论和观念,最初是资产阶级在反对封建专制主义和宗教神学的长期斗争中逐步形成与发展起来的。资产阶级在革命取得胜利后建立了资本主义国家,出于政治统治的需要,资产阶级开始构建资本主义国家的意识形态。

资本主义意识形态是在资本主义国家中占统治地位、反映了作为统治阶级的资产阶级利益和要求的各种思想理论与观念的总和。

资本主义意识形态的核心思想是私有制神圣不可侵犯、个人主义价值观、自由民主平等人权等观念。

(1)利己主义是资本索取和掠夺本性在经济上的表现,资产阶级利己主义认为的本性生来就是自私的,宣扬自我是至高无上的,强调个人利益高于社会利益,把个人幸福看作一切行动的目的。利己主义是私有制以来经济领域的原则在社会领域的具体表现,是历史的产物,并不是人类社会原本就有的,更不是人类本身就有的。在人类社会发展过程中,与利己主义相伴生的还有其他意识形态,集体主义的、爱国主义的、国际主义的等。

(2)资产阶级利己主义的突出表现是拜金主义。资本主义社会金钱高于一切,个人的物质利益、社会地位都是建筑在金钱的基础之上,资产阶级把人与人之间的关系完全变成了赤裸裸的商品交易关系,变成了冷酷无情的金钱关系。

资本主义意识形态的本质可以概括为以下两个方面:

(1)资本主义意识形态是资本主义社会的观念上层建筑,是为资本主义的经济基础服务的,因而是为资本主义国家的政治上层建筑服务的。列宁一针见血地指出:"所有一切压迫阶级,为了维持自己的统治,都需要两种社会职能:一种是刽子手的职能,另一种是牧师的职能,从而使他们顺从这种统治。"[1]

(2)资本主义意识形态是资产阶级的阶级意识的集中体现。资产阶级在进行阶级统治的实践中逐步形成了自己作为社会统治阶级的阶级意识,资本主义意识形态则是这种阶级意识的集中体现。马克思和恩格斯指出:"资产者的假仁假义的虚伪的意识形态用歪曲的形式把自己的特殊利益冒充为普通的利益。"[2]

---

[1] 列宁选集(第二卷)[M].北京:人民出版社,2012:478.
[2] 马克思恩格斯全集(第三卷)[M].北京:人民出版社,1960:195.

第七章

资本主义的发展历史

1883年3月,马克思与世长辞,在其有生之年对资本主义进行了深入分析,但是一个社会形态的演化(资本主义制度)周期是以千年为基本单位的,而个体的生命是以十年为基本单位的。因此,对资本主义发展历史的考察,就是一代代马克思主义者的使命和任务。

马克思在有生之年看到了自由竞争资本主义和刚刚兴起的垄断资本主义,因而对其进行了研究,也在一定程度上深刻阐述了资本主义制度的历史地位。但是,此后资本主义制度又有所发展,进入国家垄断资本主义阶段,列宁结合当时实际做出了经典论述。当今时代资本主义又有新的变化,不排除未来进入新的阶段的可能性,这同样需要马克思主义者不断地总结规律和本质。

马克思把资本主义作为人类社会发展一般规律中的一种社会制度,给予了极为高度的评价,同时指出这种制度的历史局限性。1848年2月,马克思和恩格斯在《共产党宣言》中指出:"资产阶级在历史上曾经起过非常革命的作用。资产阶级在它已经取得了统治的地方把一切封建的、宗法的和田园诗般的关系都破坏了。总而言之,它用公开的、无耻的、直接的、露骨的剥削代替了由宗教幻想和政治幻想掩盖着的剥削。它第一个证明了,人的活动能够取得什么样的成就。"[①]

第一节 自由竞争资本主义

从宏大的历史角度分析,会发现一种基本现象,即每个社会形态或者每个朝

[①] 马克思恩格斯选集(第一卷)[M].北京:人民出版社,2012:403.

代的初期基本都是宽松自由的,经过一段时间的利益分配就需要建立起相对固定且稳定的社会制度(利益分配机制),进而制度过度约束导致越来越多的人挑战制度(利益分配格局),反而进入一个相对无序的状态。其间,如有生产方式变革或者重大技术进步,则会获得一个较长的增量发展时期。

资本主义制度发展史也有类似的过程。资本主义制度建立初期,自由竞争是十分明显的,即自由竞争资本主义阶段。但是,随着大资本集团的逐渐形成和稳定,就需要建立制度维持他们的利益,因而过渡到垄断资本主义阶段。资本主义是全球化的、扩张的,因而个人竞争就会逐渐让位于国家竞争。在国家竞争中,垄断资本必然会与国家政权相结合,一方面,国家政权有了更充足的保障;另一方面,垄断资本有了存在基础和发展空间。国家垄断资本主义就应运而生了。伴随着全球化的进行,国家垄断资本主义逐渐结成同盟,这种形式在当今时代又有所体现。资本主义未来的形态如何,是资本主义国家集团还是其他形式,尚难以明确。

自由竞争引起生产集中和资本集中,生产集中和资本集中引起垄断,即资本主义发展客观规律。资本主义作为一种社会形态,同以往的社会形态一样,是逐渐发展变化并不断走向成熟的,最终也会走向灭亡,其中会经历诸多发展阶段,这是具有一定历史规律性的。

生产集中是指生产资料、劳动力和商品的生产日益集中于少数大企业的过程,其结果是大企业所占的比例不断增加。

资本集中是指大资本吞并小资本,或由许多小资本合并而成大资本的过程,其结果是越来越多的资本为少数大资本家所支配。

马克思在《资本论》中指出:"社会总资本这样分散为许多单个资本,或它的各部分间的互相排斥,又遇到各部分间的互相吸引的反作用。这已不再是生产资料和对劳动的支配权的简单的、和积累等同的积聚。这是已经形成的各资本的积聚,是它们的个体独立性的消灭,是资本家剥夺资本家,是许多小资本转化为少数大资本。随着资本主义生产和积累的发展,竞争和信用——集中的两个最强有力的杠杆,也以同样的程度发展起来。"①

随着时代的发展,列宁也考察了当时的资本集中情况。1916 年 6 月,列宁在

---

① 马克思恩格斯选集(第二卷)[M].北京:人民出版社,2012:281.

《帝国主义是资本主义的最高阶段》中指出:"集中发展到一定阶段,可以说就自然而然地走到垄断。因为几十个大型企业彼此之间容易达成协议;另一方面,正是企业的规模巨大造成了竞争的困难,产生了垄断的趋势。这种从竞争到垄断的转变,不说是最新资本主义经济中最重要的现象,也是最重要的现象之一。"①

表7—1　　　　　　　　资本主义发展历程阶段划分

	时　间	阶　段	特　征
第一种划分（生产关系）	15世纪至19世纪70年代	自由竞争资本主义	自由竞争
	19世纪70年代至20世纪初	私人垄断资本主义	资本集中＋私人竞争
	20世纪初至今	国家垄断资本主义	国家政权＋私人资本
第二种划分（生产力）	15世纪至17世纪	资本主义兴起时期	新航路＋手工作坊＋民族国家＋文艺复兴
	18世纪	工场手工业时期	手工场＋君主立宪（英）＋启蒙运动
	18世纪60年代至19世纪40年代	自由资本主义时期	工业革命＋世界市场＋代议制
	19世纪70年代至20世纪初	垄断资本主义时期	第二次工业革命＋世界市场形成＋凡尔赛华盛顿体系
	20世纪初至今	帝国主义时期	第三次科技革命＋两极分化＋多元文化

列宁继续指出:"在半个世纪以前马克思写《资本论》的时候,绝大多数经济学家都认为自由竞争是一种自然规律。官方学者曾经力图用缄默这种阴谋手段来扼杀马克思的著作,因为马克思对资本主义所作的理论和历史的分析,证明了自由竞争产生生产集中,而生产集中发展到一定阶段就导致垄断。现在,垄断已经成了事实。"②

资本主义发展经历了多个阶段:自由竞争资本主义、垄断资本主义和国家垄断资本主义,未来可能还会出现新的发展阶段。

(1)19世纪70年代以前,资本主义处于自由竞争阶段;

(2)从19世纪70年代开始,自由竞争资本主义逐步向垄断资本主义过渡;

---

① 列宁选集(第二卷)[M].北京:人民出版社,2012:585.
② 列宁选集(第二卷)[M].北京:人民出版社,2012:588.

(3)19世纪末20世纪初,垄断代替自由竞争并占据统治地位,垄断资本主义得以形成,并逐渐向国家垄断资本主义发展。

按照生产力或者生产关系的标准进行划分,是两种最主流的划分方法。其中,恩格斯在深入研究资本主义生产方式变革历史时,具体强调了钟表和磨的重要作用。1863年1月28日,马克思在《致恩格斯》的信中指出:"撇开火药、指南针和印刷术的发明不谈——这些都是资产阶级发展的必要前提——,从16世纪到18世纪中叶这段时间,即从由手工业自身发展起来的工场手工业一直到真正的大工业这一时期,在工场手工业内部为机器工业做好准备的有两种物质基础,即钟表和磨(最初是磨谷物的磨,而且是水磨),二者都是从古代流传下来的。"[①]

一、资本主义萌芽

资本主义萌芽是指在一些手工工场中,拥有资金、原料的工场主雇用具有自由身份的雇工,为市场的需要进行生产的这一现象。14世纪欧洲的文艺复兴促进了经济文化发展,资本主义的发展萌芽由此确立。

资本主义萌芽指的是一种生产关系,也指一种社会关系,而不是个别人之间的关系,因而不能孤立地看待。这种生产关系,是在封建社会晚期,在社会经济发展到一定条件时产生的。在这之前,像在自然和社会史中许多事物一样,它会有一些偶发的、先现的现象,但不能因此认为资本主义萌芽已经出现。

资本主义生产关系产生的途径有两种:一是小商品经济分化(手工作坊师徒关系转化);二是商人和高利贷者转化(商人和高利贷成为工业资本家)。

在欧洲,哥伦布探索掠夺美洲新大陆、东印度群岛的航道的殖民抢占是人类历史上所记载的最重要的事件。美洲和东印度航路的开辟客观上扩大了交往,从而使工场手工业和整个生产的发展有了巨大的高涨。从那里输入的新产品,特别是投入流通领域的大量金银(它们从根本上改变了阶级之间的相互关系,沉重打击了封建土地所有制和劳动者),冒险的远征,殖民地的开拓,首先是当时市场已经可能扩大为而且规模越来越大地扩大为世界市场。

在中国,这是一种新的事物,代表中国社会发展进步的总趋势,具有进步性;但具有出现在少数地区的少数行业当中稀疏且微弱的特点;由于中国封建社会

[①] 马克思恩格斯选集(第四卷)[M].北京:人民出版社,2012:445-446.

的自然经济体系本身缺乏促进资本主义生产关系发展的必要条件,因此中国资本主义萌芽的发展十分缓慢,自然经济仍占主导地位,这种局面一直持续到鸦片战争前夕。

二、资本原始积累

马克思在《资本论》中指出:"研究这个问题,就是研究经济学家所谓的预先积累或原始积累,实际上应该称做原始剥夺。我们一定会发现,这种所谓的原始积累不过是一连串使劳动者与其劳动资料之间的原始统一被破坏的历史过程。"[①]

资本原始积累是主要通过暴力使直接生产者与生产资料相分离,由此使货币财富迅速集中于少数人手中的历史过程。资本原始积累的时间为15世纪70年代至19世纪初。

这个过程发生在资本以及与之相适应的生产方式形成前的历史阶段,所以称为"原始积累"。它是资本主义生产方式的前提和起点,对农民土地的剥夺构成整个原始积累的基础。

(1)暴力剥夺农民土地(圈地运动)。新兴的资产阶级和新贵族用暴力的手段迫使小生产者同生产资料分离并积累资本。它一方面使社会生产资料集中到少数人手里,另一方面使大批生产者转化为雇佣工人,为资本主义生产方式准备了前提条件。英国的圈地运动就是例证。

(2)暴力掠夺货币财富(圈钱运动)。用武力征服殖民地,抢劫金银财物、贩卖奴隶等手段来聚敛财富,如16世纪的奴隶贸易。

(3)资本积累不同于资本原始积累,资本开始大量的贩卖人口、奴役人口、在生产中剥削工人(圈人运动)。通过剥削工人的剩余价值而积累的过程叫作资本积累。资本的原始积累的手段是掠夺,资本积累的手段是剥削。

资本原始积累的历史意义主要体现在两个方面:一是正面意义,促进封建主义生产方式向资本主义生产方式的转变;二是负面意义,是一部罪恶的掠夺史。

---

① 马克思恩格斯选集(第二卷)[M].北京:人民出版社,2012:46.

第二节 垄断资本主义

垄断资本主义是资本主义发展到一定阶段的产物,资本的逐利性迫使资本所有者通过各种手段开拓市场(即全球化),通过各种手段集中资源(即垄断)。垄断的产生也是一个较长的历史周期,此时资本尚未有能力触及国家政权,而是在外围解决与国家政权相结合的一些因素,如开拓殖民地和市场、建立新的国际市场运行规则和国内市场运行规则、建立国际组织和跨国集团等。

一、垄断资本主义的产生

垄断是在自由竞争过程中自然而然出现的,是市场规律的结果。垄断的出现,改变了自由竞争市场的基本规则,逐渐形成了垄断规则。

(一)垄断

垄断是少数资本主义大企业为了获取高额利润,通过联合对一个或几个部门进行操纵和控制。垄断的产生伴随着生产集中和资本集中的过程,生产集中和资本集中是资本家追求剩余价值的客观结果。

(二)垄断产生的原因

垄断产生的原因主要包括以下几个方面:

(1)追逐利润垄断。自由竞争的无序导致生产集中后,会自然而然地推动企业联合,或者以行业联合会等形式实行联合,操控行业部门的生产、流通、销售、服务,实行市场垄断交易,获得高额利润。

(2)追逐产业垄断。自由市场中的淘汰机制,往往更加容易导致小规模企业破产倒闭,部分企业在区域膨胀吞并之后会形成规模巨大的企业,这种竞争优势会形成对竞争限制,设立诸多行业门槛等,进一步维持产业垄断优势。

(3)追逐组织垄断。在企业自然形成垄断的过程中,激烈竞争带来相互损失,为避免两败俱伤,企业会达成妥协,联合起来实行行业垄断,或者实行合并,或者实行相互持股,或者建立一个行业协会等规范行业秩序,最终形成一个组织垄断。

(三)垄断条件下竞争的特点

垄断条件下的竞争具有以下特点:

(1)竞争目的方面：自由竞争为了获得超额利润，不断扩大资本积累；垄断竞争为了获得高额垄断利润，进而维护垄断地位和统治权力。

(2)竞争手段方面：自由竞争主要运用经济手段，通过企业内部提高劳动生产率、降低生产成本等方式实现；垄断也使用经济手段，但是更注重运用政治手段等通过立法、行业规范、舆论等方式实现。

(3)竞争范围方面：自由竞争时期的自由竞争主要在经济领域，基本上在国内统一市场内进行；垄断扩大到经济领域以外包括军事领域等，主要在国际市场上进行。

表7—2　　　　　　　　　自由竞争与垄断条件下的竞争对比

	自由竞争时期的竞争	垄断条件下的竞争
目的不同	获得更多的利润和超额利润，不断扩大资本的积累	获取高额垄断利润，并不断巩固和扩大自己的垄断地位
手段不同	部门间竞争主要通过资本转移进行，部门内竞争则依靠技术进步，提高劳动生产率，降低商品成本	除采取各种经济手段外，还采用各种非经济手段，有时甚至不惜采取暴力手段
范围不同	主要发生在经济领域，在国内市场上进行	由国内市场扩展到国外市场，由经济领域扩展到政治、军事等领域

（四）垄断加剧竞争的原因

垄断不仅不能消除竞争，反而使得竞争更加复杂和剧烈，主要是由于：

(1)垄断没有消除产生竞争的经济条件（商品经济）。竞争是商品经济的一般规律，垄断的产生并没有改变生产资料的资本主义私有制，而且促使商品经济继续发展。除非商品经济形态的消亡，垄断和竞争才会消除；而目前认为从自然经济、商品经济向产品经济过渡需要一个漫长的历史过程。

(2)垄断没有消除产生竞争的行业条件（社会分工），垄断必须通过竞争来维持。社会分工是推动历史发展的重要动力，是生产方式变革的重要体现。历史上曾经出现的每一次社会大分工变化，都伴随着生产方式的重大变革，进而带来生产关系的重大变化。垄断已经形成，就会面临更强劲的对手和更多的小型竞争对手，需要不断增强实力，巩固自己的垄断地位。

(3)垄断没有消除产生竞争的组织条件（政府）。社会生产复杂多样，垄断组织不可能把全部社会生产都承包下来，这种职能只有政府才具有，而垄断组织一旦具有这种职能,就实际上变成了政府。垄断是在各个行业的各个细微方面广泛存在的,但是垄断不可能将全社会的生产完全覆盖,也会面临其他行业的竞争和其他国家的竞争。

二、垄断资本主义的发展

垄断组织的出现改变了自由竞争的资本主义存在形式,推动资本主义发展到了垄断资本主义阶段。垄断组织在实际运行中也出现了多种组织形式,为国家力量的参与奠定了基础。

(一)垄断组织

垄断发展到一定程度,就会形成垄断组织,用组织的力量代替个体垄断的力量,是一种发展的必然趋势。

垄断组织是指一个或几个经济部门中,占据垄断地位的大企业联合。垄断组织的形式是多种多样的,在各个国家、不同时期的垄断形式也是不同的。一般情况下,垄断组织可以分为简单形式、初级形式和高级形式。

1916年6月,列宁在《帝国主义是资本主义的最高阶段》中指出:"竞争转化为垄断。生产的社会化有了巨大的进展。帝国主义阶段的资本主义紧紧接近最全面的生产社会化,它不顾资本家的愿望与意识,可以说是把他们拖进一种从完全的竞争自由向完全的社会化过渡的新的社会秩序。生产社会化了,但是占有仍然是私人的。社会化的生产资料仍旧是少数人的私有财产。"[1]他还指出:"综上所述,对垄断组织的历史可以作如下的概括:(1)19世纪60年代和70年代是自由竞争发展的顶点即最高阶段。这时垄断组织还只是一种不明显的萌芽。(2)1873年危机之后,卡特尔有一段很长的发展时期,但卡特尔在当时还是一种例外,还不稳固,还是一种暂时现象。(3)19世纪末的高涨和1900—1903年的危机。这时卡特尔成了全部经济生活的基础之一。资本主义转化为帝国主义。"[2]

(二)垄断组织的形式

简单形式主要是短期价格协定,初级形式包括卡特尔和辛迪加,高级形式包括托拉斯和康采恩。

---

[1] 列宁选集(第二卷)[M].北京:人民出版社,2012:593.
[2] 列宁选集(第二卷)[M].北京:人民出版社,2012:590.

(1)卡特尔(行业联盟,同行业垄断定价);
(2)辛迪加(产业联盟,相关产业联合统购统销);
(3)托拉斯(加盟连锁店,原企业丧失决策权,获得分红);
(4)康采恩(跨国集团,多行业形成利益共同体)。

表7—3　　　　　　　　　　垄断组织形式对比

级别	形式	主体	特点	代表
简单形式	短期价格协定	生产同类商品的资本主义企业	各自完全独立,协定期内遵守约定价格	普遍存在
初级形式	卡特尔	生产同类商品的资本主义企业	在生产上、法律上、商业上和财务上各自独立,受行业协会指导	德国率先欧佩克(石油输出国组织)
初级形式	辛迪加	生产同类商品的资本主义企业	在生产上和法律上仍然独立,但在商业上失去了独立性	法国率先行业联盟
高级形式	托拉斯	生产上有密切联系的企业联合	在生产上、法律上、商业上都丧失了独立性	美国率先赢利同盟
高级形式	康采恩	不同经济部门的企业联合	形式上保持独立,实际上受占统治地位的资本家集团控制	日本率先多行业相关利益共同体

(三)垄断利润

垄断利润是垄断资本家凭借在社会生产和流通中的垄断地位而获取的超过平均利润的高额利润。垄断利润主要有以下四种来源:

(1)本国无产阶级,主要是通过各种行业产业的生产流通消费等实现的。即使一个国家给予全体无产阶级以较好的福利待遇,对本国无产阶级的剥削依然是存在的,只不过这种剥削以额外的福利进行了补偿,而这种国家不可能太多,因为全球财富分配是均衡的,只有处于霸权体系较高位置的国家才能够从国外掠夺或者经济手段或者技术手段获取高额垄断利润用于国内分配。

(2)垄断高价和垄断低价控制市场。通过建立国际性原材料联合组织,并与联合组织签订协议等方式控制其实行垄断低价控制原材料市场是通用的手段。通过类似的国际性技术合作组织、贸易组织等对高新技术产品实行垄断高价,这也是常用的手段。

(3)其他国家劳动人民,主要是通过贸易手段,尤其是不对等、不平等的贸易手段实现的。通过生产领域的多层级分工体系、贸易领域的角色分工等将产品中较大利润分配至发达国家掌握的技术环节、资金环节等方面,或者通过制造金融危机、战争、社会危机以及股市危机等方式收割一般国家的财富。

(4)通过政权进行垄断资本再分配。政府对所掌握的资源财富进行不同行业的补贴标准,重点支持部分行业领域优先发展。

垄断价格是垄断组织在销售或购买商品时,凭借垄断地位规定的,旨在获取最大限度利润的市场价格。

$$垄断价格=成本价格+垄断利润$$

垄断价格有两种形式:垄断高价和垄断低价。垄断高价是垄断组织在出售商品时规定的高于生产价格的价格,垄断低价是垄断组织在购买生产原料时规定的低于生产价格的价格。因此在一般情况下,垄断组织可以承受的最低价格就是生产价格,这意味着他们将失去垄断利润,而仅仅保留平均利润。

(四)垄断价格没有否定价值规律

垄断价格没有否定价值规律,它是价值规律在垄断资本主义阶段作用的具体体现,主要有以下几个方面:

(1)仍受市场供求变化的制约。垄断是以竞争为基础的,仍然需要市场的存在,因而也受到市场供求变化的影响。

(2)整个社会商品价格总额与价值总额相等。从全社会来看,垄断价格既不能增加也不能减少整个社会所生产的价值总量,整个社会商品价格总额与价值总额依然是相等的。

(3)归根结底受社会必要劳动时间变动的制约。垄断只是在分配端进行了调整,并没有更改生产问题,也没有影响剩余价值的生产,因此,垄断的出现只是改变了商品的流通、消费和分配,商品及其价值归根结底受社会必要劳动时间变动的制约。

(五)金融寡头

金融寡头是指操纵国民经济命脉,并在实际上控制国家政权的少数垄断资本家或垄断资本家集团,是工业垄断发展到一定阶段的必然产物。金融资本是工业垄断资本和银行垄断资本融合在一起而形成的一种垄断资本,随着生产集中和垄断的发展,银行资本由集中走向垄断,工业垄断资本对银行的依赖增强,大银行与大企业的金融联系更加密切,形成了固定的关系。通过金融联系、资本参与和人事参与,银行垄断资本和工业垄断资本密切融合在一起,产生了金融资本。

1916年6月,列宁在《帝国主义是资本主义的最高阶段》中指出:"银行基本的和原来的业务是在支付中起中介作用。这样,银行就把不活动的货币资本变为活动的即生利的资本,把各种各样的货币收入汇集起来交给资本家阶级支配。随着银行业的发展及其集中于少数机构,银行就由中介人的普通角色发展成为势力极大的垄断者,它们支配着所有资本家和小业主的几乎全部的货币资本,以及本国和许多国家的大部分生产资料和原料产地。"[①]

金融寡头统治方式主要有以下几种:

(1)经济上通过参与制。经济利益是最根本的利益,因而资产阶级必然直接参与瓜分和占有绝大部分利益,往往通过掌握一定的股票来控制企业。

(2)政治上通过与政府、个人联合。为了实现行业或者企业的利益,就需要影响政府政策,通过支持现任领导人或者候选人等,将资本代理人送进政府或者议会,通过他们实现产业政策转变为国家政策。

(3)在上层建筑基础上建立咨询机构。资产阶级还需要通过新闻出版、广播电视、科学教育、文化体育等方面左右国家的内政外交方针,甚至直接资助建立相关方面的政策咨询机构或者智库,直接为国家决策服务,将自己的战略规划转变为国家战略。

1916年6月,列宁在《帝国主义是资本主义的最高阶段》中指出:"金融资本造成了垄断组织的时代。而垄断组织则到处实行垄断的原则:利用联系来订立有利的契约,以代替开放的市场上的竞争。最常见的是,规定拿一部分贷款来购买债权国的产品,尤其是军用品、轮船等等,作为贷款的条件。"[②]

第三节 国家垄断资本主义

垄断资本主义发展到一定阶段,尤其是全球化的协调时,就显得力不从心,

---

① 列宁选集(第二卷)[M].北京:人民出版社,2012:597.
② 列宁选集(第二卷)[M].北京:人民出版社,2012:629.

显然需要国家的介入;与此同时,国家之间的竞争甚至战争也迫切需要国家政权介入垄断资本。因此,国家垄断资本主义便顺应时代潮流而诞生了。

一、国家垄断资本主义的产生

国家垄断资本主义是资本主义发展到一定阶段的产物,是继自由资本主义、垄断资本主义之后的新阶段,也代表着资本主义制度自身的不断进步;同时,间接地为进入共产主义做好各个方面的准备,尤其是国家对经济的管控、对社会管理的创新等都取得了进步。

(一)国家垄断资本主义的背景

资本主义由自由竞争进入垄断阶段后,随着科学技术的进步和生产社会化程度的提高,私人垄断资本与社会化大生产之间的矛盾日益尖锐,以致严重阻碍了生产力进一步发展,客观上推动了私人垄断与国家政权相结合,金融垄断资本进一步发展,并进而向国际垄断资本扩展,以谋求高额垄断利润。

(二)国家垄断资本主义内涵

国家垄断资本主义是国家政权和私人垄断资本融合在一起的垄断资本主义。

(三)国家垄断资本主义性质

国家垄断资本主义是垄断资本主义生产关系在自身范围内部分质变,标志着资本主义发展进入新的阶段。

(四)国家垄断资本主义时间

第一次世界大战期间,交战国借助国家力量推行国民经济军事化,普遍加强了国家对经济社会经济和人民生活的统治和管理,逐渐向国家垄断资本主义过渡。

(五)国家垄断资本主义理论基础

1936年,英国经济学家凯恩斯发表《就业、利息和货币通论》,主张国家通过财政和货币政策实现总供给与总需求的平衡,即政治干预经济,为国家垄断资本主义奠定了理论基础。

(六)国家垄断资本主义本质

资产阶级国家力量与垄断组织力量结合在一起的垄断资本主义。列宁在《帝国主义是资本主义的最高阶段》中指出:"以小业主的劳动为基础的私有制,自由竞争,民主——所有这些被资本家及其报刊用来欺骗工农的口号,都早已成为过去的东西。资本主义已成为极少数'先进'国对世界上绝大多数居民实行殖民压迫和金融扼杀的世界体系。瓜分这种'赃物'的是两三个世界上最强大的全身武装的强盗(美、英、日),他们把全世界卷入他们为瓜分自己的赃物而进行的战争。"[①]

(七)国家垄断资本主义的原因

国家垄断资本主义的原因主要包括以下几个方面:

(1)生产力发展,要求资本主义生产资料在更大范围内被支配,从而促进国家垄断资本主义的产生。

(2)经济危机的深化,迫切需要在更高层面对经济活动进行调控,借助国家力量以及反危机措施应付危机。

(3)缓和阶级矛盾的需要,国家参与其中调整收入分配,对私人垄断资本不可能承担的调节利益再分配活动。

(八)国家垄断资本主义的形式

国家垄断资本主义的形式主要包括以下几个方面:

(1)国家直接经营(国有企业)。资本主义国家在必要的时候,也会建立国家直接经营的企业,提供公共产品。

(2)国家与私人合营(合营企业)。资本主义国家有时会将国有企业的部分股份转让出去,吸引资本参与;或者将国有企业转由私人承包。

(3)国家参与私人垄断。国家通过订单、各种形式的津补贴等资助私人垄断企业,更多时候是参与国际竞争,为国家某个行业在国际上占据主导地位提供政府支持。

(4)宏观调节。国家运用财政政策、货币政策等经济手段对社会总供给和总需求进行调节,以实现经济快速增长、充分就业、物价稳定和国际收支平衡等基本目标。

(5)微观规制,主要有反托拉斯法、公共事业规制和社会经济规制。反托拉斯法主要是建立规范性法令,禁止竞争性行业垄断,维护社会公众的合法权益,保障一定的竞争和活力;公共事业规制主要是针对自然垄断性质的产业,如电

[①] 列宁选集(第二卷)[M].北京:人民出版社,2012:579.

力、电信、交通、天然气、自来水等公用事业,防止损害公共利益;社会经济规制主要是通过消费者权益、知识产权、劳工权益、生态环境、食品安全等,克服资本主义的固有矛盾,促进经济发展和社会稳定。

(九)国家垄断资本主义的作用

国家垄断资本主义的作用主要包括以下几个方面:

(1)有利于社会生产力发展。国家力量的介入引导资本进行生产活动,在一定程度上克服了社会化大生产与私人垄断资本之间的矛盾,有利于社会生产力的发展。

(2)一定范围内突破了私人垄断资本的狭隘界限。国家代表私人垄断资本,能够在一定程度上消除各自为政的局面,突破了私人垄断资本的领域、行业局限,在很大程度上可以缓解生产的无政府状态。

(3)国家调节收入再分配,改善公众福利。国家通过各种手段,对社会财富进行二次分配,尤其是对社会底层进行政策倾斜,有利于缓和阶级矛盾,尤其是减弱经济危机转化为社会危机的程度。

(4)国家力量推进了国民经济现代化进程。国家力量在各个行业领域的发展规划,对于中长期发展具有重大意义,尤其是在不同行业领域的国际竞争中具有了更加强劲的竞争力,推动了现代化进程。

(十)国家垄断资本主义的实质

国家垄断资本主义的实质,私人垄断资本利用国家机器为其发展服务的手段,是私人垄断资本为了维护垄断统治和获取高额垄断利润而与国家政权相结合的一种垄断资本主义形式,是资产阶级国家在直接参与社会资本的再生产过程中,代表资产阶级整体利益并凌驾于个别垄断资本之上,对社会经济进行调节的一种形式。

二、国家垄断资本主义的发展

(一)金融自由化

金融垄断资本的发展是国家垄断资本主义发展的一个缩影。第二次世界大战后,在美国等国家的主导下建立了国际货币体系,即布雷顿森林体系,对促进世界经济恢复和方便国际贸易发挥了重要作用,但是也维持了美国的世界经济霸权地位。

国际货币体系的发展历程大致包括以下几个阶段：

(1)金本位(1850—1914年第一次世界大战)：各国以黄金进行交换。

(2)金汇兑本位制(1922—1931年)：黄金不足，英镑美元充当。

(3)布雷顿森林体系(1944—1971年)：滥发货币，流动性泛滥，只能强制确定美元与黄金兑换比例。

(4)金融自由化(1971年至今)：美国黄金不够兑换，宣布脱钩，美元、英镑、欧元等主要货币自行印制发售流动，但仍以美元为主。

金融自由化，各国政府放松对银行利率的管制，实行浮动汇率制度，取消外汇管制，金融市场相互开放(其实就像垄断到一定阶段，重新开始自由竞争)。

金融创新包括远期合约、期货合约、期权合约、掉期合约等在内的信用风险防范工具和融资技术不断创新，金融机构开始突破原有的专业分工界限，综合经营各种金融业务，金融工具不断创新，传统信贷业务逐渐减少，债券业务迅速增长，融资方式证券化趋势迅猛发展(实际上就是实体经济的金融支持减少，虚拟经济的金融支持增加)。

金融自由化的后果体现在：金融垄断资本的发展，一方面促进了资本主义经济的发展；另一方面造成了经济过度虚拟化，导致金融危机频发，不仅给资本主义经济，而且给全球经济带来灾难(经济危机之所以会发生，实际上是高额垄断利润的不可持续，迫使转换盈利方式)。

(二)垄断资本全球扩展的动因

垄断资本全球扩展的动因包括以下几个方面：

(1)利润垄断。输出国内剩余资本，谋求国外高额利润，进一步掌握国内利润和国际利润。

(2)产业垄断。非要害技术转移获取他国垄断地位，已取得在他国的垄断优势。

(3)市场垄断。通过对外输出垄断资本，建立新的生产体系、销售体系和服务体系，占领其他国家的市场，进而形成争夺市场的优势。

(4)供应链垄断。为了确保原材料的可靠来源，建立一定的联系，以维持生产的抗打击性，这种情况在全球自由市场遭受破坏或者各国非正常自由贸易垄断或者设置贸易壁垒时具有一定的显著优势。

(三)垄断资本全球扩展形式

垄断资本全球扩展形式包括以下几种:

(1)借贷资本输出。资本主义国家的政府、银行、企业把资本贷给其他国家,帮助其他国家发展经济。而在实际运行之中,资本主义霸权国往往会附加诸多政治条件,引诱其他国家在全球产业链底端,为发达国家提供廉价产品。

(2)生产资本输出。国外直接投资,创办企业,一方面解决了部分国家的就业问题,纳入了全球经济循环系统;另一方面,发达国家的大型国际企业集团也占领了绝大多数国家的市场,形成了国际垄断局面。

(3)商品资本输出。通过国际贸易将商品输往世界各地,不断扩大市场。部分大型垄断企业逐渐从低端产品控制、中端产品控制转移到科技控制,进一步加强了对其他国家的指挥和控制。部分垄断企业甚至比某些国家还要富有。

为了加强各国对垄断资本的协调和制约,防止彼此之间的激烈竞争可能引起的剧烈经济动荡,特别是防止发生全球性经济危机,国际社会逐渐建立起一些协调机构。国际经济秩序三大协调者包括:国际货币基金组织,世界银行,世界贸易组织。

资本主义的国际联盟是由一些资本主义国家的政府出面缔结协定所组成的国际经济集团,如七国集团、欧盟等。

随着全球治理体系的变革,新的国际平台或公共产品也会逐渐出现,如"一带一路"倡议相关平台、金砖国家、上海合作组织、亚洲基础设施投资银行等也将发挥一定的作用。

(四)帝国主义的特征

列宁在《帝国主义是资本主义的最高阶段》中指出:"如果必须给帝国主义下一个尽量简短的定义,那就应当说,帝国主义是资本主义的垄断阶段。这样的定义能包括最主要之点,因为一方面,金融资本就是和工业家垄断同盟的资本融合起来的少数垄断性的最大银行的银行资本;另一方面,瓜分世界,就是由无阻碍地向未被任何一个资本主义大国占据的地区推行的殖民政策,过渡到垄断地占有已经瓜分完了的世界领土的殖民政策。"[1]

列宁根据他所处的时代实践,指出资本主义发展到垄断资本主义,进而发展

---

[1] 列宁选集(第二卷)[M].北京:人民出版社,2012:650.

到帝国主义,主要特征包括以下五个:

(1)垄断组织在经济中起决定作用。列宁在《帝国主义是资本主义的最高阶段》中指出:"我们已经看到,帝国主义最深厚的经济基础就是垄断。"[①]

(2)金融寡头统治。列宁在《帝国主义是资本主义的最高阶段》中指出:"食利国或高利贷国这一概念,就成了论述帝国主义的经济著作中通用的概念。世界分为极少数高利贷国和极大多数债务国……食利国是寄生腐朽的资本主义的国家,这不能不影响到这种国家的一切社会政治条件,尤其是影响到工人运动的两个主要派别。"[②]

(3)资本输出极其重要(即全球化)。列宁在《帝国主义是资本主义的最高阶段》中指出:"以剪息票为生,根本不参与任何企业经营、终日游手好闲的食利者阶级,确切些说,食利者阶层,就大大地增长起来。帝国主义最重要的经济基础之一——资本输出,更加使食利者阶层完完全全脱离了生产,给那种靠剥削几个海外国家和殖民地的劳动为生的整个国家打上了寄生性的烙印。"[③]

(4)瓜分世界的垄断同盟已经形成。列宁在《帝国主义是资本主义的最高阶段》中指出:"帝国主义意味着瓜分世界而不只是剥削中国一个国家,意味着极少数最富的国家享有垄断高额利润,所以,它们在经济上就有可能去收买无产阶级的上层,从而培植、形成和巩固机会主义。不过不要把反对帝国主义、特别是反对机会主义的那些力量忘掉,这些力量,社会自由主义者霍布森自然是看不到的。"[④]

(5)列强瓜分世界领土完毕。列宁在《帝国主义是资本主义的最高阶段》中指出:"英国特别加紧夺取殖民地是在1860—1880年这个时期,而且在19世纪最后20年还在大量地夺取。法德两国加紧夺取殖民地也正是在这20年间。我们在上面已经看到,垄断前的资本主义,即自由竞争占统治的资本主义,发展到顶点的时期是19世纪60年代和70年代。现在我们又看到,正是在这个时期以后,开始了夺取殖民地的大高潮,瓜分世界领土的斗争达到了极其尖锐的程度。所以,毫无疑问,资本主义向垄断资本主义阶段的过渡,即向金融资本的过渡,是

[①] 列宁选集(第二卷)[M].北京:人民出版社,2012:660.
[②] 列宁选集(第二卷)[M].北京:人民出版社,2012:662-663.
[③] 列宁选集(第二卷)[M].北京:人民出版社,2012:661.
[④] 列宁选集(第二卷)[M].北京:人民出版社,2012:665.

同瓜分世界的斗争的尖锐化联系着的。"[①]

（五）帝国主义的实质

帝国主义的实质是垄断资本家凭借垄断地位获取高额垄断利润。

(1)自由竞争阶段,资本主义国家对外商品输出、奴隶贸易等经济侵略,同时武力侵略,建立殖民地或半殖民地、附属国(旧殖民主义,附属国或殖民地),即旧殖民体系的商品殖民。从殖民地掠夺的巨额财富成为资本主义国家积累、发展和增长的重要源泉,也成为他们维持国际霸权垄断统治的基础。

(2)19世纪末20世纪初,帝国主义瓜分世界领土(旧殖民主义,领土殖民),即旧殖民主义体系的土地殖民。帝国主义国家为争夺世界霸权而重新分配势力范围。

(3)第二次世界大战后,旧殖民主义转向新殖民主义(新殖民主义,经济殖民),即新殖民主义的经济殖民。世界体系的重新均衡,在一定历史时期维持了和平,霸权国主要通过经济殖民的方式从势力范围内搜刮和洗劫财富;与此同时,为了维持霸权地位,也会进行产业扶持,从而形成一个经济圈、政治圈和意识形态圈,进而维持对抗或对其他国家的霸权。

(4)当代资本主义,打着所谓援助的旗号实行对发展中国家的控制(当代殖民主义,政治经济控制),即当代殖民主义的政治殖民。随着区域国家组织的建立和一体化,世界各国关系民主化进一步增强,部分国家结为经济同盟,有了更大的话语权。但是,霸权国依靠政治霸权、军事霸权、经济霸权、科技霸权和文化霸权等对发展中国家威逼利诱,实质上希望对发展中国家实行控制或者扶植代理人。部分霸权国经常在国际援助、国际合作等合同中添加政治条件或者其他条件,试图控制发展中国家。

表7—4　　　　　　　　　　殖民主义发展列表

时间	本质	表现
自由竞争阶段	旧殖民体系的商品殖民	战争开辟商品输入地;奴隶贸易、贩卖人口等增加劳动力;武力直接掠夺财富或者巨额战争赔偿

[①] 列宁选集(第二卷)[M].北京:人民出版社,2012:641.

续表

时间	本质	表现
19世纪末20世纪初	旧殖民主义体系的土地殖民	划分势力范围；扩张领土或者建立海外殖民地；帝国主义国家为争夺世界霸权重新分配势力范围
第二次世界大战后	新殖民主义的经济殖民	霸权国家将部分国家作为附属国，将部分低端产业转移过去；或者将这些国家的产业结构进行限定并作为霸权国家的经济部分
当代	当代殖民主义的政治殖民	霸权国家建立各种政治组织，将各种国家拉入不同的政治圈子；扶植亲霸权的政权

三、经济全球化及其影响

(一)经济全球化

经济全球化是在生产不断发展、科技加速进步、社会分工和国际分工不断深化、生产社会化和国际化程度不断提高的情况下，世界各国、各地区的经济活动越来越超出一国或地区范围而相互联系、相互依赖的一体化过程。狭义的经济全球化是指19世纪萌芽，20世纪90年代形成的世界贸易、世界市场、世界历史等，导致一切国家的生产和消费都变成世界性的了。① 广义的经济全球化是指各国通过经济交往等方式促进交流，其中，伴随着战争、贸易、技术交流、人员往来、文化交往等进而形成世界历史的过程。从宏观意义上讲，人类社会发展史就是经济全球化的历史。

为了在经济全球化中抢占有利地位，国家也会通过各种形式参与其中，以税收补贴、关税甚至是军事手段等帮助本国企业抢占供给市场。1892年6月18日，恩格斯在《致尼古拉·弗兰策维奇·丹尼尔逊》的信中指出："毋庸置疑，当前俄国现代大工业的迅猛增长是由人为的手段——禁止性关税、国家补贴等等引起的。从柯尔培尔时起就已实行禁止性关税制度的法国，以及西班牙、意大利都是这样，甚至德国从1878年起也是这样。"②

---

① 马克思恩格斯选集(第一卷)[M].北京:人民出版社,2012:404.
② 马克思恩格斯选集(第四卷)[M].北京:人民出版社,2012:626—627.

(二)经济全球化的形式

经济全球化的形式主要包括以下四种：

(1)生产全球化。随着国际分工进一步分化，生产某些产品(尤其是高科技精密产品)不再由某个国家单独完成，而是由多个国家协作完成。

(2)贸易全球化。商品和劳务在全球范围内的自由流动。

(3)金融全球化。世界各国、各地区在金融业务、金融政策等方面相互协调、相互渗透、相互竞争，使全球金融市场更加开放、金融体系更加融合、金融交易更加自由的过程。

(4)企业经营全球化。企业的生产逐步由一个国家向多个国家延伸，形成多个分支机构，进行全球经营的状态。

(三)经济全球化的动因

经济全球化的动因主要包括以下三种：

(1)科技进步和生产力发展。20世纪70年代以来，信息技术革命加快了信息传送速度，极大地提高了信息沟通成本。21世纪20年代以来，信息技术与工业制造等紧密结合，诞生了智能物联等一系列新形态，进一步推动了经济全球化。

(2)跨国公司的发展。跨国公司在全球范围内利用各地的优势组织生产，大大促进了各种生产要素的全球流动和国际分工，加速推动了经济全球化进程。

表7—5　　　　　　　　　　　跨国公司类型

跨国公司类型	操作方式	代表企业
独立存在类型	跨国公司在东道国建立的独资企业或合资企业生产与母国工厂相同的产品，各自独立经营，在经营过程的各个环节上，公司内各个企业并无直接联系	联合利华、施乐、雀巢
简单一体化类型	跨国公司在东道国设立的企业只是在某些经营环节上与公司内其他企业发生联系。最常见的联系方式是，零部件由公司内的国外企业供应，东道国企业利用本国廉价劳动力进行加工装配	苹果公司
国际一体化生产类型	跨国公司在其中一个国家或地区设立区域总部，对于分布在区域内各国的公司内企业的经营活动进行统一部署，将它们的经营环节纳入同一条价值链	微软

(3)经济体制改革。世界各国都在尝试对经济体制进行适当的改革,大部分资本主义国家加强了对自由市场的监管,放弃了自由市场主义的立场;大部分社会主义国家也意识到单纯的计划经济存在的问题,开始将市场与计划相结合,探索适合本国国情的市场经济体制。

(四)经济全球化的影响

经济全球化的影响既有有利的方面,也有弊端,主要包括以下几个方面:

(1)为发展中国家提供先进技术和管理经验。商品经济的特点要求它自身无限扩张,追逐最大化利润,因此,商品超越国界就成为常态。当发达国家的内部生产饱和时,就会向生产成本更低的国家转移先进技术和管理经验,在一定程度上带动了发展中国家的进步。

(2)为发展中国家提供就业机会。中低端生产线的转移带动大量就业岗位,为发展中国家提供了一定的就业机会。

(3)推动发展中国家国际贸易发展。全球贸易的单向度是不可持续的,因此发达国家向发展中国家倾销商品时,也必然需要从发展中国家进口原材料或低端商品,促进发展中国家的贸易增长。

(4)促进发展中国家跨国公司发展。全球贸易推动了跨国公司在海外扩张,建立子公司或分公司;也为发展中国家的跨国公司提供了发展机遇。

(5)发达国家与发展中国家在经济全球化过程中的地位和收益不平等、不平衡。马克思在《关于自由贸易问题的演说》中指出:"资产阶级所标榜的'贸易自由'实质上就是资本家压榨工人的自由,同时也是资本主义国家牺牲其他民族的利益而聚敛财富的自由。"[1]

(6)加剧了发展中国家资源短缺和环境污染恶化。工业时代早期及中期,工业生产的污染现象依然十分普遍。在工业生产线向发展中国家转移的过程中,环境污染、资源污染同样成为发展中国家承受的负担。

(7)一定程度上增加经济风险,区域性的经济危机更容易演变为全球性经济危机。由于贸易壁垒的消除,尤其是金融监管自由化的彻底开放,世界各国经济关系更加紧密,一旦经济危机发生,就很容易随着生产链、贸易链波及全球。

经济全球化的过程是生产社会化程度不断提高的过程。经济全球化本质上

---

[1] 马克思恩格斯选集(第一卷)[M].北京:人民出版社,2012:375.

是发达资本主义国家通过经济贸易全球扩张维护霸权地位的主观产物,也是资本扩张的客观产物,是资本主义制度发展阶段的必然产物。经济全球化的终结也意味着资本主义制度的结束。如果资本主义生产资料私人占有,则通过革命形式实现社会变革;如果资本主义逐渐实现生产资料公有制,则利于和平过渡。经济全球化一方面塑造着社会发展形势,另一方面也在提高人的精神境界。

四、全球治理体系及其变革趋势

从全球治理体系来看,资本主义国家依然占据主导地位,资本主义国家建立的国际体系主导着世界规则;当前正处于全球治理体系剧烈变革的时代,而历史上各种国际体系不断地变革也正是人类社会发展的一个方面和表现。

(一)全球治理体系的演变历史

1368年,随着中国明朝的建立,以中国为核心与周边国家建立起朝贡与册封关系的国际关系体系,形成了世界上在1500年左右并存着三大国际关系体系中的东亚封贡体系(其余两大体系为穆斯林世界与欧洲秩序)。

在政治上,封贡体系内国家间的基本关系是册封和被册封、朝贡和被朝贡的关系,同时有同盟的性质。在本质上,这种关系虽然仍然是不平等的国家关系,但是,这种不平等不是建立在武力征服的基础上的。封贡体系中的双方承担一种双向的权利和义务。中国皇帝负有在周边国家中维持正当秩序的职责,并通过向藩属国王派遣使节主持其册封仪式和颁发皇帝诏书来承认这些国王的合法地位。当这些藩属遭受外来入侵时,中国要给予他们援助;当他们遭遇灾难时,中国皇帝应派遣宣慰使节和颁布安抚诏令。在藩属国一方,向中国皇帝表示臣服的具体形式是按时向中国皇帝"进贡"、请求册封其国王并奉中国为正朔,即按中国皇帝的年号及日月来记录历史。

在经济上,封贡体系下的东亚诸国,都从中国获得了贸易的实惠,国家的经济得到了繁荣和发展。封贡体系下的进贡,主要是一种礼仪上的形式;而经济上的封贡贸易往来才是维系封贡关系的一条重要纽带,并因而形成了一个东亚贸易圈。封贡贸易有两层含义:一是由于明朝实行海禁政策,以至于封贡各国只能在封贡体系下与中国进行贸易;二是由于前一种原因,封贡贸易是政府间的贸易,在伴随着海禁政策的封贡体系下,民间贸易难以开展。

在文化上,封贡体系促进了中国向东亚诸国的文化输出,进而形成了东亚文化圈。封贡体系兼具政治、经济和文化三重意义。封贡制度是一种以经济、文化交流达成政治目的的特殊体制。政治上,中华正朔得到了东亚诸国的承认;经济上,东亚诸国从富庶的中国那里获取了贸易实惠。文化上,在儒家文化的教化下,东亚诸国纷纷从奴隶制国家进入封建制国家的序列。在相当长的一段时期,这是东亚国家交往的一种常态。这种封贡体系下的常态一直持续到了1840年才开始有所松动,而封贡体系的彻底崩溃,是在中日甲午战争之后。

威斯特伐利亚体系是象征三十年战争结束而签订的一系列和约,签约双方分别是统治西班牙(西班牙哈布斯堡王朝)、神圣罗马帝国、奥地利(奥地利哈布斯堡王朝)的哈布斯堡王朝和法国、瑞典以及神圣罗马帝国内勃兰登堡、萨克森、巴伐利亚等诸侯邦国。威斯特伐利亚和会被认为是欧洲历史上最早的一次国际会议。和约在欧洲大陆建立了一个相对均势状态的格局,但这种均势格局并非"一种神圣的稳定局面,事实上,各国的兴衰更替以一种令人目眩的速度进行着"①。到18世纪末时,就已经有许多曾经的大国衰落了。虽然威斯特伐利亚体系建立的均势并不巩固,但和约确定了以平等、主权为基础的国际关系准则,并在威斯特伐利亚和约签订后长达几百年的时间里依然是解决各国间矛盾、冲突的基本方法。

威斯特伐利亚和约签订后,欧洲战乱仍频。但正如和约所签订的那样,这些战争都是在民族国家之间为了各自国家的利益而战,不再有中世纪般为了某一所谓神圣原则而发生的战争。而且在自威斯特伐利亚和约以来直至20世纪的大多数战争中,威斯特伐利亚和约所确定的国际关系原则对战争的进程及结果均产生了不可忽视的影响。"无论各国从战争中捞到多少好处,在表面上它们都信誓旦旦地忠于主权和平等的原则。"②威斯特伐利亚和约签订之后,为了解决各国之间的矛盾和争端,建立了一个相对合理的世界秩序。

但是,历史上这些具有区域性质和国际性质的治理体系,一般并不认为是全球治理,但是也为全球治理奠定了一定的基础。

全球治理的演变可分为三个历史阶段:帝国秩序、国联体系、联合国体系和

---

① A.J.P.泰勒.争夺欧洲霸权的斗争[M].沈钧儒,译.北京:商务印书馆,1987:5.
② 李世安.历史学与国际关系学——略论国际关系研究中的几个重要问题[J].河南师范大学学报(哲学社会科学版),2004(01):101-105.

后冷战秩序。[①]

(1)帝国秩序阶段(维也纳体系)。克雷格·墨菲认为,帝国秩序是全球治理的开端。维也纳会议和神圣联盟开启了一个全新的时代,维也纳会议旨在重新划分拿破仑战败后的欧洲政治版图,会议的目的是恢复拿破仑战争时期被推翻的各国旧王朝及封建欧洲秩序,防止法国东山再起。为了保障和平,维也纳会议开创了一个国际均势体系。会议达成的协议更加精确地规定了外交事务的权利与义务,这些政治行为制度化了国际关系的基本准则。

(2)国联体系(凡尔赛—华盛顿体系)。在第一次帝国主义大战以后,是第一次世界大战战胜国——主要是英国、法国、美国和日本——建立的一种新的国际关系制度。帝国主义在全球范围内对第一次世界大战后列强关系的调整和对世界秩序的重新安排,构成了帝国主义国际关系的新格局,即凡尔赛—华盛顿体系。新的全球体系通常出现在战争之后,第一次世界大战的悲剧促使各国反思过去的国际行为模式。国际联盟成立于第一次世界大战后不久。国联的目的是维护第一次世界大战后的国际格局,防止德国东山再起,以避免第一次世界大战的悲剧重演。国联虽然试图调停国际争端,但由于缺乏强制力,并未发挥应有的作用。

(3)联合国与后冷战秩序(雅尔塔体系)。所谓雅尔塔体系,就是雅尔塔会议上所确立的第二次世界大战后国际政治格局和秩序,该体系的特点是:以美国和苏联两极为中心,在全球范围内进行争夺霸权的冷战,但不排除局部地区由两个超级大国直接或间接参与的战争(如朝鲜战争、越南战争、阿富汗战争等)。1989年的东欧剧变和1991年的苏联解体,标志着冷战的结束和两极格局的瓦解,也象征着雅尔塔体系最终瓦解。雅尔塔体系的实质是大国实力对比和互相妥协的产物,打上了大国强权政治的烙印。

当前,极少数国家追求霸权,联合北约利用军事霸权在世界上制造动荡,利用金融霸权收割财富,利用文化霸权推动颜色革命,利用科技霸权打压其他国家,利用政治霸权围堵制裁其他国家。这些不稳定因素导致当前全球治理体系呈现各种不满的声音。2017年1月,习近平主席在联合国日内瓦总部发表的题为《共同构建人类命运共同体》的主旨演讲中,全面、深刻、系统地阐述了人类命

[①] 曹亮亮.全球治理体系的历史演变与现实挑战[J].人民论坛,2017,553(11):112-113.

运共同体理念,为当代国际关系发展提供了新理念,开辟出一条合作共赢、共建共享的文明发展新道路,也为变革当前的全球治理体系指明了方向。

(二)全球治理体系变革的当前趋势

随着国际关系的复杂化和全球化的深入发展,全球治理已经成为世界各国共同关注的议题。随着经济全球化和世界格局的巨大变化,建立在第二次世界大战后国际经济秩序基础之上的全球治理体系与决策模式已无法适应新形势的发展和变化,尤其是在国际金融危机以后,面对世界经济的深度结构性调整和日益凸显的全球性问题,改革全球治理机制、加强国际协调,成为国际社会的共同议题。当前,全球治理的现状和趋势主要表现在以下几个方面:①

(1)全球治理的多层次化趋势日益明显。现在的全球治理已经从以国家为主导的国际秩序,向各种国际组织、机构、协议等多层次治理体系转变。联合国、世界贸易组织、世界银行、国际货币基金组织等成为全球治理的主要平台和机构。同时,国与国之间的地区合作和区域治理也越来越重要。新兴市场国家和发展中国家经济实力迅速崛起,参与全球治理的意愿和能力逐步加强。② 全球治理机制的变化反映着国际力量对比和世界经济格局的变化,进入 21 世纪以来,新兴国家的群体性崛起导致世界经济中心由欧美转向亚洲。

(2)全球治理的参与主体日益增多。除了国家政府之外,国际组织、跨国公司、民间社会组织、专家学者等各类参与主体,都成了全球治理的参与者。这些主体通过合作、协调等方式,共同为全球治理做出贡献。全球治理的参与主体不仅限于传统国际政治认定的主权国家,而且包括政府间国际组织、跨国公司、国际非政府组织以及国内社会组织等机构。在治理方式上,全球治理不再是以往国际政治的垂直管理,而强调垂直治理与平行治理的交互。纵观国际关系史或世界政治史,无论是威斯特伐利亚体系、维也纳体系,还是凡尔赛—华盛顿体系、雅尔塔体系,抑或是布雷顿森林体系,要么是一种均势权力格局,要么是霸权统治格局,都是一种垂直治理,而非强调多元平等的平行治理。

(3)全球治理的目标和任务日益复杂和多元化。随着全球化进程的深入,全球治理所面临的问题越来越多元化,包括贸易、金融、环境、能源、安全等各个领

---

① 刘铁娃.全球治理的五要素及其内在张力[J].人民论坛,2021,724(33):60—62.
② 赵硕刚.国际经贸规则变化趋势对我国的影响及对策[J].海外投资与出口信贷,2019,91(03):30—35.

域。这些问题之间相互关联，需要全球治理系统整体思考和应对。全球治理议题范围扩大，非传统、突发性的全球热点问题增多。随着全球化的不断深入发展，世界经济和贸易低速增长，全球政治格局转变以及人口资源环境矛盾的日益凸显，世界各国面临的共同挑战进一步增多，气候变化、国际金融体系改革、核安全和防扩散、贸易保护主义、粮食安全和人口老龄化等方面的全球性议题显著增加，成为影响各国经济可持续发展的重要因素。

(4)全球治理结构面临中心与边缘的分裂。传统的自由主义全球治理理论认为，基于全球治理主体、治理方式和核心议题的多元与多层次，出现了全球治理的多中心趋势，即不再有单一的中心点，边缘与中心均是变动不定的。任何一个区域、一个国家或民族的问题都可能成为全球治理的中心问题，也可能随着情势的变化又转为边缘问题。"蝴蝶效应"不再是一种偶然，而是成为全球事务中的某种常态。主权国家中，即便少数弱势区域、国家或国际机构等主体所面临的问题成为全球治理的中心议题，它们似乎也无法完全左右、掌控局面，最后还是要由并未提供中心议题的强势国家主导。以联合国体系中的全球治理为例，往往呈现"治理主体"为主要大国强国，而"被治理主体"为小国弱国，甚至是脆弱国家，因此在事实上反复形成决策层面与项目实施的脱节，也常发生西方大国借着全球治理的借口干涉中小国家的内政，造成更多的混乱和动荡。①

(三)全球治理体系变革的中国贡献

当前，世界之变、时代之变、历史之变正以前所未有的方式展开。一方面，和平、发展、合作、共赢的历史潮流不可阻挡，人心所向、大势所趋决定了人类前途终归光明；另一方面，恃强凌弱、巧取豪夺、零和博弈等霸权霸道霸凌行径危害深重，和平赤字、发展赤字、安全赤字、治理赤字加重，人类社会面临前所未有的挑战。全球治理体系亟待变革和完善，成为国际社会的普遍共识。面对复杂的世界局势，中国高举多边主义旗帜，提出积极应对全球性挑战的中国主张和中国方案，为全球治理体系改革与完善做出有力的中国贡献。②

(1)秉持共商共建共享的全球治理观。全球治理从数百年来列强通过战争、殖民、划分势力范围等方式争夺利益和霸权逐步向各国以制度规则协调关系和

---

① 王明国.全球治理结构的新态势及其对国际秩序的冲击[J].教学与研究,2014,427(05):32—40.
② 张卓然.为全球治理体系变革贡献中国智慧、中国方案、中国力量[J].瞭望,2023(14):4—8

利益的方式演进。新兴市场国家和一大批发展中国家快速发展,国际影响力不断增强,是近代以来国际力量对比中最具革命性的变化。共商共建共享的全球治理观体现了公正合理的改革方向。习近平总书记强调,推进全球治理体系变革"不仅事关应对各种全球性挑战,而且事关给国际秩序和国际体系定规则、定方向;不仅事关对发展制高点的争夺,而且事关各国在国际秩序和国际体系长远制度性安排中的地位和作用"。

(2)维护和践行多边主义,推动构建人类命运共同体。中国强调全球治理体系要坚持多边主义道路,维护以联合国为核心的国际体系。全球治理体系改革应更平衡地反映大多数国家的意愿和利益,推动全球治理体系更符合生产力发展要求、更有利于各国共同发展。积极推动构建人类命运共同体,强调应由各国共同维护普遍安全、共同分享发展成果、共同掌握世界命运。全球治理应该秉持共商共建共享原则,顺应和平发展合作共赢的历史趋势。[①]

(3)在国际贡献中彰显中国行动引领。在全球治理形势紧迫的当前,中国反复强调各国尤其是负责任的大国向全球提供公共产品的重要性和必要性。中国提出构建人类命运共同体倡议,推动"一带一路"建设。中国将加大对全球发展合作的资源投入,把南南合作援助基金整合升级为"全球发展和南南合作基金";将加大对中国—联合国和平与发展基金的投入,支持开展全球发展倡议合作。中国还在环境保护、减贫行动、气候变化、联合国维和行动、粮食安全、互联网空间国际治理、生物安全威胁、人道主义援助、防核扩散等诸多全球治理问题上,倾注精力,投入人力、物力、财力,有效发挥作用,做出大国贡献。[②]

第四节 当代资本主义变化与危机

当国家垄断资本主义出现时,为了抢占市场、资源和规则制定权、主动权,往往会建立国家联盟。事实上,在封建社会、奴隶社会甚至原始社会战争之时,也会建立联盟,但是,国家垄断资本主义之后的联盟似乎有了特殊的历史意义。以往的联盟往往是为了一时的利益或者暂时的和平,而资本主义国家联盟似乎代

---

① 孙吉胜.全球治理体系变革的中国贡献[J].当代中国与世界,2021,4(04):47—57.
② 戴维来.话语到话语权的转化逻辑与中国话语权的深化路径[J].太平洋学报,2022,30(07):26—38.

表着国家垄断资本主义之后的一个新的阶段,这就预示着资本主义制度走到了最后的阶段。

当代资本主义的一些变化和危机也逐渐能够体现这样一个宏观趋势,但是还不是特别明显。社会主义国家联盟和资本主义国家联盟曾经出现一些摩擦和纠纷,自苏联解体后进入一个暂时的和平发展期,当代资本主义的变化就是这个和平发展期的体现。如果从更宏大的视角来看,资本主义国家联盟是逐渐加强的,而社会主义国家联盟或者其他形式的联盟则是相对滞后的。看待当代资本主义变化与危机,不仅需要从资本主义本身来看,更需要从资本主义发展历史来看,还需要结合社会主义发展历史来观察。

一、当代资本主义的变化及其本质

第二次世界大战以来,资本主义就出现了一些变化。进入 21 世纪以来,资本主义更是发生了重大变化,全球治理体系也随之发生更加激烈的矛盾和变革。这些矛盾的加深以及世界范围内的系统性危机,都在表明当代资本主义又发生了重大变化,主要表现在以下几个方面:

(一)生产资料所有制变化

资本主义制度是不断发展变化的,生产力水平不断提高,生产资料所有制也随着生产力水平的提升而发生一定的变化。这种变化逐渐从个人所有向集体或者国家所有转变,其不断变化为向社会主义生产关系奠定了基础(见表7-6)。

表 7-6 生产资料所有制形式

时间	生产资料所有制形式	占有主体	特 点	性 质
资本主义发展初期	私人资本所有制	个体资本家	所有权和控制权高度统一	个体资本家同雇佣劳动的剥削对立关系
19世纪末20世纪初	私人股份资本所有制	多元股东	所有权和控制权分离,股东所有,职业经理人控制	私人资本家联合同雇佣劳动的剥削对立关系
第二次世界大战后	国家资本所有制	国家	国家拥有国有企业所有权和控制权	总资本家同雇佣劳动的剥削对立关系
20世纪七八十年代	法人资本所有制	各类法人(企业法人、机构法人)	集中控股,所有权和控制权重新统一	垄断集体所有制与雇佣劳动的剥削对立关系

(1)资本主义初期,个体资本所有制。在资本主义发展初期,私人资本所有制是占据主导地位的所有制形式,生产资料经济上的所有权与法律上的所有权是一致的。

(2)19世纪末20世纪初,私人股份所有制。随着股份制公司成为主要的企业组织形式,私人股份资本所有制取代私人资本所有制成为占据主导地位的所有制形式。其特点是,资本占有主体多元化,整个股份资本由职业经理人直接管理和控制,生产资料经济上的所有权与法律上的所有权发生分离,所有权与控制权不再统一。

(3)第二次世界大战后,国家资本所有制。国家资本所有制是指生产资料由国家占有并服务于垄断资本的所有制形式。其主要特点是,国家作为出资人,拥有国有企业的所有权和控制权,国有企业的重要职能是推行政府的社会政策和经济政策,为私人垄断资本的发展提供服务和保障。国家资本所有制在整个资本主义经济中所占的比重并不大,但是,由于其主要存在于基础设施和公共事业部门,所以对整个社会经济的发展有着重要的影响。国家资本所有制的性质依然是资本主义形式,体现了总资本家剥削雇佣劳动者的关系。

(4)20世纪七八十年代,法人资本所有制。法人资本所有制是法人股东化的产物,主要有两种形式:一种是企业法人资本所有制,另一种是机构法人资本所有制。法人资本所有制的特点是,各类法人取代个人或者家族股东成为企业的主要出资人,企业的股票高度集中于少数法人股东之手,法人股东凭借手中掌握的控股权干预甚至直接参与公司治理,监督和制约管理阶层的经营行为,使公司资本的所有权与控制权重新趋于统一。法人资本所有制在性质上是一种基于资本雇佣劳动的垄断资本集体所有制,体现了资本剥削雇佣劳动关系。

从资本发展的整体历史来看,资本主义生产资料经过这些形式的演变,资本占有的社会化程度大大地提高了,也为后续的社会制度奠定了新的基础。

(二)垄断资本形式变化

实体经济越来越依赖金融市场,进一步加强了金融对实体经济的捆绑,甚至反客为主,使金融资本获得了空前的发展和权力。

(1)商品资本和经济危机。从资本主义诞生到20世纪70年代末,资本主义的发展都是以实体经济为主,各个行业、各个产业都在自由竞争,在垄断中实现了竞争与发展。其间也出现了一些生产消费不平衡的问题,通过经济危机的形式实现了社会再生产。

(2)金融资本和金融危机。20世纪70年代以来,金融资本快速发展,金融市场空前繁荣,诸多金融虚拟品呈现爆炸式增长,导致金融资本占据主导地位。尤其是2008年的金融危机,充分表明了经济危机已经过渡到金融危机的新阶段。

(三)劳资关系和分配制度变化

在资本主义条件下,劳动从进入生产开始,就已经隶属于资本,在表面平等的交换关系背后,是资本对劳动的实际支配和控制。随着生产力水平的提升,资本家开始采取一些缓和劳资矛盾的激励制度,促使工人自觉地服从资本家的意志。劳资关系和分配制度的变化主要体现在以下几个方面:

(1)职工参与决策。职工参与决策是工人运动的成果,这一制度旨在协调劳资关系、缓和阶级矛盾。职工参与决策也是不断发展完善的,整体上向着有利于工人阶级的方向发展。按照这种制度设计,有的国家在企业的监事会中,劳资双方各占一半席位,对企业的重大问题共同进行决策,实际上将职工的利益与企业的利益更加紧密地结合在一起。

(2)终身雇佣。终身雇佣制度是资本主义不断发展完善的产物,具有典型的社会福利性质,即国家通过让利企业而鼓励企业承担一定的社会责任,共同维护社会稳定。按照这种制度设计,工人一旦进入公司工作,只要不违反公司纪律,就会被终身雇佣。这一制度一方面让企业与工人产生更加紧密的联系,保障了经济社会稳定,促进了就业;另一方面,将工人捆绑在生产线上,更加自觉地服从于资本家的统治。

(3)职工持股。职工持股适应了资本主义发展的一般趋势,能够吸引职工中的优秀分子加入企业创新工作中。该制度旨在通过使职工持有一部分公司的股份来激励工人的生产积极性,使工人产生归属感,在生产中努力提高劳动生产率、增加剩余价值生产。

(四)社会阶层和阶级结构的变化

社会阶层和阶级结构的变化主要体现在以下几个方面:

(1)资本家成为食利者。资本家不需要参与企业经营,而是通过企业股票、银行存款等方式成为吸食利息的食利者。当然,资本主义国家也出台了一系列制度,如捐赠税、遗产税等限制食利者,激励更多的人努力工作、服务社会。

(2)高级经理人成为公司实际控制者。依靠专业知识和技能,高级经理人对企业经营有着更加专业的决策,因而成为公司的实际控制者。

(3)知识分子从工人阶级中分化独立。随着科技革命的深入,工人阶级的受教育程度不断提高,从事体力劳动的蓝领工人相对减少,从事技术劳动的灰领技师和从事脑力劳动的白领工人不断增加,实现了从传统劳动方式向现代劳动方式的转变。

发达资本主义国家的个人群体也出现了无产阶级资产阶级化的倾向,恩格斯当时也注意到这种倾向并予以指出。1858年10月7日,恩格斯在《致马克思》的信中指出:"英国无产阶级实际上日益资产阶级化了,因而这一所有民族中最资产阶级化的民族,看来想把事情最终弄到这样的地步,即除了资产阶级,它还要有资产阶级化的贵族和资产阶级化的无产阶级。自然,对一个剥削全世界的民族来说,这在某种程度上是有道理的。"①

(五)经济调节机制和经济危机形态变化

在资本主义自由竞争阶段,看不见的手(市场主导)成为主要调节方式。西方国家普遍走上强化市场调节、弱化政府干预的道路。

(1)通过国有企业私有化来提升经济竞争力。竞争与稳定是一对矛盾。在大多数环境下,私营企业具有更加灵活、更加激烈的竞争意识;国有企业则具有更加稳定基础、更加宏观调控的稳定意识。当经济危机出现时,国家就需要通过国有经济的形式稳定经济形式;当竞争需要强烈出现时,资本主义国家就会通过国有企业私有化来刺激竞争。

(2)通过福利制度改革,减少政府的财政负担。福利与财政也是一对矛盾。当财政充盈时,政党会通过高福利政策吸引选民而执政;但是,当财政负担尤其是财政赤字严重甚至面临国家破产时,政党执政后就不得不削减福利制度进而减少政府的财政负担。

(3)通过放松对经济和金融的监管,释放经济活力、刺激经济泡沫。监管与活力也是一对矛盾。金融资本的本质属性同样是逐利,追逐剩余价值,不希望被监管。但是,对于国家和政府而言,适当控制金融有助于稳定经济形势,一方面在必要的时候可以通过金融手段刺激经济发展,另一方面在必要的时候可以通过金融手段稳定经济形势。

---

① 马克思恩格斯选集(第四卷)[M].北京:人民出版社,2012:434.

(六)经济危机的新特点

随着政府干预经济能力的弱化,资本主义生产方式固有矛盾又开始凸显。第二次世界大战后,政府强力介入经济发展,全面干预经济。尤其是20世纪70年代滞胀后,资本主义经济进一步陷入衰退和停滞,经济危机呈现新的特点。

(1)去工业化和产业空心化日趋严重,产业竞争力下降。生产力水平不断提升是不可逆转的趋势,而为了保持科技优势就不得不将工业转移出去,否则无法完成财富的国际流动。资本主义的头部国家保持科技优势,让部分国家停留在工业生产阶段、部分国家停留在资源生产阶段,就实现了相对稳定的分工格局,进而可以依靠这种分工收割世界财富。如果头部资本主义国家既掌握科技,又掌握生产,还掌握资源,那么其他国家就没有任何货币或者财富值得交换,因此国家贸易就无法进行。通过工业化转移,头部资本主义国家开始出现去工业化和产业空心化的倾向,这主要是因为头部资本主义国家的金融比工业更有利润,因而不得不放弃工业。

(2)经济高度金融化,虚拟经济与实体经济严重脱节。金融的出现就像当年货币的出现一样,有助于贸易的进行,也有助于刺激经济。但是,金融成长为支配经济的核心因素,就导致虚拟经济极度膨胀,甚至在金融领域内部形成金融泡沫,与外部的实体经济严重脱节。这就为实体经济发展带来了巨大的风险。

(3)财政严重债务化,债务危机频繁爆发。提前消费和扩大投资在一定程度上有利于刺激经济发展,但是部分资本主义国家毫无节制地负债、毫无规划地负债,就会将国内危机转化为国际危机,尤其是头部资本主义国家会通过货币国际化甚至货币在国际上的支配地位主动制造风险和转移风险,形成收割其他国家财富的工具。

(4)两极分化和社会对立加剧。自由的经济发展结果就是两极分化,资本积累进一步加剧了这种趋势,造成社会财富的不平衡分配。经济问题体现在社会层面就变成了社会对立。社会对立的根源还在于经济对立。

(5)经济增长乏力,发展活力不足,周期性危机与结构性危机交织在一起。生产力的发展主要依靠科学技术进步,但是科学技术进步是需要科学探索的,也需要较长的时间。相对于经济增长需求而言,科学发现是严重滞后的,因此经济增长活力不足。另外,科学技术、基础设施等向其他国家的转移进而带动其他国家的发展也能刺激经济增长,但是资本主义国家是以自身国家利益为重的,部分国家甚至通过制造战争的方式维持自身利益,因此诸多经济增长手段被削弱。

(6)金融危机频发,全球经济屡遭打击,危机周期的长度缩短。经济危机转化为金融危机之后,金融危机的国际危害就进一步增加了。金融危机一旦蔓延,就会通过经济贸易链条传导至世界各国,全球经济就会遭受严重打击。由于世界经济的联系比以往更加紧密,因此这种危机的周期也开始变短。

(七)政治制度变化

资本主义政治制度在不断发展完善,与此同时,出现了越来越多的制度危机。总体而言,政治制度的发展进步推动了人类社会的文明程度,也为向社会主义过渡奠定了更多的政治管理经验,为无产阶级的革命斗争提供更多的平台。

(1)国家行政机构的权限不断加强。现代经济的快速多变,要求赋予国家行政机构更多更便捷的权限,进而形成三权分立、行政强势的普遍局面。

(2)政治制度出现多元化的趋势,公民权利有所扩大。世界各国根据自身实际,制定符合自身特点的政治制度,呈现多元化的趋势。从整体上而言,公民权利不断扩大,这得益于生产力提高带来世界经济的整体性增长,也得益于世界交往的日益扩大。公民在法制范围内较为广阔地通过个人的政治行为、法律行为,或者以团体、组织、政党为单位,影响国家政策的制定和执行,以谋求自身利益。

(3)重视并加强法治建设。面对发展与危机并重的时代特点,政府的责任越来越重,因此,政府希望通过法治建设来减少常规责任,通过日常工作运转解决一般的社会矛盾。

(4)改良主义政党在政治舞台上的影响日益扩大。例如,美国的总统竞选人桑德斯提出建立社会主义,受到了很多群体的支持。改良主义政党影响力日益扩大,成为资本主义国家政治生活中新的现象,在一定程度上代表着工人阶级力量的复兴。

(八)当代资本主义新变化的原因

当代资本主义新变化的原因主要包括以下几个方面:

(1)科技革命和生产力发展。生产力的发展是一切社会发展的根本动力,近年来科学技术的作用尤为明显。第二次世界大战之后,第三次科技革命蓬勃发展,极大地促进了生产力的发展。21世纪20年代以来,工业4.0正在引发智能科技革命,也必将引起全球经济新的升级。

(2)工人阶级斗争结果。在世界范围内,工人运动依然处于比较松散的状态，一些国际工人组织依然在发挥作用。尤其是在改善劳动条件和生活条件方面，以及在环境保护、缓解全球粮食危机、反对帝国主义侵略政策和战争政策等方面发挥了重要作用。但是，自从第三国际解体之后，再也没有强有力的国际工人组织。

(3)社会主义制度优越方面被资本主义吸纳。社会主义国家在某些方面的成功经验，也会被资本主义国家吸收和借鉴。资本主义和社会主义共生，在相对较长的历史时期将是比较普遍的现象，两种社会制度在实践探索中均会积累一定的成功经验，也会相互借鉴成功经验。

(4)改良主义政党对制度的改革。第二次世界大战结束后，一些马克思主义政党转向了改良主义政党，并在欧洲的英国(英国工党)、法国(法国社会党)、德国(德国社会民主党)长期执政。今天，这些政党依然发挥着重要作用。

(九)资本主义产生新变化的实质

资本主义产生新变化的实质主要体现在以下几个方面：

(1)当代资本主义发生的变化从根本上说是人类社会发展一般规律和资本主义经济规律作用的结果。资本主义制度由生成到终结，自身也在发展并呈现一定的规律性，是人类社会的进步，也是在不断克服自身制度限制的过程。

(2)当代资本主义发生的变化是在资本主义制度基本框架内的变化，并不意味着资本主义生产关系的根本性质发生了变化。资本主义制度是建立在生产资料私有制和雇佣劳动基础上的，无休止地追求剩余价值是资本主义制度的基本规律。

(3)当代资本主义新变化，没有改变马克思主义关于资本主义基本论断。马克思主义关于人类社会一般规律的论断是科学的论断，关于资本主义制度的分析是科学的分析，是建立在辩证唯物主义、唯物史观和资本论基础上的科学结论。随着资本主义制度的自身发展，还需要后人不断总结新的结论和论断，但并不会从根本上改变马克思主义关于资本主义的基本论断。

二、当代资本主义的危机及其解决方案

资本主义发展至今已经经历了多次危机，每次解决了危机就进入到一个新的发展阶段。当代资本主义又出现了新的危机，面对这些危机也需要新的解决方案。这些解决方案并非直接过渡到社会主义，而是在一定程度上缓解资本主义矛盾。同时,这些矛盾的反复出现也在不断教育无产阶级,增进无产阶级的阶级觉醒和团结,增强无产阶级开展经济斗争、政治斗争、思想斗争的经验和能力。

(一)当代资本主义的矛盾的表现

2008年国际金融危机以来,资本主义的矛盾主要表现在以下几个方面:

(1)市场失灵。一是虚拟经济与实体经济发展失衡;二是福利风险增加;三是债务负担沉重。

(2)政府失灵。一是西方式选举民主往往难以选贤;二是政党利益凌驾于国家利益之上;三是民主陷阱会阻碍国家治理;四是传统精英政治走向衰落。

(3)社会失灵。社会融合机制失效,一是社会极端思潮抬头,欧洲右翼政党上台或获得大量席位;二是社会流动性退化,贫富分化,中产阶层萎缩,阶层固化;三是社会矛盾激化,西方社会群体性事件增多。

(二)当代资本主义危机的新变化

当代资本主义危机的新变化主要表现在以下几个方面:

(1)结构性经济危机日益突出,生产过剩与生产不足同时并存。结构性经济危机于20世纪下半叶逐渐形成并在最近二十年频繁出现,具体是指由于不同生产部门、生产性企业和非生产性企业等之间的平衡比例被打破,经济内在稳定增长的机制受到阻碍而形成经济危机,它表现为有些部门生产过剩、有些部门生产不足。以美国为例,自从去工业化出现后,传统的冶炼、纺织、橡胶等部门生产萎靡不振,而像集成电路、电子信息等高科技部门生产势头迅猛。持续时间长、生产要素在不同部门的门槛约束高、资产专用性强等致使结构性经济危机的影响恶劣,导致所有应对之策都需要以较强的阵痛为代价。另外,随着近年来工业4.0的萌发加速第四次工业革命的到来,结构性经济危机往往会与传统周期性经济危机相融合,致使绝对过剩和相对过剩并行发生作用,极大地加剧了结构性经济危机的恶劣影响。

(2)经济危机与政治、社会、文化、生态等互相交织,形成系统性危机。当代资本主义危机已从传统相对独立的局部性危机转变为错综复杂的系统性危机,其中,经济危机对上层建筑危机的传导力和渗透力更强。近年来,"历史终结论"的判断由被盲目吹捧转向被广泛质疑,这是源于系统性危机的爆发。特别地,2008年国际金融危机已经引起了诸多领域的反应,例如,华尔街与民主政治丑闻、社会福利削减与难民危机、新教伦理信仰遭受质疑、不可逆转的环境灾难等,即便是西方的一些学者也认为,当前系统性危机只能从改变资本主义生产方式、变革资本主义制度角度寻求对策,西方保守主义代表提出的"系统性变革"是一剂触及资本主义基本制度的猛药。

(3)当代资本主义危机波及范围更广,全球范围内的金融掠夺成为常态。当代资本主义是国家垄断资本主义,其中,金融资本发挥了不可替代的作用。在国际分工深化的背景下,金融资本将触角伸向了全世界几乎所有角落,致使资本主义危机容易诱发为世界性危机。沃勒斯坦的世界体系理论深刻揭示了在"中心—半边缘—边缘"格局下资本主义危机波及范围的传导路径。货币滥发、恶意套汇、期货做空等金融掠夺行为成为大资本家维护自身利益的常用手段,墨西哥金融危机、亚洲金融危机、次贷危机、量化宽松政策就是典型例证。当代资本主义危机波及范围更广的一个新变化是缘于以下事实,即西方国家和国际金融组织长期向发展中国家施压,要求放开资本账户和利率自由化,这加剧了主权国家和世界金融格局的不稳定性和潜在危机。

(4)新一轮军备扩张开始,地缘政治冲突加剧。在寻求应对当代资本主义危机的解决之道上,西方国家逐渐走上与世界人民福祉相悖的道路。冷战结束后,新一轮军事扩张和竞赛重新抬头,尤其是美国基本国防预算不断攀升,这无疑会加剧地缘政治和军事冲突。世界经济史表明,军事战争是打乱现行秩序、重新洗牌的最直接的方式,也是转嫁国内经济危机的最后一根救命稻草,历史上重要的军事战争背后无不夹杂着经济危机。当经济危机升级为系统性危机时,以牺牲他国利益为导向的策略便极容易转为军事冲突。近年来,美国重返亚太战略、南海仲裁案、日本强行通过安保法案、俄乌冲突、中东乱局等事件很大程度与此相关,这些行为加剧了地缘政治和军事风险,损害了有关主权国家利益,违背世界人民发展意愿。霸权主义只会加剧危机,世界各国应该秉持求同存异,寻求合作共赢,推动世界和平稳定发展。

当代资本主义危机应对之策匮乏,未来走向扑朔迷离。近年来,资本主义国家遭遇到了前所未有的困境,即应对危机之策乏善可陈,能够产生积极效果的政策更是寥寥无几。货币宽松造成通货膨胀、维持社会福利增加债务危机、税制改革激化社会矛盾、科技创新加剧结构性失衡等矛盾导致资本主义国家面临着何去何从的根本性问题。

对于资本主义的未来走向,有学者总结了五种基本观点,分别为自由竞争资本主义、国家干预资本主义、民主社会主义、工业资本主义和社会主义。从历史进程视角来看,前三种模式已被或正被证明不可行,美国"再工业化"战略收效甚微则表明工业资本主义也存在着较大的不确定性,因此,社会主义属性越来越突出将很有可能是未来资本主义国家的一个重要特征。但是,只要资本主义的生产资料私有制不改变,试图借助内力和外力进行的自我调节式的改良主义就不可能从根本上解决当代资本主义存在的系统性危机。

恩格斯在《反杜林论》中指出生产力的首要革命因素,改变适应生产力的生产关系是唯一的方案,而这种改变就意味着资本主义制度的根基的消亡。因此,资本主义制度的最终方案也必然是伴随着生产力的发展而主动或者被动地改变生产关系。他指出:"生产资料和产品的社会性质反过来反对生产者本身,周期性地突破生产方式和交换方式,并且只是作为盲目起作用的自然规律强制性地和破坏性地为自己开辟道路,而随着社会占有生产力,这种社会性质就将为生产者完全自觉地运用,并且从造成混乱和周期性崩溃的原因变为生产本身的最有力的杠杆。"[①]

第五节 资本主义的历史地位

在马克思生活的时代,资本主义依然是比较新鲜的制度设计,但是马克思依然从资本主义弊端中科学发现了制度更替的必然性。在今天,资本主义制度依然有着强大的生命力和吸引力,但其展现出来的力量是相对下降的、吸引力是逐渐向弱的。由于社会主义制度从空想到科学,直到今天已经经历了多个发展阶段,因此逐渐彰显新的社会制度的优越性。

从横向比较来看,资本主义自身有很多缺陷,也造成了一定的社会问题。从纵向比较来看,资本主义相对于原始社会、奴隶社会和封建社会是一次极为重大的历史性飞跃。因此,对资本主义历史地位的总结一定要抓住重点,即从人类社会形态更替规律的高度进行分析。

一、资本主义的历史地位

资本主义社会同以往的社会制度一样,其产生、发展以及最终为另一种更高

---

① 马克思恩格斯选集(第三卷)[M].北京:人民出版社,2012:666-667.

级的社会制度所代替,都是由人类社会发展的一般规律所决定的,是客观的不以人的意志为转移的自然历史过程。资本主义取代封建社会是一次非常重要的历史进步,人类社会进入更加文明的时代,空前地提高了生产力,马克思和恩格斯也给予了极高的评价。

马克思和恩格斯在《共产党宣言》中指出:"资产阶级在它的不到一百年的阶级统治中所创造的生产力,比过去一切世代创造的全部生产力还要多、还要大。自然力的征服,机器的采用,化学在工业和农业中的应用,轮船的行驶,铁路的通行,电报的使用,整个整个大陆的开垦,河川的通航,仿佛用法术从地下呼唤出来的大量人口——过去哪一个世纪料想到在社会劳动里蕴藏有这样的生产力呢?"[①]

资本主义的历史地位主要表现在以下几个方面:

(1)将科学技术转化为生产力。相对于资本主义之前的制度下手工劳动为主的小生产,资本主义社会是以社会化大生产为基础的,科学技术获得了长足的发展。

(2)资本追求剩余价值的内在动力和竞争的外在压力推动了社会生产力。资本主义之前的社会都是以获取使用价值和物质生活为主要目标,资本主义社会则以价值作为追求目标,对价值和剩余价值的追求不受社会财富的使用价值形态的限制,可以无限制地扩大下去。

(3)资本主义意识形态保护了资本主义生产方式,促进了社会进步。与奴隶社会的人身占有、封建社会的人身依附相比,资本主义社会采用的人身雇佣制度具有很大的进步性,他们为了保护这种制度,建立起自由、民主、平等的意识形态,具有显著的进步性。同时,任何社会意识都是不断发展的,随着时代的进步,社会意识也会由进步转变为落后,而不适应社会发展。

(4)资本主义基本矛盾阻碍社会生产力的发展。资本主义固有的生产资料私有制,服从于资本家获取剩余价值的需要,形成了资本主义基本矛盾,会阻碍生产力的发展。

(5)资本主义制度下财富占有两极分化,引发经济危机。一极是资本家占有巨额财富,另一极是广大工人阶级只占有少部分财富。工人阶级实质上还是雇

[①] 马克思恩格斯选集(第一卷)[M].北京:人民出版社,2012:405.

佣奴隶,资产阶级与工人阶级之间本质上是不平等的,是压迫与被压迫、统治与被统治、剥削与被剥削的关系。

(6)资本家阶级支配和控制资本主义经济与政治的发展及运行,不断激化社会矛盾和冲突。资产阶级在经济上、政治上、文化上都是以追逐自身利益为主导的,与整体社会利益并不一致,甚至经常置社会整体利益于不顾,使社会矛盾不断积累和尖锐化。

上述局限性决定了资本主义的经济、政治、文化和社会等各个领域以及全球范围内必然产生冲突、动荡和危机。这些局限性在资本主义生产方式范围内不可能根本消除,它决定了资本主义生产方式的历史过渡性。

二、资本主义的未来

资本主义才经历了三个阶段,未来还有很长的历史发展时期。从某种意义上来说,一方面,对资本主义发展阶段的划分也需要随着资本主义自身的发展而重新划定,因为之前的划分标准在未来可能降低重要性。另一方面,资本主义的终极未来一定是制度终结,这是任何一个社会制度的最终命运;从这个意义上来说,社会主义取代资本主义才是资本主义的未来。当然,社会主义制度也并不是永恒的社会制度,会随着时代的发展而终结。

(一)资本主义被社会主义所取代的历史必然性

从人类社会发展的一般规律来看,资本主义终究要被社会主义所取代。资本主义内在矛盾也决定了资本主义必然灭亡。资本主义被社会主义所取代的历史必然性主要包括以下几个方面:

(1)根本动力,即资本主义基本矛盾。资本主义基本矛盾包含着现代的一切冲突的萌芽。资本主义经济危机的爆发正是这个基本矛盾发展的结果。只有社会主义生产方式取而代之,才能根本解决资本主义生产方式的基本矛盾。

马克思和恩格斯在《共产党宣言》中指出:"生产资料和生产实质上已经社会化了。新的生产方式越是在一切有决定意义的生产部门和一切在经济上起决定作用的国家里占统治地位,并从而把个体生产排挤到无足轻重的残余地位,社会化生产和资本主义占有的不相容性,也必然越加鲜明地表现出来。"[1]

---

[1] 马克思恩格斯选集(第三卷)[M].北京:人民出版社,2012:801.

(2)主要动力,即资本积累推动资本主义基本矛盾不断激化。资本积累为否定资本主义制度自身准备了物质条件。

马克思在《资本论》中指出:"常备的(经常的)过剩人口,或者说,其贫困与其所受的劳动折磨成反比的工人阶层也就越大。最后,工人阶级中贫苦阶层和产业后备军越大,官方认为需要救济的贫民也就越多。这就是资本主义积累的绝对的、一般的规律。"[1]

(3)主要形式,即国家垄断资本主义成为社会主义的前奏。资本的社会化是在资本主义社会的生产力和生产关系的矛盾运动中发展的。随着国家垄断资本主义的发展和资本主义自身的政策调整,资本主义国家中出现了某些新的现象,表明在资本主义社会中孕育着某些社会主义因素。

马克思和恩格斯在《共产党宣言》中指出:"大工业和世界市场的形成使这个斗争成为普遍的,同时使它具有了空前的剧烈性。社会化生产和资本主义占有之间的矛盾表现为个别工厂中生产的组织性和整个社会中生产的无政府状态之间的对立。"[2]

(4)主要矛盾,即资产阶级和无产阶级矛盾无法缓和。在经济上处于被剥削地位使无产阶级具有彻底的革命性和斗争精神;社会化大生产使无产阶级成为最有组织性的革命力量。资产阶级的灭亡和无产阶级的胜利同样不可避免。

(二)资本主义被社会主义所取代的长期性

资本主义必然为社会主义所代替,这是由历史基本规律决定的。当然,这个规律是以千年为基本单位的,并不意味着资本主义社会在短期内自行消亡。资本主义制度目前还能为生产力的发展提供一定的空间,伴随着资本主义制度的发展阶段不断向前。社会主义代替资本主义具有长期性主要表现在以下几个方面:

(1)任何社会形态的存在都有相对稳定性,从产生到衰亡都要经过相当长的时间跨度,一般是数百年至数千年。

(2)资本主义发展的不平衡性决定了过渡的长期性。资本主义国家构建的国际体系是剥削性和压迫性的,会构成一个内部等级制度,出现一些资本主义链

---

[1] 马克思恩格斯选集(第二卷)[M].北京:人民出版社,2012:77.
[2] 马克思恩格斯选集(第三卷)[M].北京:人民出版社,2012:804.

条的薄弱环节,导致社会主义革命在一国或者数国首先发生;也有可能通过社会主义国家不断释放的吸引力,让一些国家主动采取社会主义政策或者社会主义革命,向更多的国家扩展。

(3)当代资本主义发展还显示出生产关系对生产力容纳的空间,说明资本主义为社会主义所代替尚需要长期的过程。目前,资本主义体系在科技、军事、经济等方面依然占据主导地位,甚至还主动加强向社会主义国家施压,以维持帝国主义霸权。

马克思指出:"发展社会劳动的生产力,是资本的历史任务和存在理由。资本正是以此不自觉地创造着一种更高级的生产形式的物质条件。"[1]

我们应该充分认识到资本主义社会的自我调节能力,充分估计到西方发达国家在各方面的长期优势的客观现实,认真做好两种社会制度长期合作和斗争的各方面准备。

---

[1] 马克思恩格斯文集(第七卷)[M].北京:人民出版社,2009:288.

共产主义篇

在不严格的意义上,社会主义与共产主义一般是通用的;从严格意义上来讲,共产主义的第一个阶段是社会主义。共产主义一般有三种含义:一是理论。马克思和恩格斯在《共产主义原理》《共产党宣言》《反杜林论》等著作中有较多阐述。二是实践。马克思和恩格斯当年就重视投入世界共产主义运动,推动了共产主义在全世界的传播。三是制度。马克思和恩格斯当年未能见证社会制度的建立,即便是在巴黎公社短短存在期间,也未能真正建立起完整的社会制度;但是,共产主义运动毕竟是向前发展的,后人见证了社会主义制度的建立。

共产主义社会的第一个问题是理论证明问题,即预见未来社会的方法论原则。

共产主义按马克思主义经典作家按照人类社会发展一般规律推论出来的,同时在哲学上(辩证唯物主义)、经济学上(资本论)上也进行了论证。资本主义必然会灭亡,就像历史上以往的任何一个社会形态一样;同样地,共产主义也并非永恒的,也会终结。

共产主义区别于空想社会主义(脱离现实的大脑空想)、宗教理想社会、停滞社会方案(停留在历史上不同阶段的各种方案)的最大特点,在于实践,在于从现实的历史的人类社会中去验证和实证。然后,结合理论证明,共同实现共产主义社会。这是以往所有理想社会方案都不具备的,要么无依据、无证据,要么有依据(自我严密理论体系)、无证据(社会现实逐渐证明)。

共产主义社会的第二个问题是基本特征问题,即共产主义社会的主要指标。

虽然马克思主义经典作家一般不愿意做过多的描述,但是他们按照社会形态更替的一般规律,在几个方面提出了一些设想,即生产力、生产关系和人的解放。至于在这些指标方面到底发展成什么样子,他们都指出这需要未来的人去实践。

社会主义是共产主义社会的第一个阶段,也是资本主义和共产主义之间的过渡形态。在历史实践中,出现了巴黎公社、苏联模式、中国特色社会主义、尼泊尔模式等,为世界社会主义运动做出了一定的贡献、积累了一定的经验。

但是,社会主义国家也面临诸多困难,是否能够逃脱历史周期律就是一个巨大的问题。

第八章

科学社会主义

马克思完成了社会主义从空想到科学的转变,我们一般称之为第一次飞跃。此后,他参与建立第一国际,在他去世后,他的战友恩格斯建立了第二国际;恩格斯去世后,他们的继承者列宁将马克思主义的思想变成了现实,建立了世界上第一个社会主义国家,我们一般称之为第二次飞跃。之后,社会主义不断向其他国家传播,并在数十个国家建立政权,实现了社会主义从一国到多国的发展,我们一般称之为第三次飞跃。再往后,冷战开始、苏联解体、世界多极化、中国特色社会主义焕发生机等重大事件层出不穷,从苏联模式到多种模式(欧洲很多国家探索社会主义,如英国、瑞典、德国;阿拉伯探索社会主义等)是一次发展高潮,相对资本主义也不占优势。后来,苏联解体,中国特色社会主义经受住考验,并在21世纪第二个十年吸引了世界很多国家的学习借鉴,这可以被称为第四次飞跃。

马克思对共产主义的描述虽然目前还无法实地验证,但从理论上看依然是严密的,与儒家的大同世界、陶渊明的世外桃源、柏拉图的理想国以及宗教的天国、极乐世界等有天壤之别。根本区别在于,马克思的共产主义理论是基于自然科学、社会科学、思维科学而提出的科学理论,其中包含着历史必然性,而消除了神秘因素和空想成分。

所以,社会主义不仅仅是一个理论问题,更是一个实践问题。

1877年6月,恩格斯在总结马克思一生事迹的文章《卡尔·马克思》中先后解释了马克思发现唯物史观和剩余价值理论的过程,他指出:"现代科学社会主义就是以这两个重要事实为依据的。在《资本论》第二卷中,这两个发现以及有关资本主义社会制度的其他同样重要的科学发现,将得到进一步的阐述,从而政治经济学中那些在第一卷还没有涉及到的方面,也会发生根本变革。"①

第一节 社会主义的发展历程

社会主义是面对资本主义早期弊端产生的一种思潮,逐渐形成了空想社会主义。此后,随着资本主义的发展,尤其是工业革命的进步,形形色色的社会主义理论开始涌现,如无政府社会主义、资产阶级社会主义、小资产阶级社会主义、农民社会主义等。但是,影响力最大的流派基本上为三个:一是科学社会主义;二是民主社会主义;三是国家社会主义。

1847年11月,恩格斯在《共产主义原理》中论述了社会主义与共产主义的区别,进而解释了不同社会主义的区别。

第一类是封建和宗法社会的拥护者,这种社会已被大工业、世界贸易和由它们造成的资产阶级社会所消灭,并且每天还在消灭。这一类社会主义者从现今社会的弊病中得出了这样的结论:应该恢复封建和宗法社会,因为它没有种种弊病。

第二类是现今社会的拥护者,现今社会必然产生的弊病,使他们为这个社会的存在担心。因此,他们力图保持现今社会,不过要消除与它联系在一起的弊病。为此,一些人提出了种种简单的慈善办法,另一些人则提出了规模庞大的改革计划,这些计划在改组社会的借口下企图保存现今社会的基础,从而保存现今社会本身。

第三类是民主主义的社会主义者,他们希望沿着与共产主义者相同的道路去实现问题中所提出的部分措施,但他们不是把这些措施当作走向共产主义的过渡办法,而是当作足以消除贫困和现今社会的弊病的措施。这些民主主义的社会主义者,或者是还不够了解本阶级解放条件的无产者,或者是小资产阶级的代表,这个阶级直到争得民主和实行由此产生的社会主义措施为止,在许多方面都和无产者有共同的利益。

一、社会主义的发展状况

社会主义是一种社会学思想,诞生于16世纪初,主张整个社会应作为一个

---

① 马克思恩格斯选集(第三卷)[M].北京:人民出版社,2012:726.

整体,由社会拥有和控制产品、资本、土地、资产等,其管理和分配基于公众利益。19世纪三四十年代,"社会主义"的概念在西欧广为流传,并发展出不同分支。

世界社会主义影响最为深远的有三大流派:一是科学社会主义,又称马克思列宁主义;二是民主社会主义,又称社会民主主义;三是国家社会主义,又称拉萨尔主义。

民主社会主义是社会党国际及其所属社会党的理论旗帜。作为社会民主主义的一个分支,一种对资本主义的改良思潮,民主社会主义早在19世纪初中期的国际工人运动中就已存在。后来,在马克思主义广泛传播的基础上,欧洲国家建立的工人政党接受了马克思主义的主张,同时自称为"社会民主党"和"社会民主主义者"。

随着第二次工业革命带来又一次经济繁荣,欧洲政治形势发生变化,普选权的推广,工会力量的扩大,人民获得更多的民主权利。在这种情形下,随着布朗基主义突击式的暴力革命已不可能获得成功,而新的革命形势又远未到来,恩格斯开始提出新的历史形势下的革命战略,在不放弃暴力革命的基础上,有效利用普选制度,实行议会斗争。

1895年恩格斯逝世后,在议会中获得多个席位的社会党不愿意放弃既得利益,希望通过修改纲领来钝化革命性质,融入现实制度,于是,伯恩斯坦等人以民主社会主义修正了马克思主义,将恩格斯的和平斗争理论片面化、绝对化,这种社会改良主义就逐渐成为社会民主党的主导思想。经过20世纪初期的历史分野,民主社会主义在百年来的发展演变中,与科学社会主义愈行愈远。

非暴力,即否定革命,是民主社会主义中最被推崇的理论部分之一,但不过是民主社会主义者向我们吹出的泛着光彩的肥皂泡,经不起现实的轻轻一击,严峻的形势必将使一切非暴力的幻想破灭。

民主社会主义者并不向我们指出,一切真正的革命都是在统治阶级的逼迫下发生的,群众从未放弃过和平斗争的机会,但统治阶级是用刺刀来回答群众非暴力的善意的。发动革命是群众捍卫自身利益的最后的武器,革命群众不可能放弃这一权利,因为统治阶级并未放弃发动侵略和内战的权力。民主社会主义者要求群众放弃自己的自卫手段,却对统治阶级的武装闭口不谈。

国家社会主义作为一种理论,国家社会主义的创始人是费迪南德·拉萨尔,在德国人看来,国家是代表一切阶级利益的超阶级的存在,实现社会主义不应该寄希望于革命,而应该企求国家的恩赐,所以他的要求是实行普选、国家扶持建立工人合作社、实行国有化等。

尽管科学社会主义和国家社会主义都提出了国有化的主张,但在科学社会主义看来,国有化不过是资本主义走向崩溃时所必然导致的结果,而国家社会主义却将它看作救世良方。

在实践上,国家社会主义要求的国有化是在资本主义不发达的情况下实行的,作为对市场的限制,科学社会主义要求的国有化建立在发达的资本主义基础上,它所导致的必然是市场的消亡,而国家社会主义将使市场停留在不发达的形态上,在这样的基础上,将使国家机器在社会生产中发挥中心作用,而为了维持这种局面,国家机关就必将竭力限制市场的发展,垄断一切经济资源,内在地迫切需要进行专制统治和对外扩张。

科学社会主义不是一般意义的社会主义,而是共产主义。共产主义在工业革命和法国大革命之后壮大。共产主义不是各种社会主义思潮的一个分支,由于其直指阶级社会的根源——私有制,也就超越了一切社会主义。作为私有制的对立运动的产物,早在奴隶制——私有制的第一种形式出现时,就出现了最早的社会主义——原始基督教,而此时社会主义充满着小生产者的宗教狂热和平均主义,不是改造世俗世界,而是期盼天国美景。伴随着资本主义的曙光,所产生的空想社会主义尽管已经到达空前的高度,但他们热衷于营建头脑中的城市,还不足以消灭私有制。科学的共产主义是在现代工业和世界市场的基础上建立起来的。只有当私有制最终发展到其最完备、最高级的时期,发展为资本主义私有制,也就是关于私有制的对立运动走向最终阶段时,共产主义才能获得消灭私有制的历史任务,只有在这时,共产主义才不是表现为对一种理论的实践,而是关于历史实践的理论。以马克思主义为开端,产生了科学共产主义。

二、科学社会主义的发展历程

按照科学社会主义发展的重大转折或者重要巅峰的划分标准,科学社会主义的发展历程至今可以大致归纳为四次飞跃,这也是科学社会主义发展的重大事件。

(一)社会主义从空想到科学(第一次飞跃)

从时间上看,空想社会主义产生于16世纪初,到19世纪上半叶达到顶峰。

从背景上看,此时正是欧洲从封建主义生产方式向资本主义生产方式转变的时期,广大人民群众刚刚从人身依附的封建关系中走出来,又立即陷入资本主义新的剥削中。广大人民群众从神学的世界观中逐渐走出来,又希望在新的未来社会理想中找到慰藉。

空想社会主义的发展经历了以下三个阶段:

一是16—17世纪早期空想社会主义,代表人物有英国人托马斯·莫尔,他在1516年写作了《乌托邦》;意大利人康帕内拉,他在1602年写作了《太阳城》。其中,《乌托邦》中描绘的未来社会,没有剥削制度,没有私有财产,人们按照计划从事生产,消除了商品、货币、城乡和市场,实行按需分配。其中,诸多描述都具有幻想成分,并非从当时的现实中抽象出来,但是对于社会主要矛盾的揭示非常精准,要求和畅想也十分具有针对性。《太阳城》进一步发挥了想象力,描绘了一个财产公有、共同劳动和人人平等的理想社会。

二是18世纪空想平均社会主义,代表人物为法国人马布利,他于1776年撰写了《论法制或法律的原则》,试图从法律的角度解释问题,论述了从私有制过渡到公有制的必然性,并以法律条文的形式阐述了理想社会的纲领和原则。关于空想社会主义,恩格斯在《〈德国农民战争〉序言》中指出:"虽然含有十分虚幻和空想的性质,但是他们终究是属于一切时代最伟大的智士之列的,他们天才地遇见了我们现在已经科学地证明了其正确性的无数真理。"[①]

三是19世纪初批判空想社会主义,代表人物为圣西门"实业制度"、傅立叶"和谐社会"、欧文"新和谐公社",进一步将法律改变的思路转变为社会实践,但是他们提出的方案和实践都没有成功。

空想社会主义发展到批判空想社会主义,就达到了巅峰,它们在理论上致力于社会制度的分析,具有十分重要的意义,但也存在一定的局限性。

(1)对资本主义旧制度的辛辣批判,包含着许多击中要害的见解;对社会主义新制度的描绘,闪烁着诸多天才的火花。经过多年的观察和思考,空想社会主义者已经基本上能够较为详细地总结和梳理资本主义制度的种种弊端,并且针对这些问题提出了一些改革目标。

---

① 马克思恩格斯选集(第三卷)[M],北京:人民出版社,2012:37.

表 8—1　　　　　　　　　　　空想社会主义代表人物

时间	代表人物	代表作	核心思想或贡献
1516年	(英)托马斯·莫尔	《乌托邦》	空想一个社会场景：没有私有财产和剥削，有计划地生产，没有城乡对立，无货币、市场和商品，按需分配
1602年	(意)康帕内拉	《太阳城》	财产公有、共同劳动和人人平等的理想社会
1755年	(法)摩莱里	《自然法典》	论述了私有制过渡到公有制的必然性
1776年	(法)马布利	《论法制或法律的原则》	以法律形式阐释理想社会的纲领原则
19世纪初	(法)圣西门	"实业制度"改革方案	向政府提出呼吁
19世纪初	(法)傅立叶	"和谐社会"代替资本主义方案	在农场里进行社会试验
1824年	(英)欧文	"新和谐公社"方案	在美国印第安纳州进行社会实验

(2)空想社会主义是早期无产阶级意识和利益的先声，反映了早期无产阶级迫切要求改造现存社会、建立理想社会的愿望。空想社会主义者根据改革目标，在一定程度上、一定范围内进行了一些社会实验，在很大程度上宣告了这些改革方案的失败，也为其他方案尤其是无产阶级的探索提供了重要的参考和借鉴。

(3)空想社会主义没有能够指出真正的出路，既不会阐明资本主义制度下雇佣奴隶制的本质，也不会发现资本主义发展的规律，并且不能找到成为新社会创造者的社会力量。空想社会主义者的改革方案和实践探索均以失败告终，这引起后来者不断思索改革方案的科学性，为创立科学社会主义奠定了思想基础。

恩格斯在评价空想社会主义思想时，给予了充分的肯定，并把这些思想的不成熟归结为时代的不成熟。他在《反杜林论》中指出："空想主义者之所以是空想主义者，正是因为在资本主义生产还很不发达的时代，他们只能是这样。他们不得不从头脑中构想出新社会的要素，因为这些要素在旧社会本身中还没有普遍地明显地表现出来；他们只能求助于理性来构想自己的新建筑的基本特征，因为他们还不能求助于同时代的历史。"①

马克思和恩格斯适应社会的需要,在新的历史条件下创立了唯物史观和剩余价值学说,为实现社会主义从空想到科学的飞跃奠定了坚实的理论基础。

(1)唯物史观深刻揭示了人类历史发展的一般规律,揭示了人民群众的历史主体作用,揭示了阶级斗争在阶级社会发展中的重大作用,从而把人们对社会主义的追求建立在对社会发展客观规律的基础上,克服了空想社会主义不懂历史规律的缺陷。

(2)剩余价值学说深刻揭示了资本家剥削工人的秘密,揭示了无产阶级与资产阶级利益的根本对立,从而科学论证了无产阶级肩负的推翻资本主义旧世界、建设社会主义新世界的历史使命,使人们找到了变革资本主义旧社会的力量和通向社会主义新社会的途径。

(二)社会主义从理想到现实(第二次飞跃)

1. 第一国际

恩格斯在《关于共产主义者同盟的历史》中阐述了共产主义者同盟的成立背景、历史地位和奋斗目标,论述了同盟内部的思想斗争,阐明了马克思和恩格斯创立的科学世界观对于国际工人运动的指导意义。

1836年,一批最激进的、大部分是无产阶级的人从德国流亡者1834年在巴黎创立的民主共和主义的秘密同盟"流亡者同盟"中脱离出来,组成了一个新的秘密同盟,即正义者同盟。1843年,恩格斯在伦敦认识了他们三人(鲍威尔、沙佩尔、莫尔),这是恩格斯遇到的第一批革命无产者。②

当恩格斯1844年夏天在巴黎拜访马克思时,他们在一切理论领域中都显示意见完全一致,从此就开始了共同的工作。1845年春天,当马克思和恩格斯在布鲁塞尔再次会见时,马克思已经从上述基本原理出发,大致完成了阐发他的唯物主义历史理论的工作,于是,他们就着手在各个极为不同的方面详细制定这种新形成的世界观了。因此,共产主义现在已经不再意味着凭空设想一种尽可能完善的社会理想,而是意味着深入理解无产阶级所进行的斗争的性质、条件以及由此产生的一般目的。③

---

① 马克思恩格斯选集(第三卷)[M].北京:人民出版社,2012:653.
② 马克思恩格斯选集(第四卷)[M].北京:人民出版社,2012:198.
③ 马克思恩格斯选集(第四卷)[M].北京:人民出版社,2012:203.

1847年春天，莫尔到布鲁塞尔找马克思，接着又到巴黎找恩格斯，代表他的同志们再三邀请马克思、恩格斯加入同盟。

1847年夏天，在伦敦举行了同盟第一次代表大会，威·沃尔弗代表布鲁塞尔各支部，恩格斯代表巴黎各支部参加了这次大会。会上，首先进行了同盟的改组。密谋时代遗留下来的一切旧的神秘名称都被取消了，并且从这时起将它命名为"共产主义者同盟"。"同盟的目的：推翻资产阶级，建立无产阶级统治，消灭旧的以阶级对立为基础的资产阶级社会和建立没有阶级、没有私有制的新社会。"①

第二次代表大会于1847年11月底至12月初举行。同盟的旧口号"人人皆兄弟"，已经被公开宣布斗争的国际性的新战斗口号"全世界无产者，联合起来！"所代替。②

随着德国五月起义的失败和俄国人对匈牙利革命的镇压，1848年革命的整个伟大时期便结束了。形势使得无产阶级的任何公开组织都不可能存在，因此，不得不重新秘密地组织起来。

《共产党宣言》发表之际，欧洲爆发了欧洲大革命（1848—1849年）。革命从意大利开始，传播到法国，波及德国，并迅速蔓延至整个欧洲。欧洲大革命是资产阶级革命，任务主要是建立统一的民族国家，为资本主义发展扫清障碍。在革命中，资产阶级不得不联合无产阶级和农民阶级，因而无产阶级也参与其中。马克思和恩格斯领导的共产主义者同盟积极投身革命，一方面通过《新莱茵报》为无产阶级提供理论指导；另一方面，恩格斯也亲自参与了部分革命运动和武装起义。

《国际工人协会成立宣言》（以下简称《成立宣言》）和《国际工人协会共同章程》（以下简称《共同章程》）是马克思为国际工人协会起草的两份纲领性文件。《成立宣言》阐明了国际工人协会成立的目的和意义，用事实论证了资本主义制度下无产阶级与资产阶级的对立，阐明了工人阶级组织在革命斗争中的作用以及工人阶级国际团结的重要意义，强调夺取政权已成为工人阶级的伟大使命。《共同章程》规定了国际工人协会的原则、目标、手段和组织机构，强调工人阶级

---

① 马克思恩格斯选集（第四卷）[M].北京：人民出版社，2012：207.
② 马克思恩格斯选集（第四卷）[M].北京：人民出版社，2012：207.

的解放应该由工人阶级自己去争取；无产阶级在反对有产阶级的斗争中必须建立与一切旧政党不同的政党，才能作为一个阶级来行动，保证社会革命的胜利。

马克思在《成立宣言》中指出："不论是机器的改进，科学在生产上的应用，交通工具的改良，新的殖民地的开辟，向外移民，扩大市场，自由贸易，或者是所有这一切加在一起，都不能消除劳动群众的贫困；在现代这种邪恶的基础上，劳动生产力的任何新的发展，都不可避免地要加深社会对比和加强社会对抗。"①

19世纪50年代末至60年代初，各国工人运动重新活跃。在这种背景下，建立一个国际工人组织来统一世界各国的工人革命运动就显得十分必要。于是，1864年，国际工人协会（第一国际）应运而生，初步确立了马克思主义在工人运动中的指导地位。

第一国际领导各国武装革命均以失败告终，但是带领工人阶级争取自身权益获得了较大的成功。马克思在《成立宣言》中指出："因此，十小时工作日法案不仅是一个重大的实际的成功，而且是一个原则的胜利；资产阶级政治经济学第一次在工人阶级政治经济学面前公开投降了。"②

工人阶级在生产方式和组织形式方面的变革也得到了一定程度的发展，尤其是合作运动的发展。马克思在《成立宣言》中指出："要解放劳动群众，合作劳动必须在全国范围内发展，因而也必须依靠全国的财力。但是土地巨头和资本巨头总是要利用他们的政治特权来维护和永久保持他们的经济垄断的。他们不仅不会促进劳动解放，而且恰恰相反，会继续在它的道路上设置种种障碍。"③

合作劳动在后来的苏联进行过尝试，在新中国成立后也进行过尝试，取得了一些经验，也做了一些调整。当前，合作劳动在一定的历史条件下可能得到新的探索和尝试。

2. 巴黎公社

1870年7月，法国对普鲁士发动了普法战争，结果战败。法国人民推翻了法兰西第二帝国，成立了法兰西第三共和国。

资产阶级政权对内镇压人民、对外屈膝卖国，导致巴黎人民起义。1871年3月18日，起义胜利，开始建立无产阶级政权的尝试，废除资产阶级议会制，成立

---

① 马克思恩格斯选集(第三卷)[M].北京：人民出版社，2012：6.
② 马克思恩格斯选集(第三卷)[M].北京：人民出版社，2012：8.
③ 马克思恩格斯选集(第三卷)[M].北京：人民出版社，2012：9.

巴黎公社。

巴黎公社建立了很多新制度，取消征兵制和常备军，以人民武装国民自卫军作为唯一武装力量。恢复生产、政教分离、男女平等等。特别是其中的两项：一是公职人员实行全面的选举制和撤换制；二是取消高薪制，规定任何公职人员年薪不得超过熟练工人。

1971年5月28日，巴黎公社在国内外敌对势力的联合镇压下失败了。

恩格斯总结巴黎公社经验，他认为，无产阶级革命成功并保存胜利果实，一是要有革命的武装；二是建立无产阶级的新型国家；三是无产阶级政权是为人民服务的机关；四是建立无产阶级政党，发挥党的政治领导作用。

3. 第二国际

巴黎公社失败后，欧洲工人运动进入低潮，第一国际被迫自行解散。

19世纪后期，西方资本主义国家生产力水平显著提高，科学技术迅速发展，资本的积聚和集中不断加速，资本主义逐步从自由竞争阶段过渡到垄断阶段。资本主义国家内部社会矛盾日益加深，对市场和资源的争夺日趋激烈，与经济落后国家以及殖民地半殖民地国家的矛盾愈加凸显。与此同时，工人阶级反对资本主义统治的斗争蓬勃高涨，在欧洲大多数国家，以科学社会主义为指导的工人政党不断巩固和壮大，各国无产阶级的联系和团结不断加强。19世纪七八十年代，工人运动重新高涨起来，无产阶级政党和团体在欧美纷纷建立。1889年7月，在恩格斯的指导下，国际社会主义者在巴黎举行代表大会，标志着第二国际的诞生，国际工人运动的发展出现了新的局面。

1883年马克思逝世后，恩格斯独自承担起指导国际工人运动的重任。他密切关注和深入分析资本主义的发展趋势和阶级斗争的新特点，根据新的历史条件制定无产阶级的斗争策略，帮助和指导欧美各国工人政党巩固和发展自己的组织，开展反对各种错误思潮的斗争，进一步团结和壮大国际无产阶级的革命力量。

马克思和恩格斯在晚年时期已经敏锐地关注到资本主义出现新变化，科学论述了和平斗争与暴力革命的关系。1895年，恩格斯在为马克思的《1848年至1850年的法兰西阶级斗争》导言中，论述了利用资产阶级民主和普选权的重要性，但并没有否定暴力革命的作用。

19世纪末20世纪初，资本主义进入帝国主义阶段，第二国际内部形成了左、中、右三派。右派以德国的伯恩斯坦为首,包括俄国的孟什维克;中派以德国的考茨基为代表;左派以俄国的列宁、德国的卡尔·李卜克内西和罗莎·卢森堡为代表。右派的伯恩施坦反对无产阶级革命,主张通过和平的议会斗争和改良措施使资本主义和平过渡到社会主义。

第二国际后期,机会主义和修正主义占据上风,最终导致第二国际解体。1902年2月,列宁在《怎么办?》中指出修正主义的核心思想:"社会民主党应当从主张社会革命的政党,变成主张社会改良的民主政党。伯恩斯坦提出了一大套颇为严整的'新'论据和'新'理由,来为这个政治要求辩护。他否认有可能科学地论证社会主义和根据唯物主义历史观证明社会主义的必要性和必然性;他否认大众日益贫困、日益无产阶级化以及资本主义矛盾日益尖锐化的事实;他宣称'最终目的'这个概念本身就不能成立,并绝对否定无产阶级专政的思想;他否认自由主义和社会主义在原则上的对立;他否认阶级斗争理论,认为这个理论好像不适用于按照多数人意志进行管理的严格意义上的民主的社会,等等。"①

列宁认为伯恩施坦的修正主义理论就是机会主义,因而与之决裂,并坚决捍卫无产阶级革命理论。他指出:"只要不是故意闭起眼睛,就不会看不到,社会主义运动中的新的'批评'派无非是机会主义的一个新的变种。"②

列宁在总结第二国际破产的时候,认为部分国家的社会民主党背叛了革命才是造成第二国际分裂和消亡的根本原因。

1915年5—6月,列宁在《第二国际的破产》中指出:"觉悟的工人认为,国际的破产就是大多数正式社会民主党令人触目惊心地背叛了自己的信念,背叛了自己在斯图加特国际代表大会和巴塞尔国际代表大会上的演说、决议等等中所作的最庄严的声明。大多数社会民主党,首先是它们中间为首的、第二国际中最大和最有影响的德国党,已经倒向自己的总参谋部、自己的政府、自己的资产阶级方面而反对无产阶级了。"③

4.十月革命

1845年11月至1846年夏天,马克思和恩格斯在《德意志意识形态》中提出发达国家同时革命论,认为无产阶级革命将在几个主要的资本主义国家同时

---

① 列宁选集(第一卷)[M].北京:人民出版社,2012:295.
② 列宁选集(第一卷)[M].北京:人民出版社,2012:296.
③ 列宁选集(第二卷)[M].北京:人民出版社,2012:454—455.

发生。

1885年4月23日,恩格斯在《致维拉·伊万诺夫娜·查苏利奇》的信中也曾经表明俄国随时存在着革命的形势。他指出:"这个国家正在接近它的1789年[①]。革命一定会在某一时刻爆发;它每天都可能爆发。"[②]

1897年底,列宁在《俄国社会民主党人的任务》一文中就提出俄国社会民主工党的主要任务,这为后面组织政党开展革命斗争制订了初步的规划。他指出:"社会民主党人在实践活动方面给自己提出的任务是,领导无产阶级的阶级斗争,并把这一斗争的两种具体表现组织起来:一种是社会主义的表现;另一种是民主主义的表现。"[③]

1915年,列宁在《论欧洲联邦口号》一文中提出一国首先胜利论,认为社会主义可能首先在少数甚至在单独一个资本主义国家内获得胜利。

1917年,二月革命推翻了沙皇专制统治,但是革命成果落入资产阶级手中。1917年1月,俄国各地爆发了大规模罢工示威,纪念1905年的"流血星期日"。1917年3月8日(俄历2月23日)是"三八"国际妇女节,彼得格勒50家工厂约13万名男女工人举行罢工和游行,拉开了二月革命的序幕。首都起义获得完全胜利。尼古拉二世不甘心自己的失败,立即从前线调派军队企图夺回首都,但沙皇军队在革命影响下也发生了兵变。尼古拉二世见大势已去,被迫于1917年3月15日引退,让位给其弟米哈依尔。第二天,米哈依尔也宣布退位。这样,统治俄国长达304年的罗曼诺夫王朝被二月革命冲垮了。俄国民主革命获得了胜利。二月革命后,俄国出现了历史上罕见的两个政权并存的局面:一个是临时政府,另一个是工兵代表苏维埃。

1917年11月(俄历十月),十月革命取得胜利。二月革命后,俄国存在着三股主要的政治力量:一是以立宪民主党为政治代表的资产阶级;二是以几个小资产阶级政党控制的苏维埃;三是以布尔什维克党为首的几个较小的革命派社会主义政党。十月革命即将进入战略相持阶段。1917年7月4日,和平示威在布党的组织下,高呼"一切权力归苏维埃!"大量彼得格勒工兵参加了游行。当日下午,临时政府进行镇压,宣布首都戒严,解除工人武装,封闭《真理报》并通缉列

---

① 文中指法国大革命。——编者注
② 马克思恩格斯选集(第四卷)[M].北京:人民出版社,2012:575—576.
③ 列宁选集(第一卷)[M].北京:人民出版社,2012:140.

宁。这就是著名的七月事变。七月事变把小资产阶级推向了无产阶级,资产阶级为保权,调和矛盾,推举小资产阶级政党代表克伦斯基出任总理。但无力解决工兵农代表强烈要求的"和平、土地和面包"等一系列严重问题。1917年11月6日,列宁秘密来到起义总指挥部——斯莫尔尼宫,亲自领导武装起义。从1917年11月6日夜间到11月7日上午,二十多万革命士兵和起义工人迅速占领了彼得格勒的各个战略要地。1917年11月8日,大会通过了列宁起草的《和平法令》和《土地法令》。最后,代表大会选举成立了世界上第一个工农兵苏维埃政府——人民委员会,无产阶级伟大导师列宁当选为人民委员会主席。11月9日清晨,大会胜利闭幕,它宣告了世界上第一个无产阶级专政国家的成立。

十月革命具有重大的历史意义,十月革命实现了社会主义从理想到现实的伟大飞跃,开辟了人类历史的新纪元。它从根本上推翻了人剥削人、人压迫人的制度,建立起世界上第一个人民当家作主的社会主义国家。

(三)社会主义从一国到多国(第三次飞跃)

1.列宁领导社会主义道路探索

列宁领导的苏维埃俄国对社会主义道路的探索大致可以分为三个时期:

(1)1917年11月到1918年春,巩固苏维埃政权时期,基本完成"剥夺剥夺者"的任务,银行和大工业的国有化使无产阶级掌握了国家的经济命脉。着手拟定向社会主义过渡的初步计划,提出了社会主义改造的方法途径。

(2)1918年6月至1920年底,战时共产主义时期,实行以余粮收集制和取消商品货币关系为主的政策,人力、物力、财力和各种资源全部优先供应一线作战部队。

(3)1921年初至1928年,新经济政策时期,其中,1924年1月列宁去世后该政策继续执行。1921年3月,俄共(布)召开十大,决定从战时共产主义政策过渡到以发展商品经济为主要特征的新经济政策。主要内容有:粮食税制取代余粮收集制;允许私人自由贸易;恢复商品货币关系;允许私人小工业企业发展;采取一些国家资本主义形式发展生产。

1921年3月,俄共(布)召开十大,决定将战时共产主义政策过渡到新经济政策。主要包括:用粮食税制取代余粮收集制、允许私人自由贸易、恢复商品货币关系、允许私人小工业企业发展、采取一些国家资本主义的形式发展生产等。新经济政策的实施,扭转了国家的严重危机,活跃了苏维埃的城乡经济,发展了生产,大大加强了苏维埃的社会主义经济,改善了人们的生活。

表 8—2　　　　　　　战时共产主义政策与新经济政策对比

实施背景	战时共产主义政策	新经济政策
	苏维埃政权面临严重考验	苏俄经济政治面临严重困难
主要内容	余粮收集制, 取消商品货币关系(自由贸易), 实物配给制, 普遍义务劳动, 大工业企业、中小企业国有化	粮食税制, 允许自由贸易, 取消实物配给制, 允许私人小工业企业发展, 采取一些国家资本主义的形式发展生产
实质	按照军事共产主义原则调节国家的生产分配	无产阶级同农民的联盟
评价	对粉碎国外武装干涉和赢得国内战争胜利起了重要作用	大大加强了苏维埃政权的社会主义经济基础

列宁对社会主义建设的思考主要包括以下几个方面:

(1)建设社会主义是一个长期过程,不断探索,不断实践。从社会形态更替一般规律来看,每个社会制度都需要经历数千年,社会主义制度也不会例外。另外,社会主义制度首先在不发达国家实现,就需要更长的历史时期来弥补生产力不足的问题。

(2)把大力发展生产力、提高劳动生产率放在首位。社会主义制度的优越性要体现在比资本主义制度更高的生产力方面,因而,社会主义的首要任务就是调动一切物资力量、制度体制力量、人力、智力等发展生产力。

(3)在多种经济成分并存的条件下,利用商品、货币和市场发展经济。社会主义强调公有制,但并非绝对的、完全的只有公有制,在不同阶段完全可以采取更加灵活的方式发展经济。公有制的本质要求是党领导经济,只要这一条能够保证,具体的公有制、集体所有制、私有制、合营制都只是手段。

(4)利用资本主义建设社会主义。社会主义制度是人类社会发展的新阶段,自然需要借鉴已有历史的成果,其中,资本主义制度同样需要借鉴,而且要重点借鉴,因为资本主义制度取得的成果远远高于以往的其他社会形态。

列宁晚年时期也在思考社会主义道路,其相关著作中对十月革命以来的道路进行了深入思考,提出了建设社会主义的新构想,被称为列宁"政治遗嘱",主要包括以下几个方面:

(1)用合作社的形式将农民引向社会主义道路。俄国曾经出现农村公社,而小农耕种具有一定的弱点和劣势,合作社的方式有可能在某个阶段、某种程度上解决这个问题,甚至为后续集体化转向社会主义奠定了坚实的基础。

(2)发展大工业,实现工业化和电气化。工业化是当时历史发展的主要潮流,也是生产力发展水平的主要标志,因而,发展大工业就是顺应生产力发展要求的主要指标。

(3)学习和利用资本主义一切有价值的东西。资本主义数百年的历史中,积累了丰富的科学技术知识、社会文化成果,这些都是整个人类社会发展的成果,都值得借鉴。

(4)进行文化革命,大力发展文化教育事业。教育可以保障人才的不间断供给,而思想领域则需要通过文化革命来实现,尤其是破除旧思维的限制。但是,文化革命并不是要取代其他领域的正常发展,而是要辅助其他领域的共同发展。

(5)进行党和国家机构改革,努力提高干部素质和能力。党和国家机构的管理执政水平,代表了生产力水平,因此,不断进行机构改革适应经济社会发展,并不断提高干部素质和能力,是解放生产力的重要方面。

(6)反对官僚主义,健全社会主义民主和法制。官僚主义是旧社会利益集团的主要特征,要防止利益集团的形成,就必须破除官僚主义。社会主义民主可以调动人民群众的力量,社会主义法制可以调动制度的力量。

(7)维护党的团结,特别是党中央领导核心的团结。党的团结是保障党的领导的关键方面,因此,要维护党的团结,进而将这种团结推广到人民群众之中。

恩格斯早在1847年11月的《共产主义原理》中就阐述过向共产主义过渡的一般过程,他指出:"这些作为现存关系的必然结果现在已经产生出来的最主要的措施如下:(1)用累进税、高额遗产税、取消旁系亲属(兄弟、侄甥等)继承权、强制公债等来限制私有制。(2)一部分用国家工业竞争的办法,一部分直接用纸币赎买的办法,逐步剥夺土地所有者、工厂主、铁路所有者和船主的财产。(3)没收一切反对大多数人民的流亡分子和叛乱分子的财产。(4)在国家农场、工厂和作坊中组织劳动或者让无产者就业,这样就会消除工人之间的竞争,并迫使还存在的厂主支付同国家一样高的工资。(5)对社会全体成员实行同样的劳动义务制,直到完全废除私有制为止。成立产业军,特别是在农业方面。(6)通过拥有国家资本的国家银行,把信贷系统和货币经营业集中在国家手里。取消一切私人银行和银行家。(7)随着国家拥有的资本和工人的增加,增加国家工厂、作坊、铁路和船舶,开垦一切荒地,改良已垦土地的土壤。(8)所有的儿童,从能够离开母亲照顾的时候起,都由国家出钱在国家设施中受教育。把教育和生产结合起来。(9)在国有土地上建筑大厦,作为公民公社的公共住宅。公民公社将从事工业生产和农业生产,将把城市和农村生活方式的优点结合起来,避免二者的片面性和缺点。(10)拆毁一切不合卫生条件的、建筑得很坏的住宅和市区。(11)婚生子女和非婚生子女享有同等的继承权。(12)把全部运输业集中在国家手里。最后,当全部资本、全部生产和全部交换都集中在国家手里的时候,私有制将自行灭亡,金钱将变成无用之物,生产将大大增加,人将大大改变,以致连旧社会最后的各种交往形式也能够消失。"[①]

2. 苏联模式

列宁逝世后,联共(布)党内及理论界在苏联社会主义发展道路问题上产生了严重分歧,争论的结果是斯大林的理论和政策占据了主导地位。1928年10月,苏联开始了以优先发展重工业为中心建立社会主义大工业的第一个五年计划,至1936年12月苏维埃第八次非常代表大会上就宣布建成了社会主义。

1991年,苏联解体,其原因主要有以下几个方面:

(1)放弃了社会主义道路,放弃了无产阶级专政,放弃了共产党的领导地位,放弃了马克思列宁主义。从赫鲁晓夫全盘否定斯大林开始,其指导思想就出现了一定的问题,尤其是苏联修正主义,这导致几代人的思想出现了混乱,为后续领导人思想、行为倒向西方铺设了方向。

(2)把社会主义建设的失误归结于领袖个人,把纠正错误发展成否定党的历史,甚至丑化和歪曲历史。历史发展没有经验而言,绝大多数历史是在探索和失败中积累经验的,社会主义建设同样如此。在这一过程之中,领袖个人可能发挥着不同的作用,但是归罪于领袖个人是不恰当的,据此而否定党的历史则会完全导致组织溃散、人心浮动。

(3)从根本上动摇了理想信念,激化了政治经济和民族矛盾。社会主义既是美好的理想信念,又是具体的努力实践,其中要协调好个人与集体、不同民族、不同群体、不同区域等各种各样的矛盾。这些矛盾都是内部矛盾,需要使用解决内

[①] 马克思恩格斯选集(第一卷)[M].北京:人民出版社,2012:304—306.

部矛盾的方法。

(4)帝国主义的和平演变。从社会主义国家诞生之初,资本主义国家就进行了疯狂的围追堵截,企图消灭社会主义制度,建立霸权体系。于是,部分霸权国家就通过各种方式包括军事侵略、和平演变、颜色革命等尝试颠覆社会主义国家政权。

表 8—3　　　　　　　　　　苏联主要领导人

时间	领导人	主要理念	后果
1917—1922 年	列宁	战时共产主义到新经济政策	战略转移,经济困难严重
1922—1952 年	斯大林	重工业化	经济迅猛发展,人民生活水平发展缓慢,官僚主义严重
1953—1964 年	赫鲁晓夫	政治全盘否定,经济保持,军事军备竞赛,社会管理严格	思想领域混乱严重,军备竞赛拖垮经济
1964—1982 年	勃列日涅夫	因循守旧,修修补补,不敢改革	特权现象严重引发停滞不前,矛盾加剧
1982—1984 年	安德罗波夫	安度晚年	经济、思想、官僚、特权等多重矛盾进一步加剧
1984—1985 年	契尔年科	力推改革,不幸逝世	改革启动,返回原地
1985—1990 年	戈尔巴乔夫	民主社会主义改革	对社会主义制度全盘否定,导向和平演变
1990—1991 年			解体

3. 第三国际

第三国际是各国共产党的国际联合组织,又称共产国际,存在于 1919—1943 年。第三国际把马克思列宁主义作为理论基础,它为自己规定的任务是团结工人阶级和劳动群众,推翻资本主义和帝国主义统治,确立世界范围的无产阶级专政,建立世界苏维埃社会主义共和国联盟,彻底消灭阶级,实现社会主义和共产主义。

第一次世界大战爆发后,第二国际陷于分裂。1918 年 11 月,由布尔什维克发起在彼得格勒召开欧美各国左派社会党人代表会议,做出筹建第三国际的决议。1919 年 1 月,在莫斯科召开 8 个共产党和共产主义小组及左派社会党的代表会议,并以 8 个党的名义发出召开第三国际成立大会的邀请书。1919 年 3 月 2—6 日,在莫斯科召开国际共产主义者代表会议,即第三国际第一次代表大会,有来自21个国家的35个政党和团体的52名代表参加。第三国际宣告成立,总部设在莫斯科。

第三国际是统一的世界共产党,各国共产党都作为它的支部,直接受它领导。它是高度集中的领导中心,统一领导各国革命运动,各国共产党必须执行它的决定。它有权决定各国共产党的路线、策略和领导人,可以否定或修改各国共产党的决定,开除和解散任何一个支部,向各国共产党派出常驻代表。唯独联共(布)在国际中占有与众不同的地位,号称是"共产国际最强有力的领导支部"。

从1919年3月至1924年1月列宁逝世,是第三国际活动前期,也是在列宁领导下成就显著的时期。1920年7月19日至8月7日,第三国际举行第二次代表大会。会前,列宁发表了《共产主义运动中的"左派"幼稚病》。大会通过《加入共产国际的21个条件》,堵住了当时各国工人政党中的右翼和中派参加共产国际的道路。大会对巩固共产国际和指导各国共产党的发展成长起了重要作用,但对世界革命形势的估计过于乐观,不切实际地提出建立世界苏维埃共和国的目标。

1921年6月22日至7月12日,第三国际举行第三次代表大会。大会认为,在国际阶级力量对比暂时处于均势的情况下,共产党应从直接进攻转而采取迂回的策略,向各国共产党提出争取工人阶级大多数的任务以及"到群众中去"的口号。

1922年11月5日至12月5日,第三国际举行第四次代表大会。大会着重讨论工人统一战线的方针,批评'左'、右两种倾向,通过关于策略问题的提纲,肯定了"到群众中去"的口号;还讨论了东方民族殖民地问题,要求东方各国共产党积极参加并领导民族民主革命。

从1924年6月第五次代表大会到1934年是第三国际活动中期,也是领导人多次变动、工作中失误较多时期。1924年6月17日至7月8日,第三国际举行第五次代表大会。大会指出,资本主义已进入局部的、相对的、暂时的稳定时期,各国共产党面临新的任务。各国共产党都应按照列宁的建党原则来建党,提出使各国共产党真正布尔什维克化以及进一步发展和整顿统一战线的号召。在这次大会上第一次使用了"马克思列宁主义"的提法。布尔什维克化的口号对各国马克思主义政党学习联共(布)的经验起了一定作用,但滋长了把一国一党的经验绝对化的倾向,甚至把联共(布)党内斗争国际化,要求各国党照搬,产生了不良后果。

1928年7月17日至9月1日,第三国际举行第六次代表大会。大会着重讨论了国际形势、战争危险以及殖民地半殖民地国家的革命运动等问题,批准《共产国际纲领》和《共产国际章程》。大会在一些重大问题上进一步发展了五大以来"左"的倾向,错误地将社会民主党同法西斯主义相提并论,并作为主要打击目标,影响了20世纪30年代的反法西斯斗争。

从1935年第七次代表大会到1943年解散是第三国际活动后期,也是在季米特洛夫领导下纠正某些失误、较有成就而又有若干严重错误的时期。1935年7月25日至8月20日,第三国际举行第七次代表大会。大会的中心任务是制订第三国际和各国共产党在反法西斯斗争中的策略方针。七大是第三国际最后一次代表大会,对于世界人民反法西斯斗争的发展具有重要意义。

面对法西斯主义日益猖獗的侵略活动,各国共产党积极推动建立人民阵线,在欧洲、拉丁美洲一些国家中阻止了法西斯上台执政的企图。随着国际反法西斯统一战线的形成,各国内部情况和国际形势变得更加复杂,原有的组织形式越来越不适应形势的发展。1943年6月10日,第三国际正式宣告解散。

4. 社会主义传播到多国

第二次世界大战后,欧、亚、非、拉美先后有一批国家走上了社会主义道路。

1944年,南斯拉夫人民在铁托的领导下,建立了南斯拉夫联邦人民共和国。

1945年,越南人民在胡志明的领导下,建立了越南民主共和国。

1948年,朝鲜人民在金日成的领导下,建立了朝鲜民主主义人民共和国。

1949年,德意志民主共和国成立。

1961年,古巴人民在卡斯特罗的领导下,建立了古巴共和国。

1975年,老挝人民民主共和国成立。

在世界社会主义取得重大发展的时期,社会主义国家的人口曾经占据世界人口的三分之一,领土面积占据世界陆地面积的四分之一。

无产阶级革命既是一个国家无产阶级推翻资产阶级统治的革命,同时是世界无产阶级革命的重要组成部分。马克思和恩格斯的《关于波兰的演说》论述了无产阶级革命同民族解放运动的关系,指出无产阶级对资产阶级的胜利是一切被压迫民族获得解放的信号。

马克思在《关于波兰的演说》中指出:"无产阶级对资产阶级的胜利也就是对

民族冲突和工业冲突的胜利,这些冲突在目前使各国互相敌视。因此,无产阶级对资产阶级的胜利同时就是一切被压迫民族获得解放的信号。"①

恩格斯在《关于波兰的演说》中指出:"既然各国工人的生活水平是相同的,既然他们的利益是相同的,他们的敌人也是相同的,那么他们就应当共同战斗,就应当以各国工人的兄弟联盟来对抗各国资产者的兄弟联盟。"②

20世纪的社会主义制度对人类社会历史的发展做出了巨大的历史贡献,主要包括以下几个方面:

(1)社会主义开始作为一种新的社会制度发挥出历史作用。社会主义制度作为人类社会形态发展演化的一个环节,其首次在历史上展示已经积累了一些经验。

(2)社会主义国家的存在及其在经济、政治、外交、军事上的影响,改变了世界的政治格局,在很大程度上遏制了资本主义和霸权主义在全世界的扩张。

(3)社会主义力量坚定地支持被压迫民族和被压迫人民,推动了世界和平与发展的时代潮流。

(4)社会主义在当代引导着世界人民的前进方向。社会主义制度中提出和实践的诸多理念,依然具有极强的吸引力,为工人阶级开展斗争和创设新的社会制度提供了借鉴。

5. 第四国际

第四国际全称为世界社会主义革命党。1938年由流亡海外的苏联领袖列夫·达维多维奇·托洛茨基创建,以与约瑟夫·维萨里奥诺维奇·斯大林所控制的第三国际相抗衡。

1933年,阿道夫·希特勒在德国执政后,国际左翼反对派认为斯大林主义已经完全控制了共产国际,而共产国际已经完全堕落了,因此左翼反对派宣布他们的活动方针不是对共产国际进行改革,而是同它决裂,准备筹建第四国际。1938年9月在巴黎举行第四国际成立大会,宣布建立世界社会主义革命党。托洛茨基为大会起草了题为《资本主义的垂死呻吟和第四国际的任务》(即《过渡纲领》)的文件,宣称建立社会主义的历史条件不仅已经成熟,"而且已经开始有些腐烂

---

① 马克思恩格斯选集(第一卷)[M]. 北京:人民出版社,2012:314.
② 马克思恩格斯选集(第一卷)[M]. 北京:人民出版社,2012:315—316.

了"。人类现阶段出现的危机是"革命领导的危机",第四国际的建立就是为了解决这个危机。他主张实行"不断革命"和"世界革命",最终建立"世界社会主义联邦"。他反对"最低纲领"和"最高纲领"之间的划分,认为这是一种孟什维主义。托洛茨基提出"过渡纲领",即根据十月革命的经验,提出从怎样计算工时、维护工人的基本权益到建立劳动者政府的一系列过渡性的要求。

20 世纪 30 年代后半期和第二次世界大战后的冷战时期,其力量有较大发展,主要分布于西欧、北美和拉丁美洲。1953 年后该组织多次发生分裂。2000 年后在亚洲发展较快。

第四国际在进入 21 世纪后,其多数派逐步开始出现与激进的生态主义者、女权主义者和同性恋平权运动等"反资本主义"力量融合的倾向。为此,第四国际的一些支部纷纷与别的一些左翼政党、组织合并,如丹麦的第四国际成员加入了红绿联盟、巴西社会主义民主趋势加入了以卢拉为首的巴西劳工党、葡萄牙支部联合其他激进左翼组织组成左翼集团、意大利支部参加了意大利重建共产党。在 2008 年的国际委员会也倡导成立反资本主义类型的政党。

少数派认为,应主要建立革命的反资本主义政党,应使党在真正的工人革命中得以壮大,而不是去依靠同一些改良主义激进组织的联合来壮大自己。即使出于革命的需要,尤其是建立工人阶级统一战线的需要进行联合,革命马克思主义者也不应该在联合组织中丧失自己的独立思想主张和组织体系。少数派组成了第四国际革命马克思主义派,参与的组织包括:法国新反资本主义党内的反资本主义与革命派、加拿大社会主义行动、美国社会主义行动、希腊国际主义共产主义组织—斯巴达克斯、爱尔兰社会主义民主、墨西哥统一社会主义者同盟、西班牙的革命反资本主义左翼、德国革命社会主义者同盟等。

多数派和少数派在希腊局势上也产生了巨大分歧。多数派主张其希腊支部希腊国际主义共产主义组织—斯巴达克斯能加入激进左翼联盟积极合作;而希腊支部则坚决主张应大力支持其所参加的希腊反资本主义左翼阵线,并认为希腊激进左翼联盟长期沉溺于议会斗争,在废除债务等问题上含糊其词,事实上已经走上了改良主义的道路。为此,希腊支部主张应在希腊动员广泛的工人革命并营造双重政权形势,积极主张希腊退出欧盟。

(四)社会主义在中国焕发强大生机(第四次飞跃)

1921 年 7 月,中国共产党成立。中国共产党最早的组织是在上海成立的。

1920年8月,上海共产党早期组织正式成立,参加者有陈独秀、李汉俊、李达、陈望道、俞秀松等,陈独秀任书记。上海共产党早期组织成立后,实际上成为各地建党活动的联络中心,起着中国共产党发起组的重要作用。

中国共产党的诞生是中国革命发展的客观需要,是马克思主义与中国工人运动相结合的产物。1840年鸦片战争以后,国际资本主义、帝国主义的势力侵入中国,中国的社会结构由封建社会逐步演变为半殖民地半封建社会。从鸦片战争到五四运动,中国人民为了反对帝国主义和封建统治而进行了英勇不屈的斗争,其中主要的是太平天国农民战争和资产阶级领导的辛亥革命,但都相继失败了。历史证明,中国的农民阶级和民族资产阶级由于他们的历史局限性和阶级局限性,都不能领导民主革命取得胜利。

1921年7月23—31日,在上海召开了中国共产党第一次全国代表大会。1921年7月23日,中共一大在上海秘密召开。因突遭法国巡捕搜查,故会议被迫休会。7月底,中共一大代表毛泽东、董必武、陈潭秋、王尽美、邓恩铭、李达等,由李达夫人王会悟做向导,从上海乘火车转移到嘉兴,再从狮子汇渡口登上渡船到湖心岛,最后转登王会悟预订的游船。在船上,中共一大通过了党的第一份纲领和决议,庄严宣告中国共产党正式诞生。

纲领规定:党的名称是"中国共产党";党的性质是无产阶级政党;党的奋斗目标是推翻资产阶级,废除资本所有制,建立无产阶级专政,实现社会主义和共产主义;党的基本任务是从事工人运动的各项活动,加强对工会和工人运动的研究与领导。大会选举产生党的领导机构——中央局,陈独秀为书记,张国焘负责组织,李达负责宣传。党的一大宣告了中国共产党正式成立,从此,中国诞生了完全新式的、以共产主义为目的、以马列主义为行动指南、统一的工人阶级政党。中国共产党的成立,给灾难深重的中国人民带来了光明和希望,给中国革命指明了方向。正如毛泽东所说的,中国共产党的成立,是一个开天辟地的大事变。中国共产党成立后,中国革命的面目为之一新。

1949年10月,新中国成立。成立之初,由于中国经历了长期的动乱与战争,社会矛盾尖锐,经济水平落后,货币贬值,交通运输不畅。之后,一个全面模仿苏联工业化模式的共产主义社会便迅速建立起来。

在20世纪50年代早期,政府进行了大规模的城市工商业社会主义改造、农村土地集体化以及社会改革。从1953年开始,中国开始进行社会主义工业化建设和对农业、手工业与资本主义工商业的社会主义改造(即三大改造),逐步由新民主主义向社会主义过渡。到1956年,中国基本建立了社会主义制度,进入社会主义初级阶段。

毛泽东提出以苏联经验教训为鉴戒,探索适合中国国情的社会主义建设道路。以1956年《论十大关系》和1957年《关于正确处理人民内部矛盾的问题》为主要标志,党对怎样建设社会主义有了自己的新的认识。

1978年12月,十一届三中全会重新确立了解放思想、实事求是的思想路线,彻底否定了"以阶级斗争为纲"的错误理论和实践,做出了改革开放的重大决策,开创了社会主义建设新时期。

1987年12月,十三大全面阐释了社会主义初级阶段理论,确立了党在社会主义初级阶段的基本路线。

1992年,邓小平南方谈话和党的十四大,中国开始建立社会主义市场经济体制。

十八大以来,中国取得了历史性成就,发生了历史性变革。中国特色社会主义进入新时代,展现了社会主义优越性,标志着世界社会主义正在开拓新的历史征程。

表8—4　　　　　　　　　　中国与苏联探索社会主义对比

	苏　联	中　国
革命道路	工人武装起义夺取中心城市,由市走向农村	农村包围城市,武装夺取政权
政权建设	高度集权的党的领导体制,自上而下的干部委派制,缺少有效的民主监督机制	政权建设的民主化、制度化、法治化,一项根本政治制度,三项基本政治制度
社会主义改造	以暴力剥夺、强行没收的方式一步到位变成国有经济	对待私人资本主义和小农经济采取逐步过渡的方式,对民族资本实行赎买的方式

2022年10月,中国共产党第二十次全国代表大会的主题是:高举中国特色社会主义伟大旗帜,全面贯彻新时代中国特色社会主义思想,弘扬伟大建党精神,自信自强、守正创新,踔厉奋发、勇毅前行,为全面建设社会主义现代化国家、全面推进中华民族伟大复兴而团结奋斗。

中国人民和中华民族从近代以后的深重苦难走向伟大复兴的光明前景,从来就没有教科书，更没有现成答案。党的百年奋斗成功道路是党领导人民独立自主探索开辟出来的，马克思主义的中国篇章是中国共产党人依靠自身力量实践出来的，贯穿其中的一个基本点就是中国的问题必须从中国基本国情出发，由中国人自己来解答。

中国共产党立志于中华民族千秋伟业，致力于人类和平与发展崇高事业，责任无比重大，使命无上光荣。全党同志务必不忘初心、牢记使命，务必谦虚谨慎、艰苦奋斗，务必敢于斗争、善于斗争，坚定历史自信，增强历史主动，谱写新时代中国特色社会主义更加绚丽的华章。

第二节　科学社会主义的理论原则及其实践检验

马克思和恩格斯的科学社会主义理论提出之后，就运用于分析当时的革命运动，同时指导着后来的社会主义运动。虽然1848年之前，马克思和恩格斯也多次论述社会主义、唯物史观等，但是，1848年2月的《共产党宣言》依然是科学社会主义的标志。此后，马克思和恩格斯还撰写了《法兰西内战》《哥达纲领批判》等对社会主义实践进行分析。

根据科学社会主义发展的历史脉络，主要选取三个典型代表进行分析：第一个是巴黎公社，是空想社会主义转变到科学社会主义之后的第一次标志性革命实践；第二个是苏联模式，是社会主义从科学到实践的标志性革命实践，虽然苏联模式最终失败了，但是依然留下了丰富的实践经验和教训；第三个是中国特色社会主义，新中国成立后也模仿借鉴苏联模式，后来经过改革开放，终于探索出中国特色社会主义，从当前的发展趋势来看，依然充满生机活力。

一、巴黎公社

巴黎公社是一个在1871年3月18日（正式成立日期为同年3月28日）到5月28日期间短暂地统治巴黎的政府（法国当时处于资本主义上升阶段）。

1871年6月首次出版的《法兰西内战》是马克思全面总结巴黎公社的战斗历程和历史经验，阐述马克思主义关于阶级斗争、国家、无产阶级革命和无产阶级专政理论的科学社会主义重要文献。在这部著作中，马克思叙述了法国自第二帝国灭亡以来阶级斗争发展为内战的历史，揭露了资产阶级政府投降卖国的无耻行径,鞭挞了资产阶级政府镇压公社的种种暴行,驳斥了反动报刊对公社的攻击和污蔑,讴歌了"冲天的巴黎人"的历史首创精神。

马克思通过总结巴黎公社的实践经验,丰富和发展了无产阶级革命和无产阶级专政理论,明确指出:资产阶级国家政权实质上是资产阶级统治的工具,因此,工人阶级不能简单地掌握现成的国家机器,并运用它来达到自己的目的,必须建立自己的政权机构来代替统治阶级的国家机器;巴黎公社实质上是工人阶级的政府,是能够使劳动在经济上获得解放的政治形式。

马克思强调要防止国家和国家机关由社会公仆变为社会主人,充分肯定巴黎公社所采取的各项民主措施:公社的权力机构和人民代表由选举产生,并可以随时撤换;武装力量按民主原则组织;所有公职人员领取相当于熟练工人的工资;等等。

马克思阐明了无产阶级革命的目的是要消灭那种将多数人的劳动变为少数人的财富的阶级所有制,是要把现在主要用做奴役和剥削劳动的手段的生产资料变成自由的和联合的劳动工具;同时指出,无产阶级对社会环境和人进行革命改造的过程是一个长期的历史过程。马克思还论述了无产阶级革命的同盟军问题。恩格斯在为《法兰西内战》德文第三版所写的导言中进一步分析了巴黎公社的历史作用和失败原因,阐明了巴黎公社的无产阶级专政性质。

(一)巴黎公社的作为

巴黎公社是人类历史上第一次无产阶级政权的伟大尝试。法国在普法战争失败后,资产阶级政府的阶级压迫和民族投降政策,激起广大群众的极度不满。1871年3月18日,巴黎工人举行起义,推翻了资产阶级反动统治,建立了无产阶级革命政权。3月26日,进行公社选举;28日,巴黎公社宣告成立。

巴黎公社推出了诸多改革举措,在当时是具有空想性质的,但是对时代的发展有重大的意义,也推动了资本主义国家不断改进社会制度。

(1)政权体制。在政权体制上,议行合一的政治体制,取消资产阶级议会制,使公社成为兼管行政和立法的工作机构。

实行以普遍选举制为基础的人民代议制度。对国家机关做了重大的改革。公社专门成立了管理经济工作的最高权力机构——粮食委员会、财政委员会和劳动、就业及交换委员会。对国家公职人员实行了低薪制原则。公社在《废除国家机关高薪法令》中指出:鉴于到目前为止,各国家机关的高级职务由于支给高薪,是被当作肥缺来钻营和授予的,鉴于在真正的民主共和国里,既不应有乾俸,也不应有高薪。

(2)政教分离。法令将所有的教堂财产变为公共财产,并且把宗教教育从学校去除;巴黎公社失败之后,法兰西第三共和国一直等到1880—1881年费里法案和1905年法国法律才重新确立了法国的政教分离原则。公社允许教堂继续从事宗教活动,但条件是他们必须在夜间向公众政治会议开放教堂。

(3)在经济方面,对资本主义企业进行了一定程度的限制和剥夺。公社设立专门机构对铁路运输和军事工业的生产实行国家的监督,颁布法令将逃亡资本家的企业交给工人合作社经营,拟订了建立工人合作总社的计划。

(4)在社会福利方面,对工人群众的生活状况和劳动条件尽可能加以改善。相继颁布法令提高工人工资,宣布工资必须全部交给工人,不许企业借故克扣和无理罚款,已扣、已罚的必须如数退回。为了消灭失业和免除中间剥削,取缔了帝国警察局设立的职业介绍所,成立劳动就业登记处。在改善工人劳动条件方面,公社颁布了禁止面包坊工人加夜班的法令,提出了劳动者八小时工作制的原则。

对城市贫民和其他城乡劳动者的经济利益充分予以照顾,尽量解决其实际困难。公社取消了私人开设的借贷处,禁止高利贷者进行重利盘剥。

(二)巴黎公社的评价

由于评价者意识形态的不同,对巴黎公社的描述也存在很大分歧:有人认为它是无政府主义;也有人认为它是社会主义的早期实验;更有被认为标志着当代世界政治左翼运动崛起光辉起始里程碑,影响广大深远。马克思认为,巴黎公社是对他的共产主义理论的一个有力证明,而俄国无政府主义之父巴枯宁则对此持反对意见,他认为巴黎公社既没有依赖于一个先锋队,也没有掌控国家或者企图建立一个新的革命政府,所以它实际上还是无政府主义。

1871年6月,马克思撰写了《法兰西内战》,分析了巴黎公社的发展过程和历史意义,总结了巴黎公社经验教训,提出了巴黎公社的原则,即建设无产阶级政党、无产阶级军队、无产阶级专政和无产阶级政权的一系列思想,具体可以概括为以下五个方面:

(1)建设好无产阶级政党,坚持党领导革命武装。巴黎公社是第一国际的精神产儿,但"国际没有动一个手指去促使它诞生"①。正因为如此,巴黎公社没有建立起坚强有力的无产阶级政党作为革命事业的领导核心。巴黎公社不缺乏民主,每个代表都能根据自己的职权发号施令,缺乏的是无产阶级政党对革命斗争集中统一的领导与指挥。

1872年1月15日,恩格斯在《致卡洛·特尔察吉》的信中指出:"我不知道什么东西能比革命更有权威了,如果用炸弹和枪弹把自己的意志强加于别人,就像在一切革命中所做的那样,那么,我认为,这就是在行使权威。"②

(2)以科学社会主义为指导,彻底打碎旧的国家机器。虽然马克思密切关注巴黎公社革命进程,并通过第一国际总委员会向巴黎公社领导者提出不少正确的决策建议,但并未得到热忱采纳。实际情形是,巴黎公社委员分为多数和少数两派:多数派是布朗基派,他们在国民自卫军中央委员会里占统治地位;少数派是国际工人协会会员,他们多半是蒲鲁东派信徒。两派罕有真正的科学社会主义者,"绝大多数的布朗基派不过凭着革命的无产阶级本能才是社会主义者;其中只有少数人通过熟悉德国科学社会主义的瓦扬,比较清楚地了解基本原理"③。正如恩格斯在《法兰西内战》导言中所指出的,巴黎公社实践宣告布朗基派社会主义破产,是蒲鲁东派社会主义的坟墓,"无论是蒲鲁东派或布朗基派,都遭到历史的嘲弄"④。

巴黎公社打碎了旧的国家机器,但不够彻底。马克思认为,打碎旧的国家机器应当落实到改变社会所有制结构的深层次当中去,"消灭那种将多数人的劳动变为少数人的财富的阶级所有制"。要剥夺剥夺者,把现在主要用做奴役和剥削劳动的手段的生产资料,即土地和资本完全变成自由的和联合的劳动的工具;并进一步总结说:"现代工业的进步促使资本和劳动之间的阶级对立更为发展、扩大和深化。与此同步,国家政权在性质上也越来越变成了资本借以压迫劳动的全国政权。"因此,"工人阶级不能简单地掌握现成的国家机器,并运用它来达到自己的目的"⑤。

---

① 马克思恩格斯文集(第十卷)[M].北京:人民出版社,2009:398.
② 马克思恩格斯选集(第四卷)[M].北京:人民出版社,2012:500.
③ 马克思恩格斯选集(第三卷)[M].北京:人民出版社,2012:52.
④ 马克思恩格斯选集(第三卷)[M].北京:人民出版社,2012:52.
⑤ 马克思恩格斯选集(第三卷)[M].北京:人民出版社,2012:103.

(3)广泛结成革命统一战线,实行无产阶级专政。早在总结1848—1850年的法兰西阶级斗争时,马克思就说过:小农人数众多,无产阶级是他们的天然同盟军和领导者;结成工农联盟,"无产阶级革命就会得到一种合唱,若没有这种合唱,它在一切农民国度中的独唱不免是要变成孤鸿哀鸣的"。巴黎公社成立之际,农民们正受着宪兵、税吏、省长、僧侣和土地巨头的统治,他们"自然地选择了工人的巴黎而不是骗子们的凡尔赛"。但巴黎公社领导者缺乏对农民问题的足够了解,也没有足够的时间深入农村发动群众,以致势单力薄、遭受失败。马克思强调结成革命统一战线的极端重要性,他认为,不仅要联合农民,而且要团结中等资产阶级、小资产阶级和外国工人,共同反对高级僧侣、大地主、富有的资本家的反动统治。无产阶级是人类历史上最进步的阶级,担负着人类解放的使命。

无产阶级革命同历史上一切形式的革命一样:根本问题是政权问题。无产阶级革命的目的在于创建无产阶级专政的国家政权,并以此作为建设社会主义和共产主义的物质前提与制度基础。马克思对巴黎公社的政权性质给予高度肯定,认为"公社的真正秘密就在于:它实质上是工人阶级的政府,是生产者阶级同占有者阶级斗争的产物,是终于发现的可以使劳动在经济上获得解放的政治形式"[①]。

(4)坚持人民主体地位,组织建设廉价政府。在对巴黎公社的深刻总结中,马克思创造性地提出了议行合一政体,这一政体以人民民主的新型国体为基础。按照马克思的构想,无产阶级夺取政权后,要促使国家公共权力回归社会,实现人民对公共事务的普遍参与。由此,必须用直接民主与普遍选举代替资产阶级多党共和与议会民主制,实现民主内容与形式的统一。

马克思盛赞巴黎公社成立后由人民直接行使权力,公社是由巴黎各区通过普选选出来的市政委员组成的,这些委员是负责任的,随时可以罢免,其中大多数自然是工人或公认的工人阶级代表。而且,武装力量按民主原则组织、司法机关的官吏由选举出来的法官取代、所有公职人员领取相当于熟练工人的工资,等等。"公社是法国社会的一切健全成分的真正代表,因而也就是真正的国民政府。"[②]

[①] 马克思恩格斯选集(第三卷)[M].北京:人民出版社,2012:102.
[②] 马克思恩格斯选集(第三卷)[M].北京:人民出版社,2012:106.

廉价政府是马克思提出的重要思想之一,其核心含义有二:一是低廉的政府成本投入;二是拥有精干、高效、廉洁的政府机构。马克思高度赞扬了巴黎公社用国民自卫军取代常备军,将国家法官、警察和行政官员等国家官吏换成巴黎公社的机构和人员,取消政府两个最大的开支项目。马克思认为,资产阶级把议会变成争吵不休的清谈馆,巴黎公社摆脱了官僚主义和空谈习气,"公社是一个实干的而不是议会式的机构,它既是行政机关,同时也是立法机关"①。

(5)实践社会公仆理念,严格管控国家权力。马克思澄清了国家起源之因,指出国家是人类社会发展到一定阶段的产物,由维护社会共同利益的管理机关发展而来。在长期的历史发展过程中,这些机关为追求自身利益而逐渐与社会脱离,演变成凌驾于社会之上的主宰者。马克思的论述暗含了权力异化的观点,认为无产阶级革命的政治使命就是要把这个被颠倒了的关系重新颠倒过来,确保无产阶级国家政权始终是人民的政权和为人民服务的政权。"为了防止国家和国家机关由社会公仆变为社会主人"②,巴黎公社创设了多项新型制度安排。其中,"把行政司法和国民教育方面的一切职位交给由普选选出的人担任,而且规定选举者可以随时撤换被选举者"③和"对所有公务员,无论职位高低都只付给跟其他工人同样的工资"④等备受马克思、恩格斯嘉赞。

恩格斯在评价巴黎公社的两项根本措施时说:"这样,即使公社没有另外给代表机构的代表签发限权委托书,也能可靠地防止人们去追求升官发财了。"⑤由社会公仆变为社会主人是剥削阶级国家生成和演进的内在逻辑,《法兰西内战》高度肯定了社会公仆必须由人民选举产生、接受人民监督和人民群众有权罢免公仆等内容。

二、苏联模式

所谓苏联模式,即指苏联在长期的社会主义实践中所形成的制度、体制以及建设社会主义的方针和政策。这个模式形成于斯大林时期,并不断得到强化和

---

① 马克思恩格斯选集(第三卷)[M].北京:人民出版社,2012:98.
② 马克思恩格斯选集(第三卷)[M].北京:人民出版社,2012:55.
③ 马克思恩格斯选集(第三卷)[M].北京:人民出版社,2012:55.
④ 马克思恩格斯选集(第三卷)[M].北京:人民出版社,2012:55.
⑤ 马克思恩格斯选集(第三卷)[M].北京:人民出版社,2012:55.

固化,但是在 1956 年 2 月苏共二十大上赫鲁晓夫的"秘密报告"出炉之后,完全去斯大林化,削弱集体化,国有企业趋于利润化,破坏了社会主义基本经济体制,最后在戈尔巴乔夫时期走向了"鸟笼经济"。对于苏联模式的内涵,有各种各样的概括。总的来看,应包含两个层面:一是社会基本制度的层面;二是具体体制以及机制的层面。

(一)苏联模式的背景

苏联模式兴起于 20 世纪 30 年代,此前尝试过"战时共产主义"和新经济政策,大致从 1928 年开始废止新经济政策,逐渐形成了后来称之为的苏联模式。在这种模式形成过程中,当时执政党高层发生激烈斗争,结果以斯大林为代表的多数派获胜,随后展开了三大运动,即社会主义工业化运动、农业集体化运动和大清洗运动。

这三大运动的前一项是目标,后两项是配套措施。布尔什维克党这一代领导人认定,只有建立大工业才能为苏联社会主义胜利奠定物质基础,斯大林也是抱着这种信念发动工业化运动的,所以它具有以下特点:一是高速度;二是优先发展重工业军事工业;三是采取行政手段。可是,工业化需要资金和技术,这个难题无论是对外开放还是自力更生,都是必须面对的。根据先进国家的经验,一是通过商业活动积累资金,二是通过海外殖民掠夺。当时苏联要采用前者势必费时费日,国际形势也不允许,所以资金问题必须自己解决。因为随着工业化运动的展开,大量投资用于重工业,消费品生产不足,无法从农民那里换到粮食,要安排相应的轻工业生产又要占用资金,只能让农民为国家工业化缴纳贡税,所以就必须把分散的小农经济组织到集体农庄和国营农场,将全国农业经济纳入计划体系,以便于国家从农民手中得到所需粮食和农产品,于是在 1929—1932 年开展农业全盘集体化运动。

农业全盘集体化运动的特点有:一是时间短,二是行政命令开路,三是消灭富农。在农业全盘集体化体制下,国家压低农产品收购价格,同时抬高工业品价格,以此达到积累资金之目的。在这种情况下,经济生活严重扭曲,日常生活物资匮乏,城乡关系、党群关系出现紧张,有呼声主张对现有工业化运动进行调整。

在这种条件下怎么办?以斯大林为首的苏共党中央不愿意放弃高速度优先发展重工业军事工业的方针与做法,于是发动"大清洗"运动对党内持有反对意见的人士进行镇压。结果是,反对的声音被压制下去,工业化继续保持原有高速度,可是对执政党造成的伤害也是显而易见的。但相对地,也镇压了不少党内的修正主义者与走资派。同时,"大清洗"使苏联的工人和底层农民地位提升起来。

以上三大运动,它们相互配合、相互促进,彼此存在紧密内在联系,最终形成了以高度集中的计划经济体制和高度集权的政治体制为基本特征的苏联模式。

(二)苏联模式的特征和表现

所谓苏联模式,如果仅就其内涵本身而言,可以从经济和政治两个方面加以解释。

从经济上来看,苏联模式表现为一个高度集中的计划经济体制,它以国家政权为核心,以党中央为领导者,以各级党组织为执行者,以国家工业发展为唯一目的,以行政命令为经济政策,以行政手段为运作方式。总之,这是一个有鲜明特点的经济体制,它限制商品货币关系,否定价值规律和市场机制的作用,用行政命令甚至暴力手段管理经济,把一切经济活动置于指令性计划之下。它片面发展重工业,用剥夺农民和限制居民改善生活的手段,达到高积累、多投资的目的。

从政治上来看,苏联模式表现为一个高度集权的行政命令体制。对内,它将权力高度集中于党中央,而党从中央到地方的各级组织,大多数情况下又是由个人意志所操纵的。这就造成了党政不分,共产党领导一切,直接发布政令,管理国家事务,民主集中制有名无实,社会主义法制被忽视甚至遭到践踏。干部由上级委派,领导终身任职,基本上不受群众监督,最后形成个人高度集权,并由此衍生出个人崇拜、官僚主义和形形色色的特权现象,从而严重损害了党和国家的正常民主生活。以批判斯大林个人崇拜而闻名的赫鲁晓夫为例,他自己就试图制造新的甚至超过斯大林的个人崇拜。据统计,报纸刊登斯大林的照片,每年无非几十张,而赫鲁晓夫却年逾百张,1963年达到124张,1964年头10个月里竟刊登140次。可见,制造和利用个人崇拜,正是苏联领导人用以指挥高度集中的经济政治体制的法宝。

从对外关系上来看,苏联模式又是集中了严重的官僚主义、主观主义、沙文主义和专制主义,即集封建农奴主式的作风于一体的大国强权体制。它不顾别国的国情,以社会主义阵营的老大哥自居,到处指手画脚、发号施令,对违反其意志的国家则严惩不贷,从舆论声讨、经济制裁直到外交孤立,甚至实行军事干预或占领,无所不用其极。结果造成了社会主义阵营的分裂,削弱了国际共产主义运动的力量。

苏联模式的问题可以分成两个方面：一方面是社会主义苏联的斯大林时期，另一方面是赫鲁晓夫时期。苏联模式出现于斯大林时期，发展于赫鲁晓夫时期。赫鲁晓夫进行经济改革，一改原来的社会主义制度，进行私有制改革，公有资产逐渐落到少数人手里，国家不再是人民当家做主，而是形成了苏联上层官僚权贵专政的局面，把斯大林时期的官僚主义扩大化，原来的无产阶级专政成了一句空话，政府失去了群众的监督。赫鲁晓夫的"去斯大林化"，原本是希望解决国家管理体制僵化的问题，但结果变成了背离社会主义路线。政府直接对于经济进行干预，民主集中制变成了扭曲的官僚独裁，所以这时的苏联已不是过去的社会主义，而是走向由官僚权贵专政的"社会帝国主义"国家。

（三）苏联模式的作用

苏联模式是苏联社会主义在新经济政策后选择的一条特殊的发展道路，在当时的国际背景下具有一定的历史合理性，尤其是经历过第二次世界大战之后才能够进一步彰显苏联模式的历史作用；同时，苏联模式也暴露出一些致命的弊端。

(1)苏联模式促进了社会主义制度的巩固和发展，推动了生产力的高速发展，确保了重工业特别是军事国防工业的发展。

(2)为苏联反法西斯战争的胜利提供了物质和人员保障，没有苏联模式期间的发展，在第二次世界大战中，苏联将会无法应对德国和日本的进攻。

(3)促进了人民物质和文化生活水平的提高。沙皇俄国原本就处于资本主义链条的薄弱环节，又疯狂地对外扩张试图打通向东、向南和向西的出海口，加重了人民负担。而苏维埃革命胜利后，大力发展生产力，人民生活水平有了较大的改善。

(4)权力高度集中在少数人手中，执法几乎得不到监督，民主法治建设遭到严重破坏。在第二次世界大战中，为了抵御法西斯主义的进攻而实行高度集中制，在战后应该与时俱进地进行调整，但是苏联并没有强化民主监督，导致权力过度集中。

(5)农民阶层利益遭到严重损害，农业生产积极性受到毁灭性打击。苏联汲取了第二次世界大战的经验，重点发展重工业。但实际上，随着世界局势的平稳，应该将重点转向发展民生。而苏联领导层过于忌惮战争的威胁，而忽视了民生改善,造成了社会统治根基的不稳。

(6)片面追求重工业部门的发展,而忽视了轻工业和农业等部门的发展。大国竞争导致苏联过分强调重工业的地位,导致其他部门发展受限,进一步弱化了经济体系的可持续性。

(7)忽视经济发展的客观要求和规律,限制了自由贸易,严重偏离了列宁最初的建设思路。经济发展是社会主义的优势,也是社会主义制度长治久安的关键。苏联长期对经济发展规律的总结不足、对创新经济体制的兴趣不足,导致经济基础的崩溃。

三、中国特色社会主义

社会主义是鸦片战争以来五大阶级(派别)五种方案尝试的最终历史抉择,中国特色社会主义是新中国成立以来"五个新"阶段探索的最终历史选择,既是中国传统文化土壤上根植马克思主义的发展硕果,也是马克思主义沃土上中国特色发展的新枝丫(见表8—5)。

表8—5　　　　　　　　中国探索特色社会主义的各阶段

不同时期	内外形势	核心目标	主要实现方式
新中国	帝国主义封锁、倒向社会主义阵营,传统农业社会、工业基础薄弱	建立完整的工业体系	盟国援助、独立自主
新局面	第三次科技革命勃兴,世界多极化日益明显	建成世界工厂	对外开放吸引先进技术,对内改革营造发展环境
新世纪	非传统安全超越传统威胁,第三波民主化浪潮达到顶峰	中国制造强国	模仿创新
新起点	新兴经济体日益显著,世界经济中心东移趋势加速	中国创造梯队部分升级	技术转让创新
新时代	全球治理体系深度调整,全球产业链重组加速	中国智造部分引领工业4.0	自主创新

(一)新中国:站起来的东方大国

半殖民地半封建社会的主要任务是实现国家独立,中国共产党的方案整合了农民阶级的生产关系诉求、洋务派的技术诉求(生产力)、维新派的政治诉求、革命派的革命诉求,增添了先进文化思想诉求(上层建筑)。在实践动力上,以无产阶级团结农民阶级、小资产阶级形成强大的革命力量;在组织力量上,以农村根据地为横、以整党整风为纵,构建起强劲有力、源源不断的战斗力量;在政治形式上,社会主义制度基础上普遍性的人民代表大会和重大利益诉求的政治协商制度提供了政治效率与均衡。

人民是分散的历史创造者,政党是历史合力的先进组织者。中国共产党之前的其他政治组织提供的战斗力是有限的,存在着对外抵抗失败、对外依赖、对外依靠、对外依附、对外投降等先天性思想缺陷,对内镇压、利用、忽略社会底层革命力量的身份认识缺陷,难以承继大任,难成独立使命。中国共产党在思想上,选择比较先进的马克思主义;在组织上,建立起先进的政治组织;在力量上,团结最广大人民群众;在对外上,坚决抵抗列强瓜分和外族入侵,历经第一、第二次国内革命战争时期、抗日战争时期和第三次国内革命战争时期,终于唤醒东方大国重新站起来。

表8—6　　　　　　　　　不同阶级救亡图存对比

阶级代表	尝试路线	实践运动	探索实质
农民阶级	旧式农民战争	太平天国运动	王朝更替
地主阶级洋务派	技术救国	洋务运动	王朝中兴
资产阶级维新派	政治救国	维新运动	君主立宪
资产阶级革命派	革命救国	辛亥革命	议会共和
无产阶级	思想救国	工农联盟革命	社会主义

(二)新局面:富起来的历史转折

发展是社会进步的动力,也是社会终结的推力。新中国的历史阶段就是农业社会转化为工业社会的过程,依靠盟友苏联的工业援助计划和中国人民的艰苦奋斗,中国相对完整的工业体系高效高速建立。与此同时,第一代中央领导集体还尝试探索符合中国实际的社会主义建设道路,虽然历经曲折,但取得了一系列经验、总结了一系列试错教训。

新局面历史阶段就是学习借鉴世界先进科学技术的第二次工业化的过程,表面上的最大阻力是社会制度之争,即社会主义与资本主义的界限;实质上的分歧是社会主义制度设计方向之争。社会主义市场经济不但是符合当时实际的最佳方案,而且是社会主义中国化进程中的特色方案,它保障了社会主义方向,解除了生产力的最大桎梏,让中国成为真正的综合实力大国。

(三)新世纪:融进去的百年机遇

新世纪前后是中国特色社会主义的一个关键阶段,其核心任务是稳定,在改革不断深入的内部环境中谋求中国特色社会主义市场经济平稳着陆,在经济全球化的外部环境中谋求融入世界自由贸易市场。世界经济体系和全球产业链是西方发达国家主导的严格等级限制的资源流动平台,发达国家凭借技术垄断占据第一梯队,次中心国家凭借生产体系占据第二梯队,外围国家凭借资源禀赋占据第三梯队,其余国家则游离在世界经济体系的边缘和全球产业链的角落。

2001年12月,中国以全球最大潜力市场为资本成功融入WTO,同时获得工业化和现代化升级的技术、智能和标准,加速推动中国制造升级到中国创造。完整齐全的工业门类布局和强大的生产制造能力成功助推中国长期保持经济高速增长,与世界主要经济体保持互补性经贸往来,形成错综复杂、相互依赖的价值链条、产业链条、贸易链条,有余力实现梯队跃升,中国特色社会主义稳健前行、刚劲有力。

(四)新起点:经济量的跨越攀升

在新起点上,中国的核心任务是超越,不断释放社会主义市场经济的制度红利,持续释放新中国以来的人口红利,开发中国广袤国土的空间红利,保持经济高速增长态势,迅速攀升至世界第二大经济体。2003年,中国经济总量被法国反超,排名世界第六;2005年,中国反超法国,升至世界第五;2006年,超越英国位居第四;2007年,超越德国位居第三;2010年,超越日本跃居世界第二并保持至今,与美国经济总量差距加速缩小。

伴随着新兴经济体的整体崛起和世界经济中心由大西洋移向太平洋,中国在金砖国家(第一梯队新兴经济体)和新钻国家(第二梯队新兴经济体)、G20(二十国集团)、上海合作组织等多边组织中发挥着越来越重要的作用。伴随着经济硬实力的提升,文化软实力、外交巧实力、军事威慑力、政府治理力等一系列国家综合实力指数均得到相应发展,生活满意度、环境舒适度、投资自由度、安全保障度等一系列生产生活指数均得到大幅提升,中国特色社会主义制度性优势愈发显著,中国特色社会主义理论体系被首次提出。

(五)新时代:强起来的核心竞争

进入21世纪第二个十年,全球进入百年变局周期,世界中心的东西方调整、全球治理体系的新兴国家冲击、大国关系的合作竞争破局、技术变革的多方抢占先机等进一步加剧了变局与乱局,冲击着日益脆弱的国际均衡。经济领域,经济全球化遭遇逆全球化、反全球化潮流;政治领域,"黑天鹅事件"和"灰犀牛事件"层出不穷;健康领域,新冠疫情诱发全球性经济大衰退,或改变世界格局;外交领域,强权霸权更加赤裸,自身优先甚至以邻为壑的政策严重威胁多边合作机制。在新时代,中国的核心任务是稳固中国梦,实现民族复兴。

面对百年未有之大变局,中国特色社会主义"四个自信"愈发凸显,"一带一路"倡议纵贯欧亚非,打破逆全球化思维窠臼,构建经济共同体;合作共赢、平等互利的多边协商全球治理理念,冲破欧美大国主导的大国一致原则,构建命运共同体;实现互联互通的亚洲基础设施投资银行惠及南方国家,撕破了全球体系中国家分层的隔阂,构建利益共同体;中国同时重视国际组织的地位与作用,重视大国责任与担当,在全球治理体系中扮演着越来越重要的角色,传递出中国特色社会主义的理念和追求。

四、尼泊尔模式

第二国际后期,实现社会主义制度的两种方式差异化日趋明晰,革命道路衍生出苏维埃模式(中心城市革命)、中国模式(农村包围城市)和尼泊尔模式(丛林革命结合议会斗争)。以尼联共(毛)为代表的第一种趋向形成了尼泊尔模式,坚持丛林武装革命结合议会斗争,曾经由武装斗争平稳转向议会斗争并实现全国执政(联合执政),至今仍是尼泊尔国内主要政治力量之一。

20世纪中期,民主革命潮流席卷全球,尼泊尔共产党(以下简称"尼共")应运而生,1951年党纲判定尼泊尔是一个半殖民地半封建国家,当前任务是引领新民主主义革命。尼共一大号召建立民主统一阵线,组建民主联合政府;尼共二大提出土地改革号召,并组建共和国。1963年,尼泊尔国王突然宣布实行政党禁令,直至1990年政党重新合法化,尼共分裂为尼共(团结中心)、尼共(马)、尼共(马列)等多个派别。1995年3月,尼共(毛)正式成立,9月通过了《发动具有历史意义的人民战争的计划》的决议,标志着尼共(毛)理论主张的形成。[1]

(一)以毛泽东思想为指导思想

尼共(毛)认为,尼泊尔仍然是君主封建制,党的主要任务是引领新民主主义革命,具体实现方式是以中国革命为样板,走农村包围城市、武装夺取政权的道路,紧密结合尼泊尔实际国情,建立毛主义武装力量,在边远山区与丛林发动土地革命,走出一条"普拉昌达道路"。

(二)斗争策略是武装斗争与议会斗争相结合

尼共(毛)认为,现实的政策是发动广大底层民众实行土地改革,建立正规军事部队与民兵武装力量,废黜封建制度并争取掌握国家政权。要通过各政党各派别联合建立过渡政府和选举国民代表大会,通过多党竞选和议会民主进而成立尼泊尔民主共和国,然后制定新宪法,带领尼泊尔振兴经济、复兴国家、加速民主化进程。在军队国家化后,尼共(毛)回归议会斗争,一直是尼泊尔主要政党之一。[2]

(三)奋斗目标是摧毁君主制,建立人民民主政权

在1990年改行君主立宪制后,尼泊尔党派便划分为保皇派与议会派。当尼共(联合马列)政策日益右倾且国内经济社会发展水平持续恶化后,尼共(毛)便决定离开首都,于1996年深入丛林与边远山区发动武装斗争,带领底层民众进行土地革命,扩大群众基础,不断巩固红色革命根据地,直至彻底摧毁君主制,建立起人民民主政权。宪政改革后,尼共(毛)获得合法进入议会机会,长期与其他党派组建执政联盟或参政党,为巩固人民民主政权不懈努力。[3]

五、印共(马)的地方执政模式

印度宪法规定,国家为社会主义制度,但实行资产阶级议会民主制,由于实行邦联制,各邦可在中央政府领导下自行选择制度设计与发展政策,因此为共产党组织尝试地方执政奠定了现实基础。在民主国家独立潮中,印度深受苏联和中国的影响,1966年爆发的印度西孟加拉邦纳萨尔巴里革命运动初步彰显了共

---

[1] 袁群,张立锋.尼泊尔共产主义运动的历史演进探析[J].社会主义研究,2015,220(02):135—140.
[2] 袁群,王恩明.尼泊尔共产党政府的政策趋向及未来前景[J].当代世界,2019,453(08):75—79.
[3] 王宗.尼泊尔民主运动与王权政治的衰落[J].解放军外国语学院学报,2008,157(04):123—128.

产党革命力量的存在。1967年,印度共产党(马克思主义)[以下简称"印共(马)"]在西孟加拉邦执政,随后尽管时代主题变迁、苏联剧变、全球化等国内外形势风云变幻,印共(马)实现了长期地方执政并逐渐在喀拉拉邦、安德拉邦、特里普拉邦等参政执政,开创了社会主义运动史上地方执政新模式,并日渐清晰了理论主张。

(一)指导思想与奋斗目标坚持马克思列宁主义,通过建立无产阶级专政实现社会主义和共产主义

印共(马)认为,要坚持马克思主义与时俱进,结合印度实际,采取切实可行的方式实现社会主义。当今世界表现出四大矛盾,即社会主义和帝国主义、发达国家和发展中国家、帝国主义国家之间以及资本主义国家内部各阶级矛盾。1992年,印共(马)十四大通过的《关于意识形态问题的决议》指出,现阶段主要任务是建立以工农联盟为基础的人民民主阵线,开展民主革命,进而反帝、反封建和反垄断资本。2002年,印共(马)十六大指出,近年来共产党及左翼力量正在重构复兴,但世界社会主义运动仍处于低潮。中、越、古、朝等社会主义国家在复杂多变的国际形势下始终坚持社会主义道路,尤其是中国凭借改革开放成为世界第二大经济体,为世界社会主义运动提供了丰富的经验。① 2012年,印共(马)十八大指出,应正反面看待中国模式,找到一种取代资本主义的政治模式。

(二)现实政策是立足基层,巩固地方执政

印共(马)坚持积极推进左翼联盟阵线,谋求左翼执政并尽力争取本党执政。同时,争取最广大基层民众支持,着力推行彻底的土地改革政策,《土地最高限额法》以外的土地从地主处征收分给无地少地贫贱民和低种姓流民,极大地改变了印度半封建土地依附关系。动员基层民众参与基层政权自治,健全乡村评议制度,保障民众基本生存权利,提高底层政治地位,进而推动了农村农业改革。政策优先支持农业现代化,大力兴修水利设施、公路交通,刺激轻工业稳步发展,解决就业问题。推行扫盲运动,着力普及文盲基础认知教育,实现民心凝聚,巩固了地方执政。②

印共(马)在2021年的选举中延续了2016年的选举胜利,使该党能够在左

---

① 苗光新.奋进中的印度共产党(马克思主义).[J]当代世界与社会主义,2004(01):55.
② 祝彦.印度共产党(马)在地方长期执政的经验.[J]科学社会主义,2007(04):136.

翼民主阵线（LDF）和印度共产党（CPI）等力量的联合框架内执政。与该国其他地区相比，印共（马）和印度共产党执政以来在该地区取得了相当不错的成绩。

什么是喀拉拉邦模式？喀拉拉邦以旅游业为经济中心，其投入了大量精力来确定如何最好地分配经济收入。该邦开启了一系列公平分配和管理资源的项目。由于社会大众对公共讨论空间和"地方自治政府"的高度参与，这些一揽子公共政策能够得到妥善实施。在这些场所，生活在不同城市的人可以提出他们社区的迫切需求进行讨论。人们的这些看法最终被列入政府的议程，通过民众和国家之间的媒体部门进行沟通。

简言之，这些任务就是社会刺激计划。其中一个就是分配大量资源的计划，通过该计划可以保证学生免费获得书籍、为学生调整功能多样性的学校基础设施、提供学术支持等。在这方面，喀拉拉邦政府在普及和提高全国公共教育质量方面得到了国际认可。地方政府的高度凝聚力和规划能力通过其他例子得以体现。

六、科学社会主义基本原则

（一）科学社会主义一般原则

科学社会主义一般原则是社会主义事业发展规律的集中体现，是马克思主义政党领导人民进行社会主义革命、建设、改革的基本遵循，是在实践中对一般规律的进一步丰富和发展。

1. 理论依据

人类社会发展规律和资本主义基本矛盾是资本主义必然灭亡、社会主义必然胜利的根本依据。两个必然和两个绝不会是科学社会主义必然实现的理论依据，而两个必然和两个绝不会又是唯物史观三大规律的结论，因此科学社会主义是符合历史规律的。唯物史观的基础是资本论和马克思主义哲学，分别在哲学领域和经济学领域找到了科学规律。

2. 生产力（劳动者）

无产阶级是最先进最革命的阶级，肩负着推翻资本主义旧世界、建立社会主义和共产主义新世界的历史使命。生产力是最革命的因素，而掌握生产力的关键是人，因此人就是生产力。在旧社会制度中，统治阶级往往控制着知识、技术、文化等不向广大被压迫阶级传播。随着时代的发展，被压迫阶级在资本主义时代开始掌握先进的知识技术,这在以往的社会制度下是难以实现的。未来,劳动者将掌握越来越多的知识技术,必将形成最先进、最革命的无产阶级,成为推翻旧制度的核心。

3. 政治

无产阶级革命是无产阶级进行斗争的最高形式,以建立无产阶级专政的国家为目的。社会制度变革关键在于政治变革,哪个阶级掌握政权,无产阶级革命的关键就是建立无产阶级专政的国体和政体,以保证无产阶级的利益。在阶级尚未消亡之前,利益分化必然导致政治分化,政治分化必然要求绝对掌握政权。

1846年10月23日,恩格斯在《致布鲁塞尔共产主义通讯委员会》一文中指出:"我所要做的主要就是证明暴力革命的必要性,同时对格律恩那种在蒲鲁东的万应灵药中找到了新生命力的'真正的社会主义'从根本上加以驳斥,指出它是反无产阶级的、小资产阶级的和施特劳宾人的东西。"[①]

列宁在《国家与革命》中指出:"可见,在共产主义下,在一定的时期内,不仅会保留资产阶级权利,甚至还会保留资产阶级国家,——但没有资产阶级!"[②]

4. 生产关系(所有制)

社会主义社会要在生产资料公有制基础上组织生产,以满足全体社会成员的需要为生产的根本目的。为了缓和阶级矛盾,生产资料所有制越来越向公众开放,从私人资本所有制、私人股份资本所有制向法人资本所有制,未来还会形成新的所有制,整体趋势是让更多的人享有所有权,共享利益。当所有制发展趋势背离公共利益时,无产阶级革命将会发挥重要的作用,进而保障广大人民的利益。

列宁在《国家与革命》中指出:"社会主义同共产主义在科学上的差别是很明显的。通常所说的社会主义,马克思把它称做共产主义社会的'第一'阶段或低级阶段。既然生产资料已成为公有财产,那么'共产主义'这个名词在这里也是可以用的,只要不忘记这还不是完全的共产主义。"[③]

5. 生产关系(分配制度)

社会主义社会要对社会生产进行有计划的指导和调节,实行按劳分配制度。

---

① 马克思恩格斯选集(第四卷)[M].北京:人民出版社,2012:405.
② 列宁选集(第三卷)[M].北京:人民出版社,2012:200.
③ 列宁选集(第三卷)[M].北京:人民出版社,2012:199-200.

一方面，私有制建立的前提是资源的稀缺性，随着社会资源的日益丰富，公有制将会得到更大范围的实践；另一方面，公众生活的逐渐开放和开明，也要求均衡社会成员的福祉，采用更多公益、公用、公共政策。逐步改变生产关系，进而缓慢实现社会财富向社会多数人分散，是一种社会趋势，进而取代单纯的经济趋势（经济趋势是资源集中）。

列宁在《国家与革命》中指出："在共产主义社会的第一阶段（通常称为社会主义），资产阶级权利没有完全取消，而只是部分地取消，只是在已经实现的经济变革的限度内取消，即只是在同生产资料的关系上取消。"①

6. 生产力（人与自然的和谐）

社会主义社会要合乎自然规律的改造和利用自然，努力实现人与自然的和谐共生。改造自然的能力，主要依靠人，但是发展到一定程度就会将人解放出来，通过机器人、无人工厂等实现。这些生产力包括科学技术的发展最终都会惠及全体人类，解放出来的人们将会主要从事教育、服务、研发等新的工作，进一步掌握自然科学规律，进一步提升生产力。

恩格斯在《自然辩证法》中深刻地阐述了人与自然界的关系，提出生产力的终极目标是人与自然融为一体、人与自然和谐共处。恩格斯指出："我们不要过分陶醉于我们人类对自然界的胜利。对于每一次这样的胜利，自然界都对我们进行报复。因此，我们每走一步都要记住：我们决不像征服者统治异族人那样支配自然界，决不像站在自然界之外的人似的去支配自然界——相反，我们连同我们的肉、血和头脑都是属于自然界和存在于自然界之中的；我们对自然界的整个支配作用，就在于我们比其他一切生物强，能够认识和正确运用自然规律。"②

7. 上层建筑（文化）

社会主义社会必须坚持科学的理论指导，大力发展社会主义先进文化。在阶级社会，文化的主要功能是凝聚民族共识，同时也有维护阶级利益的重要作用。随着文化大众化，上层建筑中也必然越来越多的反映普遍利益。

列宁在《国家与革命》中指出："民主是国家形式，是国家形态的一种。因此，它同任何国家一样，也是有组织、有系统地对人们使用暴力，这是一方面。但另

---

① 列宁选集（第三卷）[M].北京：人民出版社，2012：196.
② 马克思恩格斯选集（第三卷）[M].北京：人民出版社，2012：998.

一方面,民主意味着在形式上承认公民一律平等,承认大家都有决定国家制度和管理国家的平等权利。"①

8. 领导力量

无产阶级政党是无产阶级的先锋队,社会主义事业必须始终坚持无产阶级政党的领导。自从人类诞生,就是有组织的群体性行为,才有能力经受自然的考验、社会的考验。因此,任何群体都需要坚强有力的领导力量,社会主义事业也不能例外。无产阶级政党就是团结和代表无产阶级利益的领导力量。

马克思在《法国工人党纲领导言(草案)》中阐述了无产阶级政党的核心力量,他指出:"生产者阶级的解放是不分性别和种族的全人类的解放;生产者只有在占有生产资料之后才能获得自由;生产资料属于生产者只有两种形式:①个体形式,这种形式从来没有作为普遍事实而存在,并且日益为工业进步所排斥;②集体形式,资本主义社会本身的发展为这种形式创造了物质的和精神的因素。"②

9. 共同理想(社会主义)

社会主义社会要大力解放和发展生产力,逐步消灭剥削和消除两极分化,实现共同富裕和社会全面进步,并最终向共产主义社会过渡。一个政党,最关键的是有明确的理想追求,吸引和带领越来越多的人去为了共同的事业而奋斗。

10. 最高理想(共产主义)

共产主义是人类最美好的社会,实现共产主义是共产党人最高理想。最高理想永无止境,共产主义只是人类社会发展到一定阶段的社会形态和产物。即使到达共产主义社会之后,依然需要有组织地开展研究,最终寻找到生命延续的方法,不断地探索宇宙,不断地探索生命自身的规律。

(二)正确把握科学社会主义一般原则

1. 坚持就是旗帜

必须始终坚持科学社会主义一般原则,反对任何背离科学社会主义一般原则的错误倾向。一遇到挫折就放弃,一遇到困难就妥协,这并不符合科学社会主义。19 世纪末 20 世纪初,在社会主义运动低潮时期,伯恩施坦打着发展马克思

---

① 列宁选集(第三卷)[M]. 北京:人民出版社,2012:200—201.
② 马克思恩格斯选集(第三卷)[M]. 北京:人民出版社,2012:818.

主义的口号,否定科学社会主义基本原则,走上了修正主义道路,对今天的实践教训意义十分重大。列宁指出:"临时应付,迁就眼前的事变,迁就微小的政治变动,忘记无产阶级的根本利益,忘记整个资本主义制度、整个资本主义演进的基本特点,为了实际的或者假想的一时的利益而牺牲无产阶级的根本利益,这就是修正主义的政策。"①

2. 实践才能改变现实

要善于把科学社会主义一般原则与本国实际相结合,创造性地回答和解决革命、建设、改革中的重大问题。马克思主义不是教条,而是行动的指南,是一般规律的科学浓缩和总结。共产党人必须在实践中将基本理论与现实实践结合起来,继续探索实践规律。列宁强调:"马克思所提供的只是总的指导原理,而这些原理的应用在英国不同于法国,在法国不同于德国,在德国不同于俄国。"②

3. 发展才能适应时代

紧跟时代和实践的发展,在不断总结新鲜经验中进一步丰富和发展科学社会主义一般原则。用发展的思维取代静止的思维,是唯物辩证法最重要的思想之一。马克思和恩格斯在19世纪创立了科学社会主义,并不断发展完善。列宁在20世纪根据俄国实际提出了列宁主义,并指出:"不能为死的教条而牺牲活的马克思主义。"③

马克思和恩格斯也曾经按照当时的历史环境,对社会主义做出了一些大致的描述,主要有以下几个方面:一是生产资料:生产资料归全社会所有;二是生产方式:有计划地调节生产;三是分配制度:实行按劳分配;四是经济:没有商品生产,没有货币交换;五是政治:没有阶级对立和阶级差别,国家开始消亡。

但是,这些设想仅限于当时的生产力水平和思想认识背景下的初步设想,也仅仅是基本指标的考量,是按照一般规律预想的理想样板。在社会主义运动中,如果无产阶级政党革命成功或者通过其他方式掌握政权,会根据现实发展来调整具体生产力实现方式和生产关系,并不一定会同时满足上述条件。

---

① 列宁选集(第二卷)[M].北京:人民出版社,2012:7.
② 列宁选集(第一卷)[M].北京:人民出版社,2012:274.
③ 列宁选集(第三卷)[M].北京:人民出版社,2012:27.

第三节　社会主义的历史长周期问题

按照马克思和恩格斯的设想，从一般规律的角度出发，应该是发达资本主义国家甚至是多个发达资本主义国家同时进入社会主义。但是，现实的发展是在帝国主义战争期间资本主义链条薄弱的俄国率先革命并建立起社会主义制度，随后一大批国家走上了社会主义道路。

从其他社会主义的更替规律来看，社会制度反反复复是历史的常态，资本主义制度自法国身上就多次上演，社会主义制度在诸多国家又变成了资本主义制度。既然社会主义实践已经出现落后国家率先进入社会主义的情况，那么就要从理论上回答历史发展周期率问题，就要回答经济文化相对落后国家建设社会主义问题，就要回答社会主义道路的模式问题。

一、历史周期律问题及其回答

历史发展是否存在规律问题，已经基本上得到了回答，也逐渐成为学术界的共识。但是，历史发展有没有周期性问题，并未完全取得一致的认识。对于中国的历史学家而言，中国悠久的历史呈现比较典型的周期性，即自周朝以来，大约每三百年左右就会爆发一次王朝更替的农民起义，或者更换新的王朝，或者更换新的朝代。对于西方历史学家而言，他们也应该注意到了马克思对资本主义危机周期性的分析，事实上，资本主义已经呈现比较明显的周期性，这一周期显然比中国古代社会的周期更短。

(一)人民民主破解阶级利益固化

面对封建社会的阶级冲突、资本主义社会的阶级代言，中国共产党给出的方案是人民民主和民主监督，其核心是将阶级利益转变为共同富裕；其方式是人民代表大会、人民政协、民族区域自治和基层群众自治；其关键是中国共产党的领导。通过人民民主制度设计，构建起破除阶级利益固化的治理屏障，将阶级矛盾转化为人民内部矛盾。

1945年7月4日下午，毛泽东专门邀请黄炎培等人到家里做客。整整长谈了一个下午。毛泽东问黄炎培，来延安考察了几天有什么感想？黄炎培提出了著名的窑洞之问，他坦率地说："我生60多年，耳闻的不说，所亲眼看到的，真所谓'其兴也勃焉,其亡也忽焉'。一人、一家、一团体、一地方乃至一国,不少单位都没能跳出这周期率的支配力。大凡初时聚精会神,没有一事不用心,没有一人不卖力,也许那时艰难困苦,只有从万死中觅取一生。继而环境渐渐好转了,精神也渐渐放下了。有的因为历时长久,自然地惰性发作,由少数演为多数,到风气养成,虽有大力,无法扭转,并且无法补救。也有因为区域一步步扩大了,它的扩大,有的出于自然发展;有的为功业欲所驱使,强求发展,到干部人才渐渐竭蹶,艰于应付的时候,有环境倒越加复杂起来了,控制力不免薄弱了。一部历史,政息宦成的也有,人亡政息的也有,求荣取辱的也有。总之,没有能跳出这个周期率。中共诸君从过去到现在,我略略了解的,就是希望找出一条新路,来跳出这个周期率的支配。"黄炎培的这一席话耿耿诤言,掷地有声。

毛泽东高兴地答道:"我们已经找到了新路,我们能跳出这周期率。这条新路,就是民主。只有让人民来监督政府,政府才不敢松懈;只有人人起来负责,才不会人亡政息。"毛泽东的这番话,至今仍是至理名言。

1. 适应社会主义改造和建设的人民民主专政初步探索

1949年6月,毛泽东在《论人民民主专政》中指出:人民民主专政的基础是广泛的阶级联盟,进而破除阶级的狭隘性,但是关键还是"工人阶级的领导"。人民代表大会制度就可以体现人民民主,体现工人阶级的领导;但是,不仅需要多党合作和政治协商制度,这种统一战线有利于消解矛盾而非扩大分歧;而且需要民族区域自治制度,进而促进民族大融合,消解民族矛盾;还需要在基层事务中还权于民,实现自组织自治理,破解基层治理矛盾激化。国体和政体的设计,坚持了马克思主义的基本原理,充分考量了中国现实国情,对于巩固新生政权和破解阶级利益固化发挥了极为重要的作用。

2. 适应改革开放的国家治理法制化

面对工业化的差距,加速解放生产力和吸收借鉴国际先进经验成为优先选择,改革开放成为国家政策。政策的调整在短期内必然衍生出利益分化,依靠国家法制化建立健全中国特色社会主义经济体制、政治体制、社会管理体制等,以适应和引领后续改革开放平稳进行成为重大政策选项。阶级利益固化的风险就表现为阶级利益分化的失序风险和资本无序扩张的风险。1978年12月,邓小平敏锐地指出:社会主义民主和社会主义法制是合二为一的,必须"保障人民民主,加强法治建设"。随着改革开放在农村和城市的稳步推进,随着中国加入WTO

融入世界,随着中国经济高速发展,中国的国家治理法制化也同步取得了重大进展,保障了中国特色社会主义事业稳步前行。

3. 适应百年未有之大变局的治理现代化

国际政治经济格局的变动,尤其是世界经济重心由欧美向亚洲的缓慢转移,悄然改变了世界竞争格局。美国以激烈对抗应对全球治理体系变革,欧洲在对抗与合作中摇摆不定,金砖国家以及上合组织进一步凝聚合作共识,东盟、非盟、美洲联盟也更加重视区域合作。社会制度方案话语权之争、全球治理体系主导权之争和中国特色社会主义领导权之争,成为国家治理的三大核心问题。中国特色社会主义面临的问题和形势已经不再局限于内部矛盾,而是更高层面的伟大斗争,重点在于凝聚国家力量实现民族复兴,主要方式是全面加强党的领导,主要目的是推动建立健全国家治理体系和治理能力现代化,确保国家在民族复兴征程上行稳致远。

(二)自我革命破解政党利益固化

2022年10月,习近平总书记在党的二十大报告中提出了历史周期律的第二个答案,即回答了时代之问。经过百年奋斗,特别是党的十八大以来新的实践,我们党又给出了第二个答案,这就是自我革命。深刻理解跳出历史周期率的第二个答案,对于理解中国共产党为什么能够带领中国人民实现中华民族伟大复兴、实现党和国家的长治久安具有重大意义。

党的自我革命是对一切危害自身肌体健康的内部毒瘤、顽瘴痼疾实行彻底的自我革命。这样的革命难就难在须有超越政党自身一切利益的无我境界,以至前人即使看到了自我革命之必须,却无法力行。我国历朝历代政权都无法通过自身革命保持国家良治。过往所谓善治者,因受到自身利益的左右和认识的局限,无法实现彻底的自我革命,良治的局面难以一代代传承下去,因而治乱兴衰的历史周期率不可避免地频繁交替出现。

中国的事情,关键在党。苏联解体的历史悲剧再一次为社会主义国家的历史周期律敲响了警钟,历史周期律并未远离社会主义,而是以新的形式表现出来。破解阶级利益固化,也仅仅解决了社会主义发展历史进程中一个阶段的核心问题。随着主要矛盾的转变,新的核心问题会不断出现,既有问题也会上升为核心问题,需要新的实践策略。伴随着人民民主尤其是全过程人民民主的实践探索逐渐彻底破除阶级利益固化,政党利益固化就成为新的最大风险,外在革命转化为内在革命也就成为新的选择。

1. 聚焦执政能力的整党整风

中国共产党一直注重自我革命,在实践中学习和发展理论,在探索中强化能力本领、去错改过、主动革新。从农村包围城市取代城市中心论、从毛泽东思想取代教条主义、从苏维埃政权到新中国政权,中国共产党始终保持自我革命的勇气,始终关注脱离群众的风险。其中,延安整风运动是这个历史时期的典型代表,代表了中国共产党始终保持初心的坚定决心、始终服务人民的立场和始终没有自我特殊利益的政治清醒。延安整风运动为了破除政党利益固化,清除繁杂思想丛芜,反对主观主义、宗派主义、教条主义,持续增强团结能力和战斗能力,聚焦执政能力和领导能力,真正实现了中国共产党的又一次伟大自我革命,为全国执政奠定了坚实基础。

2. 聚焦利益代表的先进性引领

由计划经济转向中国特色社会主义市场经济过程中,社会阶层的分化、经济利益的分化、西方经济文化的冲击等带来了社会治理结构多元化。党员标准问题、群众路线问题、主体经济问题、特权贪腐问题等一系列问题和争议迫切要求中国共产党对新形势做出回答。中国共产党在改革开放以来党的基本路线的基础上,进一步明确了"三个代表"的衡量标准,进一步解放了思想、纯洁了队伍、保持了初心,破除了教条主义的束缚、机会主义的冲击和西方思潮的混乱干扰。中国共产党重新破除了政党利益固化的陷阱,在社会主义市场经济背景下实现了稳固执政和创新发展,进一步推动了马克思主义中国化的与时俱进。

3. 聚焦斗争精神的自我革命

21世纪以来尤其是第三个十年以来,百年未有之大变局的全方位剧变进一步增加了经济摩擦风险、军事冲突风险和治理变革风险,各个领域的摩擦和斗争日益常态化、持久化。中国共产党一方面对内聚焦全面深化改革带动各领域的主动变革,积极构建适应时代特点的经济双循环、治理现代化、自由贸易链、文化交融圈,推动国家治理体系和治理能力现代化;另一方面,对外倡导人类命运共同体,提供"一带一路"倡议、亚投行、进博会等国际公共产品和公共平台,在斗争中谋求合作,推动全球治理体系向着更加公平的方向变革。中国特色社会主义在新时代焕发生机活力,既是世界社会主义运动的兴起,也是社会主义制度优越性的样板。

二、经济文化相对落后国家进入社会主义的可能性

马克思根据人类社会发展一般规律提出了"发达国家同时革命论"的一般可能性,这是人类社会进入社会主义的大概率事件。

马克思和恩格斯最初创立科学社会主义,是自由资本主义阶段转向垄断资本主义阶段之时以高度社会化的资本主义大生产作为时代条件的,无产阶级组织是在相对发展的资本主义国家出现和率先发展起来。随着资本主义制度的不断发展,尤其是资本主义制度走到制度末期之时,发达资本主义国家的无产阶级组织应该最完善、无产阶级政党应该最先进、无产阶级革命意愿应该最强烈。因此,在一般情况下,发达资本主义国家的无产阶级政党在相对接近的时间同时开展无产阶级革命,成功的概论应该是最大的。

马克思揭示了一般规律,但认为应该具体情况具体分析,尤其是不同国家进入社会主义的方式问题。马克思在给维·伊·查苏利奇的回信中就明确地指出,俄国农村公社在资本主义社会中依然存在是一种比较特殊的情形,有两种发展前途,认为存在着跨越资本主义的"卡夫丁峡谷"而进入社会主义的可能性。

列宁根据帝国主义相互征伐的现实,结合俄国当时处于帝国主义薄弱链条的客观现实,提出了"一国首先胜利论",这是人类社会进入社会主义的小概率事件。统计学上有一个墨菲定律,指出小概率事件往往也会发生,这种现象在社会发展领域同样适用。小概率事件的出现并没有否定一般规律,而往往是以补充一般规律的形式出现。

经济文化相对落后的国家可以先于发达资本主义国家进入社会主义,这主要取决于革命的客观形势和主观力量。俄国和中国当时都是社会矛盾极其尖锐、革命意愿非常强烈,劳动群众遭受的剥削和压迫尤为繁重,无产阶级政党能够在马克思主义的指导下制定符合实际的斗争策略和路线。反动统治阶级的力量也逐渐衰落,统治力日渐薄弱,已经无法维持既有的统治秩序,革命形势向着更有力的方向发展。

针对俄国小资产阶级学者苏汉诺夫的生产力决定论的观点,列宁指出:"你们说,为了建立社会主义就需要文明。好极了。那么,我们为什么不能首先在我国为这种文明创造前提,如驱逐地主,驱逐俄国资本家,然后开始走向社会主义呢?你们在哪些书本上读到过,通常的历史顺序是不容许或者不可能有这类改

变的呢？"①

民主社会主义者在欧洲多国进行了探索，尝试通过议会斗争的方式进入社会主义，甚至也曾经执掌政权，但是并未彻底成功，至少到目前为止尚未成功。这同样是小概率事件，也不能排除这种道路的可行性。

三、经济文化相对落后国家建设社会主义的长期性

发达国家同时革命论是较为一般的规律，一国首先胜利论是某些特殊形势下的特例规律，是对一般规律的补充。经济文化相对落后国家进入社会主义制度后，很大概率会遭受资本主义国家的围攻，苏维埃俄国当年就经历过这种军事围剿和经济围剿，新中国当年也经历过这种军事挑衅和经济包围。但是，更为根本的原因是，率先调整生产关系需要更长的历史周期来弥补生产力的发展过程，进而实现生产力与生产关系的相对均衡。

（一）社会主义长期性的原因

由于经济文化相对落后，在资本主义世界体系中率先进入社会主义的俄国、中国等国家不可避免地遭遇一系列困难，甚至是西方资本主义国家的主动挑衅，导致社会主义国家的发展更加艰难。相对落后国家社会主义建设具有长期性，主要是由于以下几个原因：

（1）生产力水平制约，主要是工业化、生产社会化、商品化、现代化依然需要较长的时间，进行艰苦的探索和奋斗。生产力是最革命的因素，当社会主义国家生产力水平较低时，必然需要最大限度地解放和发展生产力。

（2）经济基础与上层建筑发展状况制约，公有制经济、民主政治、先进文化都需要进行充分的发展。首先，社会主义发展公有经济、改造小农经济、建立社会主义经济基础需要一个漫长的过程。其次，社会主义民主政治的发展需要适应民主政治的基础水平，不断创新适应民主政治的形式，这也是一个漫长的过程。最后，建设社会主义先进文化，实现真正的公正和平等，也需要长期艰苦的探索。

（3）国际环境严峻挑战，包括武力方式、和平演变、文化渗透（颜色革命）。国际资本主义往往会操纵各种经济、政治、文化、军事等手段干预社会主义国家发展，一方面是意识形态的差异引起的摩擦和冲突；另一方面，根本原因在于经济

---

① 列宁选集（第四卷）[M].北京：人民出版社，2012:778.

利益的冲突,尤其是经济分配方式的差异。社会主义国家更加倡导平等贸易,而资本主义则往往倾向于建立等级制度,进而瓜分利益。

(4)对社会主义建设规律认识需要较长过程。在社会主义进程中产生的种种问题的根源并不在于制度本身,相当程度上在于人们没有认识和掌握社会主义建设规律。首先,探索保持生产力高速发展的经济规律需要漫长的过程和探索,进一步建立和调整最合适的经济制度和经济体制。其次,探索执政党建设规律是一个漫长的过程,最大限度地保持国家稳定和社会进步也是一个漫长的过程。最后,探索社会主义建设规律也是一个漫长的过程。

(二)社会主义曲折性的认识

人类社会发展的一般规律仅仅从宏观上科学解释了历史发展的整体方向,具体到现实实践中,资本主义、社会主义都在探索更为微观的规律。在现实中遭遇到一些实际困难,需要通过实践去寻找规律,而历史实践虽然可以借鉴既有历史经验,但更多的还是需要创新思维。因此,人类社会发展史就是一部不断试错进而寻找到规律的历史。

社会主义革命、建设、改革中面对一些新问题、新现象时,由于理论指导问题、特权阶层问题、政党松散问题、官僚主义问题等多种原因可能加重社会主义的曲折性。

每一次社会主义运动的失败,都会激励无产阶级政党总结经验和规律。工科需要在实验室总结规律,理科需要在公式推导中总结规律,社会学需要在田野调查中总结规律,而社会主义运动则需要在人民群众的实践中总结规律。

邓小平指出:"一些国家出现严重曲折,社会主义好像被削弱了,但人们经受锻炼,从中吸取教训,将促使社会主义向着更加健康的方向发展。"[①]

四、开创社会主义道路的多样性

社会主义革命需要结合实际探索经验,社会主义建设同样没有固定的模板,需要在摸索中探索经验,寻找基本规律。社会主义的基本原则是在社会主义实践中总结出来的,并非按照既有的原则开展实践,从这个意义上说,民族的社会主义就是世界的社会主义。社会主义在不同国家的模式探索,不仅丰富了社会

---

① 邓小平文选(第三卷)[M].北京:人民出版社,1993:383.

主义模式,而且开创了社会主义道路的多样性。

(一)社会主义道路多样性的原因

社会主义道路多样性,是客观存在的。历史事件也表明,任何将社会主义模式定于一尊的做法都是损害社会主义运动的。社会主义道路多样性,是由多种因素影响而形成的。

(1)生产力水平原因,各国的生产力发展状况和社会发展阶段决定了社会主义发展道路具有不同的特点。生产力是社会形态更替最重要的因素之一,但不是唯一的决定因素,因此不同国家在不同生产力水平状况下进入社会主义制度是完全可能的。进入社会主义制度以后,解放生产力依然是最重要的任务,其道路选择也需要综合考虑国民素质、思想文化传统、生产力等。

(2)社会意识相对独立性原因,历史文化传统的差异性是造成不同国家社会主义发展道路多样性的重要条件。生产力的发展和文化的传承,是任何一个民族、任何一个国家最为关键的因素,而文化传统或者更高层面的社会意识显然具有很强的韧性和独特的特点,往往通过民族习惯、民族氛围、民族惯性等影响族群的思维方式、行为方式,对社会制度产生一定的影响。

(3)实践的社会历史性原因,时代和实践的不断发展,是造成社会主义发展道路多样性的现实原因。社会主义不是一成不变的,也不是机械教条的。对于不同国家而言,在实践中根据实际情况调整社会主义制度和政策是十分必要的,也是发展变化的,因而会呈现不同类型、不同特征、不同模式的社会主义。

(二)努力探索适合本国国情的社会主义需要坚持的基本原则

虽然社会主义道路具有多样性,但是并不意味着社会主义实践探索可以毫无原则地妥协,甚至退缩回资产阶级革命派的立场。无产阶级政党需要根据各自国家的实际情况,尤其是阶级力量、发展水平、革命斗争水平等综合考量,进而探索符合本国国情的基本原则。

(1)科学理论:必须坚持马克思主义的科学态度。马克思和恩格斯认为,历史唯物主义的态度就是从现实中寻找历史发展规律,按照科学规律建设未来社会才是科学态度,最重要的是坚持以马克思主义为指导,坚持马克思主义对未来社会制度的科学方法。

(2)现实实践:必须以当时当地历史条件为转移。立足国情,走自己的路,是社会主义历史经验的总结,也是马克思主义的一项基本原则。马克思主义是解决问题的方法论和世界观,现实问题是什么样子的,就需要将马克思主义改造成可以解决问题的理论状态。以往的结论也只是马克思主义经典作家对当时情况的分析和结论,不能把以往的结论强行运用到现实实践,而是应该针对现实科学地运用马克思主义。

(3)历史经验:必须充分吸收人类一切文明成果。人类文明成果是不会划分社会制度的,也不会自动划分敌我,所有的人类文明成果都应该也都可以被吸收借鉴。社会主义与以往的社会制度相比,更加具有开放性和包容性,能够更加充分地吸收人类社会的一切文明成果;更加开放地借鉴古今中外的文明经验,更能体现社会主义的制度自信。

五、延续社会主义事业的坚定性

社会主义是共产主义的第一个阶段,是人类社会发展一般规律的产物。但是,历史规律是跨越千百年的总结概括;在具体历史事件面前,开创社会主义事业是几十代人的事业,要延续社会主义事业的坚定性,就需要从内心理解社会主义事业的实践性、规律性和时代性。

(一)实践性:在实践中开拓前进是社会主义事业发展的必然要求

社会主义是一门学科的理论思想,也是一种现实的社会制度,更是无产阶级的历史实践。从工人阶级意识到自我的阶级性开始,就无意识地推动社会进入社会主义;而自从无产阶级意识到自己的阶级使命之后,社会主义就成为世界社会主义运动的核心追求。

(1)社会主义是亿万人民群众的伟大实践。社会主义是一种思想理论,也是一种理想目标,但更是亿万人民的实践,离开实践属性就会陷入抽象的空谈。

(2)社会主义实践是一个不断探索的过程。探索是结合以往的经验,按照一般规律进行尝试,不断提高实践的自觉性,减少失误和错误,进一步掌握社会主义建设与发展的规律,更好地推动社会主义事业向前发展。

(3)实践探索中出现某种曲折并不会改变社会主义的前进趋势。人类社会的社会形态更替并不是完全按照一般规律演化的,更多的是曲折的甚至是倒退的,这也是符合历史规律的。短暂的历史倒退只是当时不同派别、不同阶级实力的对比和较量,从发展趋势来看,历史的发展进步是公认的历史规律。

(4)推进社会主义实践发展必须有开拓奋进的精神状态。在革命时期,就有不怕牺牲、冲锋陷阵的斗争意志和英勇精神。在建设时期,有高度的建设热情和创业精神、忘我的劳动精神和奉献精神,积极投身社会主义建设事业。在改革时期,有勇于开拓创新、勇于自我革命的精神,实现社会主义制度的自我更新、自我完善。

(二)规律性:社会主义在实践中开拓前进必须遵循客观规律

历史规律从最高层面总结为三大规律,未来随着时代的发展进步也许能够总结出更多的基本规律。但是,在实践中有更多具体实践的规律等着去探索、去总结,也只有通过后来者在实践中总结进而不断丰富。短期的、某个领域的规律,在具体实践中可能更具有针对性,也更容易被公众认识和认可,不论是低层级规律还是顶级历史规律,都是客观规律。

(1)必须遵循人类社会发展规律。社会主义实践是人类社会发展到一定阶段的产物,也是人类社会发展规律中的一种社会形态。

(2)必须遵循社会主义建设规律。社会主义革命取得胜利并建立其社会主义制度,为社会主义建设奠定了基础。中国共产党领导全国人民在改革开放和社会主义现代化建设的实践中不断积累经验,制定了正确的基本路线、发展战略和一系列方针政策,推动中国特色社会主义不断发展向前。

(3)必须遵循共产党执政规律。共产主义的核心思想就是建立无产阶级专政,但是,共产党如何执政、怎样建设马克思主义政党、如何长期执政等一系列问题也需要不断地探索,并且积累经验。中国共产党在长期执政实践中,在全面总结历史的基础上对共产党执政规律进行了一定的总结,创造性地丰富和发展了共产党执政理论,对于夯实党的执政根基、凝聚执政力量、破解执政难题、实现中华民族伟大复兴具有重大意义。

(三)时代性:以自信担当开拓奋斗的姿态走向社会主义光明未来

正如以往的社会制度一样,都是经历过多个发展阶段才走向制度的终结。社会主义也同样具有多个发展阶段,因此,社会主义的时代性是不得不面对的时代问题;也只有不断解决时代问题,才能推动社会主义不断向前发展。

(1)正确认识21世纪世界社会主义的形势。社会主义不仅具有道义的力量,而且具有真理的力量。虽然东欧剧变、苏联解体对世界社会主义产生了重大影响,让世界社会主义运动陷入低潮,但是,世界社会主义运动已经开始复苏,中国特色社会主义成为世界社会主义运动的主要推动力量。

(2)充分估计中国特色社会主义的成功实践对世界社会主义发展的意义。中国特色社会主义取得了举世瞩目的成就,对于全人类都具有一定的借鉴意义,对中国特色社会主义事业具有重大的现实意义,也对其他国家具有广泛影响。

(3)坚定信心、提振精神,以开拓奋进的姿态走向社会主义光明未来。社会主义五百年的历史已经证明,任何力量也无法阻挡社会主义取代资本主义。同样地,社会主义发展也会遭遇诸多困难,只要我们锐意进取、大胆创新,一定能够探索符合社会主义发展的基本规律,将社会主义事业不断推向前进,走向社会主义的光明前途。

六、历史终结论的自我否定问题

马克思和恩格斯终其一生为共产主义事业而奋斗,他们强调了共产主义理论基于哲学(辩证唯物主义)、经济学(资本论)和历史观(唯物史观)的多重论证,是符合人类社会发展一般规律的。

在实践中,稍微遇到挫折就放弃信仰;或者稍有不顺就改旗易帜,这些都是基于理论的不足和内心的恐惧。马克思主义的建立就是为了克服对自然的恐惧、对宗教等神秘力量的恐惧、对社会关系的恐惧以及对未知世界的恐惧。在社会主义发展中,处处都是未知的实践和问题,这需要我们尽最大努力运用马克思主义的基本原理、基本方法、基本观点去探索和实践。

巴黎公社失败时,有人放弃了。

苏联解体时,有人放弃了。

革命、建设、发展遭遇挫折时,有人放弃了。

这时往往会有一批人制造出一系列新鲜的理论来否定共产主义理论,甚至否定马克思主义理论。这些都是徒劳的。如果他们想推翻马克思主义,就需要推翻马克思主义的方法论(辩证唯物主义和历史唯物主义),再推翻《资本论》,最后推翻唯物史观。可是,数百年来,马克思主义理论在实践中越来越彰显其深刻性,尤其是对规律的总结、对本质的把握。

马克思主义是工业时代的产物,是可以被超越的,但是推翻不了;因为马克思主义是科学的规律总结;就像牛顿的三大定律可以被爱因斯坦的相对论超越,但是无法被推翻一样。哲学社会科学与自然科学并没有太大的差异,仅仅是各个学科的研究领域不同而已,这些科学结论都等待着被证实或证伪,更等待着被发展、被完善。

(一)历史终结论的背景

冷战结束以后,如何评价资本主义制度和社会主义制度及其命运,成为东西方理论界普遍关注的现实问题。在这一背景下,弗朗西斯·福山提出了所谓的"历史终结论"。

弗朗西斯·福山认为,苏联解体、东欧剧变、冷战结束等一系列标志性事件,标志着共产主义的终结,历史的发展只有一条路,即西方的市场经济和民主政治。他据此推论出共产主义制度是无法实现的,而资本主义制度才是现实的、完美的制度设计,也是永恒的。在他看来,人类社会的发展史就是一部"以自由民主制度为方向的人类普遍史"。自由民主制度是"人类意识形态发展的终点"和"人类最后一种统治形式"。[1]

(二)历史终结论的观点及其幻灭

弗朗西斯·福山"历史终结论"所含的"政体终结论"和"经体终结论",都不过是一厢情愿的迷思。[2] 历史终结论充分暴露了弗朗西斯·福山在哲学上尤其是方法论上的极度无知,也暴露了他在经济学上的极度匮乏,更凸显了他对历史规律的漠视。弗朗西斯·福山的理论仅仅局限于历史表面现象,根本无法总结概括历史规律,更不愿意研究支配历史规律背后的经济本质,完全没有意识到方法论创新的意义。

1. "政体终结论"的终结

"政体终结论"将"转型范式"变成后冷战时代政治学研究的主要思考路径。既然历史已经终结,自由民主制成为政治上的唯一选择,那么,所有与自由民主制不同的政体,都必将通过政体转型,转向以多党定期竞争性选举为标志的自由民主制。而且,这种转型并不需要考虑该政治体的政治历史、经济状况、民族性格或文化传统等结构性因素,只要政治精英有意愿、有能力,所有的美好的制度设计就可以一夜之间得到实现。简言之,"转型范式"主张,民主转型优先于国家建设。弗朗西斯·福山仅仅意识到政治制度的历史发展,但并不能揭示政治制度演变的最终决定力量。

---

[1] 弗朗西斯·福山.历史的终结及最后之人[M].黄胜强,许铭原,译.北京:中国社会科学出版社,2008:1.
[2] 欧树军."历史终结论"的终结[J].历史评论,2021,10(06):57—63.

"转型范式"只是在20世纪90年代风风火火传播了十年左右,很快就在21世纪的第一个十年中宣告失败。在美国等国家的强力推进(颜色革命)之下,在这十余年的转型时期中,约有100个政治体发生了政体转型,并且大多以美国政体为模板。但转型的结果表明,只有不到20个政治体在转型后相对稳定,其余大多数政治体被迫接受了西方国家强加的苛刻条件,转向了既不负责任又没有效率的美国式多元主义政治,从而陷入介于民主与威权之间的灰色地带,又因为治理失灵而退化成"失败国家"。这成为21世纪第一个十年中苏东国家"颜色革命"的导火索,打响了恶斗不止、动荡不堪、代价沉重的"选举战争"。事实证明,所谓的民主体制只是美国霸权收割世界各国财富的工具,并不是为世界各国带来经济富足、政治稳定、文化进步的"灵丹妙药"。

"政体终结论"的破产,在转型国家如此,在所谓老牌自由民主国家也不例外。近四五十年来,在以美国为代表的西方世界,上层阶级主导的利益集团,既是各级政府官员候选人的主要捐助人,又是行政和立法部门的政策和法律议程的设置者,还是政治体系输入和输出两端的把持者。一言以蔽之,资本集团已经完全左右了国家政策走向,成为民主政体实际的主导者。他们时刻阻止不利于自己利益的政策和法律出台,社会财富的分配不公因此成为痼疾,经济危机与社会危机的周期律成为资本主义最大的问题。所谓自由民主制,早已暴露了其金权民主、金融寡头专政和寡头统治的本质,这一点渐成西方社会各界共识。

因此,弗朗西斯·福山本人近十余年来也开始呼吁,美国应该废除代表中上富人阶层利益的两党之间的相互否决制,建立民主独裁制,以图解决当前美国的重重困境。而特朗普的当选,也意味着美国政治的百年轮回、由盛而衰,从"商人干政"转向"商人执政",堪称"金权政治"在美国的全面复辟。面对严峻的新冠疫情,所谓的自由民主制严重缺乏适应性、回应性和正当性,备受拷问、陷于窘境。弗朗西斯·福山所表现出来的失望,并非仅仅是所谓的民主制度本身的问题,更多的是他本人极其短视和无知的自我检讨。他匆匆忙忙地提出一个理论,在历史检验面前又匆匆忙忙地失望,正是对于他自己理论的真实反映。

究其根源,正如政治学者谢尔登·沃林所言,美国所代表的所谓自由民主制,旨在通过消解人民的权利来保障少数人的权力,本质上是反民主的。这也正是卡尔·波兰尼所指出的,美国的所谓分权体系将人民隔绝于支配经济生活的政治权力体系之外,人民空有普选权,而实际上无力对抗那些资产者。而这些内容,在数百年前的《资本论》和《共产党宣言》中就有了更为深刻的论述,并且马克思、恩格斯不断提供了结论,而且提供了研究过程和研究方法。如果历史终结论足以解释新的历史现象,就必然会推翻马克思主义的结论和方法论,而弗朗西斯·福山却对此毫无信心。

2."经体终结论"的终结

全球治理体系的变革也有内在规律,马克思和恩格斯在世时曾经根据当时的情况分析了世界格局的变化,并指出无产阶级应该在其中发挥重要作用。在经济与社会不平等、不公平程度愈益加剧的当今时代,不仅"政体终结论"破产了,弗朗西斯·福山关于经济制度的"经体终结论"也幻灭了。

第二次世界大战结束后的第一个二十年中,欧美列强在共产主义和民族解放运动的挑战下不得不放弃旧殖民体系,被迫将其工业化与殖民体系脱钩,开始"去工业化",紧接着又受到非西方世界经济迅猛发展的挑战,国家实力开始下降。20世纪70年代以来,在新自由主义经济体制下,延续了40年的"高税收、高福利、高开支、低增长"社会治理模式,"低出生、低死亡、低增长"人口再生产模式,与社会老龄化加剧相结合,催生了近十年来的美国金融危机、欧洲主权债务危机、难民危机和社会安全危机,引发了一系列社会政治困境。以美国为代表的西方自由民主制国家,社会财富分配不公问题越来越严重,工人阶级发展停滞,中产阶级萎缩,顶层富人财富大增,已经成为跨越国界的社会共识。美国霸权就建立在肆意妄为的政治霸权、穷兵黩武的军事霸权、巧取豪夺的经济霸权、垄断打压的科技霸权、蛊惑人心的文化霸权之上,但即便如此,美国也没有较好地解决国内贫富分化问题,反而进一步恶化了国内经济形势和国际经济环境,试图通过美元霸权绑架全球经济。

在此背景下,以中国为代表的非西方世界低收入群体的收入持续增加,具有高度自主性的国家所引领的经济体制和发展道路,受到了越来越多的国际关注。尤其是近年来中国提出的"一带一路"倡议,奉行合作共赢的理念,让世界各国共享人类发展机遇,这进一步凸显了"经体终结论"的荒谬。

政治经济学者乔万尼·阿瑞吉指出,人类社会的未来在很大程度上取决于以中国为代表的非西方世界。在西方文明、伊斯兰文明、印度文明、日本文明等全球文明体系中,也许中华文明才能提供更好的世界方案。能否告别资本主义市场经济这条矛盾重重的老路,能否将资本主义与市场经济区分开来,能否让农村与城市之间、地区之间、经济和生态之间更平衡又可持续地发展,能否消除经济成功背后以收入不平等为主要特征的社会矛盾,是人类必须认真思考的重大问题。面对这些问题,"经体终结论"显得如此单薄、无力,如阳光下的肥皂泡一般幻灭于无形。

历史终结论的自我终结,只是侧面验证了马克思主义超越时代的思想功绩,这一功绩不仅建立在科学规律的总结之上,而且建立在方法论的创新之上,更是建立在人民群众的历史实践基础之上。

第九章

共产主义

追求建立一个没有饥饿、没有剥削、没有约束的社会,是人类社会长久以来的梦想。古代先贤进行过幻想、设想、实践,类似的美好梦想也曾经发挥重要作用,给广大人民群众以心灵上的慰藉,激励人类不断追求美好生活。但是,没有一个对未来社会的描述能够从理论上得到严密论证、从实践中得到检验。因而,未来社会的构想首要问题就是理论证明问题。

1894年1月3日,意大利人卡内帕致信给恩格斯,希望他用尽量简短的文字表达未来的社会主义新纪元的基本思想,以区别于意大利诗人但丁对旧纪元所作的"一些人统治,另一些人受苦难"的描述。

表9—1　　　　　　　不同社会形态人与人关系对比

原始社会	大家都干活,大家都挨饿	没有人统治,大家都受难
奴隶社会	我可买卖你,你得去干活	一些人统治,另一些人受难
封建社会	你得依赖我,你得去干活	
资本主义	我来雇用你,你快去干活	
共产主义	大家都干活,大家都吃饱	大家都自由,大家都生产

1894年1月9日,恩格斯在《致朱泽培·卡内帕》的信中回复道:"代替那存在着阶级和阶级对立的资产阶级旧社会的,将是这样一个联合体,在那里,每个人的自由发展是一切人的自由发展的条件。"[①]

---

① 马克思恩格斯选集(第四卷)[M].北京:人民出版社,2012:647.

第一节 共产主义的理论证明问题

从静态上来看,共产主义也是一种社会形态,是资本主义社会形态之后必然进入的一种未来的社会制度和社会形态,又包含了社会主义和共产主义两个阶段。

从动态上来看,共产主义是一种社会运动和实践活动,是在马克思主义(科学社会主义)的指导下开展社会运动的过程,它包括推动资本主义变革进而进入社会主义,也包括社会主义发展进而进入共产主义。

马克思对共产主义社会的论述主要是从政治经济学、马克思主义哲学、人的发展等方面展开的,政治经济学揭示了资本运行的规律和剥削本质以及导致两极分化的客观必然性,论证了资本主义经济制度(发达商品经济)必然过渡到共产主义经济制度(产品经济)。马克思主义哲学从辩证法过程论和辩证法三大规律的角度揭示了资本主义制度的内在矛盾(基本矛盾和主要矛盾)演化趋势与结果,论证了资本主义制度(政治制度)的压迫性质及必然解体的趋势,进而过渡到共产主义(政治职能的逐渐消亡)。人的发展是哲学永恒的话题,尤其是作为一个类存在,始终无法避开人类的终极问题:我是谁?我从哪里来?我要到哪里去?不论是宗教对人的轮回幻想,还是古代哲学对"人死如灯灭"的现象归纳;不论是康德的抽象的人的解放,还是费尔巴哈的人本主义,都未能将人放回到现实的历史环境中。马克思从人类起源开始考察,直到人类社会每一种形态、每一个阶段,从现实生活中总结出人的发展的基本规律,即逐渐摆脱自然束缚、摆脱社会束缚、摆脱自我束缚,最终实现每个人的自由而全面的发展,即实现共产主义。

马克思包括后来的马克思主义经典作家都没有具体而详细的描述共产主义,而是坚持预见未来社会的方法论原则,具体的现实留给具体的实践。

展望未来社会的方法论是否科学,是未来社会理论是否正确的基本前提和关键因素,也是马克思主义同历史上宗教理想生活、儒家田园生活、空想社会主义等未来社会构想的根本区别。

一、预见未来社会的方法论原则

在展望未来社会的问题上,是否坚持科学的立场、观点、方法是能否正确预见未来社会的基本前提,也是马克思主义与空想社会主义的根本区别。

(一)把握规律性

将哲学基础归结于规律是马克思主义区别于以往哲学的关键,以往哲学往往将本质归结于神秘力量、宗教神学、个体力量,而无法从规律和本质的层面分析问题。马克思主义立足于自然科学、社会科学、思维科学的发展进步,从各学科总结的规律中寻找哲学本质,奠定了马克思主义的科学性。

马克思和恩格斯站在无产阶级立场上,运用科学的方法(辩证唯物主义和历史唯物主义),致力于研究人类社会特别是资本主义社会,第一次揭示了社会发展一般规律,进而对共产主义社会做出了科学的展望。这归根结底是辩证唯物主义和历史唯物主义的方法论对近代形而上学方法论、古代经验论等方法论的超越。

自然界有自我演化的一般规律,通过自然科学就可以逐渐地揭示出来。同样地,人类社会也有自我演化的一般规律,通过社会科学、思维科学和哲学,也能够不断地揭示出来。

为了更加形象地解释马克思主义的科学性,列宁在《国家与革命》中指出:"马克思的全部理论,就是运用最彻底、最完整、最周密、内容最丰富的发展论去考察现代资本主义。自然,他也就要运用这个理论去考察资本主义的即将到来的崩溃和未来共产主义的未来的发展。究竟根据什么材料可以提出未来共产主义的未来发展问题呢?这里所根据的是,共产主义是从资本主义中产生出来的,它是历史地从资本主义中发展出来的,它是资本主义所产生的那种社会力量发生作用的结果。马克思丝毫不想制造乌托邦,不想凭空猜测无法知道的事情。马克思提出共产主义的问题,正像一个自然科学家已经知道某一新的生物变种是怎样产生以及朝着哪个方向演变才提出该生物变种的发展问题一样。"[1]

(二)立足实践性

从历史上看,以往古代贤人对理想社会的构想都是源自对现实生活的不满和对现实问题的思考与批判。正是由于阶级社会中存在着剥削和压迫,人们才设想未来社会没有剥削和压迫;正是由于现实中有种种苦难,人们才渴望未来社会中没有苦难,并思考现实生活中苦难的根源及实质。

马克思和恩格斯对未来社会的预测,是在科学地批判和剖析资本主义社会

---

[1] 列宁选集(第三卷)[M].北京:人民出版社,2012:187.

过程中做出的。但是,马克思和恩格斯不仅看到了资本主义社会的弊端,而且科学揭示了产生弊端的根源,揭示出资本主义发展的规律,以此做出未来社会的特点预见。

马克思明确指出:"新思潮的优点又恰恰在于我们不想教条地预期未来,而只是想通过批判旧世界发现新世界。"①

马克思和恩格斯特别强调共产主义需要根据实际情况选择相应的斗争策略,指出共产主义是理论,但更是运动。而许多自称社会主义的信仰者或者反对者,则完全不考虑现实情况尤其是阶级力量状况,只强调立场,这并不是科学的态度。

马克思在《共产主义者和卡尔·海因岑》中指出:"当海因岑先生还有可能进行合法斗争的时候,他对一切认为必须进行革命的人都加以攻击。一旦他不可能再进行合法斗争,他就声称这种斗争是根本不可能进行的,而不考虑德国资产阶级目前还完全有可能进行这种斗争,而且他们的斗争常常具有十分合法的性质。他的退路一旦被切断,他就宣称必须立即进行革命。总之,他不是使自己适应德国的发展进程,而是十分任性地要求德国的发展进程适应他自己。"②

任何革命都需要关注革命形势,任何斗争都需要结合实际,从具体的实践中寻找具体的斗争策略。恩格斯在《未来的意大利革命和社会党》中也特别指出:"所有这些都仅仅是我个人的意见;我只是应你的要求才提出来,而且有很大保留。至于我所强调的一般的策略,长期以来,我已经确信它的有效性;它从未丧失过这种有效性。但是说到怎样把它运用到意大利目前的状况,那就是另一回事;必须因地制宜地作出决定,而且必须由处于事变中的人来作出决定。"③

列宁指出,共产主义既在理论上得到证明,也需要在实践中的证实。1912年10月5日,列宁在《两种乌托邦》中指出:"政治上的乌托邦就是一种无论现在和将来都决不能实现的愿望,是一种不以社会力量为依托,也不以阶级政治力量的成长和发展为支撑的愿望。"④

(三)发展继承性

预见未来共产主义社会的基本特征,既要从资本主义社会中寻找一般特征,

---

① 马克思恩格斯文集(第十卷)[M].北京:人民出版社,2009:7.
② 马克思恩格斯选集(第一卷)[M].北京:人民出版社,2012:278.
③ 马克思恩格斯选集(第四卷)[M].北京:人民出版社,2012:326.
④ 列宁选集(第二卷)[M].北京:人民出版社,2012:297.

更要从社会主义社会的现实中寻找规律,不能抽象地、泛泛地、随意地总结和概括。在不同发展阶段,人们也会从不同的关注点进行预见,难免具有一定的历史局限性和片面性,这是一个不断丰富和发展的认识过程。

马克思和恩格斯生活的年代,还没有出现社会主义制度,但是他们依靠人类社会发展规律推测出社会主义的一般特征,并将共产主义社会区分为社会主义社会(初级阶段)和共产主义社会(高级阶段),这本身就是不断深化的认识。

发展继承既包括对共产主义政党以往经验,也包含对其他派别的吸引和同行。马克思在《共产主义者和卡尔·海因岑》中指出:"在目前条件下,共产主义者根本不想同民主主义者进行无益的争论,相反,目前在党的一切实际问题上,他们自己都是以民主主义者的身份出现的。在所有的文明国家,民主主义的必然结果都是无产阶级的政治统治,而无产阶级的政治统治又是实行一切共产主义措施的首要前提。"[①]

(四)坚持唯物性

马克思和恩格斯在展望未来社会时,总是只限于指出未来社会发展的方向、原则和基本特征,而把具体情形留给后来者在实践中不断回答。这主要是方法论的不同,唯物主义强调具体的,唯心主义强调抽象的,辩证唯物主义突出在实践中检验具体的结论,并根据时代的发展而进行一定的修正和调整。

马克思指出:"在将来某个特定的时刻应该做些什么,应该马上做些什么,这当然完全取决于人们将不得不在其中活动的那个既定的历史环境。"[②]

同样地,在不满足革命条件或者改变生产关系的条件之时,刻意强调变革也会带来不良后果,这也没有坚持唯物主义观点。马克思在《共产主义者和卡尔·海因岑》中指出:"海因岑先生当然异想天开地以为,财产关系、继承权等等可以任意改变和调整。海因岑先生当然不可能知道,每个时代的财产关系是该时代的生产方式和交换方式的必然结果。"[③]

二、实现共产主义的必然性问题

共产主义是社会形态发展一般规律的必然结果,这是符合人类社会发展的

---

① 马克思恩格斯选集(第一卷)[M].北京:人民出版社,2012:285.
② 马克思恩格斯文集(第十卷)[M].北京:人民出版社,2009:458.
③ 马克思恩格斯选集(第一卷)[M].北京:人民出版社,2012:282.

一般规律的结论,马克思主义至少从理论支撑、阶级支撑和理想支撑等方面进行了论述。共产主义的必然性不仅是一个理论问题,而且是一个实践问题;如果这个结论存在缺陷,既不用担心在理论上被证伪,也不用担心在实践上被抛弃。相反,这个科学结论更希望在未来被超越,更加精准、更加完整地反映人类社会发展的美好前景。在现实中,共产主义理论最大的障碍反而来自抛开历史规律的攻击,以及较短时间内的案例证明(这些证明会随着时间的延长而被历史抛弃,就如"历史终结论"那样荒诞的闹剧)。

(一)实现共产主义的理论支撑

马克思和恩格斯关于这个问题,提出了两个必然和两个决不会。

两个必然,即马克思和恩格斯在1848年《共产党宣言》中提出的资产阶级的灭亡与无产阶级的胜利是同样不可避免的,简化为资本主义必然灭亡和社会主义必然胜利。马克思和恩格斯指出:"资产阶级生存和统治的根本条件,是财富在私人手里的积累,是资本的形成和增殖;资本的条件是雇佣劳动。雇佣劳动完全是建立在工人的自相竞争之上的。于是,随着大工业的发展,资产阶级赖以生产和占有产品的基础本身也就从它的脚下被挖掉了。它首先生产的是它自身的掘墓人。资产阶级的灭亡和无产阶级的胜利是同样不可避免的。"[①]

两个决不会,即马克思在1859年《〈政治经济学批判〉序言》中提出的,无论哪一个社会形态在它所能容纳的全部生产力发挥出来以前是决不会灭亡的,它在物质存在条件在旧社会成熟以前是决不会出现的。"社会的物质生产力发展到一定阶段,便同它们一直在其中运动的现存生产关系或财产关系发生矛盾。于是这些关系便由生产力的发展形式变成生产力的桎梏。那时社会革命的时代就到来了。我们判断这样一个变革时代也不能以它的意识为根据;相反,这个意识必须从物质生活的矛盾中,从社会生产力和生产关系之间的现存冲突中去解释。无论哪一个社会形态,在它所能容纳的全部生产力发挥出来以前,是决不会灭亡的;而新的更高的生产关系,在它的物质存在条件在旧社会的胎胞里成熟以前,是决不会出现的。所以人类始终只提出自己能够解决的任务,因为只要仔细考察就可以发现,任务本身,只有在解决它的物质条件已经存在或者至少是在生

---

① 马克思恩格斯选集(第一卷)[M].北京:人民出版社,2012:413.

成过程中的时候,才会产生。"①

"两个必然"和"两个决不会"是对资本主义灭亡和共产主义胜利以及这种必然性的全面论述。"两个必然"讲的是资本主义灭亡和共产主义胜利的条件,是根本的方面;"两个决不会"讲的是必然性实现的时间和条件。

共产主义的实现是历史规律的必然要求。(1)共产主义作为一种社会理想,是在对人类社会发展规律认识的基础上设想的社会发展目标;(2)共产主义的实现不是依靠神秘的力量或者偶然性,或者纯粹的理论抽象,而是依靠社会的进步,依靠人民群众的实践。

共产主义必然性实现了四个揭示,这是对资本主义社会制度完整的、全面的、科学的、本质的论述,其理论前提就是马克思主义哲学、资本论和科学社会主义关于自然、社会和思维科学的总结。

(1)揭示了资本主义社会生产方式的特点,论证了资本主义发展自我否定的趋势。这种论证在《资本论》中得到了完整的体现,从资本的运行、剩余价值的产生、经济危机的爆发、无产阶级的历史使命等形成了严密的逻辑链条。至今为止,《资本论》依然未被任何一个经济学家证伪,反而彰显其历史的穿透力。

(2)揭示了生产社会化与生产资料私人所有制之间的基本矛盾,论证了资本主义的历史暂时性,驳斥了资本主义制度的永恒性。虽然在哲学上已经可以证明万事万物的过程性,但没有什么事物是永恒存在的。马克思依然将唯物辩证法用于资本主义制度的考察,揭示了资本主义制度的基本矛盾及其发展趋势,就像考察以往任何一种社会制度一样。资本主义制度没有任何神秘之处,也会像以往的社会制度一样走向终结。

(3)揭示了资本主义剥削的秘密与资本主义的非正义性,论证了工人阶级推翻旧世界、建设新世界的历史使命。马克思通过剩余价值的生产,揭示了资本主义的秘密,同时指出人类社会中生产关系不断发展的整体趋势以及阶级斗争的必然趋势。这种趋势正是基本矛盾决定的历史规律,不以人的意志为转移。

(4)揭示了工人阶级和资产阶级斗争的发展规律和趋势,论述了工人阶级解放斗争胜利的必然性。马克思和恩格斯在实践中通过第一国际、第二国际等工人组织和政党,将工人阶级团结起来,引导他们自我觉醒,开展经济斗争、政治斗

---

① 马克思恩格斯选集(第二卷)[M].北京:人民出版社,2012:3.

争和军事斗争,提出了一系列革命策略,为后续无产阶级政党革命提供了诸多指引。

恩格斯也指出,共产主义是历史发展到一定阶段的历史产物,并不是随时废除私有制就可以的;而到了废除私有制的历史阶段,不想进入共产主义也是不可能的。1847年11月,恩格斯在《共产主义原理》中指出:"第十五个问题:这么说,过去废除私有制是不可能的?答:不可能。社会制度中的任何变化,所有制关系中的每一次变革,都是产生了同旧的所有制关系不再相适应的新的生产力的必然结果。私有制本身就是这样产生的。私有制不是一向就有的;在中世纪末期,产生了一种工场手工业那样的新的生产方式,这种新的生产方式超越了当时封建和行会所有制的范围,于是这种已经超越旧的所有制关系的工场手工业便产生了新的所有制形式———私有制。"①

(二)实现共产主义的阶级支撑

共产主义的实现是需要阶级支撑的,哪个阶级能够肩负起历史使命?马克思主义的唯物史观认为,社会形态的更替都是由社会基本矛盾推动的,社会革命都是被压迫阶级推动的。但是,在奴隶社会和封建社会中,被压迫阶级的革命往往只是更换统治阶级群体而已,并没有实现阶级解放的历史使命。马克思和恩格斯是从资本主义社会的阶级对立来分析无产阶级的历史使命,得出无产阶级是最革命的阶级,是资本主义的"掘墓人"和共产主义建设者的结论。在资本主义社会中,无产阶级革命将不再是谋求成为资产阶级,而是建立共产主义,这是以往被统治阶级所不具备的,无产阶级因此肩负着特殊使命。

1847年11月,恩格斯在《共产主义原理》中指出,共产主义是关于无产阶级解放条件的学说,历史的发展决定了无产阶级必将完成埋葬资本主义和建立共产主义新社会的使命。

恩格斯在《共产主义原理》中指出:"第一个问题:什么是共产主义?

答:共产主义是关于无产阶级解放的条件的学说。

第二个问题:什么是无产阶级?

答:无产阶级是完全靠出卖自己的劳动而不是靠某一种资本的利润来获得生活资料的社会阶级。这一阶级的祸福、存亡和整个生存,都取决于对劳动的需

---

① 马克思恩格斯选集(第一卷)[M].北京:人民出版社,2012:303—304.

求,即取决于工商业繁荣期和萧条期的更替,取决于没有节制的竞争的波动。一句话,无产阶级或无产者阶级是19世纪的劳动阶级。

第三个问题:是不是说,无产者不是一向就有的?

答:是的,不是一向就有的。穷人和劳动阶级一向就有;并且劳动阶级通常都是贫穷的。但是,生活在上述条件下的这种穷人、这种工人,即无产者,并不是一向就有的,正如竞争并不一向是自由的和没有节制的一样。

第四个问题:无产阶级是怎样产生的?

答:无产阶级是由于工业革命而产生的,这一革命在上个世纪下半叶发生于英国,后来,相继发生于世界各文明国家。完全没有财产的阶级,他们为了换得维持生存所必需的生活资料,不得不把自己的劳动出卖给资产者。这个阶级叫做无产者阶级或无产阶级。"[1]

工人阶级是从职业特征上讲的,主要是随着大工业而兴起的产业工人。这个概念的内涵也在不断地发展,由最初的单纯体力劳动者转向涵盖脑力劳动者。

无产阶级从社会地位上讲,主要是指不占有生产资料而靠向资本家出卖劳动力为生,并通常处于某种相对贫困状态。它的内涵也在拓展,包括不以生产资料获取利润为主,或者以出卖劳动力为主。

恩格斯在《反杜林论》中指明了无产阶级肩负起阶级使命的历史必然性。他指出:"资本主义生产方式日益把大多数居民变为无产者,从而就造成一种在死亡的威胁下不得不去完成这个变革的力量。这种生产方式日益迫使人们把大规模的社会化的生产资料变为国家财产,因此它本身就指明完成这个变革的道路。无产阶级将取得国家政权,并且首先把生产资料变为国家财产。"[2]

无产阶级中也有流氓无产阶级。1848年2月,马克思和恩格斯在《共产党宣言》中指出:"流氓无产阶级是旧社会最下层中消极的腐化的部分,他们在一些地方也被无产阶级革命卷到运动里来,但是,由于他们的整个生活状况,他们更甘心于被人收买,去干反动的勾当。"[3]

1895年9月,列宁在《弗里德里希·恩格斯》一文中对恩格斯的一生做出了极高的评价,同时指出马克思、恩格斯将无产阶级作为资本主义制度掘墓人的历

---

[1] 马克思恩格斯选集(第一卷)[M].北京:人民出版社,2012:296.
[2] 马克思恩格斯选集(第三卷)[M].北京:人民出版社,2012:667-668.
[3] 马克思恩格斯选集(第一卷)[M].北京:人民出版社,2012:411.

史依据。他认为:"马克思和恩格斯在他们的科学著作中,最先说明了社会主义不是幻想家的臆造,而是现代社会生产力发展的最终目标和必然结果。马克思和恩格斯对工人阶级的功绩,可以这样简单地来表达:他们教会了工人阶级自我认识和自我意识,用科学代替了幻想。"①

(三)实现共产主义的理想支撑

人类自从走出原始社会以来,一直梦想着重新回到没有阶级剥削的社会,当然又不愿意回到生产力极其低下的无剥削社会。消灭剥削、消灭压迫就成为人类社会的共同梦想和理想追求。为此,不同历史阶段的仁人志士都假设了无数个经典的理想社会模型,但是都无疑是空想。马克思主义基于人类社会发展一般规律的科学考察,提出了一个科学的设想,这也就成为人类实现共产主义的现实基础和理想支撑。

共产主义的阶级支撑还体现在利益群体上和受益群体上,这是多数人为了多数人共同的理想而奋斗。1848年2月,马克思和恩格斯在《共产党宣言》中指出:"过去的一切运动都是少数人的,或者为少数人谋利益的运动。无产阶级的运动是绝大多数人的,为绝大多数人谋利益的独立的运动。"②

(1)实现共产主义理想是广大人民群众的共同愿望。在阶级社会,绝大多数人处于被剥削被压迫地位,生活处境非常艰难,因而他们希望建立一个没有剥削没有压迫的社会,这是人类社会发展中一直延续不变的梦想。

(2)实现共产主义的现实阶级力量是无产阶级或现代工人阶级。以往的任何阶级包括统治阶级和被统治阶级都无法实现消灭剥削、消灭压迫的社会理想。社会制度进入资本主义之后,无产阶级就具有了不同于以往被压迫阶级的特殊特征,尤其是无产阶级中的知识分子掌握了先进生产力,也有了科学的工人运动理论指导,成为实现共产主义的现实力量。

(3)无产阶级的解放与全人类的解放是完全一致的。工人阶级的历史使命决定了只有解放全人类,才能解放自己。恩格斯在《共产党宣言》中指出:"每一历史时代主要的经济生产方式和交换方式以及必然由此产生的社会结构,是该时代政治的和精神的历史所赖以确立的基础,并且只有从这一基础出发,这一历

---

① 列宁选集(第一卷)[M].北京:人民出版社,2012:88—89.
② 马克思恩格斯选集(第一卷)[M].北京:人民出版社,2012:412.

史才能得到说明。如果不同时使整个社会一劳永逸地摆脱一切剥削、压迫以及阶级差别和阶级斗争,就不能使自己从进行剥削和统治的那个阶级(资产阶级)的奴役下解放出来。"①

因此,争取共产主义社会制度的最终实现,不仅是无产阶级彻底解放的标志,而且是全人类得到解放的根本要求和体现。

三、实现共产主义的长期性问题

社会形态更替一般都是以千年为单位,一个社会制度一般要延续数千年,在生产力和生产方式的自我限度内进行调整,一方面实现了旧制度的自我延续,另一方面推动了旧制度走向终结。任何社会制度都会走向终结,资本主义制度也不例外。但是,资本主义目前并未处于制度末期,因而只能按照人类社会发展一般规律来预测和推断实现共产主义的方式。这种预测是基于一般规律的科学预测和基于现实的合理预测。

(一)实现共产主义的方式问题

唯物史观按照一般规律揭示了人类进入共产主义的普遍性规律,但是具体到历史发展的一般情况或是特殊情况,则需要具体问题具体分析。关于人类社会实现共产主义方式的问题,马克思和恩格斯提出了发达国家同时革命论,指出这是最有可能的情况,同时也没有排除其他可能性的机会。列宁在此基础上,根据帝国主义链条发展不均衡的特殊情况,认为一个国家也有可能打破帝国主义链条从而进入社会主义,提出了一国首先胜利论,当然也会招致帝国主义国家疯狂的反扑。斯大林根据第三国际的情形,认为社会主义革命需要向外输出进而带动越来越多的国家进入社会主义,即社会主义输出革命论。

除此之外,诸多非科学社会主义的工人阶级政党或者派别也提出了进入共产主义的方式问题,如议会道路方式。马克思和恩格斯及后继的马克思主义者曾经进行了一定程度的批判,这些思路可能最终无法实现,但是在某些特殊的历史情境下也可以为世界无产阶级运动和国际共产主义运动做出一定的贡献。

1. 发达国家同时革命论

马克思和恩格斯按照一般规律尤其是自由竞争资本主义阶段的情况,提出

---

① 马克思恩格斯选集(第一卷)[M].北京:人民出版社,2012:385.

发达国家同时革命论,即社会主义革命将首先在几个主要资本主义国家同时发生。1847年11月,恩格斯在《共产主义原理》中指出:"第十九个问题:这种革命能不能单独在一个国家发生?答:不能。单是大工业建立了世界市场这一点,就把全球各国人民,尤其是各文明国家的人民,彼此紧紧地联系起来,以致每一国家的人民都受到另一国家发生的事情的影响。共产主义革命也会大大影响世界上其他国家,会完全改变并大大加速它们原来的发展进程。它是世界性的革命,所以将有世界性的活动场所。"①

2. 一国首先胜利论

列宁根据垄断资本主义的情况,提出了一国首先胜利论,即由于帝国主义阶段世界政治经济的绝对不平衡性,帝国主义体系中出现了薄弱链条,这些国家有可能率先发生革命并取得胜利。针对国外支部提出欧洲联邦这一口号,列宁认为欧洲联邦的政治口号并无实质意义,不如各个国家进行革命的实质革命,进而慢慢地融合为欧洲联邦。

1915年8月10日,列宁在《论欧洲联邦口号》中提出一国首先胜利论,认为社会主义可能首先在少数甚至在单独一个资本主义国家内获得胜利。他提出:"在共产主义的彻底胜利使一切国家包括民主国家完全消失以前,世界联邦(而不是欧洲联邦)是同社会主义相联系的、各民族实行联合并共享自由的国家形式。然而,把世界联邦口号当做一个独立的口号未必是正确的。"②

3. 社会主义输出革命论

俄国十月革命胜利后,帝国主义国家果然联合起来围剿红色政权,但是最终失败了。军事失败并未终止帝国主义打压的意志,而是以经济封锁、政治孤立、军事骚扰等各种方式轮番围剿红色政权。斯大林基于上述判断,认为社会主义制度要想生存和发展,一方面要加强重工业尤其是军事工业的发展以保护红色政权,另一方面主动出击输出革命引导被压迫国家、被殖民国家开展解放战争,进而走上社会主义道路,不断壮大社会主义国家力量。在此判断下,斯大林提出了社会主义输出革命论。社会主义输出革命论是弱小的红色政权对强大的帝国主义势力疯狂围剿的应激性反应,这一论断后来被无限放大甚至完全对立,最终

---

① 马克思恩格斯选集(第一卷)[M].北京:人民出版社,2012:306.
② 列宁选集(第二卷)[M].北京:人民出版社,2012:554.

形成了帝国主义阵营和社会主义阵营的两极体系。

1925年,斯大林在俄共(布)十四大指出:十月革命后,我们进入了第三个战略时期,其目的是在世界范围内战胜资产阶级,这一过程是长期的。① 斯大林的对外战略有两个目标:一是最高和长远的目标是推进世界革命,苏联期望并促进世界各地爆发广泛反对资本主义的革命,打破以主要帝国主义国家为核心的国际格局,建立苏联模式的世界社会主义体系,最理想的是成立世界苏维埃共和国。二是保证"一国社会主义"目标有一个和平的建设环境,其主要目标是使战争不在苏联国土上进行。斯大林围绕这两个战略目标来诠释他的理论并为赫鲁晓夫、勃列日涅夫等人继承,对后世影响十分深远。

4. 议会道路和平过渡论

"和平过渡""和平长入社会主义""议会道路",这些不同的名词实质上都表达出一个含义,即认为在资本主义条件下,无产阶级只要利用选举,取得议会里的多数,就能合法地取得国家政权,进到社会主义。"和平过渡"是由第二国际机会主义代表伯恩斯坦首先提出的。这里要特别说明,恩格斯在第二国际后期也指出实现共产主义的方式有暴力革命方式,也可以有和平方式,但是和平方式的前提依然是拥有足够的军事力量且不放弃武装斗争。而伯恩斯坦提出和平过渡理论,则是完全放弃武装斗争,这是有所不同的。

列宁严正地指出:"凡是以为可以用和平方式使资本家服从大多数被剥削者意志,可以通过和平的、改良主义的道路过渡到社会主义的设想,都不仅是极端的市侩的愚蠢行为,而且是对工人的公然的欺骗,对资本主义的雇佣奴隶制的粉饰,对真理的隐瞒。"②

苏联也曾经提出社会主义和平过渡理论,这种和平过渡与资本主义国家和平过渡还是有所不同的。和平过渡是指当革命的力量能够占据绝对优势地位时,国内国际环境大大有利于革命阶级,统治阶级力量大大削弱,以至于根本不足以与革命力量对抗,因而不得不让出政权从而实现政治权力非暴力交替的政治革命方式。和平过渡是赫鲁晓夫提出的"三个和平"理论(和平共处、和平竞赛、和平过渡)之一。最早提出资本主义和平过渡到社会主义和共产主义这个问

---

① 斯大林全集(第七卷)[M].北京:人民出版社,1951:78.
② 列宁选集(第四卷)[M].北京:人民出版社,2012:294.

题的是英国共产党,该党认为,在资本主义比较发达、资产阶级民主比较发达的国家,特别是英国,有可能通过议会斗争取得政权,进入社会主义社会。后来这个观点在欧洲各国党内流行起来,特别是意大利党,他们认为完全可以和平过渡,这个观点后来被苏共所接受。

苏共在二十大上提出了不同国家向社会主义过渡形式的多样性问题,由于世界舞台的根本变化,在各个国家和民族向社会主义过渡越来越多样化,而且这些形式的实现,不一定在任何情况下都要同内战连在一起,我们把暴力和内战看作社会主义改造的唯一途径,这是不符合事实的。苏联认为,虽然统治阶级不愿自动交出政权,但是在向社会主义过渡时,斗争取决于剥削者的抵抗程度,取决于剥削者自己是否使用暴力,苏共更加强调利用资产阶级的议会民主,知识分子和一切爱国力量团结到自己的周围,并且给那些不能放弃同资本家和地主妥协的政策的机会主义分子以坚决的打击,就有可能击败反动的反人民的势力,取得议会中的稳定的多数,并且使议会从资产阶级民主的机构变成真正代表人民意志的工具。

苏共倡导和平过渡,主要是为和平共处政策服务的,苏联要与西方国家和平共处,除了主张缓和国际紧张局势、避免战争外,还主张资本主义国家的共产党有可能通过议会道路和平夺取政权,否则就很难实现与西方国家的和平共处,苏共的这一政策得到西欧共产党的普遍欢迎和支持。

5. 给维·伊·查苏利奇的回信及其思考

1881年2月16日,俄国著名女革命家维·伊·查苏利奇给马克思写了一封信,咨询俄国存在的农村公社能否直接过渡到共产主义的问题。马克思写了回信,并没有直接给出答案,而是认为有可能跨越"卡夫丁峡谷",但是同样可能在资本的力量冲击下而瓦解,这一切都取决于俄国的革命发展形势与生产力发展状况。这也表明,人类社会发展一般规律可能在不同国家有不同的表现形式,但是归根结底只是暂时地保留这种形式。

马克思指出:"为了从纯理论观点,即始终以正常的生活条件为前提,来判断农村公社可能有的命运,我现在必须指出'农业公社'不同于较古的类型的公社的某些特征。首先,所有较早的原始公社都是建立在公社社员的血缘亲属关系上的;'农业公社'割断了这种牢固然而狭窄的联系,就更能够扩大范围并经受得住同外界的接触。其次,在公社内,房屋及其附属物——园地,已经是农民的私有财产,可是远在引入农业以前,共有的房屋曾是早先各种公社的物质基础之一。最后,虽然耕地仍然是公有财产,但定期在农业公社各个社员之间进行分配,因此,每个农民自力经营分配给他的田地,并且把产品留为己有,然而在较古的公社中,生产是共同进行的,只有产品才拿来分配。这种原始类型的合作生产或集体生产显然是单个人的力量太小的结果,而不是生产资料社会化的结果。"①

马克思对西欧资本主义发展道路与俄国资本主义发展道路进行了比较,进一步指出各个地区的特殊性可能在某些表现形式上有所不同。他指出:"在这种西方的运动中,问题是把一种私制形式变为另一种私有制形式。相反,在俄国农民中,则是要把他们的公有制变为私有制。"②

(二)实现共产主义的长期性问题

实现共产主义的长期性是由历史发展进程决定的,是客观存在的且不以人的意志为转移的基本规律,主要表现在社会形态更替、生产关系调整和生产力发展等方面。

1. 社会形态更替的长期性

从社会形态更替的角度来看,实现共产主义是长期的历史过程主要是由于以下几个方面:

(1)资本主义的灭亡和向社会主义转变是一个长期过程。资本主义作为一种社会形态,走向灭亡是一个长期的历史过程。在资本主义灭亡后,还有一个从资本主义向社会主义转变的过渡过程,并且这个过程是不以人的意志为转移、不能省略、不可随意缩短的转变时期。

(2)社会主义充分发展和最终向共产主义过渡需要很长的过程。在全世界实现共产主义,首先取决于社会主义国家的巩固和发展,取决于这些国家所经历的社会主义建设的历史进程。资本主义主导的国际秩序依然对社会主义国家造成一定的冲击,甚至是在某些情况下的经济封杀、政治围剿和军事侵略。

(3)我国尚处在社会主义初级阶段。社会主义社会是一个很长的历史时期,中国共产党的诸多领导人都论述过社会主义初级阶段可能是几代人、十几代人甚至是几十代人的漫长过程。中国特色社会主义依然有诸多艰巨的改革任务,

---

① 马克思恩格斯选集(第三卷)[M].北京:人民出版社,2012:823—824.
② 马克思恩格斯选集(第三卷)[M].北京:人民出版社,2012:840.

尤其是发展生产力的任务。

(4)社会主义是共产主义的低级阶段,也是实现共产主义的必由之路。部分国家进入社会主义,也需要漫长的历史过程,为全面进入共产主义做准备,尤其是生产关系、人的素质等方面的发展。

2. 生产关系调整的长期性

从生产关系尤其是分配制度角度来看,人类社会发展进步是十分缓慢的,是一个长期的历史过程。从原始平均、人身占有、人身依附、人身雇佣(按资分配)到按劳分配(按劳分配为主、按资分配为辅),就是一个不断发展、不断进步的漫长历史演化。按劳分配的进步性与局限性主要体现在以下几个方面:

(1)第一次以人的劳动而不是社会特权或资本特权作为分配的标准,是一种巨大进步。相对于奴隶社会和封建社会以社会特权分配社会资源,社会主义将人在一定程度上解放出来,以人的劳动为基础进行分配,充分调动了全体人民的积极性。相对于资本主义社会以资本特权为标准分配社会资源,社会主义更加重视人的实际贡献,社会生产更多地追求使用价值,不再单纯地追求剩余价值。

(2)劳动者不同天赋和工作能力等天然特权导致收入分配的差距,在某种程度上还是商品等价交换原则,仍然被限制在资产阶级的框架里。每个人出生之后具有一些生物特性,这些在很大程度上是由基因决定的,虽然部分指标可能在后天生活中得到改变,但是社会群体确实存在着各种各样的差异,这些差异体现在劳动过程中就转变为收入分配的差距。承认天然特权,是历史发展阶段的局限性,体现了那个历史阶段依然残留着商品交换的思想,也说明在那个历史时期依然不能完全废除商品交换原则。

(3)按劳分配撇开人的社会生活的丰富性,只把人当作劳动者看待,而没有把劳动者的家庭负担等方面考虑进去。人的社会性是人的重要方面,它体现在经济方面。按劳分配依然关注每个个体,尚未将家庭等因素考虑进去,社会的发展也会逐渐将这些因素考虑进去,为真正实现按需分配提供经验参考。

1868年7月11日,马克思在《致路德维希·库格曼》的信中指出:"在社会劳动的联系体现为个人劳动产品的私人交换的社会制度下,这种按比例分配劳动所借以实现的形式,正是这些产品的交换价值。"[①]

---

① 马克思恩格斯选集(第四卷)[M].北京:人民出版社,2012:473.

3.生产力发展的长期性

从生产力的角度来看,人类社会在自然演化中逐渐形成了三大差别,这是客观存在的。三大差别的最终消失也是一个漫长的历史过程。

(1)工业与农业最终完全消失是一个漫长的历史过程。渔猎、手工业与农业分离,工业的出现,互联网产业的出现,新产业出现,旧产业消亡,都是以千年为基本单位的。

(2)城市与乡村最终完全融合是一个漫长的历史过程。城市的出现是资源的聚集和安全的需要。而广大农村地区则依附于城市而发展甚至作为城市发展的一个仓库,为城市提供源源不断的农产品。随着人类改造自然能力的不断提升,乡村人口将完全转移至城市,只有极少部分人口在乡村实现规模化和高水平农业生产。

(3)脑力劳动与体力劳动最终完全融合是一个漫长的历史过程。脑力劳动适应了思维发展的需要即认识论的进步,而体力劳动则依附于脑力劳动。脑力劳动在历史上确实能够比体力劳动创造更大的财富、提供更多的经验总结和规律总结。但是,未来社会,每个人都能够选择从事体力劳动或者脑力劳动,就会极大地增加从事脑力劳动的质量和数量,推动人类社会更快地发展进步,最终实现脑力劳动和体力劳动的完全融合。

第二节 共产主义社会的基本特征

马克思主义经典作家揭示了共产主义的基本特征,整体上是从三个维度进行设想的,即生产力维度、生产关系维度和人的解放维度。

1847年11月,恩格斯在《共产主义原理》中初步阐述了共产主义的核心理念,即废除私有制,他指出:"废除私有制甚至是工业发展必然引起的改造整个社会制度的最简明扼要的概括。所以共产主义者完全正确地强调废除私有制是自己的主要要求。"[1]

一、生产力维度的设想

生产力维度实际上解决的是人与自然的关系。物质财富极大丰富,消费资

---

[1] 马克思恩格斯选集(第一卷)[M].北京:人民出版社,2012:302-303.

料按需分配,这是生产力维度最精简的概括。这需要解决诸多问题,例如对自然界基本规律的高度掌握,人类改造自然的能力已经极其强大。在此基础上,人类可以更加高效地组织生产,建立更加科学的生产制度和组织管理体系。

(1)劳动对象将十分广泛,生产力的高度发展,产品的极大丰富。马克思和恩格斯在《共产党宣言》中高度肯定了资本主义在发展生产力方面的极大成就,并认为资本主义的高度发展将为共产主义提供较好的物质基础。

恩格斯在《共产主义信条草案》中指出:"财产公有制度只有在一定的历史条件下才能实行,它必须建立在因发展工业、农业、贸易等而产生的大量的生产力和生活资料的基础之上,建立在因使用机器、化学方法和其他辅助手段而使生产力和生活资料无限增长的可能性的基础之上。"①

1847年11月,恩格斯在《共产主义原理》中指出:"摆脱了私有制压迫的大工业的发展规模将十分宏伟,相形之下,目前的大工业状况将显得非常渺小,正像工场手工业和我们今天的大工业相比一样。这样一来,社会将生产出足够的产品,可以组织分配以满足全体成员的需要。"②

(2)劳动手段或者劳动资料将会特别先进,人类可以运用高级智能设备进行生产,代替人类的绝大部分劳动。社会生产力的巨大发展,工业与农业的差别、城市与农村、脑力劳动与体力劳动的差别"三大差别"将归于消失。

(3)劳动者的素质极大地提高,尤其是随着科学技术的进步,人类改造自然环境包括地球之外的宇宙的能力得到极大提高。未来人类将会探索更加遥远的宇宙空间,进一步开拓人类社会生存的空间。

二、生产关系维度的设想

生产关系维度实际上解决的是人与人的关系。社会关系高度和谐,精神境界极大提高,这是对生产关系维度的精简概况。主要解决了几个核心问题,如生产资料归谁所有的问题、人与人在生产中的关系如何的问题、产品如何分配的问题等。

(一)废除私有制

为了适应高度发展的社会化大生产的需要,共产主义社会将普遍实行生产

---

① 马克思恩格斯全集(第四十二卷)[M].北京:人民出版社,1979:373.
② 马克思恩格斯选集(第一卷)[M].北京:人民出版社,2012:307.

资料公有制。按照自然资源的情况和社会成员的需要,对生产进行有计划的组织和管理。

1847年11月,恩格斯在《共产主义原理》中指出:"私有制也必须废除,而代之以共同使用全部生产工具和按照共同的协议来分配全部产品,即所谓财产公有。废除私有制甚至是工业发展必然引起的改造整个社会制度的最简明扼要的概括。所以共产主义者完全正确地强调废除私有制是自己的主要要求。"①

(二)阶级消亡,国家消亡

国家失去了它的镇压对象和必要性,作为阶级压迫工具的军队、警察、监狱等将失去作用。战争作为争夺生产资料的有效方式,也不复存在。在生产中,社会关系实现了高度和谐。

恩格斯在《家庭、私有制和国家的起源》中指出:"国家并不是从来就有的。曾经有过不需要国家,而且根本不知国家和国家权力为何物的社会。在经济发展到一定阶段而必然使社会分裂为阶级时,国家就由于这种分裂而成为必要了。随着阶级的消失,国家也不可避免地要消失。"②

(三)各尽所能,按需分配,实现人类分配上的真正平等

马克思认为,在共产主义第一阶段(社会主义)只能实行"各尽所能、按劳分配",进入高级阶段后才能实现按需分配,这主要还是受到生产力水平的制约。当进入共产主义阶段后,"劳动已经不仅仅是谋生的手段,而且成了生活的第一需要之后。在随着个人的全面发展,他们的生产力也增长起来,而集体财富的一切源泉都充分涌流之后,——只有在那个时候,才能完全超出资产阶级权利的狭隘眼界,社会才能在自己的旗帜上写上:各尽所能,按需分配!"③

列宁在《国家与革命》中指出:"从资产阶级的观点看来,很容易把这样的社会制度说成是'纯粹的乌托邦',并冷嘲热讽地说社会主义者许诺每个人都有权利向社会领取任何数量的巧克力糖、汽车、钢琴等等,而对每个公民的劳动不加任何监督。而伟大的社会主义者在预见这个阶段将会到来时所设想的前提,既不是现在的劳动生产率,也不是现在的庸人。"④

---

① 马克思恩格斯选集(第一卷)[M].北京:人民出版社,2012:302.
② 马克思恩格斯选集(第四卷)[M].北京:人民出版社,2012:190.
③ 马克思恩格斯文集(第三卷)[M].北京:人民出版社,2009:435.
④ 列宁选集(第三卷)[M].北京:人民出版社,2012:198.

三、人的解放维度的设想

人的解放维度实际上解决的是人与自身的关系问题,这也是共产主义社会最终的追求。1844年1月,马克思在《〈黑格尔法哲学批判〉导言》中首次明确地阐述了无产阶级消灭一切奴役、实现人的解放的历史使命。

马克思在《〈黑格尔法哲学批判〉导言》中指出:"无产阶级宣告迄今为止的世界制度的解体,只不过是揭示自己本身的存在的秘密,因为它就是这个世界制度的实际解体。无产阶级要求否定私有财产,只不过是把社会已经提升为无产阶级的原则的东西,把未经无产阶级的协助就已作为社会的否定结果而体现在它身上的东西提升为社会的原则。"①

恩格斯在《反杜林论》中指出:"至今一直统治着历史的客观的异己的力量,现在处于人们自己的控制之下了。只是从这时起,人们才完全自觉地自己创造自己的历史;只是从这时起,由人们使之起作用的社会原因才大部分并且越来越多地达到他们所预期的结果。这是人类从必然王国进入自由王国的飞跃。"②

(一)人的解放的三个层面

共产主义是人类解放的实现,人类解放包含三个方面:一是自然关系约束,表现为人的依赖关系;二是社会关系约束,表现为物的依赖关系;三是个人发展约束,表现为思想观念依赖关系。

(1)人类从自然界的奴役下解放出来,摆脱盲目自然力量支配,成为自然界的主人。人类一直受到自然力量的支配,关键在于人类尚未掌握自然的基本规律,随着人类掌握越来越多的自然规律,人类就能够获得支配自然的方法。探索自然规律是一个永恒的问题,但是当人类探索到一定阶段时,就会实现一定程度上的自由。

恩格斯在《反杜林论》中指出:"自由就在于根据对自然界的必然性的认识来支配我们自己和外部自然;因此它必然是历史发展的产物。最初的、从动物界分离出来的人,在一切本质方面是和动物本身一样不自由的;但是文化上的每一个进步,都是迈向自由的一步……就世界性的解放作用而言,摩擦生火还是超过了

---

① 马克思恩格斯选集(第一卷)[M].北京:人民出版社,2012:16.
② 马克思恩格斯选集(第三卷)[M].北京:人民出版社,2012:671.

蒸汽机,因为摩擦生火第一次使人支配了一种自然力,从而最终把人同动物界分开。"①

(2)人类从社会奴役下解放出来,成为社会意识的主人。社会奴役主要是社会组织的一种方式,关键还在于自然资源的有限性,随着人类逐渐从自然界的奴役下解放出来,社会组织方式也将减少压迫性、增加自由性。

社会关系中还有一个非常重要的家庭关系以及婚姻制度,恩格斯认为,人也将不再受到这些制度的负面约束,进而获得更加高级思想境界的自由。

(3)人类从自身发展中解放出来,成为自主发展的主人。当自然和社会都不再对个人施加强制外力的时候,个人就获得自我发展的机会,可以按照个人的天赋和理想进行实践探索,最大限度地实现个人理想。这既包括从旧的传统观念的禁锢下解放出来,也包括从个人自身的自我局限中解放出来。

恩格斯在《社会主义从空想到科学的发展》中指出:"人们周围的、至今统治着人们的生活条件,现在受人们的支配和控制,人们第一次成为自然界的自觉的和真正的主人,因为他们已经成为自身的社会结合的主人了。人们自己的社会行动的规律,这些一直作为异己的、支配着人们的自然规律而同人们相对立的规律,那时就将被人们熟练地运用,因而将听从人们的支配。"②

(二)人的自由而全面的发展的四个方面

实现人的自由而全面的发展,既是马克思主义追求的根本价值目标,也是共产主义社会的根本特征。它包含以下四个方面:

(1)在共产主义社会,人的自由而全面的发展是建立在个体高度自由自觉的基础上的全面发展。马克思指出,人摆脱了自然经济条件下的"人的依赖关系"和商品经济条件下的"物的依赖关系",在产品经济条件下实现了人的自由发展。

(2)在共产主义社会,自觉地新式分工为人的自由而全面发展创造了条件。从原始社会到资本主义社会不断发展的旧式分工逐渐达到了极致,而旧式分工虽然提高了劳动熟练程度、促进了技术进步、推动了生产力的发展,但是限制了人的活动范围,只能片面地、孤立地发挥某个方面的才能。

(3)在共产主义社会,自由时间的延长为人的自由而全面的发展提供了更多

---

① 马克思恩格斯选集(第三卷)[M].北京:人民出版社,2012:492.
② 马克思恩格斯选集(第三卷)[M].北京:人民出版社,2012:815.

的选择。人的自由而全面的发展主要在两个方面实现：一是多样化的生产劳动；二是大量自由时间的个性发挥。

（4）在共产主义社会，劳动从单纯的谋生手段转变为生活的第一需要。生产力的提高让人类既摆脱了食品生产的需求，也摆脱了生活消费品的需求，甚至摆脱了娱乐消费品、知识消费品的需求，人类不仅可以在多样化的劳动中自由尝试，也可以在个人天赋的领域自由发挥，还可以在探索未来科学技术知识中全心投入。

1908年10月，列宁在《唯物主义和经验批判主义》中解释了恩格斯关于自由的论述，他指出："黑格尔第一个正确地叙述了自由和必然之间的关系。在他看来，自由是对必然的认识。自由不在于幻想中摆脱自然规律而独立，而在于认识这些规律，从而能够有计划地使自然规律为一定的目的服务。"[①]

（三）自由而全面的发展实现的两种方式

从人类社会的发展历程来看，统治阶级会在所处历史时期率先获得更多的发展机会，而随着人类社会进入资本主义社会，越来越多的人获得更多的自由可支配时间，这就为自由发展提供了一定的基础。但是，资源依旧主要掌握在少数人手里，全面发展仍然受到较大限制。总而言之，全体人类的自由发展和全面发展都在缓慢地增长。

自由而全面的发展实现的两种方式：一是在多样化的生产劳动中实现的。单一劳动造成了人的劳动异化，使人变成了机器。因而人需要在多种劳动中进行尝试，将基础的重复性劳动作为获取生存资料的工作，而将更多的形式多样的劳动作为爱好，实现个人的发展。二是在生产劳动之外的大量自由时间中实现的。随着科学技术水平和生产力水平的提高，人类参与劳动的时间逐渐减少，因而人类可以空余更多的时间参与和从事自己感兴趣的事情，促进自身全民素质的提升。

一旦人类彻底摆脱劳动，就实现了自由而全面的发展，人类从必然王国走向自由王国的飞跃。而人类完全摆脱劳动，必须有机器人类代替人类进行工作、生产等。

必然王国是指人类社会中由于认识能力有限，而受到盲目力量支配的状态，

---

① 列宁选集（第二卷）[M].北京：人民出版社，2012：150.

以及规律性认识不充分之处而受到物役性现象。

自由王国是指人类充分认识自然社会发展规律而摆脱盲目力量及物役性现象所处的状态,也指人的发展成为目的性的状态和领域。

第三节 最高纲领与最低纲领

马克思主义政党尤其是共产党在革命、建设、执政过程中会提出两个纲领,即最高纲领和最低纲领,最高纲领就是实现共产主义,最低纲领就是某个历史时期的具体任务,而最低纲领会随着革命形势、发展形势而有所调整。最高纲领与最低纲领是一致的、统一的,最低纲领的不断实现就是实现最高纲领的现实路径。

中国共产党在中共二大时就提出了最高纲领和最低纲领。党的最低纲领,即党在民主革命阶段的纲领是:消除内乱,打倒军阀,建立国内和平;推翻国际帝国主义的压迫,达到中华民族完全独立;统一中国为真正的民主共和国。党的最高纲领是:在最低纲领实现之后,建立劳农专政的政治,铲除私有财产制度,渐次达到共产主义。

为了系统总结革命经验,以便更好地指导抗日战争和中国革命,毛泽东发表《中国革命和中国共产党》《新民主主义论》等重要著作,形成了新民主主义革命理论。党的七大进一步阐述了新民主主义革命的基本纲领。在政治方面,推翻帝国主义和封建主义的统治,建立一个无产阶级领导的、以工农联盟为基础的、各革命阶级联合专政的新民主主义的共和国。在经济方面,没收封建地主阶级的土地归农民所有,没收官僚资产阶级的垄断资本归新民主主义的国家所有,保护民族工商业。在文化方面,建立无产阶级领导的人民大众的反帝反封建的文化,即民族的科学的大众的文化。新民主主义革命基本纲领成为新民主主义革命时期引导中国人民自觉在复杂环境中不断前进的旗帜,对中国革命的胜利发展起到了重大的指导作用。

1952年底,土地改革基本完成,恢复国民经济的任务顺利实现,国家发展面临新的形势和许多新的问题。根据人民群众建设一个社会主义现代化国家的根本利益和要求,1953年,党中央正式制定了党在过渡时期的总路线,重点任务是"一化三改",主要特点是社会主义建设与社会主义改造同时并举。当1956年社会主义改造基本完成时,我国社会主义政治制度和经济制度都已确立,为当代中国一切发展进步奠定了根本政治前提和制度基础。从此,党面临的根本任务就是领导全国各族人民大力发展社会生产力,为实现国家富强、人民幸福而奋斗。

党的八大在正确分析面临的新形势、准确判断当时社会主要矛盾的基础上,制定了党的基本路线:"依靠已经获得解放和已经组织起来的几亿劳动人民,团结国内外一切可能团结的力量,充分利用一切对我们有利的条件,尽可能迅速地把我国建设成为一个伟大的社会主义国家。"党的八大制定的社会主义建设的路线纲领,提出了集中力量发展生产力、实现国家工业化的任务,为我国社会主义现代化建设事业指明了方向,对中国经济社会的发展具有深远的影响。

党的十一届三中全会后,党和国家工作重心转移到经济建设上来。从党的十二大邓小平提出"建设有中国特色的社会主义"命题开始,我们党紧紧围绕中国特色社会主义这个主题,在理论上不断拓展新视野、做出新概括。

党的十三大根据我国将长期处于社会主义初级阶段的基本国情和面对的主要矛盾,制定了党在社会主义初级阶段的基本路线,做出了现代化建设"三步走"的战略部署。

继党的十四大提出"建设有中国特色社会主义的理论"后,1997年党的十五大又把这个理论称为邓小平理论,系统、完整地提出并论述了党在社会主义初级阶段的基本纲领:建设有中国特色社会主义的经济,就是在社会主义条件下发展市场经济,不断解放和发展生产力;建设有中国特色社会主义的政治,就是在中国共产党领导下,在人民当家做主的基础上,依法治国,发展社会主义民主政治;建设有中国特色社会主义的文化,就是以马克思主义为指导,以培育有理想、有道德、有文化、有纪律的公民为目标,发展面向现代化、面向世界、面向未来的,民族的、科学的、大众的社会主义文化。

党的十八大以来,以习近平同志为主要代表的中国共产党人,顺应时代发展,从理论和实践结合上系统回答了新时代坚持和发展什么样的中国特色社会主义、怎样坚持和发展中国特色社会主义这个重大时代课题,创立了习近平新时代中国特色社会主义思想。

党的十九大确立了这一新思想的历史地位,并综合分析国际国内形势和我国发展条件,提出了新时代中国特色社会主义现代化建设的战略安排,即在全面建成小康社会的基础上,分两步走,在本世纪中叶建成富强民主文明和谐美丽的社会主义现代化强国。

党的十九大报告用"十四个坚持"系统阐述了新时代坚持和发展中国特色社会主义的基本方略,即坚持党对一切工作的领导、坚持以人民为中心、坚持全面深化改革、坚持新发展理念、坚持人民当家做主、坚持全面依法治国、坚持社会主义核心价值体系、坚持在发展中保障和改善民生、坚持人与自然和谐共生、坚持总体国家安全观、坚持党对人民军队的绝对领导、坚持"一国两制"和推进祖国统一、坚持推动构建人类命运共同体、坚持全面从严治党。这个基本方略表述高度凝练、内涵十分丰富,是坚持和发展中国特色社会主义的行动纲领,具有很强的现实针对性和理论指导性。

党的二十大是在全党全国各族人民迈上全面建设社会主义现代化国家新征程、向第二个百年奋斗目标进军的关键时刻召开的一次十分重要的大会。统筹谋划全面建设社会主义现代化国家的伟大实践,是党的二十大报告的突出重点。

党的二十大报告以较大篇幅系统勾勒了全面建设社会主义现代化国家的基本目标、战略步骤、重大原则和具体实践,指明了全面建设社会主义现代化国家的基本纲领。

表9—2　　　　　　　　　　不同历史时期的基本纲领对比

基本纲领	基本内涵
党在民主革命阶段的纲领	消除内乱,打倒军阀,建立国内和平;推翻国际帝国主义的压迫,达到中华民族完全独立;统一中国为真正的民主共和国
新民主主义革命的基本纲领	在政治方面,推翻帝国主义和封建主义的统治,建立一个无产阶级领导的、以工农联盟为基础的、各革命阶级联合专政的新民主主义的共和国。在经济方面,没收封建地主阶级的土地归农民所有,没收官僚资产阶级的垄断资本归新民主主义的国家所有,保护民族工商业。在文化方面,建立无产阶级领导的人民大众的反帝反封建的文化,即民族的、科学的、大众的文化
社会主义建设的路线纲领	依靠已经获得解放和已经组织起来的几亿劳动人民,团结国内外一切可能团结的力量,充分利用一切对我们有利的条件,尽可能迅速地把我国建设成为一个伟大的社会主义国家
党在社会主义初级阶段的基本纲领	建设有中国特色社会主义的经济,就是在社会主义条件下发展市场经济,不断解放和发展生产力;建设有中国特色社会主义的政治,就是在中国共产党领导下,在人民当家做主的基础上,依法治国,发展社会主义民主政治;建设有中国特色社会主义的文化,就是以马克思主义为指导,以培育有理想、有道德、有文化、有纪律的公民为目标,发展面向现代化、面向世界、面向未来的,民族的科学的大众的社会主义文化。
全面建设社会主义现代化国家	全面建成社会主义现代化强国、实现第二个百年奋斗目标,以中国式现代化全面推进中华民族伟大复兴

对于青年大学生而言,科学认识共产主义远大理想(最高纲领)与中国特色社会主义理想(当前的最低纲领)是十分重要的。这既对个人坚定投身于中国特色社会主义事业和中华民族伟大复兴具有指导意义,也对坚定共产主义共同理想具有重要意义。

理想和信念已经成为文化的一部分,而文化是一个国家、一个民族生存发展的核心力量,是保持民族特色、立于世界的旗帜性标志。

一、远大理想与共同理想的关系:个人与历史的关系

历史发展往往以千年为单位,而个人则以十年为单位。在漫长的历史发展长河之中,个人的一生极其短暂,如何处理好个人与历史的关系就显得尤为重要。

(一)个人与历史的关系

每个人都是特定历史时期的产物,在那个特定的历史阶段,每个人均处于不同的位置、扮演着不同的角色、发挥着不同的作用。

(1)个人可发挥作用的空间极为有限。时势造英雄,归根结底是时代的人物只能调用那个时代的资源进行重新组织(生产或者战争),开创新的历史。

(2)个人完全可以顺应历史发展规律,做历史发展的推动者。历史有进步,也有倒退,个人在其中发挥了不同的作用。如果个人为了整体的利益进行探索,探索失误也会为后来者留下宝贵的经验。如果个人为了个人私利而阻碍历史的发展,就会成为被历史淘汰或者被人民群众遗弃的对象。

(3)个人在历史上有所作为或者名垂青史的方式有很多,人民群众才是历史的创造者。绝大多数个人无法成为历史人物,但是并不影响他们作为推动历史发展的主体。在各个学科、各个领域做出杰出贡献也可以成为历史人物。

坚持和发展中国特色社会主义是中华民族走向共产主义的必由之路。

在社会主义历史时期,民族和国家仍然存在,社会主义建设是在各个民族国家的范围内分别进行的。

对于中国而言,就是坚持中国特色社会主义道路,这是近代以来不同阶级、不同路线尝试的最终选择。中国特色社会主义道路,就是在中国共产党的领导下,立足基本国情,以经济建设为中心,坚持四项基本原则,坚持改革开放,解放和发展生产力,建设社会主义市场经济、民主政治、先进文化、和谐社会、生态文明,促进人的全面发展,逐步实现全体人民共同富裕,建设富强民主文明和谐美

丽的社会主义现代化强国，实现中华民族伟大复兴。

(二)共产主义远大理想与中国特色社会主义共同理想的关系

不谋一世，不足以谋一时。

共产主义是按照人类社会发展的一般规律推导出来的，具有极大的理论可能性，至少到目前尚未出现一个严格的理论可以证伪共产主义理论。这样一个美好理想值得我们为之努力；与此同时，我们已经处于社会主义制度之下，更有动力实现共产主义。

正确认识和把握共产主义远大理想与中国特色社会主义共同理想的关系，主要体现在以下几个方面：

(1)从时间上看，远大理想与共同理想的关系是最终理想与阶段性理想的关系。共同理想是经过一段时间奋斗可以逐步实现的理想，我们一代又一代的奋斗者都可以见到并生活在其中；而远大理想则需要十分漫长的历史阶段，需要几十代人的接续奋斗。我们今天的奋斗，正是为了子孙后代生活在共产主义美好社会之中。

(2)从层次上看，远大理想与共同理想的关系是最高纲领与最低纲领的关系。我们党的最高理想和最终目标是实现共产主义，也是党的最高纲领。中国共产党在中共二大就明确区分了最高纲领和最低纲领，指出最高纲领应该结合现实制定出切实可行的策略即最低纲领。

(3)从范围上看，远大理想与共同理想的关系是全人类理想与中国人民理想的关系。共产主义是人类社会发展一般规律的必然结果，是全人类解放的共性，是面向全人类的；世界上所有国家、所有民族、所有人最终都将进入共产主义。而不同国家进入社会主义的先后顺序并不一致，中国进入社会主义之后，形成了中国特色社会主义共同理想，正是不断向远大理想迈进的中国特色和中国道路。

二、坚定共同理想：个人与国家的问题

自从人类走出原始社会以来，每个人都生活在一个具体的国家。个人的利益深深地与国家捆绑在一起；与此同时，国际交往的深入也增加了个人在世界各国迁徙的可能性，增加了自由选择国家的方式。但是，对于大多数人而言，出生国、工作地、向往地等是与个人关系最密切的，而仅有极少数人才有机会获得更换国籍的机会。绝大多数人会在出生国度过一生，个人与国家之间的关系是伴随个人一生的重要问题。

(一)个人与国家的历史一体性

(1)个人与国家利益紧密相连。个人的经济利益是首要的问题,国家利益既是个人利益的整体,也是公共利益的代表。一般情况下,个人利益与国家利益是一致的。

(2)国家需要无数个个体的奋斗努力。国家是由个体组建的,国家的目标既是个人的发展,也是从更长远的角度来保护个人利益。

(3)国家是每个人的国家,是大家共同的精神家园。国家的存在虽然源于利益,但并不仅仅是利益,更多的是文化认同。

实现中华民族伟大复兴是全体中国人民的共同心愿。广大青年学生要坚定理想信念,投身新时代中国特色社会主义事业。

(二)个人与国家的现实时代性

每个人都生活在一个时代,也许这个时代是盛世,也许乱世;也许是发达国家,也许是落后国家。一般情况下,绝大多数人无法选择出身,更无法选择自己的祖国。因此,在现实生活中,个人与国家的现实利益基本上是完全一致的。国家为个人提供了一个生存、发展的保护,而个人也需要为现实的国家发展而贡献自己的力量。这就是每一代人的使命,也是每一代人的时代命运。

当前的中国正处于中华民族伟大复兴的关键时刻,也是中国历史上最美好的时代,特别需要时代青年肩负起历史使命,把青春融入现实,以奋斗见证复兴。

(1)一代青年有一代青年的历史际遇。每一代人都处于一定的历史现实之中,面对当时的时代主题,解决当时的时代问题,这是每一代人的机遇,也是那一代人的时代责任。党的十八大以来,中国特色社会主义进入新时代,到21世纪中叶的主要任务就是实现中华民族伟大复兴,这是全体中国人的历史机遇,也是全体中国人的历史责任,更是全体中华儿女共同的期盼。身处这个伟大时代,为所有人都提供了广阔的实践空间。

(2)新时代的青年,必须坚定理想信念。新时代的青年恰逢百年未有之大变局,生逢中华民族伟大复兴,既有广阔的实践空间,也有广阔的实践天地,要自觉做中国特色社会主义共同理想的坚定信仰者和忠诚实践者。不负时代、有所作为。理想信念是精神之钙,既是人的精神支柱和精神源泉,也是支撑个人奋斗的精神动力。心中有信仰,脚下才会有力量,历史上名垂青史者都是意志坚定者,都是敢于为了理想而奋斗甚至牺牲的人。

(3)当代青年要积极投身新时代中国特色社会主义事业,勇做担当中华民族伟大复兴大任的时代新人。全球治理体系正在发生重大变化,世界经济中心正在由欧美向亚洲转移,这既是整个亚洲的机遇(亚洲时代),也是中国的机遇。中国特色社会主义在这种复杂的局势中,寻找有利因素,排除不利因素,不仅是青年一代的责任,而且是代代传承的使命。

国家命运,系于青年。

后 记

《马克思主义基本原理及其发展》终于完成并付梓印刷,心中颇有感慨。本书从构思、布局、查阅文献、撰写到完稿,跨越了多个春秋,其间多次更改修正、反复甄别挑选。哪些重大问题需要纳入框架、哪些基本理论需要重点阐述、哪些发展历程需要详细交代等,诸多问题成为反复权衡的疑问。最终,本书选取了最为核心的问题及其回答作为基本层次结构,以逻辑最为顺畅的方式摘其要点。但是,无论如何取舍,都会有不足之处。

本书按照比较常规的方式布局。首先,介绍了马克思主义,便于读者理解马克思本人的思想转变经历;其次,介绍了方法论发展历程,以便读者能够更加清晰地认识马克思主义真正的理论贡献在于方法论创新;最后,依次介绍了哲学部分(本体论、认识论、历史观)、政治经济学部分(资本论、资本主义)和科学社会主义部分(社会主义、共产主义),便于读者理解马克思主义在不同学科领域的具体应用和发展。各部分中均以核心的问题为引,介绍马克思主义经典作家及后来者如何论述这些问题、解决这些问题。

本书的参考资料尽量选用最权威、最新版的,如《马克思恩格斯全集》《马克思恩格斯选集》《列宁全集》《列宁选集》等,辅以最新的学者研究成果和笔者的最新观点。

希望今后能有时间对本书进行更为细致的删补,以便更适应大家的阅读习惯;也希望今后能够多写一些学科前沿与学科发展的专著,尤其是聚焦某个领域的更为深入、更为前沿、更多使用现代最新理论成果研究的专著,以弥补这本书未能深入更细致的学科专业领域划分的纯粹学术式论述的遗憾。

由于个人水平有限,相关理论阐述也许不够详尽,甚至理解偏差、错误,同时由于时间紧迫,书中难免纰漏,敬请读者谅解。

本书适用于具有一定哲学、经济学、历史学、社会学基础的读者,可以作为高中生、大学生、研究生的辅助教材或拓展知识读本。